AF569292

ro
ro
ro

JACK KEROUAC, am 12. März 1922 in Lowell/Massachusetts geboren, diente während des Zweiten Weltkriegs in der Handelsmarine, trampte später jahrelang als Gelegenheitsarbeiter kreuz und quer durch die USA und Mexiko und wurde neben William S. Burroughs und Allen Ginsberg der führende Autor der Beat Generation. Mit «On the Road» schrieb er eines der berühmtesten Bücher des 20. Jahrhunderts. Er starb am 21. Oktober 1969 in St. Petersburg/Florida.

JAN SCHÖNHERR lebt in München und hat Autoren wie Charles Bukowski, Roald Dahl und Francis Spufford übersetzt. Für seine Arbeit wurde er mehrfach ausgezeichnet, unter anderem mit dem Bayerischen Kunstförderpreis in der Sparte Literatur und dem Förderpreis zum Übersetzerpreis der Kunststiftung NRW 2019.

JACK KEROUAC

ENGEL DER TRÜBSAL

ROMAN

Aus dem Englischen
von Jan Schönherr

Mit einem Nachwort
von John Wray

ROWOHLT TASCHENBUCH VERLAG

Die Originalausgabe erschien 1965 unter dem Titel
«Desolation Angels» bei Coward-McCann, Inc., New York.

Der Übersetzer dankt dem Deutschen Übersetzerfonds,
der seine Arbeit mit einem Exzellenzstipendium gefördert hat.

Veröffentlicht im Rowohlt Taschenbuch Verlag,
Hamburg, September 2023

Die Übersetzung der zitierten Gedichte von Han-Shan
stammt aus: *Gedichte vom Kalten Berg*, aus dem Chinesischen
von Stephan Schuhmacher, Freiburg im Breisgau 2015.
Covergestaltung Cordula Schmidt Design, Hamburg,
nach einem Entwurf von Anzinger und Rasp, München
Coverabbildung Marie Docher/Getty Images
Satz aus der Arno Pro
bei Pinkuin Satz und Datentechnik, Berlin
Druck und Bindung CPI books GmbH, Leck
ISBN 978-3-499-27684-2

ERSTES BUCH

ENGEL DER TRÜBSAL

ERSTER TEIL

TRÜBSAL IN DER EINSAMKEIT

1

Diese Nachmittage, diese faulen Nachmittage, wenn ich oben auf dem Desolation Peak saß oder auch lag, auf dem Gipfel der Trübsal, manchmal auf der Bergwiese, ringsum Hunderte Kilometer schneebedeckter Fels, der drohende Mount Hozomeen im Norden, der verschneite, riesige Jack Mountain im Süden, der verzaubernde Anblick des Sees unten im Westen, und dahinter der verschneite Buckel des Mt. Baker, und im Osten die Kette der zackigen, zerfurchten Ungetüme der Cascades, und nach dem ersten Mal die plötzliche Erkenntnis: «Ich selbst bin es, der sich verändert und der all das getan hat, der gekommen und gegangen ist und sich beklagt und Schmerz empfunden und sich gefreut und laut geschrien hat, und nicht das Nichts», und jedes Mal, wenn ich ans Nichts dachte, blickte ich hinüber zum Mt. Hozomeen (weil Stuhl und Bett und Bergwiese nach Norden gingen), bis ich erkannte: «Der Hozomeen ist das Nichts, oder wenigstens bedeutet er das Nichts in meinen Augen» – Blanker, nackter Fels, Zinnen ragen Hunderte Meter aus Buckelmuskeln, die noch mal Hunderte Meter aus kolossal bebaumten Schultern ragen, und die grüne, spitztannige Schlange meines eigenen Bergrückens (Starvation) windet sich zu ihm hin, zu seinem grauenhaft gewölbten, blauen, rauchleibigen Fels, und die «Wolken der Hoffnung» bummeln jenseits davon über Kanada, mit ihren Tüpfelgesichtern und parallel geformten Rücken, mit ihrem Hohnlächeln und Grinsen und ihrer lammigen Gestalt und ihren Puffschnauzen und ihren löchrigen Stallungen und sagen «Hallo Erde!» – die höchsten, allerkicherndsten Gipfelentsetzlichkeiten des Mt. Hozomeen, gemacht aus schwarzem Fels, und nur wenn Stürme pfeifen, sehe ich sie nicht, und sie tun nichts als Zahn um Zahn mit unerschütterlichem Missmut aus Wolkenbruch und Nebel wieder Sturm zu machen – Hozomeen, der nicht im Wind zerbirst wie Hüttenstreben, der, wenn man ihn verkehrt rum sieht (wenn ich vor der Hütte meinen Kopfstand machte), nur als Blase im grenzenlosen Ozean des Raumes hängt –

Hozomeen, Hozomeen, schönster Berg, den ich je gesehn, wie ein Tiger manchmal, so gestreift, sonnensatte Rinnsale und Schattenklippen winden sich im Helllichten Tag, senkrechte Furchen und – buh! – Spalten, rumms, blanker, herrlicher, vernünftiger Berg, keiner hat auch nur von ihm gehört, und er ist nur zweieinhalbtausend Meter hoch, doch welches Grauen, als ich dieses Nichts zum ersten Mal erblickte, als ich in der ersten Nacht auf dem Desolation Peak aus zwanzig Stunden tiefem Nebel zu einer sternenklaren Nacht erwachte und plötzlich Hozomeens zwei scharfe Spitzen drohten, mitten in der Schwärze meines Fensters – Das Nichts, immer wenn ich an das Nichts dachte, sah ich den Mount Hozomeen, und ich verstand. Mehr als siebzig Tage lang musste ich ihn ansehen.

2

Ja, denn im Juni, als ich für meinen Job als Brandwächter hinauf ins Skagit Valley im Nordwesten Washingtons trampte, hatte ich geglaubt: «Wenn ich oben auf dem Desolation Peak bin und alle anderen auf Maultieren davonreiten und ich allein zurückbleibe, dann werde ich Gott oder Tathagata gegenüberstehen und ein für alle Mal rausfinden, was es auf sich hat mit dieser ganzen Existenz, dem Leid und nichtsnutzigen Hin und Her», doch gegenüber stand ich nur mir selbst, kein Schnaps, keine Drogen, keine Chance, irgendjemandem was vorzumachen, nur ich selbst, der alte, hassenswerte Duluoz, und oft hab ich geglaubt, ich müsse sterben, vor Langeweile zugrundegehen oder mich vom Berg stürzen, doch die Tage, ach, was sage ich, die Stunden schleppten sich dahin, und mir fehlte der Mumm zu diesem Sprung, ich musste *warten*, bis ich der Wirklichkeit ins Auge sah – Und endlich ist es dann so weit, an jenem Nachmittag des 8. August, als ich in meinem hochalpinen Vorgarten auf dem kleinen Pfad auf und ab gehe, den ich in Staub und Regen ausgetreten habe, Abend für Abend, meine Öllampe tief geneigt im Inneren der Hütte mit den Fenstern auf allen vier Seiten und dem Pagodendach und der Blitzableiterspitze, da geht es mir endlich auf, nach stetigen Tränen und Zähneknirschen, nach dem Töten einer Maus und dem versuchten Mord an einer zweiten, was ich noch nie zuvor getan hatte (Tiere töten, nicht mal Nager), geht es mir auf in diesen Worten: «Dem Nichts kann keine Form von Auf und Ab was anhaben, sieh dir nur den Hozomeen an, kennt der Sorgen oder Tränen? Beugt er sich dem Sturm, knurrt er, wenn die Sonne scheint, seufzt er in der Dösigkeit des späten Tages? Lächelt er? Entstand er nicht aus tollhirnigem Chaos und rebellischem Feuerregen und ist jetzt Hozomeen und weiter nichts? Warum sollte ich verbittert oder süß sein wollen, wo er doch keins von beiden ist? Warum kann ich nicht sein wie der Hozomeen und – o Platitude, o uralte Platitude bourgeoiser Geister – «das Leben nehmen, wie es ist»? Wie einst der Biograph und Säufer W. E. Woodward sagte: «Das Leben ist nur da, um gelebt zu werden» – Aber mein Gott, was bin ich gelangweilt! Aber ist der Hozomeen gelangweilt? Und ich hab die Nase voll von Worten und Erklärungen. Der Hozomeen auch?

Polarlicht
  überm Hozomeen –
Das Nichts ist stiller

– Selbst der Hozomeen wird bröckeln und zerfallen, nichts währt ewig, es ist nur eine Passage-in-dem-was-alles-ist, ein Durchgang, das läuft hier ab, wieso Fragen stellen oder Haare raufen oder weinen, der blubberblöde lila Lear auf seiner Leidensheide ist nur ein zerknirschter alter Lappen mit zwirbeligen Bartspitzen, umsorgt von einem Narren – sein *und* nicht sein, das sind wir. Hat das Nichts mit Tod und Leben irgendwas zu schaffen? Kennt es denn Beerdigungen? Kuchen zur Geburt? Warum bin ich nicht so wie das Nichts, unerschöpflich fruchtbar, jenseits allen Gleichmuts, sogar jenseits aller Freude, nur der gute alte Jack (und nicht mal das), und führe mein Leben von diesem Augenblick an (obwohl Luft durch meine Luftröhre strömt), und dieses flüchtige Bild in einer Kristallkugel ist nicht das Nichts, das Nichts ist die Kristallkugel, und all mein Kummer ist das Lankavatara-Sutra-Haarnetz der Narren: «Seht her, meine Herren, ein herrliches, trauriges Haarnetz» – Reiß dich zusammen, Jack, geh durch alles hindurch, und alles ist nur ein Traum, eine Erscheinung, ein Blitz, ein trauriger Blick, ein kristallklares Mysterium, ein Wort – Halt still, Mann, und *sei* einfach, *sei*, sei die unendliche Fruchtbarkeit des einen unendlichen Geistes, spar dir Kommentare, Beschwerden, Kritik, Beurteilungen, Bekenntnisse, Sprüche, Sternschnuppengedanken, *fließe* einfach, *fließe*, sei du alles, sei du, was es ist, es ist nur, was es immer ist – Hoffnung ist ein Wort wie eine Schneewehe – Das ist die Erleuchtung, das ist das Erwachen, das ist Nichtsheit – Also halt den Mund und lebe, reise, abenteure, segne, und bereue nichts – Pflaumen, Pflaumen, iss nur deine Pflaumen – Und du warst schon immer und wirst immer sein, und all die ärgerlichen Rempler mit dem Fuß an einem unschuldigen Schrank, die waren bloß das Nichts, das tat, als wäre es ein Mann, der tat, als kenne er das Nichts nicht –

Zurück an der Hütte bin ich ein neuer Mensch.

Nur noch 30 lange Tage muss ich warten, bis ich von diesem Felsen steige und das süße Leben wiedersehe – im Wissen, dass es weder süß noch bitter, sondern einfach das ist, was es ist, und so ist es auch –

So sitze ich nun lange Nachmittage auf meinem gemütlichen (Segeltuch-)Stuhl mit Blick auf den nichtigen Hozomeen, die Stille haucht durch meine Hütte, mein Ofen schweigt, die Teller funkeln, mein Feuerholz – alte Zweige in Form von Wasser und Kelp, mit denen ich kleine Indianerfeuer in meinem Ofen entzünde, um schnell was zu kochen – mein Feuerholz stapelt sich schlangengleich in der Ecke, die Konserven warten auf den Öffner, meine alten, abgewetzten Schuhe weinen, meine Pfannen lehnen sich an, meine Trockentücher hängen, meine Sachen stehen still im Raum, meine Augen schmerzen, der Wind wälzt sich heran und schlägt ans Fenster und an die hochgezogenen Läden, und das Licht des späten Nachmittags beschattet, beblaudunkelt den Hozomeen (was seine rote Strähne in der Mitte offenbart), und mir bleibt nichts zu tun, als abzuwarten – und zu atmen (und das Atmen ist nicht einfach in der dünnen Höhenluft, mit West-Coast-Nebenhöhlenkeuchen) – warten, atmen, essen, schlafen, kochen, waschen, hin und her gehen, Ausschau halten, nie irgendein Waldbrand – und tagträumen: «Was mache ich, wenn ich in Frisco bin? Na, zuerst mal nehm ich mir in Chinatown ein Zimmer» – Doch sogar noch naheliegender und süßer träume ich vom Großen Tag der Abreise, dem geheiligten Tag Anfang September: «Ich werde zwei Stunden den Pfad runterwandern, Phil im Boot treffen, zum Ponton in Ross fahren, dort eine Nacht schlafen, in der Küche quatschen, früh am Morgen los auf dem Diablo-Boot, weiter von dem kleinen Pier (kurz bei Walt reinschauen), per Anhalter nach Marblemount, meinen Lohn kassieren, meine Schulden abzahlen, eine Flasche Wein kaufen und sie nachmittags am Skagit trinken, und am nächsten Morgen weiter nach Seattle» – und von dort weiter nach Frisco, dann nach L. A., Nogales, Guadalajara und Mexico City – Und immer noch bewegt das Nichts sich nicht und wird es niemals tun –

Doch ich werde das Nichts sein, in Bewegung, ohne mich bewegt zu haben.

3

Ach, und ich denke an süße Tage daheim, die ich damals nicht zu schätzen wusste – Nachmittage mit 15 oder 16, das hieß Ritz-Cracker, Milch und Erdnussbutter am alten, runden Küchentisch, und dazu meine Schachprobleme oder selbsterdachte Baseballspiele, während in Lowell die Oktobersonne schräg und orange über Veranda und Gardinen in die Küche fiel und einen trägen Staubstrahl bildete, in dem mein Kater sich schlabbschlabb die Vorderpfote leckte, mit Tigerzunge und mit Stichzahn, alles durchgemacht und staubbefallen, Herr – Und jetzt in meinen schmutzigen, zerrissenen Klamotten bin ich ein Rumtreiber in den High Cascades, und als Küche hab ich nur diesen verrückten, ramponierten Herd mit rissigem Rostofenrohr – abgedichtet, klar, mit alter Jute unterhalb der Decke, um nachts die Ratten abzuhalten – Lang vergangene Tage, als ich einfach so zu meiner Mutter oder meinem Vater hätte gehen können, ihnen einen Kuss geben und sagen: «Ich hab euch gern, denn eines Tages werde ich ein trübseliger alter Rumtreiber und allein und traurig sein» – O Hozomeen, seine Felsen schimmern in der Untergangssonne, Festungswälle stehen unbezwingbar in der Welt wie Shakespeare, und kilometerweit kennt nicht ein Ding den Namen von Shakespeare, Hozomeen oder mir –

Spätnachmittag vor langer Zeit zu Hause, und sogar letzthin in North Carolina, als ich, um mich an meine Kindheit zu erinnern, um vier Uhr Ritz und Milch und Erdnussbutter aß und das Baseballspiel am Schreibtisch spielte, und da kamen Schuljungen in abgewetzten Schuhen wie ich hungrig nach Hause (und ich machte ihnen meine speziellen Jack-Bananasplits, vor mickrigen sechs Monaten) – Aber hier auf dem Desolation wirbelt liederlos der Wind, schüttelt die Sparren der Erde, zeugt Nacht – Riesenhafte Fledermaus-Wolkenschatten schweben auf dem Berg.

Bald dunkel, bald das Geschirr des Tags gespült, das Essen verzehrt, warten auf September, warten auf den Abstieg zurück in die Welt.

4

Unterdessen toben Sonnenuntergänge wie wahnsinnige, orangefarbene Narren durch die Düsternis, während weit im Süden, in Richtung angestrebter liebender Umarmungen von Señoritas, schneepinke Hügel am Fuß der Welt warten, in ganz normalen Silberstrahlstädten – Der See ist eine harte Pfanne, grau, blau, wartet in den Nebelsohlen drauf, dass ich ihn mit Phils Boot überquere – Der Jack Mountain erhält wie üblich seinen Lohn aus kleiner Wolke am hochfahrenden Sockel, seine tausend Footballfelder Schnee ganz scheckig und pink, der eine, unvorstellbare, abscheuliche Schneemann sitzt immer noch versteinert auf dem Kamm – das entfernte Golden Horn noch immer golden im südöstlichen Grau – des Sourdoughs monströser Buckel überragt den See – Griesgrämige Wolken schwärzen sich, erzeugen Feuerränder an der Schmiede, wo die Nacht gehämmert wird, wildgewordene Berge marschieren Richtung Sonnenuntergang wie betrunkene Kavaliere in Messina, als Ursula noch schön war, der Hozomeen würde sich bestimmt bewegen, wenn wir ihn dazu bewegen könnten, doch er verbringt die Nacht mit mir, und bald, wenn Sterne auf die Schneefelder hinabregnen, wird er voll Stolz und schwarz und schief im Norden stehen, wo (jede Nacht, gleich über ihm) der Nordstern blitzt, pastellorange, pastellgrün, eisenorange, eisenblau, Azurit bezeichnende, konstellative Omen seines dortobigen Aufbaus, die man wiegen könnte auf den Waagschalen der goldenen Welt –

Der Wind, der Wind –

Und da ist mein beklagenswert bemühter Menschenschreibtisch, an dem ich tags so häufig sitze, Blick nach Süden, Papier und Bleistift und der Kaffeebecher mit Felsentannenzweigen und einer sonderbaren Höhenorchidee, die an einem Tag verwelkt – Mein Beechnut-Kaugummi, mein Tabakbeutel, schäbige Schundhefte, die ich lesen muss, der Blick nach Süden auf all diese verschneiten Majestäten – Das Warten dauert.

Auf der Starvation Ridge –
Versuchen kleine
Zweige zu wachsen.

5

In der Nacht bevor ich mich entschloss, liebend zu leben, entwürdigte, beleidigte und deprimierte mich der folgende Traum:

«Und nimm ein schönes Lendensteak!», sagt Ma, gibt Deni Bleu das Geld, sie schickt uns in den Laden, um ein gutes Abendessen zu besorgen, und außerdem hat sie mit einem Mal beschlossen, in diesen späten Jahren ganz auf Deni zu vertrauen, jetzt, wo ich ein derart vages, kurzlebiges, unstetes Wesen wurde, das im Bett schlafend den Göttern flucht und barhäuptig und dumm die graue Finsternis durchwandert – Das findet in der Küche statt, alles ist entschieden, ich sage kein Wort, wir gehen los – Vorn im Schlafzimmer neben der Treppe liegt Pa im Sterben, liegt auf dem Sterbebett, ist schon so gut wie tot, und *trotzdem* will Ma ein gutes Steak, will ihre letzte Menschenhoffnung ganz auf Deni setzen, auf eine Art entschiedenen Zusammenhalt – Pa ist dünn, bleich, seine Laken sind weiß, es kommt mir so vor, als wäre er schon tot – Wir gehen durch die Dunkelheit, finden irgendwie den Weg zum Metzger dort in Brooklyn, in den Hauptstraßen von Downtown Flatbush – Bob Bonnelly ist da und auch der Rest der Gang, auf der Straße, barhäuptig und lumpenhaft – Auf einmal funkeln Denis Augen, weil er die Chance sieht, mit Mas gesamter Kohle in den Händen zu verduften und ein Hochstapler zu werden, im Laden bestellt er zwar das Fleisch, aber ich sehe, wie er mit dem Rückgeld trickst, sich was davon in die Tasche steckt und sich im Kopf schon irgendwas zurechtlegt, um die Abmachung mit Ma zu brechen, ihre *letzte* Abmachung – Sie hatte fest auf ihn gehofft, ich war zu nichts mehr zu gebrauchen – Irgendwie streifen wir danach herum, gehen nicht zurück zu Ma, und wir landen bei der River Army, die, nachdem sie einem Speedbootrennen zugesehen hat, ausgesandt wird, in den kalten, strudelnden, riskanten Fluten den Fluss hinabzuschwimmen – Das Speedboot hätte, wär es «lang» gewesen, schwupps unter der flottillten Menge durch- und dahinter wieder auftauchen und das Rennen rechtzeitig beenden können, doch aufgrund mangelhaft kurzer Bauweise klagt der Fahrer (Mr. Darling), deshalb habe sich sein Boot unter die Menge nur geduckt und dann festgesteckt und nicht mehr weitergekonnt – große offizielle Flößer nahmen das zur Kenntnis.

Ich mit der Führungsgruppe vorneweg, schwimmt die Army den Fluss hinab, zu den unteren Brücken und Städten. Das Wasser ist kalt, die Strömung schrecklich, doch ich schwimme und schlage mich durch. «Wie bin ich hier gelandet?», denke ich. «Was ist mit Mas Steak? Was hat Deni Bleu mit ihrem Geld gemacht? Wo steckt er jetzt? O, ich hab keine Zeit zum Nachdenken!» Plötzlich rufen Kinder mir vom Rasen der Kirche St. Louis de France am Ufer eine Botschaft zu: «Hey, deine Mutter ist im Irrenhaus! Deine Mutter ist im Irrenhaus! Dein Vater ist tot!», und ich begreife, was passiert ist, und trotzdem, ich schwimme und bin in der Army, muss weiter durchs kalte Wasser strampeln und kann nichts tun als trauern, trauern, im ehrwürdigen, bedürftigen Grauen des Morgens, bitter hasse ich mich selbst, bitter ist es schon zu spät, doch obwohl es mir schon bessergeht, fühle ich mich immer noch vergänglich, weltentrückt und unfähig, meine Gedanken zu ordnen oder auch nur recht zu trauern, ja, ich fühle mich eigentlich zu dumm für echte Bitterkeit, kurz, ich weiß nicht, was ich tue, und die Army sagt mir, was ich tun soll, und Deni Bleu hat endlich auch mich übers Ohr gehauen, um seiner süßen Rache willen, aber hauptsächlich hat er nur beschlossen, ein echtes Schlitzohr zu werden, hat seine Chance erkannt –

... Und auch wenn von den sonnigen Eiskappen der Welt die safrangelbe Tiefkühlbotschaft kommen mag: O welch gehetzte Narren sind wir doch, verfasse ich einen Nachsatz zu einem langen, liebevollen Brief, den ich schon wochenlang an meine Mutter schreibe:

> Nicht verzweifeln, Ma, ich bin für Dich da, wann immer Du mich brauchst – Du musst nur rufen ... Ich bin hier, schwimme durch den Fluss der Mühsal, aber schwimmen kann ich – Glaube bloß niemals, Du wärst alleingelassen.

4500 Kilometer weit entfernt lebt sie in Hörigkeit zu einer üblen Sippe.

Trübsal, Trübsal, wie soll ich meine Schuld bei dir jemals begleichen?

6

Verrückt könnte ich darin werden – O Reisetasch menaya doch das Rhad verfolgt den Rattersurr, poniac die vermeid Leerheit Rumgerenne, minvermeid den Cral – Lied meines alles der tilgenden Ichs der lass ent-gleis-end trage alles Brot – geh du auch mal grün und fliegen – welker Mond quetscht Salz auf die Gezeiten ankommender Nacht, schaukel auf der Wiesenschulter, roll den Buddhafels über den pink geteilten Westpazifikheuboden – O kleine, winzigkleine Menschenhoffnung, o geformter, splitternder Du-Spiegel dich erschütterte pat n a watalaka – und noch mehr –

Ping.

7

Jeden Abend um acht gab es über Funk ein Palaver all der Brandwächter im Mount Baker National Forest – Auch ich habe meinen Packmaster angestellt und lausche.

Ein großes Ereignis in der Einsamkeit –

«Er will wissen, ob du schlafen gehst, Chuck.»

«Weißt du, was Chuck macht, wenn er auf Patrouille geht? – Er sucht sich 'n schattiges Plätzchen und pennt.»

«Hast du Louise gesagt?»

«– weiß nich –»

«– na ja, hab nur noch drei Wochen –»

«Sag mal, Ted?»

«Was gibt's?»

«Wie kriegst du deinen Ofen heiß genug für diese, äh, Muffins?»

«Ach so, musst nur das Feuer am Brennen halten –»

«Bloß eine einzige Straße, und die, äh, führt im Zickzack durch die ganze Schöpfung.»

«Ja gut, ich hoffe mal – Ich warte jedenfalls.»

Bzzzzz bzgg Funk – langes Schweigen nachdenklicher junger Ausgucke –

«Und kommt dein Kumpel rauf und holt dich ab?»

«Hey Dick – Hey Studebaker –»

«Immer schön Holz nachlegen, dann brennt's von alleine weiter –»

«Zahlst du ihm dann immer noch dasselbe wie, äh, als du hier rausgekommen bist?»

«– Schon, aber, äh, drei, vier Fahrten in drei Stunden?»

Mein Leben ist eine kolossale, wahnsinnige Sage, die ohne Anfang oder Ende überallhin ausgreift wie das Nichts – wie das Samsara – Tausend Erinnerungen überkommen mich den ganzen Tag wie Tics, befallen meinen lebhaften Geist wie beinahe muskuläre Zuckungen von Klarheit und Erkenntnis – In falschem Britenakzent singe ich zu *Loch Lomond* mit, während ich mir in kalter Rosendämmerung den Abendkaffee heißmache, und denke augenblicklich daran, wie 1942 unser Seelenverkäufer aus Grönland in Neuschottland einlief, eine Nacht Landgang, Herbst, Kiefern, kalte Dämmerung und Morgengrauen, Sonne, durchs Radio aus Kriegsamerika sang leise Dinah Shore, und wie wir uns betranken, wie wir auf die Nase fielen, wie das Glück darüber, fast wieder in meinem geliebten Amerika zu sein, in meinem Herzen schwoll und rauchend in die Nacht rausschoss – kaltes Hundemorgengrauen –

Beinahe gleichzeitig, bloß, weil ich noch eine Hose überziehe, also über die erste, gegen die heulende Nacht, denke ich an die herrliche Sexfantasie von vorhin, als ich eine

Cowboystory las, in der der Outlaw das Mädchen entführt hat und ganz allein mit ihr im Zug ist (nur eine alte Frau ist noch dabei) die (in meinem Tagtraum schläft die alte Frau jetzt auf der Bank, während ich, der alte Outlaw, der harte Hombre, die Blonde mit vorgehaltenem Revolver aufs Herrenklo schiebe, und sie sagt keinen Ton, kratzt nur) (Natur) (sie steht auf ehrliche Killer, und ich bin der alte Erdaway Molière, der mörderische, feixende Texaner, der in El Paso Stiere aufgeschlitzt und die Postkutsche überfallen hat, bloß um ein paar Leute zu durchlöchern) – Ich pack sie auf den Sitz und mache mich auf Knien an die Arbeit wie auf diesen französischen Postkarten, bis ich ihre Augen zu- und ihren Mund weit aufbekomme, bis sie nicht mehr anders kann, als ihn zu lieben, diesen liebenden Gesetzlosen, und aus wildem freiem Willen auf die Knie geht, sich ans Werk macht, und als ich fertig bin, dreht sie sich um, während die alte Lady schläft und der Zug dahinrattert – «Reizend, mein Lieber», sage ich zu mir auf dem Desolation Peak, als würde ich es zu Bill Hubbard sagen, in seinem Tonfall, als wollte ich ihn zum Lachen bringen, als wäre er hier, und ich höre ihn sagen: «Tu nicht so weibisch, Jack», wie er es 1953 mal ganz im Ernst zu mir gesagt hatte, als ich mit ihm in *seiner* weibischen Manier herumalberte: «Zu dir passt das nicht, Jack», und jetzt wünsch ich mir, ich könnte heute Abend mit Bull in London sein –

Und der Neumond, braun, geht früh unter dort am dunklen Baker River.

Mein Leben ist ein kolossales, unwichtiges Epos mit tausend und einer Million Figuren – hier kommen sie alle, während wir rasch ostwärts rollen, während rasch die Erde ostwärts rollt.

8

Zum Zigarettendrehen hab ich bloß Papier von der Air Force, so ein diensteifriger Sergeant hat uns einen Vortrag über die Wichtigkeit des Ground Observer Corps gehalten und dicke Bücher voll mit leeren Seiten ausgeteilt, in denen wir Flotten vermutlicher Feindbomber in irgendeinem paranoiden Frühwarnsystem seines Hirns protokollieren sollten – Er kam aus New York, sprach schnell, war Jude und machte mir Heimweh – «Flugzeugblitzmeldung», Linien und Ziffern, ich zücke meine kleine Schere, schneide ein Rechteck raus und dreh mir eine, und wenn Flugzeuge vorbeifliegen, kümmere ich mich um meinen eigenen Kram, auch wenn er (der Sgt) sagte: «Wenn Sie eine fliegende Untertasse sehen, melden Sie die fliegende Untertasse» – Auf der leeren Seite steht: «Zahl der Flugzeuge, eins, zwei, drei, vier, viele, unbekannt», und da muss ich an den Traum denken, in dem W. H. Auden und ich an einer Bar am Mississippi standen und geschliffene Witze über «Frauenurin» machten – «Flugzeugtyp», heißt es da außerdem, «Ein-, Doppel-, Multidecker, Jet, unbekannt» – Klar, dieses Unbekannte gefällt mir, ich habe hier auf dem Desolation sonst ja nichts zu tun – «Flughöhe» (jetzt kommt's) «Sehr tief, tief, hoch, sehr hoch, unbekannt» – dann BESONDERE ANMERKUNGEN, BEISPIELE: «Feindliches Flugzeug, Blimp» (plump), «Hubschrauberballon, Flugzeug beim Angriff oder in Notlage etc.» (oder Wal) – O notleidende Rose unbekannter Kummerjet, komm zu mir!

Mein Zigarettenpapier ist jämmerlich.

«Wann kommen endlich Andy und Fred!», rufe ich, denn wenn die auf Mulis und Pferden den Pfad raufstapfen, krieg ich richtige Blättchen und meine liebe Post von meinen Millionen Figuren.

Denn das Schwierige am Desolation ist: keine Figuren, allein, isoliert, aber ist der Hozomeen isoliert?

9

Meine Augen in der Hand, verschweißt mit dem Schwung, verschweißt mit dem Schwanz.

10

Zum Zeitvertreib spiel ich mein Baseballspiel mit Solitärkarten, das Lionel und ich 1942 erfunden haben, als er in Lowell zu Besuch war und an Weihnachten die Rohre einfroren – Es spielen die Pittsburgh Plymouths (mein ältestes Team, derzeit knapp an der Tabellenspitze) gegen die New York Chevvies, die sich schmachvoll aus dem Keller hocharbeiten, nachdem sie letztes Jahr noch Meister waren – Ich mische die Karten, lege Schlagordnungen fest, stelle Teams auf – Viele hundert Kilometer ringsum schwarze Nacht, auf dem Desolation brennt das Licht für einen Kindersport, doch auch das Nichts ist Kind – und wie folgt verläuft das Spiel: was dabei passiert: wer wie gewinnt:

Für die Chevvies pitcht heute Joe McCann, ein alter Hase, zwanzig Jahre in der Liga, seit ich mit 13 erstmals Wälzlager in die Apfelblüten des Sarah-Gartens genagelt habe, ach, traurig – Joe McCann, ein Sieg, zwei Niederlagen (für beide Teams ist dieses Spiel das vierzehnte dieser Saison), ERA von 4,86, die Chevvies natürlich haushohe Favoriten, besonders weil McCann ein Pitching-Ass und Gavin laut meiner offiziellen Statistik höchstens zweitklassig ist – Sowieso haben die Chevvies einen Lauf, sind auf dem aufsteigenden Ast, haben das letzte Spiel 11-5 gewonnen …

Im ersten Inning gehen die Chevvies gleich in Führung, Kapitän Frank Kelly schlägt einen langen Ball ins Centerfield, Stan Orsowski läuft nach Hause von der zweiten Base, die er nach Duffys Walk erreicht hat – *yag, yag* (in meinem Kopf), feuern die Chevvies sich feixend, pfeifend, klatschend an – Die armen grüngewandeten Plymouths kommen an den Schlag, genauso wie in echt, wie beim echten Baseball, ich sehe keinen Unterschied zwischen dem hier und dem heulenden Wind und den vielen hundert Kilometern Arktisfels ganz ohne –

Aber der wieselflinke Tommy Turner macht aus einem Triple einen Inside-the-Park-Homerun, und Sim Kelly hat keinen guten Arm im Feld, und es ist Tommys sechster Homerun, er heißt eben nicht umsonst der «Fantastische» – sein fünfzehnter Run, dabei ist das erst sein sechstes Spiel, weil er verletzt war, ein wahrer Mickey Mantle –

Direkt danach ein Homerun von Pie Tibbs mit seiner schwarzen Keule, über den Rightfield-Zaun wie an der Schnur gezogen, und die Plyms gehen 2-1 in Führung … wow …

(Die Fans in den Bergen flippen aus, ich höre himmlische Rennwagen durch Gletscherspalten donnern)

Dann eine Single von Lew Badgurst ins Rightfield, und Joe McCann wird eingeseift (und mit ihm sein heißgeliebter ERA) (pah, da sieht man mal) –

Fast wird McCann vom Pitcherhügel weggekloppt, als er gleich darauf Tod Gavin einen Walk schenkt, aber Henry Pray, sonst immer eine Bank, beendet das Inning mit einem laschen Grounder zu Frank Kelly an der Dritten – Heute wird richtig draufgehauen.

Dann liefern sich die beiden Pitcher plötzlich einen unerwarteten, brillanten Zweikampf, sammeln Nullen auf der Punktetafel, nur einer der Pitcher selbst, Gavin, schafft im zweiten Inning eine Single, und so geht das bis zum Schluss des achten Innings, als Zagg Parker von den Chevs endlich das Eis bricht, mit einer Rightfield-Single, die er (ebenfalls mit Spitzenläuferspeed) locker zu einem Double streckt (der Wurf kommt zwar, aber Zagg rutscht vorher auf die Base) – Und man würde denken, jetzt kommt neuer Schwung ins Spiel, aber nichts da! – Ned Gavin erzwingt einen leicht fangbaren Flyball von Clyde Castleman, es folgt ein Strikeout gegen Stan the Man Orsowski, dann stakst Ned lässig vom Hügel, kaut unbeeindruckt seinen Tabak, als wäre er das Nichts persönlich – Immer noch führt seine Mannschaft 2-1 –

McCann lässt im achten eine Single gegen Big Bad Lew Badgurst zu (kräftige Arme, Linkshänder), und Pinch Runner Allen Wayne stiehlt eine Base, doch ein Grounder von Tod Gavin bringt den Pitcher aus der Klemme –

Letztes Inning, gleicher Spielstand, gleiche Lage.

Bloß drei Outs lang muss Gavin die Chevvies noch in Schach halten. Die Fans halten den Atem an. Gavins Gegner sind Byrd Duffy (mit einem Schnitt von .346 vor diesem Spiel), Frank Kelly und der Pinch Hitter Tex Davidson –

Gavin zieht den Gürtel hoch, seufzt, sieht den dicken Duffy an – holt aus – und wirft zu tief, daneben.

Dann zu weit außen, zweiter Ball.

Langer, hoher Schlag ins Centerfield, direkt in Tommy Turners Handschuh.

Nur noch zwei Outs.

«Das schaffst du, Neddy!», ruft Cy Locke von der dritten

Base, Cy Locke, früher mal der beste Shortstop aller Zeiten, in meiner Apfelblütenzeit, als Pa noch jung und lachend in der sommerlichen Küche saß, mit Bier und Shammy und Binokel –

Frank Kelly am Schlag, gefährlich, bedrohlich, der Kapitän, gierig nach Geld und Titeln, ein Einpeitscher, ein Hitzkopf –

Neddy holt aus: wirft: zu dicht.

Erster Ball.

Wirft.

Kelly hämmert den Ball nach rechts, direkt an den Fahnenmast, Tod Gavin hinterher, ein lässiges Double, der Ausgleich steht jetzt an der zweiten Base, die Menge tobt. Pfiffe, Pfiffe, Pfiffe –

Speedboy Selman Piva wird für Kelly eingewechselt.

Tex Davidson ist ein stämmiger Veteran, ein dauerkauender Outfielder aus alten Kriegen, abends säuft er, ihm egal – Strikeout, ein weit schwingender Schlägerschlenz ins Leere.

Ned Gavin hat ihm drei Curveballs serviert. Im Dugout flucht Frank Kelly, Piva, der Ausgleich steht noch immer auf der zweiten Base. *Einer noch!*

Der Hitter: Sam Dane, der Catcher der Chevvies, auch ein Veteran, ein Saufundkaukumpan von Davidson, bloß dass Sam mit links schlägt – gleich groß, schlank, alt, alles egal –

Ned pitcht, Sam hält still, Strike auf Brusthöhe –

Und dann: ein krachender Homerun, Centerfield, Piva läuft nach Hause, Sam trabt kauend um die Bases, immer noch egal, an der Plate bestürmen ihn die Kellys und die Crazys.

Zweite Hälfte Neuntes, Joe McCann darf nur nichts zulassen – ein Error bringt Pray auf die Base, Gucwa singlet, die beiden Läufer bleiben auf der Ersten und der Zweiten stehen, dann tritt der kleine Neddy Gavin an und doublet den Ausgleich nach Hause, schickt den Siegpunkt auf die dritte Base, Pitcher frisst Pitcher – Leo Sawyer poppt den Ball lasch in die Luft, sieht aus, als käme McCann durch, doch dann klatscht Tommy Turner einen Sacrifice Grounder auf den Boden, und der Siegpunkt ist gebongt, Jake Gucwa mit seiner läppischen Single, und die Plymouths stürmen das Feld und tragen Ned Gavin auf den Schultern in die Dusche.

Soll einer sagen, Lionel und ich hätten kein gutes Spiel erfunden!

11

Herrlicher Vormittag, er hat wieder einen Mord begangen, denselben eigentlich, bloß diesmal sitzt das Opfer fröhlich auf dem Stuhl meines Vaters, ziemlich nahe an der Sarah Avenue, und ich sitze bloß an meinem Tisch und schreibe vor mich hin, unbekümmert, und als ich von dem Mord höre, schreibe ich weiter (wahrscheinlich darüber, hi, hi) – All die Ladys sind draußen auf dem Rasen, aber welches Grauen, wenn sie wiederkommen und Mord im Zimmer wittern, was wird Ma wohl sagen, doch er hat die Leiche kleingeschnitten und im Klo runtergespült – Dunkel dräuendes Gesicht beugt sich über uns im Dämmertraum.

Morgens wache ich um sieben auf, und mein Mopp trocknet noch immer auf dem Felsen, wie der Haarschopf einer Frau, wie Hekabe verloren, und der See anderthalb Kilometer unter mir ist ein nebeliger Spiegel, aus dem schon bald die Herrinnen des Sees im Zorn auffahren werden, und die ganze Nacht hab ich kein Auge zugetan (schwacher Donner in den Trommelfellen), weil die Mäuse, die Ratte und die beiden Kitze um und durch die Hütte geblödeltrödelt sind, die Kitze unwirklich, zu hager, zu merkwürdig, um Hirsch zu sein, eine neue Art geheimnisvolles Gebirgsgetier – Den Teller kalte Kartoffeln, den ich ihnen hingestellt hab, haben sie ratzekahlgefressen – Mein Schlafsack liegt wieder einen Tag lang flach – Am Ofen singe ich: «O Kaffee, du siehst gut aus, wenn du kochst» –

«O, o Lady, du siehst gut aus, wenn du liebst.»

(die Ladys vom Nordpolschnee, die ich in Grönland singen hörte)

12

Meine Latrine ist ein kleines spitzdachiges Häuschen dicht am Rand eines herrlichen Zen-Steilabsturzes mit Fels und Schieferplatten und alten, knorrigen, erleuchteten Bäumen, Fallholz, Stümpfen, ausgerissen, gequält, aufgehängt, sturzbereit, bewusstlos, Ta Ta Ta – durch die Tür, die ich mit einem Stein aufklemme, sieht man große, dreieckige Bergwände jenseits der Lightning Gorge im Osten, um 8.30 Uhr morgens ist der Dunst so süß und rein – und träumerisch – der Lightning Creek mehrt immer mehr sein Brausen – der Three Fools stimmt mit ein, genährt von Shull und Cinammon, und dahinter der Trouble Creek, und noch dahinter andere Wälder, andere urwüchsige Gebiete, anderer rauer Fels, bis ganz nach Osten in Montana – An Nebeltagen ist der Blick von meiner Latrine aus wie eine Zen-Zeichnung aus China, Tinte auf Seide, ein graues Nichts, halb rechne ich damit, zwei kichernde Dharmajäger zu erkennen, oder einen in Lumpen, bei dem ziegenhörnigen Stumpf, einer mit einem

Besen, der andere mit einer Schreibfeder, mit der schreibt er in den Nebel Gedichte über Kicher-Linge und sagt: «Han-Shan, was ist der Sinn der Leere?»

«Shi-te, hast du heute früh den Küchenboden gewischt?»

«Han-Shan, was ist der Sinn der Leere?»

«Shi-te, hast du gewischt – Shi-te, hast du gewischt?»

«Hi, hi, hi, hi.»

«Wieso lachst du, Shi-te?»

«Weil mein Boden gewischt ist?»

«Und was ist dann der Sinn der Leere?»

Shi-te greift sich seinen Besen, fegt leeren Raum, wie ich es Irwin Garden mal tun sah – Sie ziehen kichernd in den Nebel ab, und übrig bleiben nur die nahen Felsbrocken und Knorren, die ich sehen kann, und darüber wird das Nichts zur Großen Wahrheitswolke hoher Nebelschichten, nicht mal eine schwarze Schärpe, sondern eine große senkrechte Zeichnung, darauf zwei kleine Meister und der endlose Raum über ihnen – «Han-Shan, wo ist dein Mopp?»

«Der trocknet auf einem Stein.»

Vor tausend Jahren malte Han-Shan an solchen Nebeltagen Gedichte auf solche Klippen, und Shi-te fegte die Klosterküche mit dem Besen aus, und sie kicherten gemeinsam, und ganze Hofstaate kamen von überall her zu ihnen, und sie liefen nur davon, versteckten sich in Spalten und in Höhlen – Plötzlich taucht Han-Shan vor meinem Fenster auf und zeigt nach Osten, ich sehe hin, nichts als der Three Fools Creek im Morgendunst, ich dreh mich wieder um, und Han-Shan ist verschwunden, noch einmal blicke ich nach Osten, nichts als der Three Fools Creek im Morgendunst.

Was sonst?

13

Dann die langen Tagträume darüber, was ich machen werde, wenn ich aus dieser Falle in den Bergen raus bin. Einfach treiben lassen, einfach die Straße runter, die 99, schnell, vielleicht eines Abends ein Filet Mignon auf heißer Holzkohle am Flussgrund, dazu guten Wein, und dann am nächsten Morgen weiter – nach Sacramento, Berkeley, rauf zu Ben Fagans Häuschen, und als Erstes dieses Haiku aufsagen:

Tausend Kilometer bin
ich getrampt und bring
Dir Wein.

– vielleicht in dieser Nacht auf seiner Wiese schlafen, mindestens eine Nacht in einem Hotel in Chinatown, langer Spaziergang durch Frisco, ein-, nein, zweimal groß chinesisch essen, Cody treffen, Mal treffen, bei Bob Donnely und den anderen vorbeischauen – ein paar Dinge hier und da, ein Geschenk für Ma – Warum planen? Ich werd einfach die Straße runterdriften, auf Unerwartetes achten und bis Mexico City nicht mehr anhalten.

14

Ich habe ein Buch hier oben, Beichten von Exkommunisten, die ausgestiegen sind, nachdem sie die totalitäre Bestialität erkannt hatten, *The God That Failed* heißt es (inklusive eines langweiligen, sterbenslangweiligen Berichts von André Gide, der postmortalen Schlaftablette) – sonst habe ich nichts zu lesen – und die Vorstellung einer Welt (was wäre das für eine Welt, in der Freundschaft Herzensfeindschaft aufhebt und man überall für etwas kämpft, das es auch wert ist), einer Welt voller Geheimpolizei, Spione, Diktatoren, Säuberungen, mitternächtlicher Morde und Marihuana-Revolutionen mit Gewehren und Banden in der Wüste – Plötzlich, bloß indem ich übers Funkgerät Amerika zuschalte, den anderen Brandwächtern beim Palaver lausche, höre ich Football-Ergebnisse, Geplauder über Soundso «Bo Pellegrini! – was 'n Brecher!! Mit Leuten aus Maryland rede ich nicht» – und die Witze und die lakonische Pause, und ich begreife: «Amerika ist frei wie der wilde Wind da draußen, noch immer frei, frei wie damals, als die Grenze keinen Namen hatte, um Kanada genannt zu werden, und freitagabends, wenn kanadische Angler in Rostlauben über die alte Straße hinterm Bergsee kommen» (ich kann sie sehen, die kleinen Freitagabendlichter, bei denen ich sofort an ihre Mützen, ihre Ausrüstung, Köder und Schnüre denke), «freitagabends kam der namenlose Indianer, der Skagit, dazu, und ein paar Holzforts waren auch da oben und noch ein Stück weiter hier unten, und Winde wehten über freie Füße und freie Geweihe, und das tun sie immer noch, über freie Funkwellen, freies, wildes Jugendgeplauder über Funk, Collegejungs, furchtlose, freie Jungs, Tausende Kilometer von Sibirien entfernt, und *Americay* ist immer noch ein tolles Land –»

Denn all das elendige Finsterweh im Angesicht solcher Russländer und Mordkomplotte gegen die Seelen ganzer Völker lichtet sich, sobald ich höre: «Mann, es steht schon 26-0 – Durch die Abwehr kommen die einfach nicht durch» – «Genau wie die Allstars» – «Hey Ed, wann kommst du von deinem Ausguck runter?» – «Der hat 'ne Freundin, der geht sicher gradewegs nach Hause» – «Vielleicht schauen wir noch mal beim Glacier National Park vorbei» – «Wir fahren durch die Badlands heim, durch North Dakota» – «Du meinst die Black Hills» – «Mit Leuten aus Syracuse rede ich nicht» – «Kennt einer 'ne gute Gutenachtgeschichte?» – «Wow, schon halb neun, lieber mal Schluss machen – Howgh, 33 zehn-sieben, bis morgen früh. Gut Nacht» – «Ho! Howgh, 32 zehn-sieben, bis morgen – Schlaft schön» – «Moment, du hattest Hongkong auf der Kurzwelle?» – «Klar, hör mal: tschingtschangtschong» – «Jetzt reicht's aber, gut Nacht» –

Und ich weiß, Amerika ist viel zu weit und menschenvoll, um sich jemals zum Sklavenstaat machen zu lassen, und ich kann in dem Wissen diese Straße runter und in die restlichen Jahre meines Lebens wandern, dass mir außer ab und zu bei Prügeleien, angezettelt von Betrunkenen in Bars, nie ein Haar auf dem Kopf (das müsste mal geschnitten werden) von totalitärer Grausamkeit gekrümmt werden wird –

Indianerskalp, sag dies und prophezeie:

«Aus diesen Wänden wird Gelächter durch die Welt ziehen und die gebeugten, unermüdlichen Tagelöhner des Altertums mit Courage anstecken.»

15

Und ich glaube Buddha, wenn er sagt, was er sage, sei weder wahr noch unwahr, ich habe sonst nie so was Wahres oder Gutes gehört, und da klingelt wolkig was, ein mächtiger, überweltlicher Gong – Er sagt: «Du bist unermesslich weit gereist, kamst zu diesem Regentropfen namens Leben und nennst es *deins* – wir bezwecken, dass du schwörst, erweckt zu werden – und wenn du in tausend Leben diesen Königlichen Wunsch missachtest, bleibt das trotzdem nur ein Regentropfen im Ozean, wen stört's, und was ist Zeit –? Dieser Helle Ozean der Unendlichkeit trägt viele Fische in die Ferne, sie kommen und gehen wie das Schimmern deines Sees, denk nur, doch tauch jetzt ein in die scharf umrissene, glatte weiße Glut dieses Gedankens: Du bist beauftragt, zu erwachen, dies ist die goldene Ewigkeit, doch dieses Wissen wird auf Erden dir nichts nützen, denn die Erde ist kein Kern, ein Märchenstern – Stell dich der A-H-Wahrheit, Erwacher, unterwirf dich der Verlockung von Hitze und Kälte, von Behaglichkeit und Unrast, denk immer, Motte, an die Ewigkeit – Liebe, ob Junge oder Herr, die unendliche Vielfalt – Sei einer von uns Großen Wissenden ohne Wissen, Großen Liebenden jenseits der Liebe, ganzen Heerscharen unzähliger Engel mit Form oder Begehren, übernatürlichen Korridoren der Hitze – Wir heizen, um dich wach zu halten – Breite deine Arme aus, umschling die Welt, sie und wir eilen herbei, wir legen ein silbernes Brandmal der Begegnung aus goldenen Händen auf deine milchige, umrankte Stirn, Macht, die ewiglich in Liebe dich erstarren lässt – Glaub nur!, und du wirst ewig leben – Glaub nur, dass du schon ewig lebst – Überwinde die Festungen und Bußen des dunklen, einsam leidenden Lebens auf Erdens, im Leben gibt es so viel mehr als Erde, überall ist Licht, schau hin –»

In diesen sonderbaren Worten, in vielen weiteren Worten auch, höre ich jeden Abend Varianten und Stränge einer Rede, die aus dem allzeit wachen Reichtum strömt –

Glaubt mir, irgendwas wird dabei rauskommen, und es wird das Antlitz süßen Nichts tragen, flatterndes Laub –

Die Stiernacken starker Flößer, purpurgold in Seidenkleidern, werden uns ungetragen tragen, wenn wir querbare unüberquerbare Nichtse zum Licht des Universums queren, wo Ragamita das goldene Lid hebt, um unseren Blick zu halten – Mäuse huschen durch die Bergnacht mit Pfötchen aus Eis und Diamanten, doch noch ist es nicht Zeit für mich (den sterblichen Helden), zu wissen, wovon ich weiß, dass ich es weiß, also kommt rein.

Worte …
Die Sterne sind Worte …
Wer hatte Erfolg? Wer ist gescheitert?

16

Ach ja, und wenn
ich an der Ecke Dritte
Townsend stehe,
    spring ich auf
den Midnight Ghost –
Wir rollen gradewegs
    bis San Jose
so schnell du prahlen kannst –
Ah ha, Mitternacht,
    Midnight Ghost,
Der alte Zipper rollt
    übers Gleis –
Ah ha, Mitternacht,
    Midnight Ghost,
Immer
    weiter
        übers
            Gleis
Wie der Blitz durch
Watsonville

und weiter übers
    Gleis –
Salinas Valley
    in der Nacht,
dann ab nach Apaline –
Huu, Huuuu,
    Juuhuuu
Midnight Ghost
Über die Obispo-Steige
mit Helfer schaffst
du diesen Berg
dann ratternd runter durch die Stadt
Wir donnern weiter
bis nach Surf und Tangair
immer längs des Meeres –
Der Mond bescheint
    die Mitternachtsflut
und weiter übers Gleis –
Gavioty, Gavioty,
O Gavi-oty,
Wein und laute Lieder –
Camarilla, Camarilla,
Wo Charley Parker
    den Verstand verlor
Weiter bis L. A.
O Midnight,
        Mitternacht,
    Midnight Ghost,
weiter übers Gleis.
Sainte Teresa
Sainte Teresa, keine Sorge,
Wir liegen in der Zeit,

auf diesem Mitternachts-
gleis.

So stelle ich mir meine zwölfstündige Reise von San Francisco nach L. A. vor, auf dem Midnight Ghost, unter einem festgezurrten Lkw, auf dem First-Class-Expressgüterzug, schnurstracks, zackzack, Schlafsack und Wein – ein Lied gewordener Tagtraum.

17

Nase voll vom Anblick all der Perspektiven meines Ausgucks, zum Beispiel morgens meinen Schlafsack vom Reinkriechen am Abend aus zu sehen, oder meinen nachmittäglich essensheißen Herd aus tiefster Nacht, wenn die Maus im kalten Innern rumkratzt, lieber denke ich an Frisco, sehe filmisch vor mir, wie's dort sein wird, sehe mich in meiner neuen (in Seattle noch zu kaufenden) weiten schwarzen Lederjacke, die mir tief über die Taille hängt (vielleicht über die Hände), und in meinen neuen grauen Chinos und dem neuen Wollhemd (orange, gelb und blau!), mit meinem neuen Haarschnitt, da gehe ich mit düsterer Dezembermiene die Treppe meines schäbigen Hotels in Chinatown hoch; oder ich bin in Simon Darlovskys Bude, Nummer 5 Turner Terrace, in dem irren Sozialbau für Schwarze Ecke Third & 22nd, von wo man die gigantischen Gastanks der Unendlichkeit sieht und ein ganzes Panorama des verrauchten Industrie-Friscos, inklusive Bucht und Gleise und Fabriken – ich sehe mich, den Rucksack über einer Schulter, durch die nie abgeschlossene Hintertür von Lazarus' Schlafzimmer hereinkommen (Lazarus ist Simons schräger 15 ½ Jahre alter Mystikerbruder, der nie was anderes sagt als: «Hast du was geträumt?») (letzte Nacht im Schlaf?) (meint er), ich trete ein, es ist Oktober, sie sind in der Schule, ich gehe los und kaufe Eiscreme, Bier, Dosenpfirsiche, Steaks und Milch und fülle den Kühlschrank auf, und wenn sie spätnachmittags nach Hause kommen und im Hof die kleinen Kinder die Herbstdämmerung bejubeln, hab ich den ganzen Tag am Küchentisch gesessen, Wein getrunken und die Zeitungen gelesen, Simon mit seiner knochigen Hakennase, den irr schimmernden grünen Augen und der Brille sieht mich an und sagt durch seine stets verschnupfte Nase: «*Jack! Du hier!* Wann bist du denn reingeschneit, hnf!», so schnieft er (fürchterlich, die Folter dieses Schniefens, ich kann es förmlich hören, keine Ahnung, wie er Luft kriegt) – «Erst heute – Schau, der Kühlschrank ist voll – Was dagegen, wenn ich ein paar Tage bleibe?» – «Wir haben Platz» – Lazarus steht hinter ihm, in seinem neuen Anzug und gestriegelt für die Hübschen von der Junior-High, er nickt und lächelt nur, dann gibt es ein Festessen, und endlich fragt Lazarus: «Wo hast du letzte Nacht geschlafen?», und ich sage: «Auf 'nem Rangierbahnhof in Berkeley», und er fragt: «Hast du was geträumt?» – Also erzähle ich ihm einen langen Traum. Und um Mitternacht, als Simon und ich die ganze Third Street langziehen, Wein trinken, über Frauen reden, mit den Negerhuren gegenüber vom Cameo Hotel quatschen und nach North Beach gehen, um Cody und die Gang zu suchen, brät Lazarus sich in der Küche ganz allein drei Steaks für einen Mitternachtsimbiss, er ist ein großer, gutaussehender, verrückter Kerl, einer von mehreren Darlovsky-Brüdern, aus irgendeinem Grund sitzen die meisten in der Klapse, und Simon ist den ganzen Weg bis nach New York getrampt, um Laz zu retten und zu sich zu holen, sich um ihn zu kümmern, zwei Russenbrüder in der großen Stadt, im Nichts, Irwins Schützlinge, Simon ein Kafka-Autor – Lazarus ein Mystiker, der stundenlang Monsterbilder in schrägen Magazinen anglotzt und wie ein Zombie durch die Stadt streift und mit 15 meinte, bevor das Jahr zu Ende ginge, würde er 140 Kilo auf die Waage bringen, und sich obendrein vornahm, bis spätestens Silvester eine Million Dollar gescheffelt zu haben – Diese irre Bude besucht Cody oft in seiner abgewetzten blauen Bremseruniform und sitzt am Küchentisch, springt dann plötzlich auf und in sein Auto, ruft: «Hab's eilig!», und rast los nach North Beach, um die Gang zu treffen, oder zu seinem Zug zur Arbeit, und überall Frauen auf der Straße und in unseren Bars, und die ganze Frisco-Szene ist ein einziger verrückter Film – Ich seh mich dort ankommen, volle Leinwandbreite, mich umschauen, Schnauze voll von Trübsal – Weiße Schiffsmasten am Fuß der Straßen.

Ich seh mich zwischen Markthallen umherziehen – vorbei am verlassenen MCS-Gewerkschaftshaus, wo ich mich jahrelang abmühte, ein Schiff zu kriegen – Da gehe ich, mampfe einen Mister-Goodbar-Schokoriegel –

Ich komme an Gump's Department Store vorbei, werfe einen Blick in die Rahmenhandlung, wo Psyche arbeitet, die immer Jeans und Rollis trägt, mit einem weißen Halskettchen drüber, Psyche, der ich gern die Hose ausziehen und ihr nur den Pulli und das Kettchen lassen würde, und der Rest ist nur für mich und viel zu süß für mich – Von der Straße gaffe ich sie an – Ein paarmal schleiche ich an unserer Bar (The Place) vorbei und linse rein –

18

Ich wache auf, bin auf dem Desolation Peak, und die Tannen stehen reglos da im blauen Morgen – Zwei Schmetterlinge treten auf, mit Bergwelten als Hintergrund – Meine Wanduhr tickt den trägen Tag – Während ich im Schlaf die ganze Nacht in Träumen reiste, haben sich die Berge nicht bewegt, und dass sie träumten, würde ich bezweifeln –

Ich gehe raus, um einen Eimer Schnee für meinen alten Waschzuber aus Blech zu holen, der mich an den meines Großvaters in Nashua erinnert, und stelle fest, dass meine Schaufel nicht mehr in der Schneewehe am Felshang steckt, ich blicke hinab, denke, dass es lange dauern wird, da runter- und dann wieder raufzuklettern, doch ich kann sie nirgends sehen – Dann sehe ich sie doch, im Matsch neben dem Schnee, auf einem Vorsprung, vorsichtig steige ich runter, rutsche durch den Matsch, ziehe nur zum Spaß einen fetten Steinbrocken raus und kicke ihn talwärts, er kracht dröhnend gegen einen Felsen, springt entzwei und donnert einen guten halben Kilometer tiefer, wo das letzte Stück lange Schneefelder durchrollt und mit einem Schlag, den ich erst 2 Sekunden später höre, an einem anderen Felsen liegenbleibt – Stille, keine Spur von Fauna in der wunderschönen Schlucht, bloß Tannen, Gamsheide und Fels, der Schnee rings um mich grellweiß in der Sonne, ich blicke wehmütig hinab auf den himmelblau neutralen See, kleine rosafarbene oder fast braune Wolken schweben dort in seinem Spiegel, ich blicke auf, und da ragen die rotbraunen Zinnen des mächtigen Hozomeen hoch in den Himmel – Ich schnappe mir die Schaufel, steige langsam, rutschend durch den Matsch zurück nach oben – Fülle den Eimer mit sauberem Schnee, decke meinen Vorrat Kohl und Möhren in einem neuen, tiefen Schneeloch zu und gehe wieder rein, kippe den Klumpen in den Zuber und schütte Schmelzwasser auf meinen staubigen Fußboden – Dann hole ich einen alten Eimer, und wie die alte Japanerin ziehe ich hinab in schöne Heidewiesen und sammle Holz für meinen Herd. Auf der ganzen Welt ist Samstagnachmittag.

19

«Wenn ich jetzt in Frisco wäre», denke ich auf meinem Sessel während langer Nachmitteinsamkeiten, «würde ich eine große Pulle Christian Brothers Port oder eine andere Spitzenmarke kaufen, in meinem Zimmer in Chinatown die Hälfte in einen Flachmann füllen, ihn in die Tasche stecken und dann los, durch die Sträßchen von Chinatown streifen und den Kindern zusehen, den Chinesenkindern, die kleinen Hände glücklich umschlossen von den großen ihrer Eltern, ich würde in Lebensmittelläden linsen, zusehen, wie Zen-Fleischer mit ungerührter Miene Hühnerhälse kappen, würde mit wässrigem Mund die glasierten marinierten Bratenten im Fenster bestaunen, würde herumspazieren, an der Ecke zum Italian Broadway stehen, das Leben, den blauen Himmel und die weißen Wolken erspüren, dann zurück und mit dem Flachmann in ein chinesisches Kino, dasitzen und trinken (von jetzt, 5 Uhr, ab) drei Stunden lang über schräge Szenen, unerhörte Dialoge und Plots staunen, und vielleicht sähen ein paar Chinesen mich dort mit meinem Flachmann und dächten: «Ah, ein besoffener Weißer in einem Chinesenkino» – Um 8 käme ich wieder raus in blaue Dämmerung, und auf den Zauberhügeln ringsherum funkeln die Lichter

San Franciscos, schnell zurück ins Zimmer, meinen Flachmann nachfüllen, und weiter auf eine ausgedehnte Wanderung quer durch die Stadt, um Appetit zu kriegen für mein Mitternachtsgelage in einer Nische in Sun Heung Hungs fabelhaftem Restaurant – Ich würde über den Hügel stechen, den Telegraph Hill, und gradewegs runter zur Stichbahn, wo ich ein Plätzchen in einer Gasse kenne, an dem ich sitzen, trinken und eine steile schwarze Felswand betrachten kann, von der magische Schwingungen kommen und als Botschaften aus schwärmendem heiligem Licht in die Nacht strahlen, ich weiß das, ich hab's ausprobiert – Dann trinken, nippen, Deckel wieder auf die Flasche, den einsamen Weg am Embarcadero lang und vorbei an den Restaurants von Fisherman's Wharf, wo die Seelöwen mir mit heiseren Liebesrufen das Herz brechen, und weiter, an den Shrimptheken vorbei, hinaus, an den Masten der letzten eingedockten Schiffe vorbei, und dann die Van Ness rauf und rüber und runter ins Tenderloin – die blitzende Leuchtschrift und die Bars mit Cocktailkirsch-Sticks, die teigigen Gestalten, die alten blonden Säuferinnen, die in Gammelhose zum Schnapsladen stolpern – Dann gehe ich (der Wein ist praktisch alle, ich bin berauscht und glücklich) die Market-Street-Schlagader entlang durchs bunte Chaos aus Matrosen, Kinos und Getränkespendern, durch die Gasse mittendrauf auf die Skid Row (wo ich meinen Wein austrinke, inmitten schlüpfriger Türen, mit Kreide beschmiert und vollgepisst und vollgesplittert von hunderttausend trauernden Seelen in Lumpen von der Wohlfahrt) (dieselben alten Jungs, die auf den Güterzügen umherstreifen und sich an kleine Zettel klammern, auf denen du stets irgendein Gebet oder eine Philosophie findest) – Ist der Wein alle, gehe ich leise, im Takt meiner Füße singend und klatschend, den ganzen Weg über die Kearney zurück nach

Chinatown, fast Mitternacht inzwischen, setze mich dort im Park auf eine dunkle Bank und genieße die Stimmung, sauge den Anblick der köstlichen Neonlichter meines Restaurants auf, die in der kleinen Straße blinken, hin und wieder kommen besoffene Verrückte vorbei, suchen im Dunkeln den Boden nach halbleeren Flaschen oder Kippen ab, und jenseits der Kearny spazieren die blauen Cops im großen grauen Zuchthaus ein und aus – Dann geh ich in mein Restaurant, bestell was von der chinesischen Karte, und sofort bringt man mir geräucherten Fisch, Curryhuhn, fabelhafte Teigtaschen mit Ente, unglaublich deliziöse und delikate Silberplatten (auf Füßchen) voll dampfender Wunder, von denen man den Deckel hebt und schaut und schnuppert – samt Teekanne und Tasse; ach, ich esse – und esse – bis um Mitternacht – Vielleicht schreib ich dann beim Tee an meine liebe Ma und erzähl ihr alles – dann, völlig erledigt, entweder ins Bett oder in unsere Bar, das Place, die Gang finden und mich betrinken …

20

An einem milden Augustabend kraxle ich den Berghang runter, bis ich ein steiles Plätzchen finde, wo ich mit überkreuzten Beinen neben Tannen und verdorrten alten Stümpfen sitzen und den Mond ansehen kann, den gelben Halbmond, der südwestlich in die Berge sinkt – Am Himmel im Westen warmes Rosa – Etwa halb neun – Der Wind über dem See tief unter mir ist lau und all das ganz genau so, wie man sich Zauberseen immer vorgestellt hat – Ich bete und bitte den Erwecker Avalokiteshvara, mir seine diamantene Hand auf die Stirn zu legen und mir ewige Einsicht zu schenken – Er ist der Hörer und Beantworter der Gebete, ich weiß schon, das ist eine selbstgemachte Sinnestäuschung, verrücktes Zeug, aber schließlich sagen doch nur die Erwecker (die Buddhas) selbst, es gebe sie nicht – Nach ungefähr zwanzig Sekunden drang mir folgende Einsicht in Herz und Verstand: «Kommt ein Kind auf die Welt, schläft es ein und träumt den Traum des Lebens, und wenn es tot in seinem Grab liegt, erwacht es wieder zu ewiger Verzückung» – «Und alles in allem spielt es keine Rolle» –

Ja, Avalokiteshvara hat wirklich seine diamantene Hand aufgelegt …

Und dann die Frage wieso, wieso, es ist ja nur die Macht, die eine Geistige Natur, die von unendlichen Möglichkeiten kündet – Wie seltsam zu lesen, im Februar 1922 (der Monat vor meiner Geburt) sei dies oder das in den Straßen Wiens passiert, wie konnte es ein Wien, ja selbst die Vorstellung von einem Wien gegeben haben, bevor ich auf der Welt war?! – Das kommt daher, dass die eine Geistige Natur unabhängig von den Einzelnen besteht, die da kommen oder gehen, sie tragen, sich in ihr bewegen und von ihr bewegt werden – Sodass vor 2500 Jahren Gautama Buddha den größten Gedanken der Menschheit dachte, ein Tropfen im Eimer sind all diese Jahre in der Geistigen Natur, dem Universellen Geist – In meiner Berggenügsamkeit erkenne ich, dass die Macht sich sowohl am Unwissen erfreut wie an der Erleuchtung, denn sonst gäbe es keine unwissende Existenz neben erleuchteter Nicht-Existenz, warum sollte die Macht sich auch beschränken – Form des Schmerzes oder ungreifbarer Äther der Form- und Schmerzlosigkeit, was soll's? – Und ich sehe den gelben Mond über der wirbelnden Erde niedersinken, und ich drehe den Kopf, um umgekehrt zu sehen, und die irdischen Berge sind wieder nur dieselben alten Hängeblasen, die in ein unendliches Meer aus Raum hinabbaumeln – Ach, wenn es noch ein anderes Sehen als das mit den Augen gäbe, welch andere atomaren Ebenen könnten wir erkennen? – doch hier, mit unseren Augen, sehen wir nur Monde, Berge, Seen, Bäume und fühlende Wesen – Die Macht erfreut sich an alldem – Sie ruft sich in Erinnerung, dass sie die Macht ist, weshalb es für sie, die Macht, nichts als Verzückung gibt und ihre Manifestationen Traum sind, sie ist die Goldene Ewigkeit, für immer friedvoll, und der trübe Traum der Existenz ist nur eine Trübnis in – mir gehen die Worte aus – Das warme Rosa im Westen wird zu einem stillen, pastellig grauen Garten, der milde Abend seufzt, kleine Tiere rascheln durch Heide und Höhlen, ich strecke die steifen Beine, der Mond gelbt und reift und trifft schließlich die höchste Felsspitze, und wie immer zeichnet sich vor seinem Zauber irgendein toter Baum oder Stumpf ab, der aussieht wie der legendäre Coyotl, Gott der Indianer, im Begriff, die Macht anzuheulen –

Oh, wie friedlich und zufrieden ich mich fühle, als ich zurück zu meiner Hütte komme, im Wissen, dass die Welt ein Kindertraum ist und wir zu nichts anderem zurückkehren als der Verzückung der goldenen Ewigkeit, der Essenz der Macht – und die Uranfängliche Entrückung, *die kennen wir alle* – Im Dunkeln liege ich auf dem Rücken, die Hände gefaltet und glücklich, während das Polarlicht funkelt wie bei einer Hollywood-Premiere, und auch das schau ich mir auf dem Kopf an und erkenne, dass nichts dahintersteckt als große Stücke Erdeneis, die noch die jenseitige Sonne eines fernen Tages spiegeln, ja tatsächlich, schemenhaft erkennt man auch, wie die Erde sich nach oben wölbt – Polarlicht wie Eismonde, hell genug, mein Zimmer zu erleuchten.

Wie gut es tut zu wissen, dass am Ende gar nichts eine

Rolle spielt – Kummer? Das erbärmliche Gefühl, wenn ich an meine Mutter denke? – Doch all das muss erweckt und muss erinnert werden, es ist nicht von alleine da, und das liegt daran, dass die Geistige Natur natürlich frei von Traum und frei von allem ist – Das ist wie bei diesen pfeiferauchenden Deisten, die verkünden: «O seht die wunderbare Schöpfung Gottes, den Mond, die Sterne usw., würdet ihr sie gegen irgendetwas tauschen?», ohne zu begreifen, dass sie das nicht sagen würden, gäbe es nicht eine uranfängliche Erinnerung daran, wann, was und wie noch gar nichts war – «Das ist nicht lange her», erkenne ich, während ich die Welt betrachte, ein Schöpfungskreislauf neuen Datums, durch den die Macht ihr selbstloses Selbst mit der Erinnerung daran erfreut, dass sie die Macht ist – Und alles daran wesentlich ein wimmelnd zartes Rätsel, sichtbar nur, wenn man die Augen schließt und die unendliche Stille in die Ohren lässt – Der Segen und das Glück sind garantiert zu glauben, meine Lieben –

Wenn sie wollen, werden die Erwecker als Säuglinge geboren – Dies ist mein erstes Erwachen – Es gibt keine Erwecker und auch kein Erwachen.

In meiner Hütte liege ich, denke an die Veilchen in unserem Garten an der Phebe Avenue, als ich elf war, damals an Juniabenden, dieser trübe Traum, flüchtig, rastlos, lange vorbei, noch weiter weg, bis alles weg sein wird.

21

Mitten in der Nacht wache ich auf und denke an Maggie Cassidy, daran, wie ich sie hätte heiraten und der alte Finnegan zu ihrer irischen Lass Plurabelle sein können, wie ich ein

Häuschen auf dem Land hätte kaufen können, ein kleines, klappriges Irish-Rose-Häuschen inmitten von Schilf und alten Bäumen am Ufer des Concord River, und wie ich als grimmiger, bejackter, behandschuhter, bebaseballmützter Bremser in der kalten Nacht Neuenglands geschuftet hätte, für sie und ihre irischen Elfenbeinschenkel, für sie und ihre Marshmallow-Lippen, für sie und ihren irischen Akzent und «Gottes grüne Erde» und ihre beiden Töchter – Wie ich sie nachts aufs Bett gelegt hätte, nur für mich allein, und mühsam ihre Rose gesucht hätte, ihr Grubending, dieses smaragddunkle Heldending, das ich begehre – ich denke an ihre Seidenschenkel in engen Jeans, daran, wie sie die Schenkel seufzend unter ihren Händen übereinanderschlug, wenn wir zusammen fernsahen – im Wohnzimmer ihrer Mutter, bei dieser letzten, verhexten Reise nach Lowell im Oktober 1954 – Ach, die Rosenranken, der Flussschlamm, ihr Fluss, ihre Augen – Eine Frau für den alten Duluoz? Vor meinem Herd in der Trübsalmitternacht ist daran nicht zu glauben – das Maggie-Abenteuer –

Die Klauen schwarzer Bäume in mondbeschienen rosaroter Dämmerung halten vielleicht zufällig auch für mich Liebe bereit, und ich kann sie jederzeit zurücklassen und weiterziehen – Aber wenn ich alt an meinem letzten Ofen sitze und der Vogel in o Lowell oben auf dem Staubast tändelt, was werde ich da denken, Weide? – Wenn der Wind in meinen Schlafsack kriecht und der Blues mir in den nackten Rücken fährt und ich gebeugt meinen löblichen Pflichten in der Rasendeckenerde nachgehe, welche Liebeslieder werden dann gesungen für den krummen alten trüben Jack O? – Keine neuen Dichter werden mir Lorbeer bringen wie Honig für meine Milch, Hohn – Hohn geliebter Frau wäre besser, schätze ich – Ich würde von Leitern stürzen, brabam, und mir im Fluss die Unterhosen waschen – mir Wäscheleinen schwatzen – mir den Montag lüften – mir ganze Afrikas von Hausfrauen hirnspinstern – mir Töchter Learen – mir ein Marmorherz erbetteln – Doch es könnte besser gewesen sein, als es sein könnte, einsame und ungeküsste Duluozlippen griesgramen in einem Grab.

22

Am frühen Sonntagmorgen muss ich immer an zu Hause bei Ma auf Long Island denken, in den letzten Jahren, daran, wie sie die Sonntagszeitung liest und ich aufstehe, dusche, ein Glas Wein trinke, den Sportteil lese und das schöne Frühstück esse, das sie mir auftischt, nach dem ich bloß fragen muss, daran, wie knusprig sie den Schinken und wie spiegelig sie die Eier brät – Der Fernseher ist aus, weil am Sonntagmorgen sowieso nichts Gutes läuft – Es tut mir weh, daran zu denken, dass ihr Haar ergraut und dass sie 62 ist und 70 sein wird, wenn ich meine eulenhaften Vierziger erreiche – Bald wird sie meine «alte Mutter» sein – Jetzt in der Koje male ich mir aus, wie ich sie pflegen werde –

Dann, wenn der Tag sich zieht, der Sonntag sich schleppt und die Berge das frömmelnd dumpfe Aussehen eines Sabbathini annehmen, denke ich stattdessen an frühere Tage in Lowell, als die backsteinernen Fabriken gegen vier am Nachmittag so verwunschen am Flussufer lagen, die Kinder aus dem Sonntagskino kamen, doch o, der triste Backstein, in ganz Amerika ist er zu sehen, in der errötenden Sonne, und dahinter Wolken, und die Leute feingemacht vor alledem – Alle stehen wir auf der tristen Erde und werfen lange Schatten, mit Fleisch verschnittener Atem.

Sogar das Wuseln der Maus auf meinem Hüttendachboden hat sonntags etwas Sonntagsheiliges, wie Kirchgang, Kircherei, Predigerei – Kriegen wir schon noch hin.

Sonntags bin ich meist gelangweilt. Auch meine Erinnerungen sind gelangweilt. Die Sonne strahlt zu golden. Mir graut beim Gedanken daran, was die Leute in North Carolina jetzt tun. In Mexico City laufen sie rum und essen riesige Placken gebratener Schweinehaut, in Parks, sogar ihr Sonntag ist eine Schande – Der Sabbat muss erfunden worden sein, um Fröhlichkeit zu hemmen.

Für normale Leute heißt der Sonntag Lächeln, aber für uns schwarze Poeten, argh – Ich glaube, der Sonntag ist die Lupe Gottes.

Man vergleiche die Kirchhöfe am Freitagabend mit den Kanzeln sonntagmorgens –

In Bayern gehen Männer mit nackten Knien umher, die Hände hinterm Rücken – Fliegen dösen hinter einem Spitzenvorhang in Calais, sehen durchs Fenster Segelboote – Sonntags gähnt Céline und stirbt Genet – Keine Pracht in Moskau – Bloß in Benares schreien sonntags Krämer, und Schlangenbeschwörer öffnen Körbe mit der Laute – Auf dem Desolation Peak in den Cascades, sonntags, argh –

Ich denke ganz besonders an die Backsteinwand der Sheffield Milk Company an der Hauptstrecke der Long Island Railroad in Richmond Hill, an die Schlammspuren, die die Autos der Arbeiter unter der Woche immer auf dem Parkplatz hinterließen, an die ein, zwei einsamen Autos von Sonntagsarbeitern, die jetzt dort stehen, an die Wolken, die durch braunes Pfützenwasser ziehen, an herumliegende Stöcke, Dosen und Lumpen, an vorbeigehende Einwohner mit blassen, leeren Sonntagsausflüglergesichtern – ein Omen jenes geisterhaften Tages, an dem das industrielle

Amerika verlassen und, an einem einzigen, langen Sonntagnachmittag des Vergessens, dem Rost anheimgegeben sein wird.

23

Mit ihren vielen hässlichen Knospenbeinen tritt die grüne Gebirgsraupe in ihre Heidewelt, ein Kopf wie ein blasser Tautropfen, der fette Leib streckt sich nach oben, um loszuklettern, kopfüber hängt sie wie ein Ameisenbär, sucht tastend, fischend, schwankend, dann krümmt sie sich wie ein auf einen Ast kletternder Junge, versteckt sich unter Heidezweigen und pflückt und ungeheuert an dem unschuldigen Grün herum – Sie ist der Teil des Grüns, dem ein Bewegungssaft gegeben wurde – Spähend dreht sie ihren Kopf, drängt ihn überall hinein – Sie sitzt in einem Dschungel schattensprenkeliger grauer Heidenadeln aus dem letzten Jahr – Manchmal giert sie einen liederlosen Blick gen Himmel, reglos wie das Bild einer Boa Constrictor, schläft schlangenköpfig, rollt sich ein wie ein kaputter Schlauch, wenn ich sie anpuste, duckt sie sich weg, tritt rasch den Rückzug an, gehorcht demütig der platten Anordnung zum Stillliegen, die der Himmel ausspricht, was immer von ihm kommen mag – Jetzt, als ich noch mal puste, ist sie traurig, den Kopf bedröppelt zwischen den Schultern, ich lasse sie ihres unbeobachteten Weges ziehen, stelle mich tot, genau wie sie – Da zieht sie ab, verschwindet, tschuckelt durch den Dschungel, und augenhoch mit ihrer Welt begreife ich, auch sie wird überragt von ein paar Früchten und dann von der Unendlichkeit, auch sie steht kopf und klammert sich an ihre Sphäre – Wir alle sind verrückt.

Ich sitze da und frage mich, ob meine eigene Reise längs der Küste bis Frisco und Mexiko wohl genauso traurig und verrückt wird – aber Jesses Christus, besser, als auf diesem Felsen festzusitzen, kann es ja nur werden –

24

Manche Tage auf dem Berg sind heiß, aber durchwirkt von reiner, kühler Schönheit, eine Vorbotin des Oktobers und meiner Freiheit auf der Hochebene Mexikos, die sogar noch reiner und kühler sein wird – O alte Träume von den Bergen auf der Hochebene Mexikos, wenn der Himmel voller Wolken fast wie Patriarchenbärte hängt und ich selber ja der Patriarch bin, der in wallender Robe auf grüngoldenem Hügel steht – In den Cascades kann der Sommer im August zwar heiß werden, doch man ahnt bereits den Herbst, vor allem am Osthang meines Bergs am Nachmittag, abseits der brennenden Sonne, wo die Luft klar und gebirgig ist und die Bäume ordentlich zu einem Anfang vom Ende verdorrt sind – Dann denk ich an die World Series, daran, wie Football in Amerika die Herrschaft übernimmt (eine laute, aufgeregte mittelwestliche Stimme aus einem rauschenden Radio) – Ich denke an Regale voller Wein in den Geschäften längs der California Railroad, ich denke an Kiesel auf dem Boden im Westen unter weitem, herbstdonnerndem Himmel, ich denke an die langen Horizonte und Ebenen und die endgültige Wüste mit ihrem Kaktus und den trockenen Mesquitebäumen, daran, wie sie sich weit entfernt in rote Tafelländer strecken, wohin sich meine alte Reisendenhoffnung immerzu windet, windet, und nur Nichts kehrt aus dem Nirgendwo zurück, der lange Traum des Trampers und

Hobos aus dem Westen, der Erntenomaden, die in ihren Baumwollpflückersäcken schlafen und zufrieden unterm Blitzstern ruhen – Abends grüßt der Herbst im Sommer der Cascades, wenn man die Venus rot auf ihrem Hügel sieht und denkt: «Wer wird wohl meine Lady sein?» – Alles, der Nebelschimmer und die summenden Insekten, wird von der Sommertafel abgewischt, vom heftigen Seewind gen Osten geblasen werden, und ich werde mit wehendem Haar zum letzten Mal den Pfad hinunterstapfen, den Rucksack auf dem Rücken, den Schnee und die Pinien besingen, unterwegs zu neuen Abenteuern, neuer Sehnsucht nach Abenteuern – und alles hinter mir (und dir), das Tränenmeer, das dieses Erdenleben war, so alt, dass ich, wenn ich meine Ansichtsfotos des Gebiets um den Desolation betrachte und die an einen längst verschwundenen Pferchzaun gebundenen alten Mulis und drahtigen Rotschimmel von 1935 (auf dem Foto) sehe, darüber staune, dass die Berge 1935 schon genauso aussahen (der alte Jack Mountain sogar mit gleicher Schneeverteilung), wie sie es 1956 tun, sodass mir das Alter der Erde ins Auge sticht und mich ursprünglich daran erinnert, dass sie auch 584 v. Chr. bereits dieselbe war, dass die Berge auch damals schon so aussahen – Und all das ist nur ein Tropfen Gischt – Wir leben für die Sehnsucht, also werde ich mich sehnen und diesen Berg hinabhüpfen, mit oder ohne höchste und vollkommene Erkenntnis, von herrlicher Unwissenheit erfüllt und mich nach einem anderen Ort zum Funkeln umsehen –

Später am Nachmittag frischt der Wind auf, weht unsichtbar aus lächellosem Westen her und schickt mir klare Botschaften durch meine Schutzwände und Ritzen – Mehr, mehr, lass die Tannen mehr verdorren, ich will die weißen Wunder südlich sehen –

25

Noumena sieht man, wenn man die Augen schließt, die körperlose, goldene Asche, den güldenen Engel Ta – Phänomena sieht man, wenn man die Augen öffnet, in meinem Fall die Überreste von tausend Stunden des Lebensentwurfs in einer Berghütte – Dort auf dem Holzstoß ein ausrangiertes Cowboyheft, würg, entsetzlich, schiere Gefühlsduselei, schwafelnde Kommentare und dumme Dialoge, sechzehn Helden mit zwei Schießeisen gegen einen schwachbrüstigen Bösewicht, dessen Jähzorn und stampfende Stiefel mir ziemlich sympathisch sind – das einzige Buch, das ich je weggeworfen habe – Darüber, in einer Fensterecke, ein Macmillan-Motorölkanister, in dem ich das Kerosin aufbewahre, mit dem ich meine Feuer anheize, sie nähre, fast wie ein Zauberer, große, dumpfe Ofenexplosionen, die den Kaffee zum Kochen bringen – Meine Bratpfanne hängt an einem Nagel über einer zweiten (gusseisernen) Pfanne, die zu groß zum Braten ist, doch von der Unterseite meiner Einsatzpfanne triefen ständig Tropfen Fett wie Sperma, die kratz ich ab und kipp sie in den Wald, wen interessiert's – Dann der alte Herd mit dem Wassertopf, dem ewigen, langstieligen Kaffeetopf, dem kaum benutzten Teetopf – Dann auf einem Tischchen die große, schmierige Spülschüssel, ringsherum das Zubehör aus Stahlschwamm, Trockentüchern, Ofentüchern, Spülbürste, ein einziges Chaos, darunter eine schwarze, schaumige Dauerpfütze, die ich einmal die Woche wegwische – Dann das Regal voll langsam schwindender Konserven und anderer Lebensmittel, Schachtel Waschmittel der Marke Tide, auf der die hübsche Hausfrau eine Schachtel Tide hochhält und sagt: «Füreinander gemacht» – Ungeöffnete Schachtel Bisquick, vom letzten Brandwächter hinterlassen, Flasche Sirup, der mir nicht schmeckt – mit dem ich die Ameisen vor der Hütte füttere – Altes Glas Erdnussbutter, das, dem Erdnussgammel nach zu urteilen, wahrscheinlich einer meiner Vorgänger hier stehen ließ, als Truman noch im Weißen Haus war – Glas, in dem ich Essigzwiebeln aufbewahre, riecht in der Nachmittagssonne wie Apfelmost, wie vergorener Wein – Fläschchen Bratenfond von Kitchen Bouquet, gut für Eintöpfe, klebt an den Fingern – Schachtel Fertigspaghetti von Chef Boyardee, was für ein fröhlicher Name, ich stell mir die Queen Mary vor, im Hafen von New York, und die Köche marschieren, Tellermützen auf dem Kopf, in die Stadt, in Richtung der funkelnden Lichter, oder ich stell mir einen Pseudokoch mit Schnauzbart vor, der in der Küche von TV-Kochshows italienische Arien schmettert – Stapel Tütenerbsensuppen, schmecken gut mit Schinken, schmecken wie im Waldorf-Astoria, Jarry Wagner hat mir die gezeigt, als wir das erste Mal in den Potrero Meadows wanderten und campten und er Bratspeck einfach in den Suppentopf warf, dick und kräftig in verrauchter Nachtluft dort am Bach – Dann eine halb aufgebrauchte Zellophantüte Schwarzaugenbohnen und ein Sack Roggenmehl für Muffins und um Johnny-Kuchenteig zu binden – Dann ein Glas Essiggurken, 1952 hiergelassen und im Winter tiefgefroren, sodass die Gurken nur noch würzige Wasserhülsen sind, die aussehen wie eingemachte grüne Paprika aus Mexiko – Meine Schachtel Maismehl, ungeöffnete Dose Backpulver von Calumet mit dem Indianerhäuptling drauf – Neue, ungeöffnete Dose schwarzer Pfeffer – Schachteln Lipton-Suppe, zurückgelassen von Ole Ed, dem letzten Einsamen hier oben – Dann mein Glas eingemachter Beete, rubindunkel und rot mit erlesenen Zwiebeln, weißgedrückt am Glas – Dann mein Honigglas, halb aufgebraucht für heiße Milch mit Honig an kalten Abenden, an denen ich mich unwohl oder krank fühle – Ungeöffnete Dose Maxwell-House-Kaffee, die letzte – Flasche Rotweinessig, den ich nie verwende, von dem ich wünschte, er wär Wein, er sieht auch aus wie Wein, so rot und dunkel – Dahinter neuer Krug Melasse, aus dem ich manchmal einfach so trinke, der ganze Mund voll Eisen – Die Schachtel Ry-Krisp, trockenes, trauriges Knäckebrot für trockene, traurige Berge – Und eine Reihe Dosen, vor Jahren hinterlassen, gefriergetrockneter Spargel, der geschmacklich so viel Eindruck macht wie Wasserlutschen, und blasser ist er auch – Salzkartoffeln aus der Dose, schrumpfkopfig und zu nichts nütze – (fressen nur die Hirsche) – Die letzten zwei Dosen argentinisches Roastbeef, ursprünglich 15, sehr lecker, als ich an jenem kalten, stürmenden Tag mit Andy und Marty auf den Pferden hier oben ankam, fand ich Dosenfleisch und -thunfisch im Wert von $ 30 vor, alles lecker, hätt ich mir nie gekauft, knapp bei Kasse, wie ich bin – Lumberjack-Sirup, große Flasche, auch ein Geschenk von einem Vorgänger, für meine köstlichen Pfannkuchen – Spinat, der in der langen Zeit auf dem Regal eisern den Geschmack behalten hat – Meine Kiste Zwiebeln und Kartoffeln, o seufz! Was gäb ich für ein Eiscreme-Soda und ein Lendensteak!

La Vie Parisienne, ich stell's mir vor, ein Restaurant in Mexico City, ich gehe rein und setz mich vor die schwere Tischdecke, bestelle guten weißen Bordeaux und ein Filet Mignon, zum Nachtisch Plunderstücke, starken Kaffee und eine Zigarre, ah, und dann spaziere ich über den Paseo de la Reforma in die interessanten Dunkelheiten des französischen Films, spanisch untertitelt, und die plötzlich dröhnende spanische Wochenschau –

Hozomeen, der Fels, isst nie, sammelt niemals Reste an,

seufzt nie, träumt nie von fernen Städten, erwartet nie den Herbst, erzählt nie Lügen, wird vielleicht doch mal im Sterben liegen – Bah.

Jeden Abend frage ich den Herrn: «Wieso?», und eine ordentliche Antwort hab ich bisher nie gehört.

26

Erinnern, erinnern, an diese süße Welt, die derart bitter schmeckt – an damals, als ich Sarah Vaughans «Our Father» auf meiner kleinen Kiste in Rocky Mount spielte und das farbige Hausmädchen Lula in der Küche weinte, sodass ich ihr das Ding geschenkt hab und man jetzt sonntagmorgens auf den Wiesen und Pinienöden von North Carolina die Göttliche Sarah aus dem alten kahlen Häuschen ihres Mannes mit der Veranda voller Babys singen hört – «for Thine is the Kingdom, and the Power, and the Glory, forever, amen» – wie ihre Stimme sich beim «a» von «amen» zu einem Glockenläuten bricht, zitternd, wie es einer Stimme ziemt – Bitter? Weil Käfer sogar auf dem Tisch im Todeskampf strampeln, wie man sich denken kann, todeslose Narren, die aufstehen, davonspazieren und wiedergeboren werden, so wie wir «Mnschnwsn» – wie geflügelte Ameisen, die Männchen, die, verstoßen von den Weibchen, sterben gehen, wie sinnlos sind die doch, wie sie die Fensterscheiben raufklettern und oben einfach wieder runterfallen und von vorn anfangen, bis sie erschöpft verenden – Und die eine, die ich eines Nachmittags auf meinem Hüttenboden sah, wie sie im schmutzigen Staub strampelte und strampelte, in einer Art tödlich hoffnungslosem Anfall – oi, genau wie wir es tun, ob wir es sehen können oder nicht – Süß? Genauso süß, das schon, wie wenn im Topf das Essen blubbert und mir das Wasser im Mund zusammenläuft, der wunderbare Topf voll Rübstiel, Möhren, Roastbeef, Nudeln und Gewürzen, den ich eines Abends kochte und mit nacktem Oberkörper auf dem Hügel aß, im Schneidersitz, aus einer kleinen Schale, mit Stäbchen, singend – Dann die lauen, mondhellen Nächte, das rote Glühen immer noch im Westen – Süß genug, die Brise, die Lieder, die dichten Kiefern unten in den Schluchtentälern – Eine Tasse Kaffee und eine Zigarette, warum Zazen? Und irgendwo kämpfen Männer mit grässlichen Karabinern, die Brust gekreuzt von Munition, die Gürtel schwer von den Granaten, durstig, müde, hungrig, verängstigt, verwahnsinnigt – Offensichtlich hat der Herr, als er denkend die Welt erschuf, gewollt, dass sie sowohl mich und mein trauriges, abgeneigtes Schmerzensherz einschließt als AUCH Bull Hubbard, der sich vor Lachen über die Torheit der Menschen auf dem Boden kringelt –

Abends am Schreibtisch in der Hütte sehe ich mein Spiegelbild im schwarzen Fenster, ein raubeiniger Kerl in schmutzigem, zerlumptem Hemd, rasurbedürftig, stirnrunzelnd, belippt, beaugt, behaart, benast, beohrt, behändet, behalst, beadamsapfelt, beaugenbraut, ein Spiegelbild, bloß mit dem Nichts aus 7 000 000 000 000 Lichtjahren unendlicher Finsternis dahinter, durchsiebt vom willlkürlichen Licht beschränkter Einfälle und trotzdem ein Funkeln im Auge, und ich schmettere zotige Songs über den Mond in Dublins Gassen, über Wodka hoi hoi, und dann traurige Mexiko-Sonnenuntergang-über-Geröll-Songs über *amor, corazón* und *tequila* – Mein Schreibtisch liegt voller Papier, schön anzusehen mit halboffenen Augen, der zartmilchige Müll gestapelten Papiers, wie ein alter Traum von einem Bildnis von Papier, wie auf einem Schreibtisch aufgestapeltes Papier in einem Trickfilm, wie eine realistische Szene in einem alten russischen Film, und die Öllampe schattet einen Teil davon entzwei – Und bei näherer Betrachtung meines Gesichts im Blechspiegel sehe ich die blauen Augen und die sonnenroten Wangen und die roten Lippen und den Wochenbart und denke: «Mut soll nötig sein, um zu leben, um sich dem ehernen Hemmnis des Stirb-du-Narr zu stellen? Quatsch, am Ende spielt es keine Rolle» – Bestimmt, nein, *sicher* ist es die Goldene Ewigkeit, die sich mit Filmen amüsiert – Peinigt mich in Panzern, was soll ich sonst glauben? – Schneidet mir mit dem Schwert die Glieder ab, was muss ich tun, Kalinga hassen bis zum bitteren Tod und länger noch? – Pra, es ist der Verstand. «Schlaf in himmlischer Ruh» –

27

Plötzlich, an einem unschuldigen, mondhellen Dienstagabend, stelle ich das Funkgerät zum Palaver an und höre all die Aufregung über Blitzschlag, der Ranger hat Pat auf dem Crater Mountain ausrichten lassen, ich solle mich gleich melden, was ich auch tue, und er sagt: «Wie sieht's da oben mit Blitzschlag aus?» – Ich sage: «Der Himmel ist klar, der Mond scheint, Wind aus dem Norden» – «Hm», sagt er etwas nervös und gequält, «irgendwas machst du wohl richtig» – In dem Moment sehe ich einen Blitz im Süden niederfahren – Er sagt, ich solle die Pfadschläger am Big Beaver rufen, was ich tue, aber keine Antwort – Plötzlich sprühen Funkgerät und Nacht vor Aufregung, die Blitze am Horizont sind wie die vorletzte Strophe des Diamant-Sutra (der Diamantenspalter des Weisen Gelübdes), ein unheilvoller Ton tönt aus der Heide, der Wind im Hüttengebälk wirkt extraverdächtig, es ist, als wären die sechs Wochen einsamen, gelangweilten Alleinseins auf dem Desolation Peak vorbei und ich wäre wieder *unten,* einfach nur wegen der fernen Blitze, fernen Stimmen und hin und wieder des fernen Donnergrummelns – Der Mond scheint weiter, der Jack Mountain verliert sich hinter Wolken, aber nicht der Desolation, gerade so noch sehe ich die Schneefelder auf dem Jack im Dunkel griesgramen – Ein riesenhafter Fledermausflügel, 40 oder 80 Kilometer breit, kriecht langsam herbei, verfinstert bald den Mond, der aufhört, aus seiner Wiege durch den Nebel zu trauern – Ich tigere vor der Hütte durch den Wind, fühle mich seltsam und glücklich – Der Blitzschlag tanzt gelb über den Gipfeln, im Pasayten Forest lodern schon zwei Feuer, laut dem aufgeregten Pat auf dem Crater, der sagt: «Mordsspaß, hier oben die Einschläge zu notieren», was er gar nicht müsste, denn die sind ja so weit weg von ihm, und von mir auch gut 40 Kilometer – Beim Herumtigern denke ich an Jarry Wagner und Ben Fagan, die auf diesen Ausgucken Gedichte schrieben (auf Sourdough und Crater), und ich wünschte, ich könnte sie jetzt sehen, um wieder das seltsame Gefühl zu kriegen, ich sei runter vom Berg und der ganze Langweilermist vorbei – Irgendwie, von wegen Aufregung, wirkt meine Hüttentür dramatischer, wenn ich sie auf- und zumache, die Hütte selbst *bevölkert,* in Gedichten besungen, Waschzuber und Freitagabend und Menschen in der Welt, endlich *irgendwas,* irgendwas tun oder sein – Es ist nicht mehr Dienstagabend, der 14. August auf dem Desolation, sondern die Nacht der Welt mit ihrem Blitzschlag, und da tigere ich herum, im Kopf die Zeilen des Diamant-Sutra (für den Fall, dass der Blitz kommt und mich mit Heidenangst oder Herzinfarkt in meinen Schlafsack krümmt; es donnert jetzt direkt über meinem Blitzableiter): «Wenn ein

Jünger irgendein begrenztes Urteil über die Wirklichkeit des Gefühls seines Selbst, des Selbst eines anderen, des Selbst eines Lebewesens oder des universellen Selbst wertschätzte, so schätzte er etwas, das gar nicht existiert» (meine Paraphrase) und jetzt, heute Abend, erkenne ich mehr als je zuvor die Wahrheit dieser Worte – Denn all diese Phänomena (das, was sich zeigt) und alle Noumena (das, was sich nicht zeigt) sind der Verlust des Himmlischen Königreichs (und nicht mal das) – «Ein Traum, ein Hirngespinst, eine Blase, ein Schatten, ein Blitz am Himmel ...»

«Ich find's raus und geb Bescheid – wupps, wieder einer – also ich find's raus und geb Bescheid, ähm, wie's aussieht», funkt Pat, während er auf seiner Feuerkarte X-e einträgt, wo seiner Meinung nach die Blitze einschlagen, alle vier Sekunden sagt er «wupps», und mir geht auf, wie lustig er mit seinem «wupps» eigentlich ist, so wie Irwin und ich mit unserem «Captain Upps», der Kapitän auf einem Irrenschiff war, oben auf der Gangway, über die am Auslauftag allerlei Vampire, Zombies, rätselhafte Reisende und Harlekine verkleidet an Bord stapften, und wenn, *en route sur le voyage,* das Schiff am Ende der Welt ankommt und plopp über den Rand verschwindet, sagt der Captain «Upps».

Ein Schatten, eine Blase –
Wupps
Der Blitz am Himmel

«Wupps», sagt man beim Suppekleckern – Es ist wirklich furchtbar, doch der Alles-Durchlaufende muss schon recht zufrieden sein mit allem, was passiert, dieser verdammte, nicht zu bändigende Glückspilz – (Krebs ist nicht zu bändigen) – Wenn also ein Blitzschlag Jack Duluoz in seiner Trübsal auf dem Gipfel schmilzt, lächle, denn der alte Tathagata hat's genossen wie einen Orgasmus, und nicht mal das.

28

Zisch, zisch, sagt der Wind, bringt Staub und Blitzschlag näher – Tick, sagt der Blitzableiter, der einen Stromstrang vom Einschlag auf dem Skagit Peak einfängt, eine gewaltige Kraft zuckt still und unauffällig durch meine schützenden Stangen und Kabel und verschwindet in der Trübsalerde – Kein Donnerkeil, nur Tod – Zisch, tick, und im Bett spür ich die Erde beben – Zwanzig Kilometer südlich vom Ruby Mountain und irgendwo beim Panther Creek tobt wohl ein großes Feuer, riesiger orangefarbener Fleck, um zehn schlägt noch mal Elektrizität ein, von der Hitze angezogen, und es ist ein grausiges Geloder, ein fernes Verhängnis, das mich «O wow» rufen lässt – Wer verbrennt dort tränennasse Augen?

Donner im Gebirge –
  das Eisen
der Liebe meiner Mutter

Und in der dicken, aufgeladenen Luft spüre ich die Erinnerung an die Lakeview Avenue, Nähe Lupine Road, wo ich zur Welt gekommen bin, an eine Gewitternacht im Sommer 1922, Schotter auf nassem Asphalt, die Trambahnschienen elektrisiert und glänzend, dahinter nasser Wald, mein apokloptaktischer, paratomanotialer Kinderwagen jüäärksend auf der Bluesveranda, nass, unter fruchtiger Lichtkugel, und ganz Tatagatha singt in horizontischem Blitz und Grummbrummdonner tief aus dem Schoß, dem Schloss der Nacht –

Bis Mitternacht hab ich so angestrengt ins Fensterdunkel rausgestarrt, dass ich überall und in der Nähe Feuer halluziniere, drei Stück am Lightning Creek, leuchtend orangefarbene, blasse Säulen Geisterfeuer erscheinen und verschwinden in meinen zuckenden, elektrisierten Augen – Immer wieder legt sich der Sturm, um dann erneut durchs Nichts zu blasen und meinen Berg zu treffen, bis ich endlich einschlafe – Wache bei prasselndem Regen auf, grau, doch silberne Löcher der Hoffnung am südlichen Himmel – Dort, bei 177° 16', wo ich das große Feuer sah, zeigt ein sonderbar brauner Fleck im sonst verschneiten Fels an, wo es tobte und in den unablässigen Regen spie – Rings um Cinnamon und Lightning keine Anzeichen letztnächtlicher Geisterfeuer – Nebel sickert, Regen fällt, der Tag ist spannend und erregend, und mittags endlich spüre ich, dass der rohe weiße Winter aus dem Norden auf einem Hozomeenwind einrauscht, Schnee liegt in der Luft, eisengrau und stahlblau überall die Felsen – «Junge, das war ja mal was!», rufe ich immer wieder, während ich nach einem guten, leckeren Frühstück mit Pfannkuchen und schwarzem Kaffee mein Geschirr spüle.

Die Tage gehen –
können nicht bleiben –
Ich begreif's nicht

Das denke ich, als ich auf meinem Kalender den 15. August einkreise, und sieh an, bereits 11.30 auf der Uhr, der Tag also schon halb vorüber – Mit einem nassen Lappen wisch ich vor der Hütte den Sommerstaub von meinen ruinierten Schuhen und tigere auf und ab und denke – Die Türangel an der Latrine ist locker, der Kaminaufsatz umgestürzt, ordentlich baden kann ich also frühestens in einem Monat, und es ist mir egal – Der Regen kommt zurück, den Feuern wird schon bald der Zunder ausgehen – In meinen Träumen träume ich, ich hätte einen Wunsch von Codys Frau Evelyn bezüglich ihrer Tochter angefochten, auf einem sonnigen Hausboot im sonnigen Frisco, und sie wirft mir den schmutzigsten Blick in der Geschichte des Hasses zu und sendet einen Stromschlag, der mir bis ins Mark fährt, doch ich bin entschlossen, mich nicht vor ihr zu fürchten und meinen Prinzipien treu zu bleiben, sitze ungerührt auf meinem Stuhl und rede weiter – Es ist dasselbe Boot, auf dem in einem früheren Traum meine Mutter die Admiralität zu Gast hatte – Arme Evelyn, sie muss mitanhören, wie Cody und ich uns einig sind, dass es dumm von ihr war, dem Bischof die einzige Stehlampe zu geben, über dem zu spülenden Geschirr hämmert ihr Herz – Überall arme, hämmernde Menschenherzen.

29

An diesem regnerischen Nachmittag mache ich – wie mir angedenk eines herrlichen chinesischen Reisgerichts, das Jarry uns im April in der Mill-Valley-Hütte gekocht hat, selbst versprochen – auf dem Herd eine irre chinesische Süßsauersauce, bestehend aus Rübstiel, Sauerkraut, Honig, Melasse, Rotweinessig, Saft von eingelegten Beeten, Saucenkonzentrat (tiefdunkel und bitter), und während sie köchelt und der Deckel auf dem kleinen Reistopf tanzt, gehe ich vor der Hütte auf und ab und sage: «China-Essen immel sehl gut!», und Erinnerungen an Chin Lee und meinen Vater in Lowell strömen auf mich ein, ich sehe die Backsteinmauer vor den Fenstern der Sitznischen in dem Restaurant, rieche Regen, Regenduft nach Backstein und chinesischem Essen über San Francisco durch die einsamen Regen der Plains und der Berge, erinnere mich an Regenmäntel und lächelnde Zähne, eine große, unausweichliche Vision mit armer, fehlgeleiteter Hand von – von Nebel, Bürgersteigen oder Städten, von Zigarrenrauch und vorn am Tresen zahlen, davon, wie Chinesenköche eine runde Kelle Reis aus dem großen Topf schaufeln, die kleine Porzellanschale unter die umgedrehte Kelle halten und den Reis reinklopfen, eine runde Kugel dampfenden Reis, den man dann auf den Tisch bekommt, mit diesen irre duftenden Saucen – «China-Essen immel sehl gut» – und ich sehe ganze Generationen von Regen, Generation von weißem Reis, Generationen von Backsteinmauern, auf denen das altmodische rote Neon blinkt wie warmer Kompost eines Backsteinstaubfeuers, ah, das süße, unbeschreibliche, saftig grüne Paradies aus blassen Kakadus, maulenden Straßenkötern und alten Zen-Spinnern mit Stock, und Flamingos aus Cathay, die man auf prächtigen Mingvasen und denen aus anderen, langweiligeren Dynastien sieht – Reis, dampfend, duftet so voll und holzig, sieht so rein aus wie die getriebenen Seetalwolken an einem Tag wie dem dieses chinesischen Dinners, wenn der Wind sie rieselnd und milchig über junge Tannen auf den rauen, nassen Fels zuschiebt –

30

Ich träume von Frauen, Frauen in Schlüpfer und schlampiger Kleidung, eine sitzt gleich neben mir, nimmt meine schlaffe Hand kokett von ihrem Platz im weichen Fleischwulst, doch obwohl ich gar nichts tue, bleibt die Hand dort liegen, andere Frauen und selbst Tanten sehen zu – Irgendwann geht das arrogante Biest, das meine Frau war, von mir weg und zur

Toilette, schnippisch, sagt irgendetwas Fieses, ich betrachte ihren schmalen Hintern – Ich bin ein echter Esel in blassen Häusern, ein Sklave meiner Gier nach Frauen, die mich hassen, sie breiten ihr Schacherfleisch über die Diwans aus, ein einziger Fleischtopf – Alles Wahnwitz, ich sollte abschwören, sie alle zusammenstauchen und aufs rechte Gleis kommen – Ich wache auf, glücklich gerettet in den Wildnisbergen – Für den faltigen Fleischwulst mit dem saftigen Loch würde ich fürchterliche Ewigkeiten aussitzen, in grauen, von grauer Sonne erleuchteten Zimmern, mit Cops und Alimentern, an der Tür und im Gefängnis jenseits davon? – Eine verdammte Farce ist das – Die Großen Weisen Stadien erbärmlichen Verstehens, die Höhere Religion ausmachen, entziehen sich mir, wenn es um Harems geht – Harem-Horror, jetzt alles im Himmel – Gesegnet seien ihre blökenden Herzen – Manche Lämmer sind Weibchen, manche Engel haben Frauenflügel, am Ende sind sie alle Mütter, und vergebt mir meine Sardonie – entschuldigt bitte meine Inbrunst.

(Hor hor hor)

31

Der 22. August ist für mich ein ausgesprochen merkwürdiges Datum, er war (mehrere Jahre lang) der große Tag (aus irgendeinem Grund), an dem die wichtigsten Hindernisrennen und Derbys ausgetragen wurden, die ich als Kind in Lowell auf meiner Murmelrennbahn durchführte – Auch war er das augustkühle Sommerende, an dem in sternenklaren Nächten die Bäume vor meinem Fliegengitterfenster in ganz besonderer Fülle raschelten, der Ufersand sich kühl anfühlte und kleine Muschelschalen darin glitzerten und Doctor Sax'

Schatten übers Mondgesicht flog – Die Rennbahn von Mohican Springs war eine wilde, neblige Piste in West-Massachusetts, mit kleineren Preisgeldern und älteren Pferdenarren, mit Trainern von der alten Schule und routinierten Pferden und Stallburschen aus Texas, Wyoming oder Arkansas – Im Frühjahr fand dort das Mohican Derby statt, hauptsächlich für dreijährige Klepper, doch das große August-Hindernisrennen war ein Massenauflauf, zu dem alles strömte, was in New York und Boston Rang und Namen hatte, und dann, ach dann, im ausklingenden Sommer, schmeckten die Ergebnisse und Siegernamen schon nach Herbst, schmeckten wie die Äpfel, die man im Valley jetzt in Körbe las, wie Apfelmost und tragische Endgültigkeit, und am letzten warmen Abend ging die Sonne über den Ställen von Mohican unter, und der Mond schien traurig durch die ersten eisenschweren Herbstwolken, und bald würde es kalt und ganz vorbei sein –

Kinderträume, und diese ganze Welt ist nur ein großer Schlaf aus neu erwecktem Stoff (bald neu erwachend) – Was könnte es Schöneres geben –

Um meinem 22. August die letzte, tragische Krone aufzusetzen, wurde ich an diesem Datum – 1944, anlässlich der Befreiung von Paris – für 10 Stunden aus dem Knast gelassen, um an einem heißen Nachmittag in New York unweit der Chambers Street meine erste Frau zu heiraten, mit einem bewaffneten Detective als Trauzeugen – Ein wirklich weiter Weg vom traurig-nachdenklichen Ti Pousse mit den Glasmurmeln, den sauber blockschriftlichen Rennlisten für Mohican Springs, dem unschuldigen Zimmer, bis hin zum raubeinigen, grimmigen, von einem Polizisten eskortierten Seemann, der in einem Richterzimmer heiratete (weil der Staatsanwalt die Braut für schwanger hielt) – Ein weiter Weg, und damals, in jenem August, war ich derart tief gesunken, dass mein Vater nicht mal mehr mit mir sprach, geschweige denn mich auslöste – Jetzt leuchtet der Augustmond durch neue Fetzenwolken, die nicht august*kühl* sind, sondern august*kalt*, und nach der Dämmerung sieht man den Tannenschemen, die sich bis tief runter zum See ziehen, bereits den Herbst an, der ganze Himmel Schneesilber und Eis und kalter Atemnebel, bald ist's vorbei – Herbst im Skagit Valley, doch wie könnte ich je den noch irreren Herbst im Merrimac Valley vergessen, wo kalte Nebelschlieren über den silbernen Mond peitschten und es nach Obstplantagen duftete, und die geteerten Dächer gefärbt mit Nachttinte, die schwer wie Weihrauch roch, wie Holzrauch, Laubrauch, Flussregen, der Duft der Kälte auf den Kniehosen, der Duft aufgehender Türen, die Tür des Sommers tat sich auf und ließ kurzen, frohlockenden Herbst mit Apfellächeln ein, hinter dem schon der alte, funkelnde Winter herhumpelte – Die gewaltige Verschwiegenheit der Gassen zwischen Lowells Häusern an den ersten Abenden im Herbst, als regnete es Amens bei den Schwestern dort – Indianer in den Baumklüften, Indianer in den Böden, Indianer in den Baumwurzeln, überall Indianer drin – Irgendetwas saust vorbei, kein Vogel – Kanupaddel, mondheller See, Wolf auf dem Hügel, Blume, Verlust – Holzstoß, Scheune, Pferd, Geländer, Zaun, Junge, Boden – Öllampe, Küche, Farm, Äpfel, Birnen, Spukhäuser, Kiefern, Wind, Mitternacht, alte Decken, Dachboden, Staub – Zaun, Gras, Baumstumpf, Pfad, welke Blumen, alte Maiskolben, Mond, gefärbte Wolkenlappen, Lichter, Läden, Straße, Füße, Schuhe, Stimmen, Schaufenster, Türen gehen auf und zu, Kleider, Hitze, Süßigkeiten, Kälte, Kitzel, Geheimnis –

32

Soweit ich weiß und wenn man mich fragt, ist dieser sogenannte Forest Service bloß Tarnung, einerseits ein diffus totalitärer Versuch des Staates, den Leuten den Wald vorzuenthalten, ihnen zu verbieten, hier zu pinkeln oder dort zu zelten, ihnen das eine zu erlauben und das andere zu untersagen, und das in der Uralten Wildnis des Tao und des Goldenen Zeitalters und der Jahrtausende des Menschen – Zweitens ist er eine Staffage der Holzbranche, und am Ende kommt dabei heraus, dass Scott Paper Tissue und Konsorten Jahr für Jahr die Wälder ausholzen, in «Zusammenarbeit» mit dem Forest Service, der sich mit der Raummeterzahl des Waldes brüstet (als gehörte auch nur ein handdickes Brett davon *mir*, obwohl ich dort nicht pissen oder zelten darf), und das Endergebnis ist, dass sich Leute auf der ganzen Welt mit diesen wunderschönen Bäumen ihre Ärsche abwischen – Und was Blitzschlag und Feuer angeht: Wer, welcher normale Amerikaner, verliert etwas, wenn es mitten im Wald brennt, und was hat die Natur die letzte Million Jahre lang dagegen unternommen? – In dieser Stimmung liege ich in mondheller Nacht bäuchlings auf meiner Pritsche und denke über das bodenlose Grauen der Welt nach, ausgehend von deren schlimmstem Ort, ein paar Straßen in Richmond Hill, hinter der Jamaica Avenue und gleich nordwestlich vom Zentrum, wo ich eines heißen Sommerabends, als Ma (1953) zu Besuch bei Nin im Süden war, plötzlich völlig depressiv herumlief, mit fast dem gleichen Depressionsgeschlurf wie an dem Abend, bevor mein Vater starb, und eines Winterabends rief ich aus diesen Straßen Madeleine Watson an, um sie zu fragen, ob sie mich heiraten wollte, so ein Anfall von Wahnsinn, wie er mich immer wieder überkommt, ich bin wahrhaftig ein «wahnsinniger Rumtreiber und Engel» – Die Erkenntnis, dass sich dieses bodenlose Grauen nirgends auf Erden bannen lässt (Madeleine war überrascht, erschrocken, sagte, sie habe einen festen Freund, fragt sich sicher heute noch, wieso ich angerufen habe oder was mit mir nicht stimmt) (vielleicht ist sie auch insgeheim in mich verliebt) (gerade hatte ich eine Vision von ihr, sah sie neben mir im Bett, die tragisch schönen, dunklen italienischen Züge, so tränenüberströmbar, so küssbar, fest und hübsch, wie's mir gefällt) – Der Gedanke, dass, selbst wenn ich in New York lebte: bodenloses Grauen von totenbleichen, pockennarbigen TV-Schauspielern mit schmalen silberfarbenen Krawatten, und die äußerste Tristesse der windgepeitschten Wohnungen am Riverside Drive und in den Eighties, wo sie alle wohnen, oder der kalten Morgendämmerung im Januar auf der Fifth Avenue, die Mülltonnen sauber vor die Brennöfen im Hof gereiht, des kalten, hoffnungslosen, ja bösartig gesonnenen Rosés dort am Himmel über klauenhaften Central-Park-Bäumen, nirgends kann man ausruhen, sich aufwärmen, denn man ist kein Millionär, und wenn man einer wär, brächte das auch nicht mehr – Bodenloses Grauen des Mondes, der auf den Ross Lake scheint, die Tannen, die einem auch nicht helfen können – Bodenloses Grauen von Mexico City in den Pinien vor dem Krankenhaus und die schuftenden Indianerkinder an den Marktständen samstag furchtbarspätabends Bodenloses Grauen von Lowell, mit den Zigeunern in den leerstehenden Läden der Middlesex Street, und die Hoffnungslosigkeit streckt sich bis zum Hauptgleis der B & M Railroad, da, wo es den Princeton Boulevard kreuzt und Bäume, denen man egal ist, am Fluss der Gleichgültigkeit wachsen – Bodenloses Grauen von Frisco, die Straßen in North Beach an einem nebligen

Montagmorgen und die Wen-juckt's-Itaker, die am Eck Zigarren kaufen oder bloß ins Leere gaffen, oder alte, paranoide Schwarze, die glauben, du wolltest sie beleidigen, oder sogar irre Intellektuelle, die glauben, du wärst vom FBI, und im schauerlichen Wind vor dir die Straßenseite wechseln – Die weißen Häuser mit den leeren großen Fenstern, die Heuchlertelefone – Bodenloses Grauen von North Carolina, kleine Backsteingassen winterabends nach dem Kino, Kleinstädte im Süden im Januar – argh, im Juni – June Evans, tot nach einem Leben voller Ironie, recht hat sie, ihr unbekanntes Grab grinst anzüglich im Mondlicht, sagt, alles sei genau richtig, richtig verdammenswert, richtig abgefrühstückt – Bodenloses Grauen von Chinatown im Morgenrot, wenn sie mit den Mülltonnen scheppern, und man geht dran vorbei, besoffen, angewidert und beschämt – Bodenloses Grauen überall, fast kann ich mir Paris vorstellen, wie die Poujadisten von den Quais pissen – Mitgefühl heißt trauriges Verständnis – Ich gebe den Versuch auf, glücklich zu sein. Letztlich ist doch alles Diskriminierung, man wertet dieses auf und jenes ab, mal hoch, mal runter, aber wenn man wie das Nichts wäre, würde man zwar nur ins Leere blicken, aber in der Leere steifnackige Menschen sehen, in ihren diversen liebsten Zurschaustellungspelzen und -panzern, schnüffelnd und müffelnd auf den Bänken ein und derselben Fähre auf die andere Seite, und man würde immer noch ins Leere blicken, denn Form ist Leere, und Leere ist Form – O goldene Ewigkeit, diese Griener hier in deiner Schau der Dinge, nimm sie dir, versklav sie deiner Wahrheit, die für immer wahr für immer ist – Verzeih mein menschliches Versagen – Ich denke, also sterbe ich – Ich denke, also werde ich geboren – Lass mich dennoch Nichts sein – Wie ein glückliches Kind, das sich in einem jähen Traum verliert, und wenn sein Freund es anspricht, hört es nicht, sein Freund stupst es, es rührt sich nicht; und als der Freund schließlich die Rein- und Wahrheit dieser Trance erkennt, kann er nur staunen – So rein kannst du nie wieder sein, aus solcher Trance mit glückseligem Liebesschimmer springen, im Traum ein Engel sein.

33

Ein kleines morgendliches Zwischenspiel im Brandwächter-Funk bringt eine Erinnerung zurück und mich zum Lachen – Klarer, früher Sonnenschein um sieben Uhr, und man hört: «Hier 30, zehn acht für heute. Hier 30», was bedeutet, Brandwächter 30 hat den Dienst aufgenommen. Dann: «Hier 32, auch zehn acht für heute», gleich danach. Dann: «Hier 34, zehn acht.» Dann: «Hier 33, zehn sieben, zehn Minuten.» (Zehn Minuten weg vom Funkgerät). «Schönen Nachmittag, Männer.»

Und all das mit den hellwachen, verschmitzten, frühmorgendlichen Stimmen von College-Jungs, ich sehe sie förmlich vor mir auf dem Campus an Septembermorgen, frische Kaschmirpullover und frische Bücher, wie sie über taubenetzten Rasen gehen und unbeschwert herumwitzeln, sehe ihre strahlenden Gesichter, ihre makellosen Zähne und ihr weiches Haar, man könnte meinen, Jugend wäre überall nur so ein großer Spaß und nirgends auf der Welt würden bärtige, schmuddelige junge Männer in Holzhütten grummeln und mit flatulenten Kommentaren Wasser schleppen – nein, nur frische, zarte junge Kerle, deren Väter Zahnärzte und renommierte Professoren in Pension sind, und mit langen, leichten, lebensfrohen Schritten überqueren sie ursprünglichen Rasen zu den interessanten, düsteren Regalen der College-Bibliotheken – Ach, was soll's, wen interessiert's, als ich noch auf dem College war, schlief ich bis drei Uhr nachmittags und stellte an der Columbia einen neuen Rekord für geschwänzte Kurse pro Semester auf, und immer noch albträume ich, ich hätte schließlich vergessen, was das eigentlich für Kurse und wer die Professoren waren, und ginge stattdessen einsam wie ein Tourist in den Ruinen des Kolosseums oder der Mondpyramide zwischen riesigen, 30 Meter hohen, entkernten, verlassenen Geistergebäuden umher, die zu überladen und gespenstisch waren, um darin Kurse abzuhalten – Tja, kleinen Bergtannen ist das um sieben Uhr egal, die schwitzen einfach Tau aus.

34

Der Oktober ist immer eine tolle Zeit für mich (schnell auf Holz klopfen), darum rede ich so viel darüber – Der Oktober 1954 war irre ruhig, ich weiß noch, wie ich anfing, die alte Maispfeife zu rauchen (ich wohnte mit Ma in Richmond Hills), wie ich abends lange aufblieb und versuchte, Lowell in sorgfältiger (entschlossener) Prosa komplett zu beschreiben, wie ich mir um Mitternacht Café au lait mit heißer Milch und Nescafé kochte, schließlich den Bus nach Lowell nahm, mitsamt meiner wohlriechenden Pfeife, wie ich paffend durch die geisterhaften Straßen von Geburt und Kindheit schlenderte, feste rote MacIntosh-Äpfel essend, in meinem Karohemd aus Japan, weiß, dunkelbraun, dunkelorange unter einer blassblauen Jacke, an den Füßen meine weißen Kreppsohlschuhe (schwarze Schaumstoffsohle), und die sibirisch-eintönigen Einwohner von Centerville gafften mich an, und ich begriff, dass ein ganz normales Outfit aus

New York in Lowell schrill und sogar weibisch sein konnte, auch wenn die Hose aus nichts als plumpem altem braunem Cord bestand – Ja, brauner Cord und rote Äpfel, und meine Maispfeife und der dicke Tabakbeutel in der Tasche, damals paffte ich ja bloß, ganz ohne Lungenzug, ich lief herum, kickte ins gossentiefe Laub wie einst mit vier, Oktober in Lowell, und die perfekten Abende in meinem Hotel an der Skid Row (das Depot Chambers beim alten Lokschuppen), mit meinem kompletten buddhistischen oder besser wiedererweckten Verständnis dieses Traumes, dieser Welt – Ein schöner Oktober, am Ende dann die Rückfahrt nach New York durch laubige Städtchen mit weißen Kirchtürmen und der alten, trockenen Neuenglanderde, und knackig junge College-Girls vorne im Bus, um zehn Uhr abends Ankunft in Manhattan auf schillerndem Broadway, und ich kaufe eine Flasche Billigwein (Port) und gehe, trinke, singe (lungere in Baugruben und Hauseingängen herum), bis ich auf der Third Avenue tatsächlich auf Estella treffe, meine alte Flamme, mit noch ein paar Leuten, inklusive ihres neuen Gatten Harvey Marker (Autor von *Die Nackten und Verfluchten*), also schau ich nicht mal hin, sondern biege ab, als sie abbiegen, schräge Blicke, und ich liebe die Wildnis der New Yorker Straßen, denke: «Tristes, altes Lowell, zum Glück sind wir da raus, sieh nur, wie die Leute in New York andauernd Karneval und Feiertag und schwelgerischen Samstagabend haben – was soll man sonst tun in diesem hoffnungslosen Nichts?» Und mit großen Schritten gehe ich ins Greenwich Village, in die Montmartre-(Hepcat)-Bar und bestelle mir ein Bier im Dämmerlicht voll schwarzer Intellektueller, Hipster, Junkies, Musiker (Allen Eager), und neben mir ein junger Schwarzer mit Barett, der fragt: «Was machst du so?»

«Ich bin der größte Schriftsteller Amerikas.»

«Ich bin der größte Jazzpianist Amerikas», sagt er, und wir geben uns die Hand drauf, stoßen drauf an, und er haut neue, seltsame Akkorde für mich in die Tasten, irrwitzige, atonale Akkorde zu alten Jazznummern – Der Kellner Little Al erklärt ihn für großartig – Draußen ein Oktoberabend in Manhattan, und vor den Großmärkten am Ufer stehen Feuertonnen, die die Hafenarbeiter brennen haben lassen, daran wärm ich mir die Hände, nehme ein, zwei Schlucke aus der Flasche, höre das Bwuuum der Schiffe in der Fahrrinne und blicke auf, und siehe da, dieselben Sterne wie in Lowell, Oktober, alter, melancholischer Oktober, zärtlich, liebevoll und traurig, und irgendwann fügt alles sich zu einem wunderbaren Liebesstrauß zusammen, den bringe ich dann meinem Gott Tathagata und sage: «Herr, Du hast frohlocket – Gepriesen seist Du, weil Du mir gezeigt hast, wie Du es getan hast – Jetzt, Herr, zeig mir mehr – Und diesmal werde ich nicht jammern – Diesmal bleibe ich mir klar darüber, dass es Deine Leeren Formen sind.»

... Diese Welt, der spürbare Gedanke Gottes ...

35

Seit dem Gewitter, einem trockenen, bei dem die Blitze in trockenes Holz schlugen, erst hinterher gefolgt von Regen, der die Feuer eine Weile bremste, brennen sie überall hier in der Wildnis – Von dem am Baker River treibt eine große Wolke nebeligen Rauchs über den Little Beaver Creek gleich unterhalb von mir, weshalb ich erst glaube, da würde es auch brennen, aber die berechnen den Verlauf der Täler und die Drift des Rauchs – Dann, nachdem ich während des Gewitters ein rotes Glühen hinter dem Skagit Peak im Osten sah, dann nichts mehr, entdeckt das Flugzeug vier Tage später eine abgebrannte Fläche, aber der Brand ist fast erloschen, verschleiert den Three Fools Creek – Aber dann der große Brand beim Thunder Creek, den ich 35 Kilometer südlich von mir sehe, und Rauchschwaden von der Ruby Ridge – Starker Südwest lässt ein zwei Footballfelder großes Feuer gegen drei zu einem Achtzehn-Footballfelder-Brand um fünf anschwellen, Hochbetrieb am Funkgerät, mein sanftmütiger Bezirksranger Gene O'Hara seufzt bei jeder neuen Meldung – Aus Bellingham werden acht Smokejumper eingeflogen, um auf dem steilen Grat zu landen – Unsere Mannschaften aus Skagit werden vom Big Beaver an den See verlegt, erst im Boot, und dann der lange Aufstieg rauf zur Rauchwolke – Die Sonne scheint, ein starker Wind bläst, die Luft ist trocken wie das ganze Jahr noch nicht – Der aufgeregte Pat Garton auf dem Crater dachte anfangs noch, das Feuer wäre viel näher bei ihm, als es wirklich ist, beim Hoot-Owl-Pass, doch der hämische Jesuit Ned Gowdy auf dem Sourdough hat gemeinsam mit dem Flieger die exakte Position ermittelt, und jetzt ist es «sein» Feuer – Als gute Forstwirtschaftskarrieristen sind diese Jungs verbissen eifersüchtig auf «sein» und «mein» Feuer, als ob das irgendetwas zählen würde – «Gene, bist du da?», fragt Howard auf dem Lookout Mountain, gibt eine Nachricht vom Anführer des Skagit-Teams weiter, der mit einem Walkie-Talkie unterhalb des Feuers steht, und die Männer starren auf den steilen, nicht zugänglichen Hang, auf dem es brennt – «Beinahe senkrecht – Ah, hier 4, er meint, man kommt vielleicht von oben ran, wahrscheinlich braucht man da aber ein Seil und kann die Ausrüstung nicht mitnehmen» – «Okay», seufzt O'Hara, «sag ihm, er soll abwarten – 33 für 4» – «33» – «Ist McCarthy schon am Flugplatz?» (McCarthy und der Forstaufseher-Häuptling sollen übers

Feuer fliegen), 33 muss den Flugplatz anfunken und fragen – «Eins für 33» – viermal wiederholt – «Zurück zu vier, am Flugplatz meldet sich keiner» – «Okay, danke» – Wie sich rausstellt, ist McCarthy im Büro in Bellingham oder zu Hause, offenbar nicht sehr besorgt, ist ja nicht sein Feuer – Der seufzende O'Hara, so ein lieber Kerl, nie ein böses Wort (anders als der kaltäugige, herrschsüchtige Gehrke), falls ich zu dieser schweren Stunde selber noch ein Feuer sehen sollte, müsste ich der Meldung wohl vorausschicken: «Tut mir leid, dass ich jetzt noch mehr Ärger mache –» Arglos brennt inzwischen die Natur, nichts als Natur, die die Natur verbrennt – Ich sitze da und mampfe meine Fertig-Käsenudeln, trinke starken schwarzen Kaffee, seh mir den 30 Kilometer weit entfernten Rauch an und lausche auf das Funkgerät – Drei Wochen bloß noch, dann geht's ab nach Mexiko – Um sechs Uhr abends, in noch immer heißer Sonne, aber bei starkem Wind werde ich vom Flugzeug überrascht, das funkt: «Wir werfen Batterien für dich ab», ich gehe raus und winke, sie winken wie Lindbergh mit der Tragfläche zurück, wenden und sausen über meinen Berg, werfen ein Wunderbündel vom Himmel, das einen Leinenfallschirm auswirft und dann segelt, segelt, weit übers Ziel hinaus (wie gesagt, der starke Wind), und ich sehe schluckend zu, wie es über den Kamm treibt und hinab in die 450 Meter tiefe Lightning Gorge, doch eine stattliche kleine Tanne fängt den Fallschirm ein, und das schwere Bündel hängt über dem Abgrund – Ich spüle das Geschirr, setze den leeren Rucksack auf und wandere hinab, finde das Zeug, sehr schwer, stopfe es in den Rucksack, kappe den Fallschirm und schwitze und rutsche auf dem Kies, und mit dem aufgerollten Fallschirm unterm Arm schleppe ich mich schwermütig zurück den Hang hinauf zu meiner hübschen kleinen Hütte – In zwei Minuten hat sich's ausgeschwitzt, alles geritzt – Ich blicke auf die fernen Feuer in den fernen Bergen und sehe die kleinen, unwirklichen Blüten in der visuellen Wahrnehmung aus dem Surangama-Sutra, wodurch ich all das als flüchtigen Sinnestraum erkenne – Was auf Erden nutzt es, das zu wissen? Was auf Erden nutzt denn überhaupt was?

36

Und genau das bedeutet Maya, es bedeutet, dass wir alle uns dazu verleiten lassen, an die Wirklichkeit dessen zu glauben, wie das Ansehen der Dinge sich anfühlt – Maya ist Sanskrit für List – Und warum lassen wir uns weiterhin zum Narren halten, selbst wenn wir Bescheid wissen? – Das ist die Macht unserer Gewohnheit, die wir Chromosom für Chromosom an unsere Kinder weitergeben, noch wenn das letzte Lebewesen auf Erden den letzten Tropfen Wasser unter einem Eisfeld am Äquator lutscht, wird die Macht der Gewohnheit Mayas noch immer in der Welt sein, eingelassen in den Fels und in den Kalk – Welcher Fels und welcher Kalk? Es gibt keinen und gab nie welchen – Die einfachste Wahrheit der Welt ist für uns unerreichbar wegen ihrer absoluten Einfachheit, d.h. ihrer reinen Nichtsheit – Es gibt keine Erwecker und auch keine Bedeutungen – Selbst wenn 400 nackte Nagas plötzlich feierlich hier auf meinen Berg gestapft kämen und mir verkündeten: «Man sagte uns, hier auf dem Gipfel würden wir den Buddha finden – viele Jahre lang haben wir viele Länder durchwandert, um herzukommen – bist du alleine hier?» – «Ja» – «Dann bist du also der Buddha», und alle 400 würden sich in den Staub werfen und lobpreisen, und ich säße seelenruhig in Diamantenstille – Selbst dann, und ich wäre gar nicht überrascht (wieso auch?), selbst dann noch also würde ich erkennen, dass es keinen Buddha, keinerlei Erwecker gibt und keinen Sinn, kein Dharma, und alles ist allein die List der Maya.

37

Denn der Morgen in der Lightning Gorge ist nichts als ein schöner Traum – Das Wick-wicki-wick eines Vogels, der lange, blaubraune Schatten ursprünglicher Nebeltraufe, die sich mit der Sonne auf die Tannen legt, das Bachgemurmel unablässig, die vierschrötenden, faulen Bäume mit dampfenden Kronen um kirchgestühlartige Tautümpel in ihrer Mitte, und das ganze orangegoldene Blendwerk des eingebildeten Himmels lichtblüht in meinem Augenapparat, der listig anspringt, um es zu sehen, die Ohrfortsätze stellen sich eilig auf Empfang, um Gehörtes zu Geräuschen zu veredeln, die nimmermüde Mücke des Verstandes unterteilt und schindet Unterschiede, die alten, vertrockneten Säugetierkötel im Schuppen, das Surrsurrumm von Morgenfliegen, die Handvoll Wolkenfähnchen, Amidas stiller Osten, der schwere Hügelhöcker stofflich faustgeballt, alles nur ein seltsamer luzider Traum, der sich den Endplatten meiner Nerven aufprägt (*aufprägt?*), während ich nicht einmal dies sage, mein Gott, wozu leben wir, nur um genarrt zu werden? – Warum narren wir, damit wir leben – Holzlöcher hürbeln, Wisswasser von Himmel zu Jeansniere, Brei von Park zu Zeitungskiosk, Dreck von trocken zu tränkend empfangend, vollsaugend, hinein, hinauf, verwirbelt, grüne Wurmblätter aus ständiger Mühsal gewrungen – Iiiendes Ungeziefer, luftig lungernd, sungsangt summend Morgennichts bar allen *Ichs* – Genug, es ist alles gesagt, und es gibt nicht mal Trübsal in der Einsamkeit, nicht mal dieses Papier, nicht mal Worte, nein, nur die voreingenommene Vorstellung von Dingen, die einem die Gewohnheitskraft befallen – O ahnungslose Brüder, o ahnungslose Schwestern, o ahnungsloses Ich! Nichts gibt es, über das man schreiben könnte, alles ist nichts, über alles kann man schreiben! – Zeit! Zeit! Dinge! Dinge! Wieso? Wieso? Narren! Narren! Drei Narren zwölf Narren acht und fünfundsechzig Millionen Wirbel unzählbarer Epochen von Narren! – Wassollmandamachen, fluchen vielleicht? – Genau so war es schon für unsere Vorväter, die lange tot sind, lange schon aus Staub bestehen, genarrt, genarrt, kein Großes Wissen wurde an uns übertragen von ihren Chromosomenwürmern – Genau so wird es auch für unsere Urenkel, die lang noch ungeboren sind, noch aus Raum bestehen, und Staub und Raum, ob Staub, ob Raum, wen juckt's? Kommt, Kinder, und erwachet – kommt, es ist Zeit, erwachet – seht hin, ihr seid genarrt – seht hin, ihr träumt – kommt, seht hin – sein und nicht sein, wo ist der Unterschied? – Stolz, Feindseligkeiten, Ängste, Verachtung, Kränkungen, Persönlichkeiten, Misstrauen, düstere Ahnungen, Gewitter, Tod, Gestein, WER HAT EUCH GESAGT, RHADAMANTHYS SEI NOCH BEI VERSTAND? WER SCHREIBT FALSCH ÜBER DAS WER DAS WARUM DAS WAS WARTET O DING I I I I I I I I I I I I I I O MODIIGRAGA NA PA RA TO MA NI CO SA PA RI MA TO MA NA PA SHOOOOOOO BIZA RIIII – – – – – – – – I O O O O – MMM – SO – SO – SO – SO – SO – SO – SO – SO – SO – SO – SO

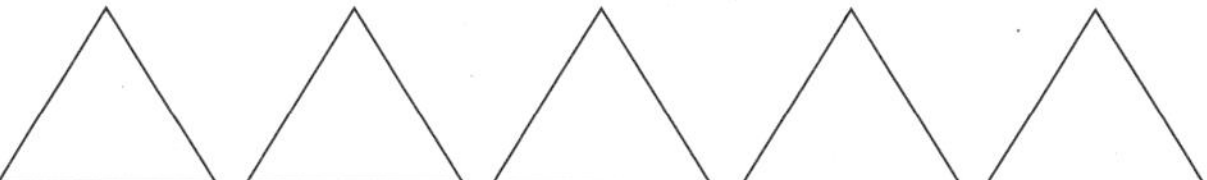

WER WAS WESHALB WANN ITIBTO RATTE

Nach dem war nie
Mehr ist nicht dran an dem, was es nicht gibt –
Boom.

Oben im Tal
und unten am Berg
Der Vogel –
Wach auf! Wach auf! Wach auf! Wach
Wach Wach Wach ERWACHE
ERWACHE ERWACHE
ERWACHE
JETZT
Das ist die Weisheit
der tausendjährigen Ratte
– Theriomorphe, allervollkommenste
Ratte

Schwarz schwarz schwarz schwarz schwirr schwirr schwirr
schwirr schwarz schwarz schwarz schwarz
schwirr schwirr schwirr schwirr
schwarz schwarz schwarz schwarz
schwirr schwirr schwirr

38

Schwert etc., flacher Teil von einem Ruder oder Schicksalsschlag, plötzlich vio-flotter junger Kerl, geborgter Windstoß; gewaltsamer Strom Laub, Luft, schmetternde Trompete oder Horn, tadelnswert würdig einer schwarzpulvergleichen Explosion, Tadel, finde am Schandfleck den Fehler; Zensur, Unterstellung himmelsschreienden, lautstarken Gezänks, rede übel nach, lodere, brenne mit tadelnd verdienstvoller Flamme, sende aus ein flammend Licht, weniger schuldlos unschuldig, Fackel, Heißsporn, Strom schuldlos schuldloser Lichtflamme, ausbrechen, ausgeben, des Tadels wert, Sackgass-Geloder, Markiere die Bäume, schäl einen Teil ihrer Rinde ab, markierbleiche, weiße, entschäle so einen Weg oder Pfad, koche, blanchiere und häute wie Mandeln, Markierung vom Runter der Rinde vom Weißen, ein Baum, weißer Fleck auf weißer Fläche, Pferd oder Kuh, bleich, blancmangiere, blasoniere, publiziere oder Götterspeise wie Seemooszubereitung, verkünde lang und breit, läute ein, sie-pfeilwurze, Maisstärke oder dergleichen, blasoniere, ziere, dekoriere, iss Kunst genauer Beschreibung fader, milder, lauer, weicher Wappen, Blasonierkunst mit feinen Linien oder erklärten Wappen, schmeichelnde Waffen, Waffenwappen, Kunst des Zuneigungsausdrucks, kunstvolle Bleiche, bleiche oder weiße Zärtlichkeit, Annehmlichkeitsfreude, werde bleich, schmeichle öd, ungeschützte Trüb-Leere, weiß- oder bleichspät, freudlos kaltschneidend, weder geschrieben noch bedruckt, markierte öde Ödnis, nichtig leere unbesetzte Blässe, verwirrte untaugliche vollständige Trübe, mach die Augen ungereimt, das Papier unwund und wässrig, bewölke verneble beschrieben, betrachte Formular nicht ausgefüllt, entflammter, wässeriger Lottoschein, der keinen nebligen, verwischten Preis gewinnt, mit Entflammungleerstelle, geistige Leerstelle Abart von Trübe, weißer Blökruf wie vom Schaf, wolldeckiger Herzschrei eines Schafs, Blökerei für Betten, Abdeckung für Pferde bluten, bluten blutete geblutet breite Hülle oder Abdeckung oder Blut abnehmen vom Vergießen

Jederlei Decke trüb von Blut
Schmettern laut wie Makel Teer beschmutzt
Trompetenstoß nah dem was trübe macht
Schmeicheln sanfte Schwatz-stelle gestörter Schmutz
Ling-Sprach plappert Schwatzfleck Fehler
sprich de
Vom Castle Blarney in Irland

Schmettere und lobe oder preise
Teil eines Zaumzeugs an irgend
einem Trauen
Tratsch Klatschmaul

Eitler Prahler –
Hieb, Schlag auf Kopf o er geprahlt

Gemisch von Personen, um Adlige zu schaffen
und mächtige Bratensauce,
Und langsam köchelnde Geschäfte
mit einer Person hinterher
Fleisch so gebraten

Siehst du?

39

Luna linst über den Hügel, als schleiche sie sich in die Welt, mit großen, traurigen Augen, dann schaut sie richtig hin, zeigt ihre Nichtnase, dann ihre Meereswangen und ihren Makelkiefer, und O, welch rundes, altes Mela-Mondgesicht, OO, und ein leises, schiefes, jämmerlich verständnisvolles Lächeln auch für mich, dich – eine Wabergram, so wie die einer Frau, die den ganzen Tag lang Staub gewischt und sich dann nicht gewaschen hat – ein Augenzwunkern – sie sagt: «Lohnt sich das, wenn ich jetzt komm?» – Sagt: «OO la la», mit Falten in den Augenwinkeln, und spähert über Felsenfirste, gelb wie eine blinde Zitrone, und o sie traurig – Sie ließ den Alten Sonnenball vor, weil der ihr diesen Monat nachstellt, jetzt Katz-Maus-Spiel-Luna kommt, spät – Ihr Mund ist rougeig-schmusig wie der kleiner Mädchen, die nicht wissen, wie man Lippenstift aufschmiert – Auf der Stirn trägt sie ein Beul von einem Feuerfels – Sie platzt aus allen Nähten vor Mondgüte und Mondfett und goldenem Mondfeuer, und über ihrer goldenen Ewigkeit streuen Engel unwirkliche Blumen – Sie ist der Herr-und-Meister-Lesbenkönig der ganzen blauen, violetten Umschau ihres Tintenkönigreichs – Zwar hat der Sonnenball noch seinen wüsten Schein zurückgelassen, doch sie betrachtet ihn gelassen, überzeugt, sein Feuer wird wie immer bald schon kippen und sie darauf die ganze Nacht versilbern, höher steigen auch, ihr Triumph liegt ganz in unserem ostwärts kugelnden Kniefall namens Erde – Aus ihrem Pockengesicht sehe ich (und planetare Ränder) brautliedhafte Rosen – Potpourri-Meere zeichnen ihre segelnd glatte Haut – Die großen, auf dem Mond lächelnden Strohmoskitos b-sssen – Sie trägt einen leichten, feuer-schlafenden Lavendelschleier, hübschester Hut seit irgendjemand Rosen wob oder Girlanden flocht, und der Hut, er blendet schräg und fällt jetzt so wie helles Feuerhaar und wird bald trüber Schleier sein für Braue runden, harten Kummers – Zack, wow, was für einen schädelrollenden gebeingebogenen Kummer diese Mondin tragen kann in ihren strudel-pudeligen Fugen – Feilgeboten auf einem Insektenbein – Von grellem schwarzem Lila ist der Westen, als ihr Schleier sich darüberlegt, Gesicht bedeckt, haucht, unbeschreiblicht, mmm – Bald schon trieft sie in dem trüben Schleier – jetzt zeichnet sich Rätsel ab, wo man oft ausdrucksvolle Trauer sah – Jetzt ist nur flacher Luna-Spott, als sie uns manischen Mondmenschen runden Respekt zollt – Na gut, ich kauf's – Nur eine alte Staubkugel, die mir vor den Augen kullert, weil wir uns wuchtig rollend in planetarer Ordnung überschlagen, und so kommt es eben, was soll da das Gewese und Gebinde? – Endlich gibt sie ihren Schleier auf und sucht ihr Glück woanders, steuert höhere Gefilde an, der Schleier fällt in kleinen Seidenstreifen, so weich wie Babyaugen und noch weicher als das, was er in Träumen über Feen und Lämmer sieht – Wolkenluftschiffe kräuseln ihr das Kinn – Ihr runder Zwirbelbart ist hochgedreht und aufgeschnickschnackt, sodass der Mond aussieht wie Charlie Chaplin – Kein Hauch von Wind wohnt ihrem Aufstieg bei, und der Westen ist eine stille Kohlezeichnung – Der Süden malvenfarben aus Hoheiten und Helden – Der Norden: weiße Streifen, eisige Lavendelseiden und arktisch unerschütterliches Nichts –

Der Mond gehört zu mir.

40

Eines Morgens finde ich Bärenkot und Spuren davon, wie das ungesehene Ungetüm sich dosenweise hartgefrorene Konservenmilch geschnappt und in den apokalyptischen Pranken zerquetscht hat, einen irre scharfen Zahn hineingebohrt und versucht hat, die saure Paste auszusaugen – Nie gesehen, und im nebligen Dunst sitze ich da und blicke hinab auf die rätselhafte Ridge of Starvation mit ihren nebelverlorenen Tannen und ins Unsichtbare höckernden Hügeln, und der Nebelwind bläst wie ein blasser Blizzard, und irgendwo in diesem Zenrätselnebel pirscht dieser Bär, der Allererste Bär – All das hier sein Zuhause, sein Garten, sein Reich, König Bär, der meinen Kopf in seinen Pranken zerquetschen und mir das Rückgrat wie ein Stöckchen brechen könnte – König Bär mit seinem großen, rätselhaften, schwarzen Pferdeapfel neben meiner Müllgrube – Auch wenn Charley zeitunglesend in der Schlafbaracke sitzt und ich im Nebel vor mich hinsinge, Bär kann kommen und uns alle holen – Wie unermesslich diese Macht sein muss – Er ist ein sanftes, stilles Ding, schleicht auf mich zu mit interessiertem Blick, aus dem Nebelunbekannten in der Lightning Gorge – Das Zeichen des Bären liegt im grauen Herbstwind – Der Bär wird mich zu meiner Wiege tragen – Er trägt auf seiner Stärke das Siegel von Blut und Wiedererwachen – Seine Zehen sind schwimmhäutig und mächtig – Es heißt, man riecht ihn hundert Meter gegen den Wind – Seine Augen schimmern im Mondlicht – Der Hirsch und er gehen einander aus dem Weg – Er zeigt sich nicht im Rätsel dieser stillen Nebelformen, sosehr ich auch den ganzen Tag lang nach ihm Ausschau halte, als wäre er der unergründliche Bär, in den man nicht hineinsehen kann – Ihm gehört der ganze Nordwesten und der gesamte Schnee, und er beherrscht sämtliche Berge – Er streift vorbei an unbekannten Seen, und in den Morgenstunden lässt das perlenreine Licht, das auf Berghänge voll Tannen Schatten wirft, ihn respektvoll blinzeln – Jahrtausende von solchem Streifen liegen hinter ihm – Er sah Indianer und Rotjacken kommen und gehen und wird sie wieder sehen – Immer hört er die beruhigende, begeisternde, berauschende Stille, außer in der Nähe eines Bachs, immer ist er sich des leichten Stoffs bewusst, aus dem die Welt gewoben ist, und niemals redet er, nie macht er Zeichen, die irgendwas bedeuten, nie der Hauch einer Beschwerde, nichts als Knabbern und Tatschen und Tapsen, an Baumstümpfen vorbei, ohne Acht auf unbelebte Dinge und belebte – Sein großes Maul kau-mahlt bei Nacht, im Sternenlicht hör ich's über den Berg hinweg. Bald wird er aus dem Nebel treten, riesenhaft, und kommen, in mein Fenster glotzen, mit großen, brennenden Augen – Er ist Avalokiteshvara der Bär.

Ich erwarte ihn.

41

In meinem Mitternachtsschlaf beginnt plötzlich die Regenzeit, und Regen prasselt heftig auf den ganzen Wald, einschließlich des großen Feuers bei McAllister und Thunder Creek, und während andere Männer dort im Wald bibbern, liege ich träumend in meinem toastbrotwarmen Schlafsack – Ich träume von einem kalten, grauen Pool, in dem ich schwimme, er gehört vermutlich Cody und Evelyn, und auch in meinem Traumkopf regnet es, stolz steige ich aus dem Pool und angle mir was aus der Kühlbox, Codys «zwei Söhne» (in Wahrheit Tommy & Brucie Palmer) spielen auf dem Bett, sehen mich nach Butter stochern – «Lauscht mal – jetzt hört ihr die Geräusche» (soll heißen, die von meinem Stöbern) (wie Geräusche einer Ratte) – Ich achte nicht darauf, setze mich, esse Rosinentoast mit Butter, und Evelyn kommt nach Hause und sieht mich, und ich prahle stolz damit, wie ich geschwommen bin – Mir scheint, dass sie missgünstig meinen Toast beäugt, doch dann sagt sie: «Hättest du nicht was Besseres zu futtern finden können?» – Ich durchquere das, was alles ist, wie der Tathagatha, und tauche in Frisco wieder auf, gehe die Skid Row Street lang, die zwar genau so *wie* die Howard Street, aber nicht *die* Howard Street ist, wie die West 17th im alten Kansas City, voller Schwingtür-Honkytonk-Saloons, und im Vorbeilaufen sehe ich Regale voller Billigwein in Läden und die große Bar, in die all die Männer und die Penner gehen, das Dilby's, an der Ecke, und zugleich sehe ich eine Zeitungsmeldung über die Bengel aus der Besserungsanstalt von Washington D. C. (Rotschöpfe, rüde, schwarzhaarige Autodiebe, knallhart und jung), sie sitzen auf einer Parkbank vor dem Parlament, frisch aus dem Knast, und auf dem Foto geht eine Brünette in Jeans vorbei und nuckelt an 'ner Flasche Cola, und im Artikel steht, sie sei die berühmte aufwieglerische Verführerin, die schon Dutzende Kerle in die Besserungsanstalt gebracht hat, weil die sie hatten rumkriegen wollen, und obwohl sie (wie das Bild zeigt) absichtlich vor ihnen posiert, sieht man, wie die Jungs auf der Bank sie angaffen, in die Kamera grinsen, und im Traum bin ich sauer auf sie, weil sie so eine Zicke ist, doch als ich aufwache, begreife ich, dass das alles nur erbärmliche, von ihr erdachte Tricks sind, um einen dieser Jungs dazu zu kriegen, sie zu schwängern, damit sie weich und mutterlieb werden kann, mit einem kleinen Säugling an der Brust, eine Plötzliche Madonna – Dieselbe Bande Jungs seh ich jetzt ins Dilby's gehen, ich glaub, da geh ich lieber nicht rein – Oben am Broadway und in Chinatown streife ich umher, suche nach Spaß, doch es ist ja nur das öde Traumfrisco mit nichts als Häusern und Bars aus Holz und Kellern und unterirdischen Höhlen, wie das Frisco von 1849 sieht es aus, abgesehen von seattlehaften, tristen Neonbars und dem Regen – Ich wache auf aus diesen Träumen, und ein kalter, regnerischer Nordwind zeigt das Ende der Waldbrandsaison an – Beim Versuch, mich an die Einzelheiten meiner Träume zu erinnern, fallen mir die Worte Tathagatas zu Mahamati ein: «Was meinst du, Mahamati, würde man so einen Menschen» (der versucht, sich an die Einzelheiten eines Traumes zu erinnern, wo es doch nichts als ein Traum ist) «würde man so einen Menschen für weise oder närrisch halten?» – O Herr, ich sehe alles –

Nebel kocht hinauf vom
  Kamm – die Berge
Sind sauber

Nebel vor dem Gipfel
  – der Traum
Geht weiter

42

Nirgends findet man einen tiefsinnigeren Kerl als den alten Blacky Blake, den ich bei der einwöchigen Brandausbildung kennengelernt habe, wo wir mit Helmen rumliefen und lernten, wie man Brandschneisen gräbt und Feuer löscht, bis sie wirklich ganz tot sind (Hand über die kalte Asche halten), und wie man Azimute und Scheitelwinkel auf dem Brandlokalisator abliest, der sich in alle Himmelsrichtungen drehen und wenden lässt, damit man den Standort eines Brandes ermitteln kann – Blacky Blake, seines Zeichens Ranger aus dem Glacier District und laut Jarry Wagner ein echt feiner Kerl – Jarry durfte wegen Kommunismus-Vorwürfen am Reed College (wahrscheinlich hing er auf linken Treffen rum und schwafelte wie immer über Anarchie) nicht mehr für die staatliche Brandwache arbeiten, einem FBI-Spitzel sei Dank (lächerlich, als stecke er mit Moskau unter einer Decke und hätte den Auftrag, sich nachts in den Wald zu schleichen, Feuer zu legen und dann zurück in seine Hütte zu rennen, um mit böse blitzenden Augen den Funkverkehr zu stören, indem er pausenlos die Sprechtaste betätigt) – Der alte Blacky sagte: «Unfug, diesen Jungen abzusägen, wenn du mich fragst – 'n verdammt guter Feuerwehrmann war der, und 'n guter Ausguck, *und* 'n guter Kerl – Kann man heutzutage nix mehr sagen, ohne dass einem das FBI im Nacken sitzt? – Mich kriegt keiner mundtot, darauf kannst du Gift nehmen – Aber was ich *nich* kapier, *is*, wie die einen wie Jarry so *absägen* können» (so redet Blacky eben) – Der alte Blacky, jahrelang im Wald, früher mal groß im Holzfällergeschäft, hat noch selbst die Wobblies von der IWW und das Everett-Massaker mitgekriegt, gefeiert bei Dos Passos und in den Annalen der Linken – Ich mag an Blacky seinen Ernst, vor allem seinen Beethoven'schen Kummer, er hat große, schwarze, traurige Augen, ist sechzig, groß und kräftig, dicker Bauch, kräftige Arme, aufrechte Haltung – Jeder hat ihn gern – «Egal, was Jarry jetzt macht, langweilich wird dem bestimmt nie – der hatte so 'ne kleine Chinesin unten in Seattle, weißte, oh, das war was –» Blacky sieht in Jarry den jungen Blacky, denn auch Jarry ist im Nordwesten aufgewachsen, auf einer rauen Wildnisfarm im Osten Oregons, kletterte in seiner Jugend auf die Felsen, zeltete in schwer zugänglichen Schluchten, betete auf Berggipfeln zu Tathagata und bestieg Monstrositäten wie den Mt. Baker oder den Mt. Olympus – Ich sehe Jarry förmlich vor mir, wie er ziegengleich den Hozomeen erklimmt – «Und was der für Bücher liest», sagt Blacky, «über Buddha un' so, der hat was in der Birne, dieser Jarry» – Nächstes Jahr geht Blacky in den Ruhestand, keine Ahnung, was er dann macht, doch ich stell ihn mir auf einem langen Angelausflug vor, und ich sehe ihn am Bach sitzen, die Rute tief, wie er sich vor die Füße starrt, traurig und hünenhaft wie Beethoven, und rätselt, was Blacky Blake und all der Wald denn nun eigentlich sind, barhäuptig zwischen den Bäumen wird er bestimmt die höchsten und vollkommensten Einsichten gewinnen – Am Tag, an dem die Regenzeit beginnt, höre ich Blacky über Funk mit den Brandwächtern in seinem Glacier District reden: «Ihr schreibt *alles* auf, was ihr da oben habt, und die Liste bringt ihr mit in die Zentrale –» Er sagt: «Falls von mir einer was will, hier unten auf'm Trail is 'n Pferd ausgebüxt, das sollt ich wohl mal einfangen», doch ich weiß, dass Blacky einfach nur raus auf den Trail will, weg vom Funkgerät, zu den Pferden, der Wald ist sein Ein und Alles – Da geht er los, der alte, hünenhafte Blacky, jagt ein Pferd in feuchtem Bergwald, und 12 000 Kilometer weiter sitzt auf einem Tempelhügel Japans sein junger Bewunderer, der Halbjünger der Erkenntnis und Volljünger des Waldes Jarry, meditiert unter den Teehaustannen, geschorener Kopf und gefaltete Hände, und sagt immer wieder «Namu Amida Butsu» – Der Japannebel ist der gleiche wie der in Nordwest-Washington, das fühlende Wesen ist das gleiche, und Buddha ist genauso alt und wahr, wohin man sich auch wendet – Träge geht die Sonne über Bombay und Hongkong unter, träge geht sie unter über Chelmsford, Massachussetts – Ich rief Han-Shan im Nebel – keine Antwort –

Der Klang der Stille
ist alle Unterweisung
die du kriegst

– Wenn ich mit Blacky sprach, jagte mir sein Ernst einen Schauder durch die Brust – so ist das immer, Männer bleiben eben Männer – Und ist Blacky weniger Mann, weil er niemals geheiratet, Kinder gezeugt und der Anweisung der Natur gehorcht hat, Leichname seiner selbst zu mehren? Sieht man sich sein grübelnd düsteres Gesicht an, den Schmollmund dort am Ofen und den fromm gesenkten Blick, werden wohl an irgendeinem regnerischen Abend nächsten Winter Lotos- und Diamantenhände kommen und ihm eine Rose um die Stirn binden (oder ich platze) (weil ich falsch geraten habe)

Desolation, Desolation
sage mir, womit
Verdienst du deinen Namen?

43

Am Sonntag – einfach nur, weil Sonntag ist – erinnere ich mich, soll heißen: kommt es zu einer Zuckung in der Erinnerungskammer meines Hirns (o hohler Mond!), an die Sonntage bei Tante Jeanne in Lynn, Onkel Christophe war damals vermutlich noch am Leben, gerade als ich köstlichen, sehr heißen schwarzen Kaffee trinke, nach einer großen Portion Spaghetti mit extra viel Sauce (3 Dosen Tomatenpaste, 12 Knoblauchzehen, ein halber Teelöffel Oregano, das ganze Basilikum und Zwiebeln) und zum Nachtisch drei herrliche Happen Erdnussbutter mit Rosinen und Dörrpflaumen (ein fürstliches Dessert!). An Tante Jeanne denk ich wahrscheinlich wegen dieser Nach-dem-Essen-Zufriedenheit, wenn sie alle hemdsärmlig rauchten, Kaffee tranken und quatschten – Nur weil Sonntag ist, erinnere ich mich außerdem an die Schneesturmsonntage, wenn Pa und ich und Billy Artaud das «Jim Hamilton»-Footballspiel von Parker spielten, hier auch wieder Pas weiße Hemdsärmel und sein Zigarrenrauch und einen Augenblick die frohe menschliche Befriedigung – und schließlich, weil ich vor der Hütte auf und ab gehe (die neblige Windkälte), um richtig Appetit zu kriegen, während meine Nudeln kochen, erinnere ich mich tic-haft hirnzuckend daran, wie ich sonntags vor dem Essen lange durch den Schneesturm wanderte, mein ganzer Kopf ist verstopft mit Schränken, die überquellen vor Erinnerungen, irgendetwas Rätselhaftes löst den Tic, die Zuckung aus, einfach so, und es ist ja so süßlich rein, ein Mensch zu sein, muss ich da denken – Der Stiel meiner Blume ist, dass mir das Herz vom Menschsein schmerzt – Sonntag – die Sonntage bei Proust, ach die Sonntage in Neal Cassadys Schriften (versteckt), die Sonntage in all unseren Herzen, die Sonntage längst toter mexikanischer Granden, die sich an die Plaza in Orizaba erinnerten und an die Kirchturmglocken, die wie Blumen in der Luft wallten.

44

Was habe ich gelernt auf Gwaddawackamblack? Dass ich mich allein nicht leiden kann, weil ich allein nur ich bin, ja nicht einmal das, und es ist so furchtbar monoton, so monoston – pon – purt – pi tariant – hor por por – Ich hab gelernt, die Dinge selber zu missbilligen, und Han-Shan-Mann macht mich zum Mopp, das will ich nicht – Ich lernte lerne lernte kein Lernen nichts – A I K – Eines Nachmittags werde ich wahnsinnig bei solchen Gedanken, bloß eine Woche noch und keinen blassen Schimmer, was noch mit mir anfangen, fünf Tage lang nur Starkregen und Kälte, ich will SOFORT hier runter, weil der Zwiebelduft an meiner Hand, wenn ich mir am Berghang Heidelbeeren in den Mund stecke, mich an den Duft von Hamburgern erinnert, von rohen Zwiebeln und Kaffee und Spülwasser in den Imbisswagen dieser Welt, wo ich augenblicklich hinwill, mit einem Hamburger auf einem Hocker sitzen, dazu Kaffee und eine Kippe, soll es doch auf die Backsteinwände regnen, wie es will, ich sitze im Trockenen und kann Gedichte über Herzen schreiben statt bloß über Felsen – Am Ende dieses Desolation-Abenteuers finde ich am Boden meiner selbst nur abgrundtiefes Nichts, schlimmer, nicht mal eine Illusion – Mein Hirn ist zerfleddert –

45

Dann der letzte Tag auf dem Desolation – «Auf Schwingen, rasch wie Andacht» springt die Welt zurück in ihre Fugen (oder auch «rasch wie des Liebenden Gedanken») – Draußen vor der Hütte immer noch die alte Speckschwarte, an der die Backenhörnchen schon die ganze Woche nagen und knabbern, vor der sie ihre süßen weißen Bäuchlein zeigen und manchmal steif dastehen wie in Trance – Seltsam kraakende Vögel und Tauben haben mir all meine Blaubeeren von der Wiese geplündert – Luftgeschöpfe, ernähren sich wie weisgesagt von Grasfrüchten – *Meine* Blaubeeren, von wegen ... *ihre* Blaubeeren sind das – Jeder meiner kleinen Happen stahl ihnen eine Melone aus der Speisekammer – Zwölf Güterzüge voll hab ich ihnen geraubt – Der letzte Tag auf dem Desolation, noch mehr als genug Zeit, durchzudrehen – Jetzt geh ich nach Abomination, nach Abscheulichkeit, und Huren schreien nach heißem Wasser – Alles, dass ich überhaupt hier oben bin, ging aus von Jarry Wagner, er zeigte mir, wie man auf Berge steigt (das Matterhorn in dem verrückten Herbst 1955, als alle in North Beach mit angespanntem religiösem Beat und in verzückter Erregung heulten, was kläglich in Rosemaries Selbstmord gipfelte, wie bereits berichtet) – Jarry zeigte mir, wie man einen Rucksack kauft, einen Poncho, einen Daunenschlafsack und einen Campingkocher, und wie man in die Berge zieht, mit Proviant aus Rosinen und Erdnüssen in der Tasche – meiner Tasche, innen gummiert, sodass am vorletzten Abend auf dem Desolation, als ich ein paar Happen als kärgliches Dessert daraus hervorhole, der gummierte Erdnussgeschmack die ganze Flut von Gründen wiederbringt, die mich auf den Desolation, in die Berge geführt haben, die ganze auf langen Wanderungen ausgedachte Idee einer «Rucksack-Revolution», bei der «Millionen Dharmajäger» in ganz Amerika hoch in die Berge ziehen, um zu meditieren und die Gesellschaft zu vergessen. O Ya Yoi Yar gebt mir Gesellschaft, gebt mir schöngesichtige Huren mit pummlig-muskulösen Schultern voll sattem Fett und dicken, perligen Wangen, ihre Hände unten zwischen ihren Röcken und nackten Füßen (ach, die Grübchen auf den Knien, und ach, auch die am Knöchel), wie sie der Madame «A g u a   C a l i e n t e» zurufen, wobei die Träger ihrer Kleider ihnen flutsch halb den Arm runterrutschen und eine eingequetschte Brust beinahe herausschaut, die

Schwungkraft der Natur, und man sieht das kleine Eckchen Schenkelhaut kurz vor der Kniekehle, und man sieht die Dunkelheit dahinter – Jarry würde das nicht abstreiten, aber genug!, genug von Felsen, Bäumen und schnatternden Vögeln! Ich will da raus, dahin, wo's Lampen gibt und Telefone und ramponierte Sofas mit Frauen drauf, wo's dicke, schwere Teppiche für Füße gibt, wo das Drama ohne jedweden Gedanken tobt, denn wonach würde Das-Was-Alles-Durchdringt schon fragen? – Was soll ich mit Schnee? Mit richtigem Schnee, meine ich, der im September fast zu Eis wird, sodass ich ihn nicht mehr in meinen Eimern zerstoßen kann – Lieber mach ich Rothaarigen die Riemen am Rücken auf und stromere die roten Steinwände des heimtückischen Samsara entlang, als hier auf diesem kargen kopflosen Kamm voll einstimmig singender Käfer und rätselhaftem Erdknurren zu sitzen – Ach, süß waren sie schon, die Nickerchen am Nachmittag im Gras, in Stille, auf das Mysterium des Radars lauschend – Und süß auch diese letzten Sonnenuntergänge, als ich endlich wusste, dass sie endlich waren, als sie wie perfekte kleine Meere hinter Felsenkanten sanken – Nein, Mexico City an einem Samstagabend, in meinem Zimmer mit Pralinen und Boswells Johnson und einer Nachttischlampe, oder Paris an einem Nachmittag im Herbst, den Kindern und den Kindermädchen zusehen im winddurchfegten Park mit Eisenzaun und altem, reifgeschmücktem Denkmal – yeah, Balzacs Grab – Auf dem Desolation lernt man Trübsal, und unterhalb der Wut der Welt, wo alles heimlich gut ist, gibt es keine Trübsal –

46

Schwärme grauer Vögel trällern herbei zu den Felsen vor der Hütte, sehen sich ein bisschen um und picken dann an kleinen Dingen – Das junge Backenhörnchen flitzt sorglos zwischen ihnen umher – Rasch blicken die Vögel auf zu einem flatternd gelben Schmetterling – Mich packt der Drang, zur Tür zu stürzen und «Y a a a h » zu schreien, doch das wäre eine fürchterliche Zumutung für ihre kleinen, klopfenden Herzen – Ich habe sämtliche Läden nach allen Himmelsrichtungen geschlossen, und jetzt sitze ich hier in der dunklen Hütte, und nur die Tür, offen, lässt helles, warmes Sonnenlicht und Luft herein, und es ist, als wollte die Dunkelheit mich durch diese letzte Öffnung in die Welt hinausquetschen – Mein letzter Nachmittag, denke ich und frage mich, wie Häftlinge sich an ihren letzten Nachmittagen nach 20 Jahren Haft fühlen – Ich kann nur dasitzen und auf das rechte Freudestrahlen warten – Der Windmesser und die Stange sind unten, alles ist unten, ich muss bloß noch die Müllgrube abdecken, die Töpfe waschen und Goodbye, das Funkgerät gut eingepackt, die Antenne unter der Hütte, das Plumpsklo großzügig mit Kalk bestreut – Mein großes, bronzenes Gesicht so traurig in den Fenstern vor dem dunklen Hintergrund, die Falten zeigen halb gelebtes Leben an, fast mittleres Alter, Verfall und Unfrieden tragen gemeinsam bei zum süßen Sieg der goldenen Ewigkeit – Völlige Ruhe, windstiller Nachmittag, die kleinen Tannen trocken und braun, ihre Sommerweihnacht ist vorbei, und bald schon werden ehrwürdige Stürme diese Gegend niederschneien – Keine Uhr wird ticken, kein Mann sich sehnen, und still sein werden Schnee und all der Fels darunter, und wie immer wird der Hozomeen aufragen und ewig ohne Trauer trauern – Lebwohl, Desolation, du bist gut zu mir gewesen – Mögen Engel der Ungeborenen und der Toten über dir schweben wie eine Wolke und Opfergaben golden ew'ger Blumen über dir verstreuen – Was durch alles durchgeht, ist durch mich gegangen und immerzu durch meinen Bleistift, und zu sagen gibt es nichts – Bald werden die kleinen Tannen große Tannen sein – Ich werfe meine letzte Dose in den steilen Abhang, höre sie Hunderte Meter hinunterklappern, was mich wieder mal (der Riesenhaufen Dosen nach 15 Jahren Brandwache) an die große Müllkippe in Lowell erinnert, daran, wie wir dort samstags zwischen rostigen Kotflügeln und stinkenden Haufen spielten und es ganz prima fanden, alles, auch die alten Hoffnungsautos mit ausgeleierter, zerfurchter Kupplung, alles unterhalb des neuen, schicken Superhighways, der vom Boulevard nach Lawrence führt – Das letzte, einsame Klappern meiner Desolation-Dosen im leeren Tal, und ich lausche, nackt, zufrieden – Vor langer, langer Zeit, am Anbeginn der Welt, warnte der Wirbelwind, wir würden alle weggeweht wie Späne und weinen – Müdäugige Männer erkennen das jetzt, erwarten Deformierung und Verfall – Vielleicht tragen sie trotzdem noch die Macht der Liebe in den Herzen, ich weiß bloß nicht mehr, was das Wort bedeutet – Ich will nur eine Eistüte.

47

Nach 63 Tagen türmt sich mein Kot so hoch und breit wie ein Baby – Das haben die Frauen den Männern voraus – Der Hozomeen hebt nicht mal die Braue – Die Venus geht im Osten auf wie Blut, es ist der letzte Abend, und es ist ein warmer, wenn auch frischer Herbstabend, mit Rätseln aus blauem Fels und blauem All – 24 Stunden später werde ich voraussichtlich am Skagit River sitzen, im Schneidersitz mit einer Flasche Portwein auf meinem Sägemehl-Stumpfloch – Heil euch, ihr Sterne – Jetzt kenne ich das Rätsel der Gebirgeflut –

Okay, es reicht –

Das, was durch alles durchgeht, geht durch kleine Stückchen Plastikisolierung, die weggeworfen – nein, mehr als weggeworfen – vor der Hütte liegen und früher mal ein hochwichtiges Dämmmaterial für Menschen waren, aber jetzt sind, was sie sind, das, was durch alles so jubilierend durchgeht, ich hebe eines auf und rufe, mache Ho-Ho in meinem Herzen und werfe es westwärts in das versammelte Dämmerschweigen, und es segelt eine Weile lang als kleines schwarzes Ding, landet schließlich dumpf, und Schluss – Dies glänzende Stück braunen Plastiks: Als ich es glänzendes Stück braunen Plastiks nannte, habe ich da behauptet, es sei wirklich «ein glänzendes Stück braunen Plastiks?» –

Dasselbe gilt für dies und mich und dich –

Ich hülle all die Unermesslichkeiten um mich in ein Laken und gleite «wie wild entbrannt Tarquin, dem Ziel entgegen» in die Düsternis des prophezeiten Globus, die Vision ewiger Freiheit leuchtet mir wie eine Glühbirne im Kopf auf – Erleuchtung – Wiedererwachen – Aus Licht gemachte Abenteuer von seltener Plastizität firlefanzen und brimborien voran, ich durchschaue alles, ur, arg, oig, ello –

Warte auf mich, Charley, Mann, ich komme mit dem Regen runter – Ihr seht doch alle, dass das nie war – Läutet den schwarzen neuen Fraon – Da fa la bara, gee meria – hört ihr? – Ach, scheiße, ich hab keine Lust mehr, mir zu überlegen, was ich sagen soll; ist doch sowieso egal – *Eh maudit Christ de batême que s'am'fend!* – Wie kann irgendetwas je zu Ende gehen?

ZWEITER TEIL

TRÜBSAL IN DER WELT

48

Jetzt aber die Geschichte, das Geständnis ...

Was ich den Sommer über auf dem einsamen Berg gelernt hatte, meine Vision auf dem Desolation Peak, versuchte ich der Welt unten und meinen Freunden in San Francisco zu erklären, aber die, verstrickt in die Beschränkungen von Zeit und Leben statt in die Ewigkeit und Einsamkeit verschneiter Bergfelsen, hatten mir selber noch was beizubringen – Außerdem nützt diese Freiheits- und Ewigkeitsvision, die ich und alle heiligen Wildniseinsiedler sahen, kaum etwas in Städten und sich bekriegenden Gesellschaften wie der unseren – Was ist das nur für eine Welt, nicht nur löscht Freundschaft Feindschaft aus, sondern auch Feindschaft Freundschaft, und Grab und Urne tilgen alles – Zeit genug, in Unwissen zu sterben, doch wo wir schon mal leben, was sollen wir da feiern, was sollen wir sagen? Was tun? Was, gebeutelt Fleisch in Brooklyn und dem Rest der Welt, und kranke Bäuche, misstrauische Herzen, harte Straßen und Kampf der Ideen, die ganze Menschheit lodert auf in Hass & *odio* – Das Erste, was mir bei der Ankunft in

S. F. mit Rucksack und Botschaften auffiel, war, dass alle auf der faulen Haut lagen – Zeit verschwendeten – unernst waren – triviale Rivalitäten pflegten – kleinmütig vor Gott – sogar die Engel kämpften – Ich weiß nur eines: Jeder auf der Welt ist ein Engel, Charlie Chaplin und ich haben ihre Flügel gesehen, man muss kein seraphisches kleines Mädchen mit wehmütigem Trauerlächeln sein, um ein Engel zu werden, man kann auch ein breitgestreifter Knastbruder sein, der aus einer Höhle, einer Kanalisation feixt, man kann ein grässlicher, krätziger Wallace Beery in schmutzigem Unterhemd sein, man kann eine Indianerin sein, die verrückt in einer Gosse hockt, man kann sogar ein strahlender, gläubiger amerikanischer Manager mit glänzenden Augen sein und sogar ein fieser Intellektueller in den Hauptstädten Europas, ich sehe dennoch die großen, traurigen, unsichtbaren Flügel auf sämtlichen Schultern, und mich grämt, dass sie nicht sichtbar sind und auf Erden keinen Zweck haben und niemals einen hatten und wir nichts tun, als bis zum Tod zu kämpfen –

Wieso?

Ja, wieso kämpfe ich selbst? Lasst mich zu Anfang meinen ersten Mord gestehen und dann mit der Geschichte fortfahren, und ihr, samt Flügeln und so weiter, urteilt selbst – Das ist das Inferno – Hier sitze ich verkehrt rum auf der Oberfläche des Planeten Erde, gehalten von der Schwerkraft, und schreibe eine Story, obwohl ich weiß, dass Storys gar nicht nötig sind, aber ich weiß eben auch, dass nicht mal Schweigen nötig ist – Doch es gibt ein quälendes Mysterium –

Warum sollten wir sonst leben, wenn nicht, um das Grauen und den Schrecken all des Lebens (wenigstens) zu diskutieren, dazu Gott, wie alt wir werden, dass so mancher verrückt wird und sich alles brutal ändert – Dieser brutale

Wandel ist es, der uns schmerzt, und sobald etwas mal ausgekühlt und fertig ist, fällt es brennend auseinander –

Vor allen Dingen tut's mir leid – Aber das wird euch nicht helfen, und mir auch nicht –

In der Hütte hab ich eine Maus ermordet, die – argh – Ihre kleinen Augen sahen mich flehentlich an, sie war schon schlimm verwundet, weil ich mit einem Stock durch ihr schützendes Versteck aus Lipton's-Erbsensuppe-Päckchen auf sie eingestochen hatte, von grünem Staub bedeckt war sie, zuckte wild, ich richtete die Taschenlampe direkt auf sie, räumte die Päckchen weg, sie sah mich an mit «menschlich» angsterfüllten Augen («Alle Lebewesen zittern voller Angst vor Strafe»), trotz aller kleinen Engelsflügel zog ich ihr eins über, mitten auf den Kopf, ein scharfes Krachen, das gab ihr den Rest, von grünem Erbsenstaub bedeckte Augen quollen vor – Als ich sie traf, schrie ich beinahe schluchzend: «Armes kleines Ding!», als wäre gar nicht ich der Täter? – Dann trug ich sie nach draußen, warf sie über die Felskante und rettete zuerst die unversehrten Suppenpäckchen, und die Suppe schmeckte mir später sogar – Ich kippte die Spülschüssel aus (in der ich, aufgehängt unter der Decke, gefährdete Nahrung aufbewahre, doch die schlaue Maus war trotzdem irgendwie hineingesprungen) und stellte sie gefüllt mit einem Eimer Wasser in den Schnee, und als ich morgens nachsah, trieb eine tote Maus im Wasser – Ich ging zur Felskante und fand dort eine weitere tote Maus – Ich dachte: «Ihr Freund hat sich vor lauter Trauer in der Schüssel ihres Todes umgebracht!» – Etwas Finsteres war da im Gange, ich wurde von kleinen, bescheidenen Märtyrern bestraft – Dann merkte ich, dass es dieselbe Maus war, sie war am Boden festgeklebt (Blut?), als ich die Schüssel in der Dunkelheit auskippte, und die tote Maus am Abhang war ganz einfach früher schon ertrunken in der raffinierten Wasserfalle, die mein Vorgänger hier oben ausgetüftelt und ich halbherzig aufgestellt hatte (eine Dose mit einer Stange, oben ein Köder, Maus tritt drauf, Dose kippt, Maus stürzt ab, ich hab an dem Nachmittag gelesen, als ich den tödlichen Platscher auf dem Dachboden gleich über meinem Bett hörte und die ersten Strampler der Schwimmerin, ich musste vor die Tür gehen, um es nicht mehr zu hören, weinte fast, und als ich wieder reinging: *Stille*) (und tags darauf, ertrunkene Maus, dürrer Hals weltwärts zum Tod gestreckt wie ein Gespenst, treibender Schwanz) – Ach, zwei Mäuse ermordet, und versuchter Mord an einer dritten, bei der ich, als ich sie endlich erwischte, wie sie auf den Hinterbeinchen hinter einem Schrank stand und den kleinen weißen Hals voll Angst nach oben reckte, sagte: «Es reicht», und ins Bett ging und sie leben und in meinem Zimmer tollen ließ – Nicht mal eine Handvoll Fell und Fleisch, und der verhasste Beulenpestschwanz, und ich hatte mir selbst zukünftige Aufenthalte in der Mörderhölle verschafft, und alles nur aus Angst vor Ratten – Ich dachte an den sanften Buddha, der keine kleine Ratte fürchten würde, oder Jesus, oder auch John Barrymore, der während seiner Kindheit in Philadelphia Mäuse als Haustiere im Zimmer hielt – Wendungen wie «Aus die Maus?», «mit Mann und Maus untergehen» oder «keinem Mäuslein ein Haar krümmen können» schmerzten mich, und auch «den Schuldigen schreckt eine Maus» – Ich bat um Vergebung, wollte Buße tun und beten, hatte jedoch das Gefühl, die Welt könnte, weil ich meine Stellung als heiliger, niemals tötender Himmelsengel aufgegeben hatte, in Flammen aufgehen – Mich deucht, das ist sie schon – Als Kind zerschlug ich, trotz Gefahr für Leib und Leben, Banden von Eichhörnchenmördern – Jetzt das – Und ich begreife, dass wir alle Mörder sind, in früheren Leben haben wir gemordet, und wir mussten wiederkehren, um unsere Strafe zu begreifen, unsere Unter-Todesstrafe, die sich Leben nennt, dass wir in diesem Leben *mit dem Morden aufzuhören haben*, damit wir nicht mehr wiederkehren müssen, und zwar wegen unserer angeboren göttlichen Natur und der Zauberkraft, unsere Erscheinung selbst zu wählen – Ich dachte an das Mitleid meines Vaters, als er selbst eines lang vergangenen Morgens junge Mäuse ersäuft hat und meine Mutter sagte: «Arme kleine Dinger» – Doch jetzt war auch ich unter die Mörder gegangen, hatte keinen Grund mehr, fromm und überheblich zu sein, denn eine Weile (vor den Mäusen) hatte ich mich schon ein bisschen für göttlich und unfehlbar gehalten – Jetzt bin ich nur noch ein dreckiger, mordender Mensch wie alle anderen und finde keine Zuflucht mehr im Himmel, und hier stehe ich nun, die Engelsflügel triefend vom Blut meiner Opfer, ganz egal wie klein, und will sagen, was zu tun ist, und weiß es doch auch nicht besser als ihr –

Lacht nicht – Eine Maus hat ein kleines, klopfendes Herz, die kleine Maus, die ich hinterm Schrank am Leben ließ, hatte wirklich «menschlich» Angst, ihr wurde nachgestellt von einem großen wilden Tier mit einem Stock, und sie *wusste nicht, wieso gerade sie zum Sterben auserwählt war* – Sie sah auf, umher, nach links und rechts, mit erhobenen Pfötchen, auf den Hinterbeinen, atmete schwer – *gehetzt* –

Wenn große, kuhgleiche Hirsche vor meiner Mondlichthütte grasten, sah ich noch immer ihre Flanken an wie durch ein Zielfernrohr – Obwohl ich niemals einen töten würde, denn Hirsche sterben einen großen Tod – Trotzdem, die Flanke hieß Kugel, die Flanke hieß bohrender Pfeil, nichts als Mord gibt es in Menschenherzen – Der heilige Franziskus hat das wohl gewusst – Und mal angenommen, jemand hätte Franziskus in seiner Höhle besucht und ihm erzählt, was boshafte Kommunisten, Intellektuelle und Existenzialisten heute so über ihn sagen, nur mal angenommen: «Franziskus, du bist nur ein verschrecktes, dummes Tier, das sich vor der trauernden Welt versteckt, du kampierst im Freien und gibst dich ach so heilig und tierlieb, verkriechst dich vor der echten Welt mit deinen förmlich engelsgleichen, cherubimhaften Neigungen, während Menschen weinen und alte Frauen schluchzend auf der Straße sitzen und die Echse der Zeit sich ewiglich auf einem heißen Stein beklagt, du, *du*, hältst dich für ach so heilig, furzt heimlich in Höhlen, stinkst wie jeder andere, willst du beweisen, dass du besser bist als Menschen?» Vielleicht hätte Franziskus ihn umgebracht – Wer weiß? – Ich mag den heiligen Franziskus von Assisi nicht weniger als jeder andere, aber woher soll ich wissen, was er da getan hätte? – Vielleicht seinen Peiniger ermordet – Denn ob man mordet oder nicht, das ist ja das Vertrackte, kommt ganz aufs selbe raus in diesem fürchterlichen Nichts, dem vollkommen egal ist, was wir tun – Wir wissen nur, dass alles lebt, sonst wäre es nicht da – Der Rest sind Mutmaßungen, Verstandesurteile über die Wirklichkeit des *Eindrucks* von gut oder schlecht, von diesem oder jenem, niemand kennt die heilige weiße Wahrheit, denn sie ist unsichtbar –

All die Heiligen gingen mit dem gleichen Flunsch ins Grab wie der Mörder und der Hasserfüllte, vor dem Staub sind alle gleich, er frisst alle Münder, egal was sie gesagt haben, und zwar, weil gar nichts eine Rolle spielt, wie wir alle wissen –

Aber was tun wir jetzt?

Bald wird es eine neue Sorte Mörder geben, eine, die ohne jeden Grund tötet, nur um zu zeigen, dass es keine Rolle spielt, und ihre Leistung wird nicht größer oder kleiner sein als Beethovens späte Quartette oder Boitos Requiem –

Kirchen werden einstürzen, Mongolenhorden werden auf die Landkarte des Westens pissen, schwachköpfige Könige werden auf Knochen rülpsen, keinen wird es interessieren, und dann wird die Erde selbst in atomaren Staub zerfallen (in das, was sie zu Anfang war), und das Nichts, immer noch Nichts, wird sich nicht darum scheren, das Nichts wird einfach weiter dieses zum Wahnsinn treibende kleine Lächeln lächeln, das ich überall erkenne, ich sehe einen Baum, ein Haus, eine Straße, und sehe dieses kleine Lächeln – Dieses «geheime Gott-Grinsen», doch was ist das für ein Gott, der keinerlei Gerechtigkeit erfand? – Also entzünden sie Kerzen und schwingen Reden, und die Engel wüten. Ach, aber «Keine Ahnung, interessiert mich nicht, spielt keine Rolle» wird das letzte menschliche Gebet sein –

Unterdessen geht in allen Richtungen, ein und aus, aus dem Universum, hinaus zu den unendlichen Planeten im unendlichen Raum (zahlloser als Sandkörner im Ozean) und hinein in die unbegrenzbare Weite unserer eigenen Körper, ebenfalls ein unendlicher Raum und «Planeten» (Atome) (jedes ein verrücktes elektromagnetisches Arrangement einer gelangweilten ewigen Macht) – unterdessen also gehen Mord und sinnlose Geschäftigkeit weiter, wie sie es seit anfangloser Zeit tun und unendlich weiter tun werden, und alles, was wir wissen können, wir, mit unseren rechtschaffenen Herzen, ist, dass es nun mal ist, was es ist, nicht mehr als das, und dass es keinen Namen trägt und nichts ist als tierische Macht –

Denn wer an einen persönlichen Gott glaubt, der sich für Gut und Böse interessiert, redet sich ohne jeden Zweifel etwas ein, doch möge Gott sie trotzdem segnen, er segnet ohnehin blind jeden Blinden –

Es ist bloß nichts außer Unendlichkeit, die sich unendlich unterschiedlich amüsiert mit einem Kinofilm, mit leerem

Raum genau wie mit Materie, sie begnügt sich nicht mit einem, denn Unendlichkeit will alles –

«Gut», dachte ich aber auf dem Berg (täglich unterwegs zu meinen schmutzigen Entleerungen, an dem Hügelchen vorbei, wo ich die Maus begraben hatte), «halten wir den Geist neutral, *seien* wir selbst so wie das Nichts» – Doch sobald ich mich langweile und vom Berg heruntersteige, kann ich nicht um alles in der Welt irgendetwas anderes sein als zornig, verloren, parteiisch, kritisch, durcheinander, ängstlich, dumm, stolz, höhnisch, scheiße scheiße scheiße –

Die Kerze brennt
Und wenn sie fertig ist
stapelt das Wachs sich kalt und künstlerisch
--------mehr weiß ich nicht

49

So stapfe ich also den Bergpfad hinab, den vollen Rucksack auf dem Rücken, und denke beim Flapp und steten Tapptapp meiner Schuhe auf Stein und Erde, dass ich auf dieser Welt nur meine Füße brauche, um voranzukommen – meine Beine – Stolz bin ich drauf, und dann machen sie schlapp, keine 3 Minuten nachdem ich mich ein letztes Mal zur verriegelten (Abschied seltsam) Hütte umgedreht und sogar einen kleinen Kniefall vor ihr gemacht hatte (wie man vor dem Denkmal der Engel der Ungeborenen und der Toten niederknien würde, die Hütte, wo mir in blitznächtlichen Visionen alles versprochen wurde) (und das eine Mal, als ich Angst vor Liegestützen hatte, Gesicht und Hände nach unten, weil mir war, als könnte der Hozomeen Bären- oder andere grässliche

Gestalt annehmen und sich über mich beugen) (Nebel) – Man gewöhnt sich an die Dunkelheit, man erkennt, dass die Gespenster freundlich sind – (Han-Shan sagt: «Kalter Berg – so finster und geheimnisvoll, wer ihn besteigt, tut es in Angst und Schrecken») – Man gewöhnt sich an all das, lernt, dass all die Mythen wahr sind, aber leer und mythenhaft und nicht mal existent, doch es gibt Schlimmeres zu fürchten auf der (umgekehrten) Oberfläche dieser Erde als Dunkelheit und Tränen – Da sind die Menschen, deine Beine machen schlapp, und am Ende durchwühlen sie dir die Taschen, und du zuckst und stirbst – Wenig Zeit, keine Absichten und viel zu glücklich, um darüber nachzudenken, denn es ist Herbst, und du stapfst den Berg hinab zu den wundersamen Städten, die in der Ferne brodeln –

Komisch, dass ich jetzt, wo es (ganz zeitlos) endlich Zeit ist, die verhasste Felsenfalle zu verlassen, gar nichts fühle, und statt meiner Bleibe ein bescheidenes Gebet zu sprechen, als ich ihr den schwankenden Rücken zukehre, sage ich nur «Bah – Humbug» (und weiß, der Berg, das Nichts wird es verstehen), doch wo bleibt die Freude? – Die Freude, die ich prophezeite, glänzende Neuschneefelsen, neue, seltsame heilige Bäume und hübsche verborgene Blumen längs des abwärtigen Jubelpfads? Stattdessen grüble und kaue ich nervös, und am Ende der Starvation Ridge, die Hütte grade außer Sicht, bin ich schon ziemlich wadenmüde und setze mich zu Rast und Zigarette – Und ich schaue mich um, der See liegt immer noch genauso tief im Tal, die Aussicht ist fast dieselbe, doch o, mein Herz krampft sich zusammen, als ich etwas sehe – Gott hat einen kleinen, dünnen, himmelblauen Dunst gemacht, um wie unnennbarer Staub das Schauspiel einer spätvormittäglich rosafarbenen nördlichen Wolke zu durchdringen, die sich im Seeblau spiegelt, und das Ergebnis ist ein Rosaton, so flüchtig, dass er fast schon nicht der Rede wert ist und deshalb so vergänglich, dass es mich am Herzenshirn reißt und mich denken lässt: «Aber Gott hat dieses hübsche kleine Wunder nur für mich gemacht» (sonst ist ja niemand da, der es noch sehen könnte) – Die Tatsache dieses herzzerreißenden Wunders zeigt mir, dass es um ein Gott-Spiel (für mich) geht, und ich sehe den Wirklichkeitsfilm als Vergehen der Sicht in einem Tümpel flüssigen Verstehens und möchte beinahe weinen, als ich erkenne: «Ich liebe Gott» – Meine Affäre mit Ihm auf dem Hügel – Ich habe mich in Gott verliebt – Was immer mir am Ende dieses Pfads zur Welt geschieht, es ist in Ordnung, weil ich Gott bin und mir alles selbst antue, wer auch sonst?

Wenn ich meditiere,
bin ich Buddha –
Wer auch sonst?

50

Unterdessen sitze ich hier hochalpin, lehne eingeschnürt im Rucksack an einem kleinen Grashügel – Blumen überall – Der Jack Mountain am selben Ort, das Golden Horn – Der Hozomeen jetzt außer Sicht hinter dem Desolation-Gipfel – Und am fernen Seeende noch keine Spur von Fred und Boot, kein kleiner Käfertrichter im kreisförmig wässrigen Nichts des Sees – «Zeit zum Abstieg» – Keine Zeit verschwenden – Zwei Stunden habe ich für acht Kilometer – Meine Schuhe haben keine Sohlen mehr, weshalb ich dicke Pappe eingelegt habe, doch die ist bereits aufgeschlitzt vom Fels, bereits verrutscht, sodass meine bestrumpften Füße schon auf Steine treten (35 Kilo auf dem Rücken) – Zum Totlachen, der große Bergesänger und König vom Desolation schafft's nicht mal vom eigenen Gipfel – Ich stemme mich hoch, uff, schwitze, gehe weiter, hinab, hinab über den staubigen, felsigen Pfad, Serpentinen, steil, ein paar kürze ich ab und rutsche einfach so den Abhang runter, fahre Ski auf meinen Füßen bis zur nächsten flachen Stelle – Meine Schuhe füllen sich mit Steinchen –

Doch welches Glück, die Welt! Ich unterwegs! – Nur die wehen Füße wollen nicht genießen und frohlocken – Die wehen Schenkel zittern, haben keine Lust auf Abwärtstragen mehr, aber sie müssen, ein Schritt nach dem anderen –

Dann die Spur des ankommenden Boots, zehn Kilometer weiter, Fred, der mich am Ende dieses Pfads abholen kommt, da, wo vor zwei Monaten die vollbepackten Maultiere im Regen vom bootsgeschobenen Kahn die Felsen rauf zum Pfad geklettert und gerutscht sind – «Das wird eine Punktlandung» – «Das Boot erwischen» – Ich lache – Doch der Pfad wird schlechter, von bergwiesig schwingenden Serpentinen führt er in Gestrüpp, das mir am Rucksack reißt, und über große Steine, die mir die quetschgepiekten Füße foltern – Hier und da kniehohes Unkraut voll unsichtbarer Geißeln – Schweiß – Immer wieder schiebe ich die Daumen unter die Gurte, damit der Rucksack höher sitzt – Es ist viel anstrengender als gedacht – Ich sehe schon die Jungs vor mir, wie sie mich auslachen. «Der alte Jack hat echt geglaubt, er kommt mit seinem Rucksack in zwei Stunden da runter! Nicht mal halb hat er's geschafft! Fred hat eine Stunde mit dem Boot gewartet, ihn gesucht und musste dann die ganze Nacht lang warten, bis Jack bei Mondschein angekommen ist und heulte: ‹Mama, womit hab ich das verdient?›» – Plötzlich weiß ich die Plackerei der Smoke Jumper beim großen Brand am Thunder Creek zu schätzen – Nicht nur stolpernd unter Feuerwehrrucksäcken schwitzen, sondern dann auch noch das Flammenmeer, und noch härter und heißer schuften, und nirgends eine Hoffnung in Geröll und Fels – Und ich aß chinesisch und betrachtete den Rauch 30 Kilometer entfernt, ha – Jetzt kriegte ich dafür mein Fett weg.

51

Von einem Berg steigt man am besten so, wie man rennt, man lässt die Arme locker schwingen und sich selbst einfach nach vorne fallen, den Rest machen die Füße – Doch o, ich hatte keine Füße, keine Schuhe nämlich, war «barfuß» (wie es so schön heißt) und weit entfernt von Abwärtsstapfen mit großen, stürmischen Sängerschritten tra la tra la, nicht mal gemessen auftreten war drin, so dünn waren die Sohlen und so jäh kamen die Steine, manche davon verletzend spitz – Ein Vormittag à la John Bunyan, gerade noch so kann ich an andere Dinge denken – Ich versuchte es mit Singen, Denken, Tagträumen, wie vor meinem Desolation-Ofen – Doch Karma, dein Weg ist vorherbestimmt – Diesem Vormittag zerschrammter, wunder Füße, brennend weher Schenkel (und schließlich ätzender Blasen wie Nadelstiche) und keuchender Schweißausbrüche hätte ich genauso unmöglich entgehen können, wie ich und irgendwer verhindern kann, auf ewig da zu sein und die Leere der Form zu durchlaufen (einschließlich der leeren Form meiner jammernden Gestalt) – Ich musste es tun, nicht rasten, meine einzige Sorge war, das Boot zu erwischen oder eben zu verpassen, o wie man auf dem Pfad in dieser Nacht hätte schlafen können, bei Vollmond, doch der volle Mond schien auch aufs Tal – Und dort war übers Wasser Musik zu hören, Zigarettenrauch zu riechen, das Radio lief – Hier nur durstige Septemberbächlein, nicht breiter als meine Hand, sie gaben Wasser über Wasser aus, und ich platschte, trank und schusselte weiter – O Herr – Wie süß ist das Leben? So süß

wie kaltes
Wasser in der Mulde
am staubig müden Pfad –

– am rostfarbenen, müden Pfad – übersät mit Maultiertritten vom vergangenen Juni, als man sie mit Stöcken zwang, über ein schlecht freigehacktes Stückchen Pfad neben einem umgestürzten Stamm zu springen, der zu groß zum Drüberklettern war, und Himmel, ich musste die Stute zwischen die verstörten Mulis führen, und Andy fluchte: «Gottverdammich, ich krieg das nicht alleine hin, jetzt bring schon die Stute da rauf!», und wie in einem alten Traum aus früheren Pferdeführerleben stieg ich rauf, die Stute im Schlepptau, und Andy griff nach den Zügeln, riss ihr am Hals, der Ärmsten, während Marty ihr mit dem Stock in den Hintern pikste, tief – um das verängstige Maultier zu führen – und auch auf das Maultier einstach – und dazu Regen und Schnee – Jetzt liegen die Spuren dieser Raserei trocken im Septemberstaub, in dem ich japsend sitze – Viel essbare Kräuter ringsum – Unmöglich wär's nicht, sich hier zu verstecken, Kräuter zu kochen, noch etwas Fett im Gepäck, Kräuter auf kleinen Indianerfeuern kochen und so ewig leben – «Wohlig den Kopf auf einen Stein gebettet, lass ich den Wandlungen des Weltalls ihren Lauf!», sang der alte chinesische Dichter Han-Shan – Keine Karten, Rucksäcke, Feuermelder, Batterien, Flugzeuge, Warnungen per Funk, nur selig summende Mücken und das Plätschern des Gebirgsbachs – Aber nein,

Gott hat sich diesen Film erdacht, und ich muss meine Rolle darin spielen (die Rolle mit dem Namen Ich), und ich muss diese Welt verstehen und in sie hinausziehen, um die Diamantene Beständigkeit zu predigen, die da lautet: «Du bist hier, und du bist nicht hier, beides aus demselben Grund» – «Ewige Macht verschleiert munter weiter» – Also stehe ich auf, schreite mit eingedaumtem Rucksack weiter, winsle vor knöchelnden Schmerzen und lege immer zügiger trabend immer schneller den Weg zurück, renne schon bald, gekrümmt wie eine Chinesin mit Reisbündel auf dem Rücken, klingelingling, steife Knie pumpen und gumpen durch Felsgewirr und Kurven, manchmal krache ich vom Pfad und brülle mich zurück, irgendwie, nie verirrt, der Pfad gemacht, um ihm zu folgen – Unten werd ich dünnem jungem Kerl begegnen, am Anfang seines Aufstiegs, ich dick und fett mit Riesenrucksack, in der Stadt sauf ich mir einen an mit Metzgern, und im Nichts ist Frühling – Manchmal fall ich hin, aufs Hinterteil, ausgerutscht, der Rucksack ist mein Stoßdämpfer, ich b-renne weiter, purzle puran, welche Wörter beschreiben das holterdiepolternde Stolpern auf pardauzigem Pfad, pardutz – Sausen, schwitzen – Bei jedem Stoß an meinen bösen Footballzeh schreie ich: «Fast!», doch es reicht nie, um mich zu lähmen – Der Zeh, verletzt in Columbia-College-Gerangeln bei Flutlicht im dämmernden Harlem, ein Schrank aus Sandusky ist draufgetreten, mit Stollen und Schwerknochenwade – Zeh nie wieder ganz heil – Oben und unten wund und kaputt, gräbt ein Stein sich hinein, knickt zu seinem Schutz mein ganzer Knöchel um – Aber einen Knöchel knicken ist ein Pavlov'sches *fait accompli*, Airapetianz könnte mir nicht besser zeigen, wie ich nicht an meinen gezerrten, ja verstauchten Knöchel glaube – Es ist ein Tanz, ein Tanz von Fels zu Fels, von Schmerz zu

Schmerz, winselnd den Berg hinab, die ganze Poesie ist da – Und die Welt, die mich erwartet!

52

Seattles im Nebel, Burlesque-Shows, Zigarren, Wein und Zeitungen in einem Zimmer, Nebel, Fähren, Speck und Ei und Toast am Morgen – süße Städte dort unten.

Etwa auf der Höhe, wo die Stämme dicker werden, große Ponderosakiefern und Bäume ganz in Rostbraun, geht eine angenehme Brise, grüner Nordwesten, blaue, frische Tannennadeln, das Boot mäht eine Schneise in den schon näheren See, kommt garantiert vor mir an, na dann los, immer schön weiterswingen, Marcus Magee – Du bist früher auch schon mal gestürzt, und Joyce hat ein zwei Zeilen langes Wort dafür erfunden – brabarackotawackomanashtopatara-tawackomanac!

Wenn wir angekommen sind, zünden wir drei Kerzen für drei Seelen an.

Der letzte Kilometer Pfad ist noch schlimmer als oben, große, kleine Steine, verdrallte Kluften für Füße – Ich beschluchze mich, fluche natürlich – «Es hört nie auf!», lautet meine große Klage, genauso wie ich noch in der Tür dachte: «Wie kann irgendetwas jemals aufhören? Doch das hier ist ja bloß ein Samsara-Leidenswelt-Pfad, dem Raum und der Zeit unterworfen, er muss also aufhören, aber mein Gott, er hört niemals auf!», und ich renne und taumle endlich nicht mehr – Erstmals stürze ich erschöpft und ungeplant –

Und das Boot kommt langsam an.

«Ich schaff das nicht.»

Lang bleibe ich sitzen, düstermienig und erledigt – Wird nichts – Doch das Boot kommt immer näher, quasi Stechuhrzivilisation, du musst rechtzeitig zur Arbeit, so wie bei der Eisenbahn, obwohl du es nicht schaffen kannst, wirst du es schaffen – Gehämmert in der Schmiede wurde es mit eiserner Vulkanmacht, von Poseidon und Poseidons Helden, von Zen-Heiligen mit Klugheitsschwertern, von Master Frenchgod – Ich stemme mich hoch und kämpfe weiter – Jeder Schritt zu wenig, wird nichts mehr, ein Wunder, dass die Waden noch nicht schlappmachen – plah –

Endlich wuchte ich die Schritte vor mich, als würde man mit langen Armen kopflastige Dinge auf eine Laderampe packen, die Sorte Anstrengung, die keiner durchhält – Wären nicht die nackten Füße (jetzt paniert mit Hautfetzen, Blasen und Blut), könnte ich den Hang einfach hinunterpflügen wie ein stürzender Betrunkener, der fast, aber nie richtig fällt, und wenn doch, täte das so weh wie meine Füße? – *nu* – Muss weiter, Knie auf und wieder ab, mit Stacheldrahtfuß auf Scheren Blake'scher Niedertracht, überall nur Würmer und Geheul – Staub – Ich falle auf die Knie.

Ein bisschen rasten und dann weiter.

«Verdammt, *maudit*», fluche ich auf den letzten hundert Metern – das Boot hat angehalten, und Fred pfeift einmal scharf, kein Ruf, nein, ein Indianer-Huuu!, und ich antworte mit einem Pfiff durch die Finger – Er lehnt sich mit einem Cowboyheft zurück, während ich den Pfad beende – Er soll mich nicht weinen hören, doch er hört garantiert meine lahmen, kranken Schritte – schlapp, schlappapp – Frickelfrackel vom Fels prasselnder Steinchen, einmal um die Steilwand rum, Wildblumen interessieren mich nicht mehr –

«Ich schaff es nicht», mein einziger Gedanke, während ich mich weiterschleppe, der Gedanke leuchtend roter Negativglanz, ein Abzug des Films in meinem Hirn. «Ich muss es schaffen» –

> Desolation, Desolation
> so schwer
> hinter sich zu lassen

53

Doch es ging gut, als ich aufs letzte Stückchen Sockelpfad zum Boot einbog, war das Wasser grell und nah und plätscherte auf trockenem Treibholz – Ich stapfte, winkte lächelnd, ließ die Füße weiterziehen, Blase im linken Schuh, die ich für einen spitzen, in die Haut gebohrten Stein hielt –

Vor lauter Aufregung gar nicht begriffen, dass ich endlich wieder in der Welt war –

Und nirgends auf der Welt einer, den ich an ihrem Grund lieber getroffen hätte.

Fred ist ein Mann des Waldes und ein Ranger von der alten Schule, beliebt bei alt und jung – Trübsinnig in Schlafbaracken präsentiert er eine tieftraurige, beinahe enttäuschte Miene, starrt ins Nichts, gibt auf Fragen manchmal keine Antwort, lässt einen einfach seine Trance trinken – Man lernt von seinen weitblickenden Augen, dass es nichts weiter zu sehen gibt – Ein großer, stiller Bodhisattva, diese Waldmänner wissen Bescheid – Der alte Blacky Blake mag ihn, Andy mag ihn, sein Sohn Howard mag ihn – Statt des guten alten Phil, der heute frei hat, steht Fred im Boot, auf dem Kopf unglaublich langes Mützenschild, Narrenkappe, Golfplatzkappe zum Schutz vor der Sonne, wenn er das Boot über den See brormt – «Da kommt der Brandwächter», sagen knopfhütige Angler aus Bellingham und Otay – aus Squohomish und Squonalmish und Vancouver und Tannenstädten und Schlafstädten vor Seattle – Sie dümpeln auf und ab über den See, werfen ihre Köder aus nach verborgenen fröhlichen Fischen, die früher mal Vögel waren, aber gefallen sind – Sie waren Engel, doch sie sind gefallen, diese Angler, der Verlust der Flügel hieß Bedarf an Nahrung – Doch sie angeln nur aus Spaß an spaßig toten Fischen – Ich hab's gesehen – Ich verstehe das klaffende Maul eines Fisches am Haken – «Wenn ein Löwe dich packt, lass ihn zupacken ... die Art Mut nützt dir auch nix»------ Fisch schickt sich.

Angler setzt sich
Wirft den Köder aus.

Der alte Fred hat nichts zu tun, als aufzupassen, dass kein Anglerfeuer außer Kontrolle gerät und all das schöne Holz verbrennt – Großes Fernglas schweift über das ferne Ufer – Illegale Camper – Saufgelage auf Inselchen, mit Schlafsack und Konservenbohnen – Manchmal Frauen, manche schön – Große schwimmende Harems in Tucktuckbooten, Beine, alles entblößt, schrecklich die Samsara-Leidenswelt-Frauen mit ihrem Beineherzeigen, um das Rad weiterzudrehen –

Was lässt die Welt
sich drehen?
Zwischen den Stengeln

Fred sieht mich, dreht den Motor auf, um näher ranzufahren und mir gut Sichtbarem, Verzichtbarem die Sache zu erleichtern – Als Erstes fragt er mich was, das ich nicht höre, und ich sage «Hm?», und er wirkt überrascht, doch wir Geister, die ganze Sommer in der wilden Einsamkeit zubringen, verlieren nun mal den Kontakt, sind ephemer und abwesend – Ein Ausguck, der vom Berg kommt, ist wie ein Ertrunkener, der als Geist zurückkehrt, das ist mir klar – Aber er hat nur gefragt: «Wie ist das Wetter so da oben, heiß?»

«Nein, da geht 'n ganz schöner Wind von Westen, vom Meer, heiß ist's da nicht, nur hier unten.»

«Gib mal deinen Rucksack.»

«Ist schwer.»

Doch er beugt sich bereits übers Dollbord, hievt ihn trotzdem rein, die Arme ausgestreckt und angestrengt, legt ihn auf die verbilgten Bretter, und ich klettere an Bord, zeige auf meine Schuhe – «Schau mal, keine Schuhe mehr» –

Startet den Motor und los, ich klebe Pflaster, nachdem ich die Füße im Steuerbordstrom getränkt habe – Wow, das Wasser schlägt hoch, mir gegen die Beine, also wasche ich auch die, bis rauf zum Knie, weiche die gefolterten Wollsocken ein, wringe sie aus und lege sie zum Trocknen aufs Heck – eck –

Und so tucktuckern wir zurück in die Welt, an einem strahlend schönen Morgen, und ich rauche auf dem Vordersitz die neuen Lucky Strike Camel, die er mitgebracht hat, und wir reden – schreien – der Motor ist laut –

Wir schreien, wie Menschen auf der ganzen Nicht-Trübsalswelt (?) in Rederäumen schreien oder flüstern, das Rauschen ihrer Rede schmilzt zu einer weiten, weißen Mischung heilig stillen Schweigens, das man irgendwann für immer hört, wenn man lernt (und lernt, das Hören nicht ganz zu vergessen) – Warum also nicht? Schreit ruhig, macht, was ihr wollt –

Und wir reden über Hirsche.

54

Glücklich, fröhlich, Benzinwölkchen über dem See – Fröhlich, sein Cowboyheft, in das ich einen Blick werfe, das erste raue, staubige Kapitel mit höhnischen Hombres in Staubhüten, die in einer Schlucht sitzen und Morde ausbaldowern – In ihren Gesichtern stahlt blauer Hass – Wehe, magere, müde, klapprige Pferde und dichtestes Unterholz – Und ich denke: «O po po, alles ein Traum, wen juckt's? Los, Das-was-alles-durchdringt, durchdringe auch das hier, ich bin dabei» – «Durchdringe Fred, lass ihn deine Wonne spüren» – «Durchdringe alles» – «Wie soll das Universum etwas anderes als Mutterschoß sein? Und der Schoß von Gott und Tathagata, das sind nur zwei Sprachen, nicht zwei Götter – Und überhaupt ist Wahrheit relativ, die ganze Welt ist relativ – Feuer ist Feuer und kein Feuer – «Stör nicht den selig schlummernden Einstein» – «Dann ist es eben nur ein Traum, halt die Klappe und genieß ihn – See des Verstandes» –

Fred spricht nur selten, am seltensten mit dem schwatzhaften Andy, dem Maultierabdecker aus Wyoming, doch dessen Schwatzhaftigkeit ist auch nur Lückenfülller – Aber heute, während ich die erste Schachtel Zigaretten rauche, redet er mit mir, glaubt, ich bräuchte ein Gespräch nach 63 Tagen Einzelhaft – und mit einem Menschen sprechen ist wie mit den Engeln fliegen.

«Böcke, zwei Stück – Kühe – Und einmal, abends, fraßen zwei Kitze vor meiner Tür» – (Ich brülle über den Motor hinweg) – «Bär, Bärenspuren – Heidelbeeren» – «Seltsame Vögel», füge ich dem Gedanken hinzu, und Streifenhörnchen, in den Pfoten kleine Haferkörnchen, vom Gatter am alten Stall – Ponys und Pferde von 1935

wo
Sind sie heute?

«Auf dem Crater gibt's Koyoten!»

55

Desolates Abenteuer – Im Schneckentempo über den See, ich lehne mich zurück, sonne, ruhe mich aus, brauche kein Geschrei – Bringt auch nichts – Und bald hat er den See geschaukelt, rechts aufwärts von uns den Sourdough umschifft, links weit weg Cat Island und die Mündung des Big Beaver, und wir steuern den kleinen weißen Flaggenlappen auf den Bäumen (Stämmen) an, die das Boot passieren muss, doch ein Stau anderer Stämme, die sich majestätisch den ganzen August Zeit gelassen hatten, um vom Hozomeen-Bergsee hier herabzubummeln – da sind sie, und wir müssen manövrieren, sie zur Seite schieben, durchschlüpfen – Danach widmet Fred sich wieder stundenlang dem Lesen von Versicherungsformularen mit Comics und Werbeanzeigen, in denen ängstliche amerikanische Helden sich sorgen, was aus ihren Nächsten wird, wenn sie mal nicht mehr sind – Na gut – Und weiter vorn, flach an der Uferszenerie, die Häuser und Pontons des Ross Lake Resort – In meinen Augen Ephesus, die Mutter aller Städte – Wir fahren direkt drauf zu.

Und da ist die Uferböschung, wo ich einen ganzen Tag lang im felsigen Erdreich gebuddelt habe, über einen Meter tief, eine Müllgrube für die Forest Ranger, und wo ich mich mit Zeal, dem jungen Viertelindianer, unterhielt, der dem verfluchten Trail den Rücken zugekehrt hat und nie wieder gesehen wurde, früher spaltete er für seine Brötchen mit seinen Brüdern Zedernschindeln – «Kein Bock, für den Staat zu schuften, scheiße, ich geh nach L.A.» – Und da ist das Ufer, wo ich, als die Grube ausgehoben und der Pfad aus dem Gestrüpp gerupft war, kurvig zum von Zeal gegrabenen Latrinenloch, Steine nach Dosensegelschiffchen warf, und ich will Admiral Nelson sein, wenn sie nicht alle in die Goldene Ewigkeit entkamen – Zum Schluss versuchte ich, ein Dosenschiff mit Felsbrocken und riesigen Ästen zu fluten, doch es ging einfach nicht unter – Und die langen, langen Bäume, ich dachte schon, ich schaff es ohne Boot zurück zum Rangerponton, doch als ich auf den Baum in der Mitte stieg und einen Meter über kabbeliges Wasser auf einen Stamm halb unter Wasser springen musste, wusste ich, ich würde nass, gab auf und machte kehrt – Da ist alles, alles vom Juni, und jetzt ist September, und ich reise sechstausend Kilometer durch die Städte an der Rippe Amerikas –

«Wir machen Mittag auf dem Ponton, dann holen wir Pat.»

Pat ist am selben Morgen vom Crater aufgebrochen, über zwanzig Kilometer abwärts, schon ganz früh, drei Uhr, und wartet gegen zwei am Ausgang des Thunder Arm –

«Okay – aber ich hau mich solang aufs Ohr», sag ich –

Alles okay für den alten Tokaj.

Wir gleiten an den Ponton, und ich steige aus, mache das Boot fest, und er hievt meinen Rucksack von Bord, jetzt bin ich barfuß und fühle mich gut – Und o die riesige Küche voll Essen und im Regal ein Radio, und Briefe warten schon auf mich – Doch wir sind nicht hungrig, nur ein Schluck Kaffee, ich stelle das Radio an, und er geht Pat abholen, 2 Stunden Fahrt, und plötzlich bin ich ganz allein mit Radio, Kaffee, Zigaretten und einem seltsamen Taschenschmöker über 'nen Gebrauchtwagenhändler in San Diego, der ein Mädchen auf einem Drugstore-Hocker sieht und denkt: «Die hat ja mal ein hübsches Fahrgestell» – Wow, zurück in Amerika – Und im Radio singt Vic Damone auf einmal eine Nummer, die ich auf dem Berg zu singen ganz vergessen hatte, ein alter Standard, ich hatte ihn nicht ganz vergessen, aber egal, und jetzt mit vollem Orchester (o wie genial ist doch die amerikanische Musik!) zu «In This World

Of ordinary people,
Ex-tra-ordinary people,
I'm glad there is you»,

– Das «you» lang gehalten, dabei atmen, «In this world, of overrated pleasures, and underrated treasures», summ, «I'm glad there is you» – 1947 hab ich Pauline Cole gesagt, sie soll Sarah Vaughan sagen, sie sollte das singen – Oh, die herrliche amerikanische Musik jetzt über dem See, und dann, nach ein paar ausgesucht amüsanten, charmanten Worten des Moderators in Seattle, oi, singt Vic

«The touch of your hand
Upon my brow»,

mittleres Tempo, und eine prächtige Trompete stimmt mit ein, «Clark Terry!», ich erkenne ihn, süß spielt er, und der alte Ponton ächzt sanft auf seinen Balken, strahlendheller Mittag – Derselbe alte Ponton, der in kabbeligen Nächten kracht und schlägt, wenn das Mondlicht spritzend auf dem Wasser heult, o ehrwürdiger Kummer des Letzten Nordwestens, mir bleiben keine Grenzen mehr, an die ich gehen kann, und – Die Welt da draußen ist nur ein Stück Käse, und ich bin der Film, und hier ist die hübsche Liederfalle –

56

Verflixt und verflaxt will ich sein, wenn da nicht die alten Berge aufragen, klar überm plitscherplätschernden lasurblauen Seeufer, alter Frühlingsschnee noch obendrauf, ganz oben, und die wehen alten Sommerwolken wischen Rosa über den friedvollen Emily-Dickinson-Nachmittag und, ah, Schmetterlinge – Im Gebüsch sirren Insekten – Auf dem Ponton keine Insekten, nur das leise Lecken des Wassers am Unterschlag der Balken und der stetige Strom des Hahns in der Küche, an einen Bergbach angeklempnert, den ganzen Tag lang fließt es kalt daraus, und wenn man ein Glas Wasser will, klinkt man sich einfach ein – Sonne – Heiße Sonne trocknet meine Socken auf dem heißen, schiefen Deck – Und Fred hat mir schon ein neues Paar alte Schuhe für den Abstieg gegeben, zumindest bis Concrete, wo ich mir neue kaufen kann – Ich hab ihre Nägel wieder ins Leder gefrickelt, mit großem Rangerwerkzeug aus dem Gerätekahn, und mit den dicken Socken werden sie bequem sein – Im Krieg und in den Bergen ist ein trockenes, frisches Paar Socken ein Triumph

Engel in Trübsal –
Engelsvisionen –
Trübsalsvisionen –

Engel der Trübsal

Und bald schon taucht er auf, der alte Fred mit dem Boot, und schon aus einem Kilometer Entfernung sehe ich die kleine Puppengestalt bei ihm, Pat Garton, der Ausguck vom

Crater Mountain, wieder unten, japsend, so heilfroh wie ich – Aus Portland, Oregon, kommt er, wir haben uns den ganzen Sommer lang per Funk getröstet – «Keine Sorge, bald haben wir's hinter uns», bald wird sogar Oktober sein – «Ja, aber wenn's dann endlich so weit ist, komm ich *im Flug* von diesem Berg runter!», hatte Pat gerufen – Nur leider war sein Rucksack viel zu schwer, fast doppelt so schwer wie meiner, und fast hätte er's nicht geschafft, und ein Holzfäller (ein netter Kerl) trug ihm das letzte Stück zum Fluss den Rucksack –

Sie legen an, und wir machen fest, was ich gern tue, weil ich es früher mit riesigen Hanftauen getan habe, an Frachterpollern so groß wie ich selbst, der weite, rhythmische Schleifenschwung, auch an kleinen Pollern macht das Spaß – Außerdem will ich mich nützlich machen, werde heute schließlich noch bezahlt – Sie steigen aus, und nachdem ich den ganzen Sommer lang Pats Stimme gehört habe, sieht er jetzt ganz anders aus – Mehr noch, als er neben mir durch die Küche geht, beschleicht mich das unheimliche Gefühl, er sei in Wahrheit gar nicht da, und ich sehe genau hin – Nur einen Augenblick lang ist dieser Engel ganz verblasst – Zwei Monate Trübsal machen das mit einem, egal von welchem Berg man seinen Namen hat – Er war auf dem Crater, den ich von meinem Gipfel aus sehen konnte, offenbar direkt am Rand eines erloschenen Vulkans, eingeschneit und sämtlichen Stürmen und Böen ausgesetzt, die von überall her durch die Furche zwischen Sourdough und Ruby Mountain fegten, und auch aus dem Osten und aus meinem Norden, er hatte mehr Schnee als ich – Und Koyoten heulten in der Nacht, sagt er – Abends wagte er sich nicht aus der Hütte – Falls er je das grüne Gesicht in seinem Vorstadtkindheitsfenster in Portland fürchtete, hatte er da oben massenweise Masken, die im Spiegel seiner nachtjaulenden Augen tanzten – Vor allem in

Nebelnächten, wenn man ebensogut in Blakes Heulendem Nichts sein konnte, oder bloß in einem alten Flugzeug aus den Dreißigern, verloren in der tiefen Nebeldecke – «Bist du da, Pat?» witzele ich –

«Zur Stelle und klar zum Aufbruch – du?»

«Kann losgehen – ist noch ein ganz schönes Stück am Damm runter –»

«Weiß nicht, ob ich das schaffe», sagt er ehrlich, und er humpelt. «Über zwanzig Kilometer seit Sonnenaufgang und los vor Sonnenaufgang – meine Beine sind hinüber.»

Ich hebe seinen Rucksack hoch, und der wiegt 50 Kilo – Nicht mal die drei Kilo Ranger-Broschüren hat er weggeworfen, Bilder und Reklame, alles drin im Rucksack und dazu ein Schlafsack unterm Arm – Zum Glück hatten seine Schuhe noch Sohlen.

Fröhlich essen wir aufgewärmte Schweinekoteletts, bejammern Butter, Marmelade und anderes, was uns fehlte, dazu tassenweise von mir gekochter starker Kaffee, und Fred erzählt vom McAllister-Feuer – Offenbar wurden Hunderte Tonnen Ausrüstung aus dem Flugzeug geworfen, und die liegt jetzt über den ganzen Berghang verstreut – «Man sollte den Indianern sagen, dass sie da raufgehen und sich satt essen sollen», will ich sagen, doch wo sind die Indianer?

«Brandwächter mach ich nie wieder», erklärt Pat, und ich sprech es ihm nach – fürs Erste – Pat hat einen alten Bürstenschnitt, im Sommer ausgewachsen, und ich staune, wie jung er ist, 19 oder so, und ich bin schon so alt, 34 – Stört mich nicht, gefällt mir – Schließlich ist der alte Fred schon 50, und es ist ihm egal, und es geht uns so, wie es uns geht, und wenn wir abtreten, treten wir für immer ab – Nur um in anderer Gestalt zurückzukehren, als Gestalt, das Wesen unserer 3 jeweiligen Existenzen hat sicher nicht 3 Gestalten angenommen, sondern geht nur durch – So ist alles Gott, und wir sind die Geist-Engel, also segnet und setzt euch –

«Junge», sage ich, «heute Abend trink ich ein paar Bier» – oder eine Flasche Wein – «und sitz am Fluss» – Alles sag ich ihnen nicht – Pat trinkt und raucht nicht – Fred trinkt hin und wieder einen, vor zwei Monaten, auf dem Weg hier rauf im Truck, hat Andy seinen 12-prozentigen Brombeerwein aus Marblemount entkorkt, und wir haben ihn noch vor Newhalem ausgesüffelt – Damals versprach ich Andy, ihm zum Dank eine Flasche guten Whiskey zu besorgen, aber jetzt, wo er woanders ist, mit Rucksack oben auf dem Big Beaver, wird mir Schlawiner klar, dass ich mich hier wegschlawinern kann, ohne ihm diese Vierdollar-Flasche zu kaufen – Nach langem Gespräch am Tisch packen wir unsere Sachen – Fred tucktuckert das Boot vorbei an Urlaubspontons (Zapfsäulen, Boote, freie Zimmer und Ausrüstung) bis zur großen weißen Mauer des Ross-Damms – «Ich nehm deinen Rucksack, Pat», biete ich an, halte mich für stark genug und denke nicht lang drüber nach, denn im Schwur der diamantspaltenden Weisheit (meine Bibel, das *Vajra-chedika-prajna-paramita,* angeblich von Sakymuni höchstpersönlich mündlich verkündet – wie auch sonst?) heißt es «sei großzügig, aber sieh Großzügigkeit nur als ein Wort und nichts als ein Wort» – Pat ist dankbar, wuchtet meinen Rucksack hoch, ich nehme sein riesiges, kopflastiges Packbrett, schlinge mir die Riemen um, will aufstehen und schaffe es nicht, muss Atlas vom Thron stoßen, um es doch zu schaffen – Fred grinst im Boot, will eigentlich nicht, dass wir gehen – «Mach's gut, Fred.»

«Macht's besser.»

Wir gehen los, aber sofort bohrt sich ein Nagel in meinen Fuß, also halten wir am Dammpfad, und ich finde ein Stück

Angler-Zigarettenschachtel, lege es in meinen Schuh, und es geht weiter – Zitternd, ich schaffe es nicht, schon wieder meine Beine – Steil windet sich der Pfad den Hang neben dem Damm hinab – Einmal geht es wieder aufwärts – Den Beinen tut das gut, ich lehne mich einfach nach vorn und schwitze rauf – Aber wir halten mehrmals an, beide erschöpft – «Das schaffen wir nie», sage ich dauernd und plappere alles Mögliche – «Auf dem Berg lernt man viel Reines, stimmt's? – Hast du nicht das Gefühl, dass du das Leben jetzt mehr schätzt?»

«Auf jeden Fall», sagt Pat, «und ich bin froh, wenn wir hier weg sind.»

«Ah, heut Abend schlafen wir in der Baracke, und morgen geht's nach Hause –» Er weiß jemanden, der mich um fünf Uhr nachmittags am Highway 99 bis Mount Vernon mitnehmen kann, aber ich will lieber morgens los, per Anhalter, nicht warten – «Ich bin noch vor dir in Portland», sage ich.

Endlich flacht der Pfad am Wasser ab, und wir schlurfen und schwitzen vorbei an rumsitzenden Dammarbeitern von City Electric – Spießrutenlauf – «Wo ist der Anleger?»

Sein Schlafsack unter meinem Arm ist abgerutscht und hat sich aufgerollt, ich trage ihn einfach so, egal – Wir erreichen die Anlegestelle und stapfen schnurstracks auf den Holzsteg, Frau und Hund, die darauf sitzen, müssen zur Seite, wir halten nicht an, wir klatschen den Kram auf die Bretter, und zack liege ich auf dem Rücken, Rucksack unterm Kopf, und zünde mir eine Zigarette an – Geschafft. Kein Pfad mehr. Das Boot wird uns nach Diablo bringen, zu einer Straße, kurzer Fußweg, riesige Pittsburgher Standseilbahn, und unser Truck, der unten auf uns wartet, Charley am Steuer –

57

Da kommen über den Pfad, den wir eben entlanggeschwitzt sind, zwei irre Angler angerannt, um das Boot noch zu erwischen, mit Ausrüstung und einem Außenborder auf einem zweirädrigen Fahrgestell, das sie hüpfend und rollend hinter sich herziehen – Sie schaffen es gerade noch, das Boot kommt an, wir alle steigen ein – Ich strecke mich auf einem Sitz aus, fange an zu meditieren und mich auszuruhen – Pat ist hinten, erzählt Touristen von seinem Sommer – Zwischen Felsenklippen stampft das Boot über den schmalen See – Ich liege einfach auf dem Rücken, Arme verschränkt, Augen geschlossen, und meditiere alles fort – Ich weiß, es gibt mehr, als man sieht, und außerdem das, was man sieht – Ihr wisst das auch – Die Fahrt dauert 20 Minuten, und bald schon spüre ich, wie das Boot abbremst und an den Pier stößt – Noch immer schleppe ich Pats großen Rucksack, großzügig bis zum bitteren Ende? – Selbst jetzt liegen noch ein paar hundert Meter schmerzhafte Schotterstraße vor uns, um einen Fels herum, und siehe da!, da ist die große Plattform der Standseilbahn, die uns dreihundert Meter runter zu hübschen Häuschen und Rasen bringt und zu tausend Kränen und Leitungen von Power-Damm, Diablo-Damm und Devil-Damm – der diabolisch dumpfste Ort der Welt, nur ein einziger Laden, und der verkauft kein Bier – Leute wässern ihre Kerkerrasen, Kinder mit Hunden, stinknormales Industrieamerika am Nachmittag – Kleines schüchternes Mädchen im Kleid seiner Mutter, schwatzende Männer, alle in der Standseilbahn, und bald geht es knarrend abwärts, und wir sinken gemächlich ins Erdental – Immer noch zähle ich: «Mit 1 km/h nach Mexico City auf seinem Hochtal-Plateau sechstausend Kilometer von hier» – Im Handumdrehen, wen juckt's? – Da steigt neben uns der große Eisenklotz auf, der unser heikles Abwärts balanciert, majestätische Tonnen schwarzer Masse, Pat weist darauf hin (und kommentiert) (er will Ingenieur werden) – Pat hat einen kleinen Sprachfehler, leichtes Stottern und Erregung und manchmal schubhaftes Plappern und Stimmversagen, seine Lippen sind ein bisschen lahm, doch der Verstand ist scharf – Und er hat männliche Würde – Zwar hat er am Funk den ganzen Sommer lang ein paar ganz schöne Dinger rausgehauen, seine Aufregung und «Wupps», aber nichts war so verrückt wie der ernste, fromme Jesuitenschüler Ned Gody, der, als ein paar unserer Kletterer und Feuerwehrmänner bei ihm vorbeischauten, in erstickt schreiendes Gelächter ausbrach, heiser und so wild, wie ich's noch nie gehört hatte, nur weil er mit unerwarteten Besuchern sprechen musste – Mein Beitrag zum Funkverkehr beschränkte sich auf «Hozomeen Camp von zweiundvierzig», mein tägliches Gedicht, auf Quatschen mit dem alten Scotty über nichts, knappe Gespräche mit Pat, etwas Geplänkel mit Gowdy und einige frühe Geständnisse darüber, was ich gerade kochte, wie ich mich fühlte und weshalb – Pat brachte mich am meisten zum Lachen – Im Zusammenhang mit einem Feuer wurde mal ein «John Trotter» erwähnt, und Pat machte folgende Durchsagen: «John Trot Scoop wird vom nächsten Flugzeug abgeworfen, John Twist hat's nicht in Flugzeug Nummer eins geschafft», das hat er tatsächlich gesagt – vollkommen verrückt im Kopf –

Unten an der Standseilbahn keine Spur von unserem Truck, wir sitzen, warten, trinken Wasser und unterhalten uns mit einem kleinen Jungen, der mit einem schönen großen Lassie-Collie durch den makellosen Nachmittag spaziert –

Endlich kommt der Truck, der alte Charley, 60, sitzt am

Steuer, aus dem Büro in Marblemount, er lebt dort in einem Wohnwagen, kocht, lächelt, tippt, misst Baumstämme – Liest in seiner Koje – Sein Sohn ist in Deutschland – Macht in der großen Küche für alle den Abwasch – Brille – Weißes Haar – Einmal, am Wochenende, als ich meine Kippen abholte, war er mit einem Geigerzähler und einer Angel in den Wald gegangen – «Charley», sage ich, «ich wette, in den trockenen Bergen von Chihuahua gibt's jede Menge Uran.»

«Wo ist das?»

«Südlich von New Mexico und Texas, Mann – hast du nie *Der Schatz der Sierra Madre* gesehen, den Streifen über den kauzigen Goldgräber, der den Jungs zuvorgekommen ist und Gold gefunden hat, 'ne wahre Gold-Bergziege, und sie sind ihm zuerst im Schlafanzug in einer Absteige begegnet, der alte Walter Huston?»

Aber ich sage lieber nicht mehr, weil Charley leicht peinlich berührt wirkt, und soweit ich das mitkriege, verstehen die kein Wort von meiner Sprache, ein Akzentgemisch aus Frankokanada, New York, Boston und Oklahoma, und dazu noch etwas Español und sogar Finnegans Wake – Sie bleiben einen Moment stehen, um mit einem Ranger zu sprechen, ich lege mich ins Gras, sehe Kinder an einem Zaun unter einem Baum Pferde bewundern, gehe zu ihnen – Welch schöner Moment in Diablo Dumpfdorf! Pat liegt da drüben im Gras (mein Vorschlag) (wir alten Säufer kennen alle das Geheimnis des Grases), Charley redet mit dem Ranger, und hier schnuppert dieser große, wunderschöne, goldnasige Hengst an meinen Fingerspitzen, schnaubt, neben ihm eine kleinere Stute – Die Kinder kichern, als wir mit den Pferden kleine Zärtlichkeiten austauschen – Ein Junge ist erst drei und kommt nicht hoch genug –

Die anderen winken mir zu, und es geht weiter, Rucksäcke hinten im Truck, zur Schlafbaracke in Marblemount – Redend – Und schon jetzt bestürmen mich die Plagen der Nichtbergwelt, große, schlingernde, steineschleppende Laster rumpeln über den schmalen Schotterstreifen, wir müssen rechts ran und sie vorbeilassen – Rechts von uns liegt, was noch übrigblieb vom Skagit River, nach all den Dämmen und der Aufstauung des Wassers im (himmelblau neutralen) Ross Lake (von meinem Liebesgott) – Immer noch ein brodelnd strudeliger alter Wahnsinnsstrom, breit, spült Gold in die Nacht, zum arterienhaften Skwohawlwish-Kwakiutl-Pazifik ein paar Kilometer weiter westlich – Mein reiner kleiner Lieblingsfluss hier im Nordwesten, an dem ich abends saß, mit Wein, auf Sägemehlstümpfen, auf das Knistern der Sterne trank und zusah, wie der bewegende Berg den Schnee ausschickte – Klares grünes Wasser, das an Wurzeln riss, und ach, all die Flüsse Amerikas, die ich gesehen habe und die ihr gesehen habt – Das endlose Fließen, die Thomas-Wolfe-Vision eines in die Nacht ausblutenden Amerikas, in Flüssen, die in die Schlundsee fließen, doch dann kommen Aufwirbel und Neugeburten, donnernd die Mississippimündung an dem Abend, als wir in sie einbogen, und ich schlief auf einer Deckspritsche, platsch, Regen, fatz, Blitz, Duft des Deltas, wo die Golfin von Mexiko ihre Sterne ausmistet und sich Wasserschleiern öffnet, die sich nach Lust und Laune in teilbare, unnahbare Bergpässe aufteilen, wo einsame Amerikaner unter kleinen Lichtern leben – Immer die treibende Rose, die tapfer leidende Liebende von Elfenbrücken warfen, damit sie in die See blutete, das Werk der Sonne benetzte und wieder zurück, zurückkehrte – Die Flüsse Amerikas und all die Bäume an all den Ufern und all die Blätter an all diesen Bäumen und all die grünen Welten in all diesen Blättern und all die chlorophyschen Moleküle in all diesen grünen Welten und all die Atome in all diesen Molekülen, und all die unendlichen Universen in all diesen Atomen, und all unsere Herzen und all unser Gewebe und all unsere Gedanken und all unsere Hirnzellen und all die Moleküle und Atome in jeder Zelle, und all die unendlichen Universen in jedem Gedanken – Blasen und Ballons – Und all das Sternenfunkeln, das auf all den kleinen Wellen nie endender Flüsse auf der ganzen Welt tanzt, ganz zu schweigen von Amerika, Obs und Amazonasse und Ours, glaube ich, und zum Kongolischen gehörige See-Damm-Nile des schwärzesten Afrikas, und Gangesse von Dravidien und Yangtzes und Orinocos und Platas und Avons und Merrimacs und Skagits –

Mayonnaise –
  Mayonnaise in der Dose
Treibt den Fluss hinab

58

In zunehmender Dunkelheit fahren wir etwa 20 Kilometer durchs Tal zu einer Abzweigung nach rechts, dann anderthalb Kilometer schnurgerade Teerstraße vorbei an Bäumen und kleinen, eingenisteten Farmen bis zur Rangerstation ganz am Ende, eine so perfekte Raserpiste, dass das Auto, das mich vor zwei Monaten zum letzten Mal ein bisschen bierselig beim Trampen mitnahm und mich mit beinahe 150 Sachen Richtung Rangerstation schoss, mit 80 in die Schottereinfahrt bog, Staubwolke, *goodbye,* gleich wieder wendete und brüllend wie ein Rennwagen davonjagte, sodass Hilfsranger Marty mir zum Gruß die Hand hinstreckte: «John Duluoz?», und dann fragte: «War das 'n Freund von Ihnen?»

«Nein.»

«Mit dem würd ich ja gern mal 'n Wörtchen über Geschwindigkeitsbeschränkungen auf Staatsgrund reden» – Jetzt erneut auf dieser Straße, aber diesmal langsam. Charley hat das Steuer fest im Griff, unsere Sommerarbeit ist getan –

Die Schlafbaracke unter großen Bäumen ('ne träge 6 draufgemalt) ist verlassen, wir werfen unseren Kram auf Pritschen, überall Schmuddelhefte und Handtücher von kürzlichen riesigen Feuerwehrrotten – Helme an Nägeln, das alte, immer kaputte Radio – Ich heize gleich den Boiler an, für eine heiße Dusche – Als ich gerade mit Streichhölzern und Zweigen hantiere, kommt Charley dazu, sagt: «Mach gleich ein richtiges Feuer», nimmt eine Axt (von ihm geschärft), und mir bleibt die Spucke weg, als er mit schnellen, scharfen Schlägen (dunkle Hälfte) Brennholz spaltet, als wäre nichts dabei, 60 Jahre alt, ich könnte Holz niemals so hacken – Jeder Schwung ein Treffer – «Mann, Charley, ich hab nicht gewusst, dass du so mit der Axt umgehen kannst!»

«Kann ich aber.»

Wegen des leichten Rotstichs seiner Nase hatte ich ihn für einen Dauersäufer gehalten – Nein – Wenn er trank, dann trank er richtig, aber nicht bei der Arbeit – Pat wärmt inzwischen in der Küche einen alten Rindereintopf auf – Es ist so süß und wundervoll, wieder im Tal zu sein, warm, kein Wind, ein paar herbstgelbe Blätter im Gras, warme Wohnhauslichter (das Haus von Ranger O'Hara, mit drei Kindern, dazu das von Gehrke) – Und zum ersten Mal wird mir bewusst, dass jetzt wirklich Herbst und wieder mal ein Jahr hinüber ist – Und diese leise, nicht schmerzhafte Nostalgie des Herbstes hängt in der Abendluft wie Rauch, und man weiß: «Ach Ja, Ach Ja, Ach Ja» – In der Küche schaufle ich mir Schokoladenpudding rein, und Milch, und eine ganze Dose

Aprikosen mit Kondensmilch, und zum Abschluss eine große Schale Eiscreme – Ich schreibe meinen Namen auf die Essensliste, 60 Cent wird mich die Mahlzeit kosten –

«Willst du sonst nichts essen – vielleicht 'nen Teller Rindereintopf?»

«Nein, genau danach war mir – ich bin zufrieden.»

Auch Charley isst – Meine Schecks über mehrere hundert Dollar liegen im nachts geschlossenen Büro, Charley bietet an, sie mir zu holen – «Lass gut sein, ich schmeiß sonst nur gleich drei Dollar für Bier in der Bar raus.» – Ich will mir einen ruhigen Abend machen, duschen, schlafen –

Wir gehen auf einen kurzen Sitzbesuch zu Charleys Wohnwagen, wie in einer Farmküche im Mittleren Westen ist das, die Langeweile halte ich nicht aus, ich gehe duschen –

Pat schnarcht sofort, aber ich kann nicht schlafen – Ich gehe nach draußen, setze mich auf einen Stamm in die Nachsommerluft und rauche – Denke über die Welt nach – Charley schläft in seinem Wohnwagen – Die Welt ist gut –

Vor mir liegen Abenteuer mit anderen, viel irreren Engeln, und außerdem Gefahren, auch wenn ich nicht in die Zukunft sehen kann, ich will unbedingt unvoreingenommen bleiben – «Ich werde alles durchlaufen, so wie das, das alles durchdringt –»

Und morgen ist Freitag.

Endlich schlafe ich doch ein, nur halb im Schlafsack, es ist so warm und schwül hier unten –

Am Morgen rasiere ich mich, lasse das Frühstück zugunsten eines großen Mittagessens ausfallen, gehe ins Büro und hol mir meine Schecks.

Strahlender Morgen in Morgenbüros
Wo wir der zarten Musik begegnen

59

Der Boss ist da, der große, liebe, freundliche O'Hara mit strahlendem Gesicht, er schönspricht und nickt, Charley am Schreibtisch konfusiert wie üblich über Formularen, und da kommt Hilfsranger Gehrke in Holzfällerkluft (seit dem Feuer, als er sein Fett abkriegte) mit traditionellen Hosenträgern und blauem, leicht waschbarem Hemd, Zigarette im Mundwinkel, kommt zur Morgenarbeit im Büro, Augengläser adrett, hat seine junge Frau am Frühstückstisch zurückgelassen – Sagt zu uns: «Na, geschadet hat's euch wohl nicht» – Soll heißen, Pat und ich sehen okay aus, obwohl wir uns für tot hielten – Und sie schieben dicke Schecks rüber, auf dass ich damit in die Welt ziehe, in mit Packpapier gestopften Schuhen humple ich die gut zwei Kilometer in die Stadt, zahle im Laden meine Rechnung über $ 51,17 (für meinen Sommerproviant), dann zur Post, Schulden begleichen – Eine Tüte Eis und Baseballnachrichten auf einem grünen Stuhl neben der Wiese, aber die Zeitung ist so neu, sauber und druckfrisch, dass man die Druckerschwärze riecht, wovon mir das Eis sauer wird, es kommt mir vor, als würde ich die Zeitung essen, und da wird mir schlecht – So viel Papier, Amerika macht einen krank, Papier kann ich nicht essen – Die verkaufen nur Papiergetränke, und die Supermarkttür öffnet sich automatisch den Ballonbäuchen schwangerer Kundinnen – Das Papier ist zu trocken – Ein fröhlicher Verkäufer geht vorbei und sagt: «Und, gibt's was Neues?»

Die Seattle *Times* –

«Ja, im Baseball», sage ich – Lecke an meinem Eis – Bereit, quer durch Amerika zu trampen –

Humple zurück zur Schlafbaracke, vorbei an bellenden

Hunden und Nordwest-Originalen, die vor den Türen kleiner Hütten sitzen und über Autos und Angeln reden – In der Küche koch ich mir ein Mittagessen aus 5 Eiern, fünf Eier, Brot und Butter, weiter nichts – Kraft tanken für unterwegs – Da kommen O'Hara und Marty rein, vom Lookout Mountain wurde ein Feuer gemeldet, ob ich da wohl hinkann? – Nein, kann ich nicht. Ich zeig ihnen meine Schuhe, sogar Freds Schuhe sind erbärmliche Antwort genug, und ich sage «Meine Beine machen das nicht mit, die Füße» – «Über kleine Steine» – Nur, um was zu suchen, das vermutlich gar kein Feuer ist, sondern bloß ein bisschen Rauch, gemeldet von Allesmelder Howard auf dem Lookout Mountain, und dann ist's doch nur Rauch aus einem Schornstein – So oder so, ich kann nicht mit – Sie drängeln, aber ich kann nicht – Und es tut mir auch leid, als sie schließlich aufgeben – Ich hinke zurück zur Baracke, will aufbrechen, und Charley ruft von der Bürotür: «Hey, Jack, warum hinkst du so?»

60

Das bringt mich auf Trab, und Charley chauffiert mich zur Kreuzung, wir verabschieden uns herzlich, und ich gehe mit dem Rucksack ums Auto, sage: «Los geht's», und strecke gleich dem nächsten Auto meinen Daumen hin, aber es hält nicht – Zu Pat, dem ich gerade erst beim Mittagessen sagte: «Die Welt steht kopf, echt schräg, ein irrer Film», sage ich jetzt: «Mach's gut, Pat, bis irgendwann, hasta la vista», und zu beiden: «Adios», und Charley sagt:

«Schreib mal 'ne Karte.»

«'ne *Ansichts*karte?»

«Egal, irgendeine» (ich hab darum gebeten, dass sie mir

die letzten Schecks nach Mexiko nachschicken) (später schrieb ich ihm vom Arsch der Welt eine Karte mit rotem Aztekenkopfschmuck) – (und ich kann mir denken, wie sie alle drei darüber spotteten, Charley, Gehrke und O'Hara: «Da unten gibt's die also auch», soll heißen: die indianischen Gesichter) – «Mach's gut, Charley», und seinen Nachnamen weiß ich bis heute nicht.

61

Ich bin unterwegs, und sobald die beiden weg sind, geh ich einen knappen Kilometer um die nächste Kurve, damit ich außer Sicht bin, falls sie wiederkommen – Da kommt ein Auto, falsche Richtung, doch es hält, hinterm Steuer sitzt Phil Carter, der sonst das Boot auf dem See fährt, netter alter Kerl aus Oklahoma, so breit und ehrlich wie die Berge im Osten, neben ihm ein Greis, der mich aus leuchtenden Augen anglotzt – «Jack, schön, dich zu sehen – Das ist Mr. Winter, er hat die Hütte auf dem Desolation Peak gebaut.»

«Eine gute Hütte ist das, Mr. Winter, Sie sind ein großartiger Zimmermann», und das meine ich ernst, denke daran, wie der Wind an den Dachbalken rüttelte, aber das mit Stahl in Beton verankerte Haus nie nachgab – außer, als die Erde vom Donner erbebte und anderthalbtausend Kilometer südlich in Mill Valley ein neuer Buddha zur Welt kam – Mr. Winter glotzt mich erleuchtet an, mit breitem Grinsen – wie der alte Connie Mack – wie Frank Lloyd Wright – Wir geben uns die Hand, und Lebewohl. Phil hat den Jungs immer über Funk ihre Briefe vorgelesen, niemand hat je was Traurigeres, Ehrlicheres gehört, als wenn er las – «Und Mama lässt ausrichten, dass J-j-j-Jilcey am 23. August auf die Welt gekommen ist, ein süßer kleiner Junge – Und hier steht» (unterbricht Phil) «irgendwas Komisches, ich glaub, da hat sich deine Mama verschrieben» – Der alte Phil aus Oklahoma, wo Cherokee-Propheten brüllen – Er fährt davon in seinem Hawaii-Hemd, zusammen mit Mr. Winter (Ah, Anthony Trollope), und ich sehe ihn nie wieder – Etwa 38 – oder 40 – saß vorm Fernseher – trank Bier – rülpste – ging ins Bett – stand früh wieder auf. Küsste seine Frau. Machte ihr kleine Geschenke. Ging ins Bett. Schlief. Fuhr das Boot. Machte sich keine Gedanken. Beklagte sich nie. Krittelte nie. Sagte nie was anderes als schlichte, einfache Tao-Worte.

Ich gehe den Kilometer um die heiße, grelle Kurve, Sonne, Dunst, das wird ein sengender Trampertag mit schwerem Rucksack.

Hunde, die mir von Farmen hinterherbellen, sind mir ganz egal – Der alte Navajoa Jacko, der Yaqui-Wander-Champion und Heilige der Selbstvergebenen Nacht, humpelt der Dunkelheit entgegen.

62

Endlich um die Kurve, damit Pat und Charley mich nicht auslachen, vielleicht sogar Gehrke und O'Hara, wenn sie irgendwohin fahren und mich dort stehen sehen, ihren Sommer-Wachtposten, wie er einsam und verlassen neben leerer Straße auf ein Auto wartet, das ihn 6000 Kilometer weit mitnimmt – Ein strahlender Septembertag, dunstige Hitze, bisschen zu heiß, ich wische mir mit großem rotem Halstuch die Stirn und warte – Da, ein Auto, Daumen raus, drei alte Männer, wuusch, ein Stück weiter bleibt es stehen, und ich laufe hinterher, den Rucksack über einer Schulter – «Wo soll's hingehen?», fragt der nette alte Fahrer mit der Hakennase und der Pfeife – Die zwei anderen sind neugierig –

«Seattle», sage ich, «99, Mount Vernon, runter bis nach San Francisco» –

«Steig ein, kannst gerne ein Stück mitfahren.»

Wie sich rausstellt, fahren sie nach Bellingham an der 99, was nördlich meiner Strecke liegt, weshalb ich wohl an der Abfahrt Skagit Valley Rt. 17 aussteigen werde – Ich werfe meinen Rucksack auf den Rücksitz und steig vorne ein, beenge die zwei Alten auf der Vorderbank, gedankenlos, kapiere nicht, dass das meinem Nebenmann nicht schmecken wird – Ich merke, wie er abkühlt, doch inzwischen sprudeln aus mir Antworten auf all die Fragen übers Hinterland – Sonderbar, diese drei alten Kumpels! Der Fahrer der behäbig, hellherzig Bemühte, der sich an Gottes Regeln halten will, wie die zwei anderen wissen – Neben ihm sein ältester Kompanjong, ebenfalls gottfromm, aber nicht so scharf auf Freundlichkeit und Güte, bisschen misstrauisch, was die Motivlage betrifft – All diese Engel im Nichts – Der auf dem Rücksitz ist ein doppelter Normalverbraucher, soll heißen ganz in Ordnung, doch er hat sich den Rücksitz des Lebens ausgesucht, sieht zu und interessiert sich (so wie ich), und wie ich trägt er ein bisschen Narr in sich und etwas von der Mondgöttin – Endlich, als ich mit dem Satz «'ne angenehme Brise geht da oben» einen langen Vortrag abschließe und Hakennase durch die Kurven schwenkt, gibt keiner eine Antwort, Totenstille, und mir jungem Medizinmann wurde von drei alten Medizinmännern Schweigen befohlen, weil nichts etwas bedeutet, wir alle sind Unsterbliche Buddhas, Die Das Schweigen Kennen, also halte ich den Mund, und es herrscht lange Stille, während das Auto weitersaust und mich zum anderen Ufer bringt, von Nirmanakaya, Smaboghakay und Dharmakaya Buddha, von allen dreien, in Wahrheit eins, meinen Arm auf die Tür gelegt, Wind im Gesicht (und ob der Aufregung, nach Monaten im Fels die *Straße* zu sehen), bestaun ich jede kleine Hütte, jeden Baum und jede Weide auf dem Weg, die hübsche kleine Welt, die Gott bereitet hat, damit wir sie betrachten und bereisen und verfilmen, genau dieselbe raue Welt, die uns den Atem aus der Brust wringen und uns in tote Särge legen wird, und wir ganz ohne Klagen (zumindest lieber nicht) – Tschechows Engel der Stille und Trauer streicht über unser Auto – Wir erreichen Concrete, fahren über eine schmale Brücke, und da sind sie, die kafkaesk grauen Zementfabriken und Skipanlagen, die kilometertief in den Kalksteinberg reichen – dann die kleinen amerikanischen Autos, schräg geparkt in der mönchisch verländlichten Main Street, heiß blitzende Fenster langweiliger Geschäfte, Five & Tens, Frauen in Baumwollkleidern kaufen Päckchen, alte Farmer hocken vor dem Futterladen, dem Eisenwarenladen, Leute mit dunklen Brillen in der Post, Szenen, die ich bis zur Grenze des Fellachen-Mexiko immer wieder sehen werde – Szenen, durch die ich trampen und meinen Rucksack hüten muss (vor zwei Monaten wollte in Grant's Pass, in Oregon, ein fetter alter Cowboy mit einem Kieslaster absichtlich über meinen Rucksack fahren, ich zog ihn grade noch weg, und der Fahrer grinste bloß) (Mit meiner Faust winkte ich hinterher, was er zum Glück nicht sah, sonst hieße es jetzt: «He's in the jailhouse now, fellow called Ramblin Bob, usta drink and gamble and rob, he's in the jailhouse now») (und ich Nicht-Ausgebüxter mit cowboyig breitkrempig trostlosem Sombrero, drehe Zigaretten im Honkytonk-Saloon, schwinge mich auf ein Pferd und ab nach Mexiko) (Monterrey, Mazatlán am besten) – Die drei alten Knacker kutschieren mich bis kurz vor Sedro-Woolley, und ich steige aus, um weiter zur 99 zu trampen – Danke ihnen –

Über die heiße Straße stapfe ich in die Stadt, will mir dort neue Schuhe kaufen – Erst kämm ich mir das Haar in einer Tankstelle, und als ich rauskomme, ist eine attraktive Frau auf dem Gehweg zugange (sortiert Dosen), und ihr zahmer Waschbär kommt zu mir, als ich mich kurz hinsetze und eine Zigarette drehe, er streckt die lange, sonderbare, feine Nase an meine Fingerspitzen und will fressen –

Dann gehe ich weiter – Auf der anderen Seite der gewundenen Straße liegt eine Fabrik, einer, der dort grade Schicht hat, beobachtet mich aufmerksam – «Schaut euch diesen Kerl an, Rucksack auf dem Rücken und den Daumen raus, wo will der hin? Wo kommt er her?» Er starrt mich so penetrant an, dass ich lieber weitergehe, mich nur zum Austreten kurz in die Büsche drücke, und dann über Tümpel und Ölwiesengräben neben Superhighway-Schotter, bis ich mit den großen, nagelgespaltenen Schuhen ins eigentliche Sedro-Woolley trabe – Erste Anlaufstelle ist die Bank, da ist sie schon, ein paar Leute gaffen, als ich vorüberbürde – Ja, die Karriere von Jack, dem Großen Heiligen des Gehens, hat eben erst begonnen, heilig geht er in Banken und tauscht Staatsschecks in Reiseschecks um –

Ich such mir einen hübschen, zierlichen, lehrerinnenhaften Rotschopf mit blauen, vertrauensvollen Augen aus, erkläre, dass ich Reiseschecks möchte, wohin ich gehe und woher ich komme, und sie bekundet Interesse, genug sogar, um, als ich sage: «Ich muss zum Frisör» (wegen des ganzen Bergsommers), zu erwidern: «Find ich gar nicht», und mich ausgiebig zu mustern, und ich weiß, dass sie mich liebt, und ich liebe sie, und ich weiß, ich könnte heute Abend Hand in Hand mit ihr zum sternenklaren Skagit-Ufer spazieren und *alles* mit ihr machen – Sie würde sich von mir auf jede erdenkliche Weise schänden lassen, genau das wünscht sie sich, die Frauen Amerikas brauchen Partner und Liebhaber, den ganzen Tag lang stehen sie in Marmorbanken und schieben Papier herum, und Papier serviert man ihnen auch im Autokino, zu papierenen Kinofilmen, aber sie wollen küssende Lippen und Flüsse und Gras, so wie früher – Ich verliere mich so sehr in ihrem hübschen Körper, den süßen Augen und der zarten Stirn unter dem zarten roten Pony, in den Sommersprossen und den zarten Handgelenken, dass ich gar nicht merke, wie hinter mir inzwischen schon sechs Leute Schlange stehen, alte, wütende, eifersüchtige Frauen und junge Kerle in Eile, ich verziehe mich schnell mit meinen Schecks, schwinge mir den Rucksack auf die Schulter und gehe zur Tür – Ein Blick zurück, sie bedient bereits den nächsten Kunden –

Jedenfalls Zeit für mein erstes Bier nach ganzen zehn Wochen.

Da ist der Saloon … gleich nebenan.

Es ist heißer Nachmittag.

63

Ich hole mir ein Bier an der großen, glänzenden Theke, setze mich an einen Tisch, Rücken zur Bar, und dreh mir eine Kippe, da kommt ein tatteriger Greis mit Gehstock rein, setzt sich an den Nachbartisch und wartet trübäugig – O Gauguin! O Proust! Wär ich ein Maler oder Schriftsteller von eurem Schlag, beschriebe ich das räudige, zerfressene Gesicht, Prophezeiung aller Menschen Leid, keine Flüsse keine Lippen keine sternklaren Mösen für diesen lieben alten Loser, und alles geht vorbei, alles ist ohnehin verloren – Fünf Minuten braucht er, um seinen kleinen Dollar auszugraben – Hält ihn zitternd fest – Starrt immer noch zur Theke – Der Barmann ist beschäftigt – «Wieso steht er nicht auf und holt sein Bier?» – Ach, eine stolze Nachmittagsgeschichte in der Bar in Sedro-Woolley im Nordwesten Washingtons in der Welt im Nichts, der kopfstehenden Trübsal – Schließlich klappert er mit seinem Stock, klopft nach Bedienung – Ich trinke mein Bier, hol mir noch eins – Überlege, ihm eins mitzubringen – Warum einmischen? Black Jack könnte jeden Augenblick hereinkommen und aus allen Rohren ballern, und ich bin dann berühmt im ganzen Westen, weil ich Slade Hickox in den Rücken schoss? Wie Chihuahua Kid sage ich nichts –

Die zwei Bier wirken nicht richtig, ich begreife, dass die Seele überhaupt keinen Alkohol braucht –

Ich geh mir Schuhe kaufen –

Main Street, Läden, Sportbedarf, Basketbälle, Footbälle für den Herbst – Elmer das glückliche Landkind wird bald überm Footballfeld schweben, dicke Steaks bei Schulbanketts vertilgen und ganz bestimmt den erwarteten Brief von der Uni bekommen – Ich betrete einen Laden, stapfe ganz nach hinten durch, ziehe die Ackertreter aus, und der Verkäufer gibt mir blaue Segeltuchschuhe mit dicken, weichen Sohlen, ich ziehe sie an und schlendere, wie auf Wolken gehen ist das – Ich bezahle, lass die alten Schuhe da und gehe wieder –

Hocke mich an eine Wand, zünde eine Zigarette an, lasse das Nachmittagsstädtchen auf mich wirken, da sind Heu und Futtersilo vor der Stadt, die Eisenbahn, das Holzlager, genau wie bei Mark Twain, hier bekam Sam Grant eine Million für die Bürgerkriegsgräber – Diese verschlafene Atmosphäre gebar das Feuer in Stonewall Jacksons Virginia-Seele, schnitz –

Okay, genug – Zurück zum Highway, übers Gleis und raus zur Kreuzung, Verkehr aus drei Richtungen –

Etwa eine Viertelstunde warten.

«Beim Trampen», denke ich, um meine Seele sturmfester zu machen, «bekommt man gutes und schlechtes Karma, das gute gleicht das schlechte aus, irgendwo auf dieser Straße …» (Ich blicke in die Ferne, und da ist es, unser dunstendiges, hoffnungsloses Nichts) «… ist der Typ, der dich bis heute Abend nach Seattle bringt, zu deinem Wein und deinen Zeitungen, also warte nur geduldig» –

Es hält ein blonder Bursche mit Geschwüren, wegen denen er nicht mehr im Highschool-Footballteam von Sedro-Woolley spielen kann, obwohl er mal einer der Besten war (*der* Beste, vermute ich), aber im Ringerteam ringen darf er noch, er hat breite Oberschenkel und Arme, 17 Jahre, ich war auch mal Ringer (schwarzmaskierter Champion meines Blocks), also unterhalten wir uns übers Ringen – «So richtiges Ringen, auf allen vieren, und der andere hinter dir und los?»

«Genau, nicht bloß dieser Fernsehmist – so richtig.»

«Wie werden die Punkte gezählt?»

Die lange, komplizierte Antwort bringt mich bis Mount Vernon, doch dann tut er mir plötzlich leid, tut es mir leid, dass ich nicht bleiben und mit ihm ringen oder einen Football werfen kann, wirklich ein einsamer amerikanischer Junge, so wie das Mädchen in der Bank, er sucht nach simpler Freundschaft, Engelsreinheit, mir schaudert beim Gedanken an die Cliquen und Claquen in der Schule, die ihn piesacken, dazu seine Eltern und die Mahnungen des Arztes, und abends kriegt er nichts als Kuchen, keinen Mond – Ich geb ihm die Hand und steige aus, und hier steh ich nun, in der heißen Vier-Uhr-Nachmittagssonne, neben einem steten Strom von Autos auf dem Heimweg von der Arbeit, an einer

Straßenecke vor einer Tankstelle, und alle achten so sehr auf die Kreuzung, dass sie mich nicht recht beäugen können, also hänge ich dort fast 'ne Stunde rum.

Seltsam, unheimlich, ein Mann parkt da in einem Cadillac und wartet auf jemanden, erst als er anfährt, halte ich den Daumen raus, er grinst, wendet, hält auf der Straßenseite gegenüber, dann fährt er an, wendet noch mal, fährt wieder an mir vorbei (diesmal bin ich still) und hält erneut, gehetzter und nervöser Blick, o Amerika, was hast du deiner Kindermaschine angetan! Dabei sind die Läden proppevoll mit der besten Nahrung der Welt, köstliche Leckereien, die neue Pfirsichernte, Melonen, all die butterfetten Skagit-Früchte, der Boden reich an Nacktschnecken und feuchter Erde – Da kommt ein MG, und kaum zu glauben, am Steuer sitzt Red Coan, neben ihm ein Mädchen, er meinte doch, er sei im Sommer hier in Washington, er wendet laut und zügig in der Werkstatteinfahrt, während ich «Hey Red!» rufe, und grade, als ich rufe, sehe ich, das ist ja gar nicht Red, und meine Güte, dieses Keine-Ahnung-wer-du-bist-Grinsen, nicht mal ein Grinsen, eher so ein Fauchen, er faucht hinter Lenkrad und Schaltung, und zack, ist er wieder vorbei, mit brüllendem Motor, und furzt mir Abgas ins Gesicht –

Trüb.
Trub.
Nichts.

Aber da kommt ein achtzigjähriger schmachtzigjähriger patriarcharischer arischer Silberschopf, sitzt tief und alt hinter dem hohen Lenkrad, hält an, ich laufe hin, auf mit der Tür, er zwinkert mir zu: «Immer rein, mein Junge – ich nehm dich 'n Stück mit.»

«Wie weit?»

«Oh, 'n paar Kilometer.»

Das wird doch wieder wie in Kansas (1952), als ich auch ein paar Kilometer mitgenommen wurde und dann im Sonnenuntergang auf weiter Flur stand, wo alle nur mit 130 Sachen Richtung Denver brausten – Aber ich zucke bloß die Achseln, «Karma, Karma», und steige ein –

Er redet etwas, nicht sehr viel, offensichtlich ist er wirklich alt, und lustig ist er auch – Er prügelt seine Rostlaube voran, an allen anderen vorbei, jagt mit 130 km/h durchs Farmland – «Mein Gott, hoffentlich kriegt der jetzt keinen Herzinfarkt!» – «Langsam ist nicht so Ihr Ding, was?», sage ich, behalte ihn und das Lenkrad fest im Auge –

«Üüü-berhaupt nicht.»

Er gibt noch mehr Gas …

Über den Keine-Flüsse-Fluss bringt mich ein irrer alter Bodhisattva-Heiliger ins alte Hotsapho-Buddhaland – Einer, der mich schnell dort hinbringt oder gar nicht – Da ist es nun, das Karma, pfirsichreif.

Ich halte durch – Schließlich ist er nicht betrunken wie der fette Sack in Georgia (1955), der mit 130 aufs Bankett fuhr und ständig mich anglotzte statt der Straße und nach Schwarzgebranntem stank, bei dem bin ich früher ausgestiegen als geplant und weiter mit dem Bus nach Birmingham, so durch den Wind war ich –

Nein, Opapa setzt mich glatt vor einem Farmtor mitten in der Pampa ab, da ist seine Holzveranda, da sind seine Schweine, wir geben uns die Hand, und er geht abendessen –

Ich bleibe hier draußen, wo die Autos vorbeirasen, hier steck ich wohl ein Weilchen fest – Spät wird es auch –

Doch ein Werkzeuglaster schleift herbei, bremst ab, pflügt für mich Staubballons in den Randstreifen, ich laufe hin und springe auf – Was für merkwürdige Helden! Der hier ist ein großer, zweifarbiger Macho-Champion der arbeitenden Klasse, ein großfäustiger Seemann, der vor keinem Angst hat und obendrein noch reden kann und obendrein noch Brücken baut, und hinter ihm liegen Beton und Stemmeisen und Werkzeuge zum Brückenbauen – Und als ich erzähle, dass ich nach Mexiko will, sagt er: «Ach, Mexiko, meine Frau und ich haben mal die Kinder in den Wohnwagen gepackt, und los – Bis runter nach Mittelamerika – Im Wohnwagen gegessen und geschlafen – Meine Frau war fürs Spanisch zuständig – Ich hab mir ab und zu ein paar Tequilas in 'ner Bar genehmigt – Die Kinder haben viel gelernt – Erst letzte Woche sind wir von 'nem kürzeren Ausflug nach Haus gekommen, durch Montana bis Ost-Texas und zurück» – Und ich kann mir lebhaft vorstellen, wie irgendwelche Banditos sich mit ihm anlegen, er besteht aus über hundert Kilos stolzer Muskeln und Knochen – Was er mit einem Schraubenschlüssel oder einem Stemmeisen anrichten könnte, würde ich nur ungern wie Orozco in Spaghettisauce malen – Er bringt mich nach Everett, setzt mich in der heißen späten Sonne einer tristen Halbwegshauptstraße ab, plötzlich mit trister Backstein-Feuerwache und Wanduhr, und mir wird's blümerant – Die Stimmung in Everett ist mies – Wütende Arbeiter strömen in auspuffstinkenden Autos vorbei – Niemand würdigt mich nur eines Blickes, oder höchstens eines höhnischen – Es ist schrecklich, höllisch – Langsam wird mir klar, dass ich zurück in meinem Bergschlafsack sein sollte, in einer kalten Nacht im Mondenschein. (Das Everett-Massaker!)

Aber nein! Der Abenteuerfestzug karmat abwärts – Ich bin bis zum Schluss dabei, tot – Bis ans Ende aller Tage muss ich mir die Zähne putzen, Geld ausgeben, mindestens bis zu dem Tag, an dem ich die letzte alte Frau auf Erden bin, die in der allerletzten Höhle an dem letzten Knochen nagt, bis ich gackernd mein letztes Gebet spreche, am letzten Abend, bevor ich nicht mehr aufwache – Dann kommt das Feilschen mit den Himmelsengeln, allerdings mit der besonderen Ekstase und Geschwindigkeit der Sterne, sodass es uns dann vielleicht nicht mal mehr was ausmacht, könnte man zumindest meinen – Doch o Everett! Vollgestapelte Sägewerkshöfe und ferne Brücken, und die hoffnungslose Hitze des Asphalts –

Verzweifelt gehe ich nach einer halben Stunde in eine Imbissstube, bestelle einen Hamburger und einen Milchshake – Beim Trampen erlaube ich mir immer ein größeres Budget fürs Essen – Die Bedienung ist derart absichtlich frostig, dass ich in noch tiefere Verzweiflung stürze, sie ist wohlgeformt und hübsch, aber auch freudlos, hat blaue, kalte Augen und interessiert sich letztlich nur für einen mittelalten Kerl, der zum Spielen nach Las Vegas will, draußen steht sein Auto, und als er geht, ruft sie: «Nimm mich doch mal mit auf eine Spritztour», und er ist derart überzeugt von sich, dass es mich zugleich verblüfft und ärgert. «Ich denk mal drüber nach», oder ähnlich lässig seine Antwort, und ich betrachte ihn, und er hat Bürstenschnitt und Brille und sieht fies aus – Er steigt in seinen Wagen und fährt durch all das nach Las Vegas – Ich kriege kaum einen Bissen runter – Zahle und verschwinde – Über die Straße mit Vollsack – argh, uff – Ich bin endlich unten angekommen (runter vom Berg).

64

Ich stehe in der Sonne, bemerke gar nicht das Football-Gedränge im Gleißen westlich hinter mir, bis ein trampender Seemann vorbeispaziert und sagt: «Auf geht's, hip hip», und ich blicke auf und sehe zugleich ihn und das Spiel, und ebenso zugleich hält ein von einem interessierten Gesicht gelenktes Auto, und ich laufe hin, um einzusteigen, werfe einen letzten Blick aufs Footballspiel, wo ein Junge sich gerade mit dem Ball vor einem Tackle retten will und plattgewalzt wird –

Ich springe ins Auto, offenbar eine verkappte Schwuchtel, also immerhin ein netter Kerl, weshalb ich mich auch für den Seemann einsetze: «Der da trampt auch», und wir laden ihn ein, und zu dritt auf der Vorderbank zünden wir uns Zigaretten an und fahren nach Seattle, einfach so.

Halbherziges Gespräch über die Navy – langweilig, «Ich war in Bremerton stationiert, kam samstags immer rüber, aber viel besser war, als ich versetzt wurde, nach …», und ich schließe die Augen – Nachdem ich etwas Interesse an der Uni des Fahrers zeige, der Washington University, bietet er (meine Idee) an, mich am Campus abzusetzen, den Seemann lassen wir schon vorher raus (abgeschlaffter Scheißegal-Seemann, trampt mit Unterwäsche seiner Freundin in einer Papiertüte, in der ich Pfirsiche vermutet hatte, bis er mir das Seidennegligé ganz oben zeigte) –

Der Campus der Washington U ist ganz okay und ziemlich ewig, mit großen, neuen, tausendfenstrigen Wohnheimen und langen späten Spaziergängen weg vom Verkehrschaos, und o, das ganze Stadt-College-Milieu, für mich ist das chinesisch, ich komme da nicht mit, mein Rucksack ist mir sowieso zu schwer, ich nehm den ersten Bus ins Zentrum von Seattle, und bald, als wir an alten Salzwasserbootsrampen mit uralten Lastkähnen vorbeisausen und eine rote Sonne hinter Masten und Bootshausdächern versinkt, geht's mir besser, das hier verstehe ich, das ist das alte vernebelte Seattle, das alte verschleierte Seattle, das alte Seattle, über das ich als Kind in *Phantom-Detective*-Heften gelesen habe, und in den *Blue Books for Men* las ich alles über damals, als hundert Männer in den Keller des Einbalsamierers einbrachen, Balsamierungsflüssigkeit tranken und allesamt starben und allesamt nach China schanghait wurden, und Lehmhütten – Kleine Hütten mit Möwen.

Mädchenfußspuren
im Sand
– Alter moosbedeckter Pfahl

Das Seattle der Schiffe – Rampen – Kais – Totempfähle – Alte Loks rangieren am Ufer – Dampf, Rauch – Skid Row, Bars – Indianer – Das Seattle meiner Jugendträumereien erkenne ich wieder in dem verrosteten alten Schrottplatz mit altem, farblosem, in großes Labyrinth geneigtem Zaun –

Haus aus Holz
grobes Grau –
Rosa Licht im Fenster

Ich bitte den Busfahrer, mich im Zentrum rauszulassen, steige aus und stapfe vorbei an Rathaus und Tauben in Richtung Wasser, wo ich bestimmt ein ordentliches Skid-Row-Zimmer finde, mit einem Bett und einem heißen Bad über den Flur –

Bis zur First Avenue gehe ich, biege links ab, lasse die Shopper und Seattler hinter mir, und siehe da!, hier spaziert die ganze hippe, schräge Menschheit über den abendlichen Gehsteig, dass ich mir davon die Augen aus dem Kopf staune – Indianermädchen in langen Hosen, Indianerjungs mit Tony-Curtis-Haarschnitt – verdreht – Arm in Arm – Alte Okie-Familien stellten grade ihren Wagen ab, gehen jetzt zum Markt und kaufen Brot und Fleisch – Betrunkene – Bartüren, an denen ich vorbeiwische, unglaubliche, gedrängte, traurig wartende Menschheit befingert Drinks und blickt hinauf zum Fernseher, wo Johnny Saxton mit Carmen Basilio boxt – Und rumms! wird mir bewusst, dass es in ganz Amerika jetzt Freitagabend ist, in New York ist es schon zehn, und der Kampf hat grade angefangen im Madison Square Garden, all die Hafenarbeiter in den Bars von North River schauen zu und trinken jeweils 20 Bier, und Typen namens Sam sitzen in der ersten Reihe, schließen Wetten ab, man sieht sie auf dem Bildschirm, handbemalte Schlipse aus Miami – Ja, in ganz Amerika ist Friday Fight Night, und es ist ein Großer Kampf – Sogar in Arkansas schauen sie im Billardsalon zu, und draußen in dem Häuschen auf dem Baumwollfeld – überall – Chicago – Denver – überall Zigarrenrauch – Und ach, die traurigen Gesichter, ich hatte sie ganz vergessen, jetzt gehen mir die Augen auf, und mir fällt alles wieder ein, während ich den ganzen Sommer lang in Bergeshöhen von Fels und Schnee, von Bären und verirrten Vögeln wandelte und betete, hielten diese Leute sich an Drinks und Zigaretten fest, wandelten und beteten auf ihre Art, in ihren Seelen – Alles steht auf den Narben in ihren Gesichtern geschrieben – Ich muss in diese Bar.

Ich mache kehrt, gehe hinein.

Werfe meinen Rucksack auf den Boden, hole mir ein Bier an der bestürmten Theke, setze mich an einen Tisch, an dem bereits ein alter Mann sitzt und von mir weg durchs Fenster blickt, und ich drehe einen Joint und sehe mir den Kampf und die Gesichter an – Es ist *warm*, die Menschheit ist warm, und sie birgt potenzielle Liebe, das erkenne ich – Ich weiß, ich bin ein reines, frisches Gänseblümchen – Ich könnte denen einen Vortrag halten, sie erinnern, wiedererwecken – Jetzt schon sehe ich die Langeweile in ihren Gesichtern, das «Ja, ist ja gut, kennen wir doch alles längst, und die ganze

Zeit haben wir hier gewartet und gebetet, freitags die Kämpfe geschaut – und *getrunken*» – Mein Gott, wie die trinken! Alles Säufer, ganz eindeutig – Seattle!

Ich kann ihnen nichts bieten außer meiner dummen Visage, die ich trotzdem abwende – Der Barmann hat zu tun, muss über meinen Rucksack steigen, ich schiebe ihn zur Seite, er sagt: «Danke» – Unterdessen machen Saxtons schlappe Schläge Basilio nichts aus, er geht drauflos, verdrischt Saxton nach Strich und Faden – Mumm gegen Hirn, und Mumm gewinnt – Jeder in dieser Bar ist Basilios Mumm, ich dagegen bin bloß Hirn – Muss schleunigst hier raus – Um Mitternacht werden die hier selbst einen Kampf auf die Beine stellen, die Halbstarken da drüben in der Nische – Man muss schon ein bekloppter, wilder, masochistischer New Yorker Johnny sein, um nach Seattle zu kommen und sich in Bars zu prügeln! Man muss Narben haben! Sich mit Schmerzen auskennen! Auf einmal schreib ich wie Céline –

Ich gehe und besorge mir mein Skid-Row-Zimmer für die Nacht.

Eine Nacht in Seattle.

Morgen, Fahrt nach Frisco.

65

Das Hotel Stevens ist alt und sauber, durch die großen Fenster sieht man gewischte Fliesen und Spucknäpfe und alte Ledersessel und eine plappernde Uhr und einen silberbebrillten Rezeptionisten im Käfig – $ 1,75 die Nacht, teuer für die Skid Row, aber keine Bettwanzen, darauf kommt's an – Ich zahle, fahre mit dem Mann im Lift nach oben, erster Stock, und gehe aufs Zimmer – Werfe meinen Rucksack auf den

Schaukelstuhl, lege mich aufs Bett – Weiches Bett, saubere Laken, Zuflucht und Atempause bis zum Checkout morgen mittag um eins –

Ah, Seattle, traurige Gesichter der Menschenbars, und man merkt hier gar nicht, dass man kopfsteht – Eure traurigen Köpfe, Leute, hängen ins grenzenlose Nichts, kopfüber trippelt ihr über den Straßenbelag und sogar durch Zimmer, eure Möbel stehen, gehalten von der Schwerkraft, kopf, und dass uns all das um die Ohren fliegt, verhindern nur die Gesetze des Geists des Universums, Gott – Warten auf Gott? Und weil er nicht begrenzt ist, kann er nicht existieren. Warten auf Lefty? Derselbe süße Sänger aus der Bronx. Nichts vorhanden außer Geist-Materie-Essenz, sonderbar und uranfänglich, mit Formen und bekannten Namen, die alle gleich viel taugen – Argh, ich stehe auf und ziehe los, meinen Wein und meine Zeitung kaufen.

In einem Laden, in dem man essen und trinken kann, läuft ebenfalls der Kampf, aber mich fesselt außerdem (auf der rosig blauen Straße, wo das Neonlicht angeht) ein Kerl in Weste, der sorgfältig die Baseballergebnisse auf eine große Kreidetafel schreibt wie früher – Ich bleibe stehen und sehe zu.

Im Zeitungskiosk, meine Güte, prangen auf tausend Schmuddelheften all die prallen Brüste und Schenkel der Ewigkeit – Ich begreife, «Amerika wird sexverrückt, die kriegen nicht genug, irgendetwas läuft da schief, irgendwo, bald werden diese Heftchen unglaublich detailliert sein, werden jedes Fältchen zeigen, alles außer Loch und Nippeln, die sind doch verrückt» – Natürlich betrachte auch ich die Auslage, zusammen mit den anderen Lustmolchen.

Schließlich kaufe ich die *Sporting News* aus St. Louis, um das Neueste vom Baseball zu erfahren, und eine *Time*, um das Neueste aus der Welt zu erfahren, und ich lese alles über

Eisenhower, der aus Eisenbahnwaggons winkt, dazu noch eine Flasche Portwein, Italian Swiss Colony, teuer, einer der besten – Dachte ich zumindest – Damit gehe ich zurück, und an der Straße ist ein Varieté. «Heute Abend gehe ich ins Varieté!» kichere ich (denke ans Old Howard in Boston) (und neulich las ich, dass Phil Silvers irgendwo in einem Varieté eine altmodische Burlesque-Show inszeniert hat, und was das für eine hohe Kunst war). Ja – und ist –

Nachdem ich anderthalb Stunden in meinem Zimmer (in Strümpfen auf dem Bett sitzend, Kissen im Rücken) Wein gesüffelt und gelesen habe, über Mickey Mantle und die Three-I-League und die Southern Association und die West Texas League und die neuesten Transfers und Stars und Jungtalente und sogar über die Little League, um die Namen all der 10-jährigen Wunderpitcher zu erfahren, und nach einem Blick in die *Time* (letztlich nicht so interessant, wenn man angeduselt ist und vor der Tür die Straße wartet) breche ich auf, gieße vorsichtig Wein in meine Wasserflasche um (zuvor benutzt für Wanderdurst, mit dem roten Halstuch um den Kopf), steck sie in die Jackentasche, und dann runter in die Nacht –

Neon, China-Restaurants
leuchten auf –
Mädchen aus den Schatten

Augen – merkwürdiger junger Schwarzer, der fürchtet, ich würde ihn mit Blicken kritisieren wegen der Sache mit der Rassentrennung im Süden, fast kritisiere ich ihn wirklich, weil er so ein Spießer ist, doch ich will ihn nicht reizen, also wende ich mich ab – Filipino-Niemande gehen vorbei, hängende Arme, ihre rätselhaften Bars, Billardsalons und bauchigen Schiffe – Eine Surrealistische Straße, mit einem Cop in einer Bar, der sich plötzlich versteift, als ich hereinkomme, so als wollte ich ihm seinen Drink klauen – Gassen – Blicke auf altes Wasser zwischen älteren Dächern – Mond, geht auf über Downtown, steigt in den Himmel, unbemerkt von den Lichtern von Grant's Drug Store, die neben dem Thom McAns gleißen, und gleichfalls gleißend, offen, in der Nähe Kinoblockschrift, es läuft *Alle Herrlichkeit auf Erden,* hübsche Mädchen stehen Schlange – Bordsteine, dunkle Hinterhöfe, in denen Autofreaks kreischende Kreise ziehen – Den Motor auf stehenden Reifen hochdrehen, squiiiek! – Hört man in ganz Amerika, der unermüdliche Joe Champion erwartet seine große Stunde – Amerika ist derart riesig – Ich liebe es so sehr – Und seine Bestheit schmilzt und trieft in schäbige Gebiete, die Skid Row und den guten alten Times Square – die Gesichter, Lichter, Augen –

Ich durchquere abseitige Ufergassen, wo sich keiner rumtreibt, sitze auf Randsteinen, lehne Wein trinkend an Mülltonnen, beobachte die alten Männer gegenüber in dem alten Polsky-Club beim Binokeln unter braunem Birnenlicht, zwischen grünen, glatten Wänden und großen Uhren – Tuuuuu! macht ein in See stechender Frachter in der Bucht, die *Port of Seattle,* aus Bremerton schiebt sich die Fähre auf den Plan, pflügt durch die Buckel, manche Leute hinterlassen auf dem weißen Deck, eingewickelt ins *Life*-Magazin, volle Flaschen Wodka, die ich im Regen leeren kann (zwei Monate vorher), während wir uns Richtung Hafen schieben – Überall Bäume, der Puget Sound – Schlepper hupen – Ich trinke den Wein, ein lauer Abend, und schlendere zum Varieté –

Ich komme grade rechtzeitig zur ersten Tänzerin.

66

Ah, die kleine Sis Merriday steht auf der Bühne, ein Mädchen von jenseits der Bucht, die sollte nicht im Varieté tanzen, wenn sie ihre (perfekten) Brüste herzeigt, interessiert das sowieso keinen, weil sie nicht prima mit den Hüften wackelt – Sie ist zu sauber – Das Publikum im finsteren Theater, kopfstehend, will eine Schmutzige – Und die Schmutzige stellt sich grade hinten vor dem Bühnentürspiegel auf den Kopf –

Der Vorhang schließt sich, Essie, die Tänzerin, geht ab, ich nehme im dunklen Theater einen Schluck Wein, und da treten zwei Clowns ins plötzlich grelle Bühnenlicht.

Die Show geht richtig los.

Abe trägt einen Hut und lange Hosenträger, zupft ständig dran, irres Gesicht, man sieht, dass er die Mädchen mag, und er schmatzt ständig mit den Lippen und ist ein altes Seattler Gespenst – Slim, sein trockener Gegenpart, ist der Typ hübsch gelockter Pornoheld, den man auf Schmuddelpostkarten sieht, wie er's dem Mädchen besorgt –

ABE Wo warst du denn so lange?
SLIM Hinter der Bühne, Geld zählen.
ABE Was denn für Geld??

* * * *

SLIM Ich war auf dem Golfplatz
ABE Was hast du da gemacht?
SLIM Einen eingelocht

* * * *

und ähnliche Zoten – Vor aller Augen ziehen die beiden auf der Bühne immense Nummern ab, die Vorhänge sind schlicht, ganz simples Theater – Alle sind gefesselt von ihren Faxen – Da geht ein Mädchen quer über die Bühne – Abe trinkt inzwischen direkt aus der Flasche, hat sie Slim abgeluchst – Alle, die Künstler und das Publikum, betrachten nun gebannt das Mädchen, das auf die Bühne tritt und schlendert – Ihr Schlendern ist ein Kunstwerk – Und ihre Sprüche sind hoffentlich schön schlüpfrig –

Nun Auftritt der spanischen Tänzerin, der spanischen Lolita, langes schwarzes Haar, dunkle Augen, stürmische Kastagnetten, und sie fängt an zu strippen, schleudert ihre Kleidungsstücke mit «Olé!» zur Seite, wirft den Kopf und lässt die Zähne blitzen, alle verschlingen mit den Augen ihre cremeweißen Schultern und Beine, und sie wirbelt mit den Kastagnetten, führt die Hände langsam an die Schnalle und zieht mit einem Ruck den Rock aus, doch drunter ist ein hübscher, paillettierter Keuschheitsgürtel, sie jammt und tanzt und stampft und lässt das lange Haar zu Boden hängen, und der Orgelspieler (Slim) (der für die Tänzerinnen in den Ring steigt) spielt fantastischen Wild-Bill-Jazz – Ich trommle mit Händen und Füßen mit, es ist Jazz, und es ist großartig! – Die Lolita mischt sich unters Volk und zeigt zum Schluss am Seitenvorhang ihren Büstenhalter, zieht ihn jedoch nicht aus, verschwindet spanisch von der Bühne – Bisher fand ich sie am besten – Im Dunkeln proste ich ihr zu.

Das Licht wird wieder heller, und Abe und Slim sind zurück.

«Was haben Sie auf dem Golfplatz getrieben?», fragt Slim, als Richter, hinter seiner Bank mit einem Hammer, und Abe wird angeklagt –

«Einen eingelocht.»

«Sie wissen aber schon, dass das verboten ist, wenn man kein Mitglied ist?»

«Bin ich doch», sagt Abe und zeigt auf Lolita –

Und Lolita sagt mit reizendem spanischem Akzent: «Er war Mit-Glied und ich die Platzreife», und wie sie das sagt, mit einem kleinen Arschwackler, lässt alle zusammenbrechen, und im Theater wird es unter schallendem Gelächter wieder dunkel, ich lache auch, und ein großer Schwarzer hinter mir johlt begeistert und beklatscht alle Höhepunkte –

Dann kommt ein mittelalter Schwarzer auf die Bühne, steppt und huft mit flinken Füßen, doch er ist so alt und keuchig, dass ihm zu früh die Puste ausgeht, die Musik (Slim an der Orgel) will ihn noch weitertreiben, doch der große Schwarze hinter mir ruft: «Oh ya, Oh ya» (wie um zu sagen: «Schon okay, geh einfach heim») – Aber der Tänzer spricht für sich mit verzweifeltem Getanze und Gejapse, und ich bete für ihn, fühle mit ihm, er kam gerade erst aus Frisco zu diesem neuen Job und muss jetzt irgendwie vorankommen, ich beklatsche ihn begeistert, als er abgeht –

Ein großes Menschendrama wird da aufgeführt vor meinen allwissenden Trübsalaugen – kopfstehend –

Und wieder geht der Vorhang auf –

«Und jetzt», verkündet Slim am Mikro, «unser Rotschopf aus Seattle, KITTY O'GRADY», und da kommt sie, Slim springt an die Orgel, sie ist groß, hat grüne Augen und rotes Haar, tänzelt drauflos –

(O Everett-Massaker, wo war ich?)

67

Die hübsche Miss O'Grady, ich sehe ihre Korbwiegen – Habe sie schon mal gesehen und werde sie eines Tages wiedersehen in Baltimore, gebeugt aus dem Fenster eines Backsteinhauses, neben einem Blumentopf, Mascara auf den Wimpern, das Haar maskiert mit Festiger – Ich werde sie sehen, habe sie gesehen, den Schönheitsfleck auf ihrer Wange, mein Vater sah die Ziegfeld Beauties auf der Bühne. «Waren Sie nicht früher bei den Follies?», fragt W. C. Fields die mollige Kellnerin im Diner in den Dreißigern – Und sie sagt, mit Blick auf seine große Nase: «Sie haben irgendwie was ziemlich Prominentes an sich», und dreht sich zur Theke um, und er gafft ihr auf den Hintern und sagt: «Sie aber auch» – Ich werde sie gesehen haben, dort im Fenster, mit den Rosen, Schönheitsfleck und Staub, alte Bühnenurkunden, Hintertüren, in genau der Szene, für deren Aufführung die Welt gemacht war – Alte Programmhefte, Gassen, das Shubert's im Staub, Gedichte über Leichenzüge – Der alte Filipino und ich pissen in die Gasse, und Porto Rico New York wird in der Nacht einstürzen – Am 20. Juni 1957, 2.30 Uhr nachmittags, wird Jesus erscheinen – Ich werde gesehen haben, wie die hübsche, kecke Miss O'Grady anmutig auf einer Bühne tänzelt, zur Freude der zahlenden Kundschaft, folgsam wie ein Kätzchen. Ich denke: «Das ist Slims Mädchen – er bringt ihr Blumen in die Garderobe und ist ihr zu Diensten» –

Nein, sie möchte wirklich gerne unanständig sein, doch sie schafft es nicht, zeigt beim Abgehen ihre Brüste (die wohlwollende Pfiffe ernten), dann führen Abe und Slim im hellen Licht eine kleine Nummer mit ihr auf.

Abe wieder als Richter, Bank, Hammer, rumms! Slim wurde wegen Unzucht verhaftet, tritt mit Miss O'Grady auf.

«Was hat er denn Unzüchtiges angestellt?»

«Nicht angestellt; er *ist* unzüchtig.»

«Wieso das denn?»

«Zeig's ihm, Slim.»

Slim, im Morgenmantel, dreht dem Publikum den Rücken zu und hält den Mantel auf –

Abe traut seinen Augen nicht, fällt fast von der Richterbank – «Mein lieber Herr Gesangsverein! Hat man so ein Ding schon mal gesehen? Gehört das wirklich alles Ihnen? Das ist nicht bloß unzüchtig, sondern obendrein auch *unfair*!» Und so weiter, Gewieher, Musik, Dunkelheit, Scheinwerfer, Slim verkündet triumphierend:

«Und *jetzt* – das Schamlose Mädchen – S A R I N A !»

Springt an die Orgel, Jazzakkorde, Auftritt schamlose Sarina – Erregter Aufruhr im Theater – Sie hat katzenhafte Mandelaugen und ein schalkhaftes Gesicht – Süßer kleiner Katzenschnurrbart – Wie eine kleine Hexe – Ohne Besen – Wippend zum Beat schleicht sie auf die Bühne.

Sarina das blonde
strahlende
Blendende Mädchen

68

Sofort geht sie in Koitusposition zu Boden, zappelt mit den Lenden himmelwärts – Sie krümmt sich wie vor Schmerzen, das Gesicht verzerrt, Zähne blitzen, Haar fällt, Schultern winden, schlängeln sich – Sie bleibt am Boden, gestützt auf beide Hände, streckt dem Publikum von dunklen Männern, manche davon Collegejungs, den Schritt entgegen – Pfiffe! Die Orgel spielt schmutzigen Blues, der sagt: Los jetzt, runter mit dem Kopf, was treibst du bloß da unten – Wie überaus schamlos sie ist mit den leeren Augenschlitzen, und wie sie rechts zur Loge geht und den VIPs und Produzenten exklusive Schweinereien bietet, ein kleines Stückchen Haut herzeigt und fragt: «Ja? Oder lieber doch nicht?», und dann wieder abdreht, noch mal kehrtmacht, mit den Fingerspitzen über ihren Gürtel streicht, mit neckischen, schlängelnden, sich zierenden Fingern den Rock öffnet, einen Schenkel präsentiert, ein bisschen mehr noch davon, dann ein Eckchen Becken, Eckchen Bauch, sich umdreht und ein Eckchen Po entblößt und mit der Zunge lockt – der Saft trieft ihr aus allen Poren – ich kann nicht anders, als mir vorzustellen, was Slim hinter der Bühne mit ihr treibt –

Inzwischen bin ich blau, hab zu viel Wein getrunken, mir ist schwindlig, und das ganze dunkle Welttheater dreht sich um mich, verrückt das alles, ich erinnere mich vage aus den Bergen, dass alles kopfsteht, und wow, lüsternes Grinsen, Glinsen, Schlängeln, Schlingeln, was tun die Leute auf Zuschauersitzen in diesem krachenden Magier-Nichts, was klatschen und johlen sie zu Mädchen und Musik? – Wozu all die Vorhänge und Masken?, und das Spiel der verschieden hellen Lichter, überall von überall, rosa, pink, herztraurig, bubenblau, görengrün, spanierumhangsschwarz und schwarzschwarz? Uff, oh, was tun, Sarina, die Schamlose, liegt jetzt auf dem Rücken, kreist mit den süßen Hüften langsam einem vorgestellten Göttermann im Himmel zu, der ihr die Ewigkeit besorgt – und bald schon haben wir schwangere Ballons und ausrangierte Gummis in der Gasse und Sperma in den Sternen und Flaschenscherben in den Sternen, und bald schon wird man Mauern bauen, um sie zu *behüten*, im Burgschloss eines wahnsinnigen Spanierkönigs, und in die Mauern werden Bierglasscherben zementiert, und keiner kann hinauf zu ihrer Möse klettern, außer dem Orgelsultan, der von ihren Säften zeugt und sich dann in sein saftloses Grab legt, und saftlos wird auch ihr Grab eines Tages sein, nach den ersten schwarzen Säften, die die Würmer lieben, schließlich Staub, Staubatome, ob als Staubatome oder große Schenkel-, Vagina- und Penisuniversen, was macht das schon aus, ein Himmelsschiff ist es ja alles – Die ganze Welt brüllt hier und jetzt in dem Theater, und gleich dahinter seh ich Reihen kummernder Menschheit im Kerzenlicht jaulen und Jesus am Kreuz und Buddha unterm Bo-Baum und Mohammed in der Höhle und die Schlange und die Sonne hochgereckt, und alle akkadisch-sumerischen Altertümer und frühen Meeresschiffe tragen Kurtisanen-Helenas davon zum letzten Krachkrieg, Glasscherben winziger Unendlichkeit, bis nur noch schneeiges Licht bleibt, das alles durchdringt, Finsternis und Sonne – pling, elektromagnetische Schwerkraftsexstase geht durch ohne ein Zeichen oder Wort und geht nicht mal hindurch und *ist* nicht mal –

Doch o, Sarina, leg dich mit mir in mein Wehebett, lass mich sanft dich lieben in der Nacht, lange lieben, die Nacht gehört uns bis zum Morgen, bis Julias aufgehende Sonne und Romeos Phiole niedersinken, bis mein Samsaradurst gestillt ist an der Pforte deiner rosaroten Blütenlippen und ich Rettersaft in deinem rosaroten Fleischgarten gelassen habe, um zu schmelzen, zu trocknen und dem Nichts ein neues Baby wehzuklagen, komm, süße Sarina, in meine schamlosen Arme, sei schmutzig in meiner sauberen Milch, und ich werde die Ausscheidung verabscheuen, die ich hinterlasse, in deiner milchig ermächtigten Zysten- und Vulvakammer, deinem kloakisch klaran Feilenlooch, durch das träge Flurwichs sabbert, in Burgen deines Qualenfleischs, und ich beschütze deine bebenden Schenkel vor meinem Herzen und küsse deine Lippen, deine Wangen und dein Lager und liebe dich allüberall, und das wird alles sein –

Am Vorhang öffnet sie ihren BH, zeigt die schamlosen Zitzen, verschwindet, und das Spektakel ist vorbei – Lichter gehen an – Alle ziehen ab – Ich sitze da, nippe den letzten möglichen Schluck, schwindlig und verrückt.

Ergibt keinen Sinn, die Welt ist zu verzaubert, besser, ich gehe zurück zu meinem Fels.

Auf dem Klo ruf ich dem Filipinokoch zu: «Irre schöne Mädchen, oder? Oder?», und er, erst unwillig, es zuzugeben, gibt es ihm dann doch zu, dem lauten Penner am Pissoir – Ich gehe zurück, nach oben, will den Film aussitzen und die nächste Show abwarten, vielleicht lässt Sarina diesmal alle Hüllen fallen, und wir sehen und spüren die unendliche Liebe – Aber meine Güte, was für Filme! Sägemehl, Staub, Rauch, in grauen Bildern platschen Baumstämme ins Wasser, behelmte Männer streifen durch graues, regnerisches Nichts, und dazu der Kommentar: «Die stolze Tradition des Nordwestens –», danach Farbbilder von Wasserskifahrern, ich halte das nicht aus, verschwinde durch die Seitentür, betrunken –

Gerade als ich in die Nachtluft von Seattle trete, hoch auf einem Hügel, neben mir Neon und Backstein des Bühneneingangs, hasten auf der Straße schwitzend Abe und Slim und der farbige Stepptänzer für ihre nächste Show herbei, nicht mal auf einer stinknormalen Straße kommt der Stepper ohne Keuchen vorwärts – Offensichtlich hat er Asthma oder einen schweren Herzfehler, sollte weder tanzen noch hasten – Slim wirkt auf der Straße merkwürdig und stinknormal, und mir wird klar, dass nicht er es mit Sarina treibt, sondern einer dieser Produzenten aus der Loge, irgendso ein dickes Stück Kandiszucker – Armer Slim – Und Abe, der Clown der Vorhänge der Ewigkeit, plappert wie immer vor sich hin, quasselt mit großen, aufmerksamen Augen in den wahrhaften Straßen des Lebens, und ich sehe sie alle drei als *Bühnenprofis*, als Varietékünstler, traurig, traurig – Um die Ecke auf ein schnelles Bier oder ein runtergeschlungenes Essen, dann schnell zurück zum nächsten Auftritt – Den Lebensunterhalt verdienen – Genau wie mein Vater, eure Väter, alle Väter, die arbeiten und ihren Lebensunterhalt verdienen auf dieser dunklen, traurigen Erde –

Ich blicke auf, da sind die Sterne, immer noch dieselben, Trübsal, und hier unten Engel, die nicht wissen, dass sie Engel sind –

Und Sarina wird sterben –

Und ich werde sterben, und ihr werdet sterben, und wir alle werden sterben, und sogar die Sterne werden irgendwann verblassen, einer nach dem anderen.

69

In einer Nische in einem Chinarestaurant bestelle ich gebratenes Chow Mein, stehe auf die Chinesen-Kellnerin und auf die jüngere, schönere Filipino-Kellnerin, und sie beäugen mich und ich beäuge sie, doch ich verlier mich im Chow Mein, zahle und gehe, schwindlig im Kopf – Keine Chance, heute noch ein Mädchen abzukriegen, ins Hotel dürfte sie eh nicht, und sie käme sowieso nicht mit, mir wird klar, dass ich ein 34 Jahre alter Sack bin, mit dem bestimmt niemand ins Bett will, ein Skid-Row-Penner mit Wein auf den Zähnen, in Jeans und alten, schmutzigen Klamotten, wen juckt's? Auf der Straße wimmelt es von Typen wie mir – Doch grade als ich das Hotel betrete, kommt ein adretter Krüppel mit einer Frau rein, sie nehmen den Aufzug, und eine Stunde später, als ich gebadet und ausgeruht habe und bettfertig bin, höre ich sie nebenan das Bett in echter Fleischeslust zum Knarzen bringen – «Gewusst, wie», denke ich und schlafe ein, mädchenlos, von tanzenden Mädchen träumend – Ach Paradies!, bring mir eine Ehefrau!

Zwei Frauen habe ich im Leben schon gehabt und hab eine fortgeschickt und bin der anderen weggelaufen, außerdem Hunderte Lover-Girls, alle irgendwie betrogen oder angeschmiert, als ich noch jung und offen war und mich nicht zu fragen schämte – Jetzt sehe ich mein Spiegel Ich so finster dreinblicken, und es ist einfach widerwärtig – Mit Sex in den Lenden streifen wir unter Sternen über harte Bürgersteige, Asphalt und Scherben sind kein Ort für unser sanftes Stoßen, sanftes Stoßen – Überall nur trostlose Gesichter, heimatlos, lieblos, auf der ganzen Welt, verkommen, nächtliche Gassen, Selbstbefriedigung (der 60-jährige Alte, den ich zwei volle Stunden lang in seiner Zelle masturbieren sah, im Mills Hotel, New York) – (Nichts da außer Papier – und Schmerz –)

Ach, denke ich da, irgendwann erwartet mich noch eine süße Schönheit in der Nacht, wird einfach meine Hand nehmen, vielleicht ja schon am Dienstag – Und ich werde für sie singen, werde wieder rein sein, so sein wie der junge, pfeileschleudernde Gautama, der hinter ihrem Siegeslohn her ist – Zu spät! Alle meine Freunde werden alt, hässlich und fett, ich auch, und dabei nichts vorzuweisen außer unerfüllten Hoffnungen – Und Das Nichts Tut, Was Es Will.

Lobet den Herrn, wenn Spaß keine Option ist, wird man eben religiös.

Bis das Paradies auf Erden wieder eingerichtet wird, die

Zeit Vollkommener Natur, und wir nackt und küssend durch Gärten wandeln und Ehrenfeiern für den Liebesgott abhalten im Großen Liebespark am Weltenschrein der Liebe – Bis dahin –

Rumtreiber –

Nichts als Herumtreiber –

Ich schlafe ein, und es ist nicht der Schlaf in der Berggipfelhütte, sondern in einem Zimmer, draußen Verkehr, die irre, dumme Stadt, Morgengrauen, der Samstagvormittag kommt grau und trübselig – Ich wache auf, wasche mich und mach mich auf die Suche nach etwas zu essen.

Die Straßen sind leer, ich gehe in die falsche Richtung, ringsum Lagerhäuser, niemand arbeitet am Samstag, ein paar jämmerliche Filipinos gehen vorbei – Wo ist mein Frühstück?

Und mir wird auch klar, dass meine Blasen (vom Berg) sich so verschlimmert haben, dass ich nicht trampen kann, unmöglich könnte ich den Rucksack aufsetzen und drei Kilometer – südwärts – aus der Stadt marschieren – Nehme ich eben den Bus nach San Francisco, und aus.

Vielleicht gibt's dort ja eine Frau für mich.

Ich habe jede Menge Geld, und Geld ist bloß Geld.

Was wird *Cody* wohl tun, wenn ich nach Frisco komme? Und Irwin und Simon und Lazarus und Kevin? Und die Mädchen? Schluss mit Sommertagträumen, jetzt will ich sehen, was die «Wirklichkeit» für «mich» parat hält –

«Scheiß auf die Skid Row.» Ich gehe den Hügel rauf und stoße sofort auf ein superbes SB-Restaurant, wo man sich so viel Kaffee nachschenkt, wie man möchte, und dann selbst sagen soll, was man zu zahlen hat, und wo man Eier und Schinken an der Theke holt und dann an Tischen isst, wo herrenlose Zeitungen mich mit Neuigkeiten füttern –

Der Mann an der Theke ist so nett! «Wie wollen Sie die Eier, Sir?»

«Spiegeleier, ganz normal.»

«Gern, *Sir*, wird gemacht», und all sein Zeug und seine Pfannen und Spachtel so blitzblank, der Kerl ist ein wahrer Gläubiger, der sich von der Nacht nicht schrecken lässt – von der fürchterlichen, flaschenscherbigen, sexlosen Bauchnacht –, sondern morgens aufwacht und singt und zur Arbeit geht und Menschen Essen zubereitet und sie obendrein noch mit dem Titel «Sir» beehrt – Und köstlich werden die Eier und die Strohkartöffelchen, und der Toast so knusprig und dick mit geschmolzener Butter bepinselt, ach, ich sitze und esse und trinke Kaffee vor der großen Fensterscheibe, blicke raus auf eine leere, triste Straße – Leer bis auf einen Mann in einem schicken Tweedmantel und schicken Schuhen, der irgendwohin geht. «Ah, der Glückliche, zieht sich gut an, geht voller Glauben durch die Morgenstraßen –»

Ich streiche Traubenmarmelade aus dem kleinen Pappbecher auf meinen Toast, quetsche den Rest raus und trinke eine zweite Tasse heißen Kaffee. Alles wird gut, Trübsal ist überall Trübsal, und außer Trübsal bleibt uns nichts, und Trübsal ist gar nicht so übel –

In der Zeitung steht, Mickey Mantle wird Babe Ruths Homerun-Rekord nicht knacken, was soll's, dann schafft es eben Willie Mays nächstes Jahr.

Und ich lese von Eisenhower, der bei Wahlreden aus Eisenbahnwaggons winkt, und von Adlai Stevenson, so elegant, so arrogant, so stolz – Ich lese von Aufruhr in Ägypten, Aufruhr in Nordafrika, Aufruhr in Hongkong, Aufruhr in Gefängnissen, Aufruhr in der Hölle überall, Aufruhr in der Trübsal – Engel wüten gegen nichts.

Iss deine Eier
und
Halt's Maul

70

Alles ist so scharfgestellt, wenn man aus der Einsamkeit zurückkehrt, bei jedem Schritt fällt mir die ganze Stadt auf – Ich gehe die sonnige Hauptstraße entlang, Rucksack geschultert und Zimmer bezahlt, und massig hübsche Mädchen essen Eis und shoppen im 5 & 10 – An einer Ecke steht ein schrulliger Zeitungsverkäufer mit einem Fahrradwagen, vollgepackt mit alten Zeitschriften und Stücken Schnur und Faden, ein uraltes Seattler Original – «Über den sollte der *Reader's Digest* mal schreiben», denke ich und gehe zum Busbahnhof, um mein Ticket nach Frisco zu kaufen.

Im Bahnhof ist die Hölle los, ich lasse meinen Rucksack im Gepäckraum und gehe von der Last befreit herum, seh mir alles an, sitze im Bahnhof, dreh eine Zigarette, rauche. Ein Stück die Straße runter will ich mir eine heiße Schokolade in einem Drugstore holen.

Eine hübsche Blonde schmeißt den Laden, ich bestelle erst mal zähflüssigen Milchshake, setze mich ans Tresenende – Bald füllt sich der Tresen, und die Arbeit wird ihr eindeutig zu viel – Sie kommt mit den Bestellungen nicht nach – Dann bestelle sogar ich noch meine heiße Schokolade, und sie brummt: «Hmpf, o Mann» – Zwei hippe Teenager kommen rein, bestellen Hamburger und Ketchup, sie findet das Ketchup nicht, muss im Hinterzimmer suchen, während sich immer noch mehr Gäste hungrig an den Tresen setzen, ich blicke mich um, ob irgendwer ihr hilft, der Drogist ist so ein völlig gleichgültiger Kerl mit Brille, der sich sogar selbst hinsetzt und was bestellt, gratis, ein *Steak-Sandwich* –

«Ich finde das Ketchup nicht!», den Tränen nahe –

Ich mustere ihn – Der kalte, akkurate Nihilist in weißem Hemd, der an nichts glaubt, aber findet, Frauen sollten ihn bedienen! – Auch sie mustere ich, typisch Westküste, Ex-Showgirl vermutlich, vielleicht sogar (schluchz) Ex-Varieté-Tänzerin, gescheitert, weil sie nicht schamlos genug war, so wie O'Grady gestern Abend – Doch auch sie lebt in Frisco, immer schon im Tenderloin, ist grundanständig, sehr attraktiv, arbeitet schwer, gutes Herz, aber etwas läuft schief, und das Leben spielt ihr einen vollen Satz Märtyrerkarten aus, wieso auch immer – Ein bisschen wie bei meiner Mutter – Keinen Schimmer, warum sich keiner diese Frau schnappt – Sie ist 38, prächtige, wunderschöne Venuskurven, schönes, perfektes Kameengesicht, große, traurige, italianisierte Lider, dazu hohe Wangenknochen, cremig, weich und voll, doch keiner nimmt von ihr Notiz, keiner will sie, ihr Mann ist ihr noch nicht über den Weg gelaufen, wird ihr nie über den Weg laufen, und sie wird alt werden mit all ihrer Schönheit, in ebendiesem Schaukelstuhl dort vor den topfbeblümten Fenstern (o Westküste!) – und klagen wird sie, von ihrem Leid erzählen: «Mein Leben lang hab ich getan, was ich konnte» – Doch die beiden Teenager bestehen auf ihr Ketchup, und als sie schließlich sagen muss, dass keins mehr da ist, fangen sie mürrisch an zu essen – Einer, ein hässlicher Typ, sticht, um seinen Strohhalm aus der Hülle zu bekommen, damit so heftig auf den Tresen ein, als wollte er jemanden ermorden, so schnell und kräftig, dass mir angst und bange wird – Sein Kumpel ist schön, mag aber, warum auch immer, diesen hässlichen Mörder, und sie hängen miteinander rum und stechen nachts vermutlich alte Männer ab – Inzwischen ist sie ganz verwirrt von einem Dutzend unterschiedlicher Bestellungen, Hot Dogs, Burger (ich will jetzt auch einen), Kaffee, Milch, Limo für Kinder, und der kalte Nihilist sitzt da, liest seine Zeitung, mampft sein Sandwich – Merkt rein gar nichts – Das Haar hängt ihr über ein Auge, sie *weint* fast – Keinen juckt's, denn keiner sieht's – Und heute Abend wird sie in ihr sauberes Zimmerchen mit Kochnische nach Hause kommen, die Katze füttern und zu Bett gehen, eine Frau, wie man sie schöner nirgends findet – Kein Lochinvar vor ihrer Tür – Ein Engel von Frau – Und doch ist sie heimatlos wie ich, und keiner liebt sie heute Nacht – So ist das halt, so sieht sie aus, die Welt – Stich zu! Töte! – Kümmere dich nicht drum! – So sieht es aus, das Wahre Angesicht des Nichts – genau das hält dieses leere Universum uns bereit, die Leere – Leer leer leer!

Beim Gehen staune ich, weil sie mich nicht einmal dafür verachtet, dass ich ihr eine geschlagene Stunde lang beim Schuften zugesehen habe, sondern nett mein Wechselgeld abzählt, mit leicht gehetztem Blick aus sanften blauen Augen – Ich stell mir vor, ich wäre heute Abend in ihrem Zimmer, würde ihrer Aufzählung berechtigter Beschwerden lauschen.

Aber gleich geht mein Bus –

71

Der Bus lässt Seattle hinter sich, rast südwärts Richtung Portland auf der Wusch-wusch-99 – Ich sitze bequem in der letzten Reihe mit Zeitung und Zigaretten, in der Nähe sitzt ein junger, ziemlich kluger, indonesisch aussehender Student, der sagt, er komme von den Philippinen, und schließlich (als er merkt, dass ich Spanisch spreche) beichtet, dass er weiße Frauen scheiße findet –

«Las mujeres blancas son la mierda.»

Ich schaudere, denke an Mongolenhorden, die den Westen überrennen und genau dasselbe sagen werden, und dabei reden sie immer nur über die arme kleine Blonde im Drugstore, die tut, was sie kann – Mann, wenn ich Sultan wäre! Ich würde das nicht zulassen! Ich würde das besser regeln! Aber es ist ja nur ein Traum! Warum sich also ärgern?

Die Welt würde nicht existieren, wenn sie nicht die Kraft hätte, sich zu befreien.

Sauge! sauge! sauge an der Himmelszitze!

Dog ist *God* rückwärts geschrieben.

72

Und ich hatte ungehemmt zwischen Schnee und Steinen gezürnt, Steinen zum Sitzen, Schnee zum Trinken, Steinen für Lawinchen, Schnee für Bälle auf mein Domizil – Gezürnt unter Mücken und sterbenden Ameisenmännchen, gezürnt gegen eine Maus und sie getötet, gezürnt gegen das Hundert-Kilometer-Cyclorama schneebedeckter Berge unter blauem Tageshimmel und der Sternenpracht der Nacht – Gezürnt hab ich und bin ein Narr gewesen, wo ich hätte lieben und büßen sollen –

Jetzt bin ich *zurück* in diesem verfluchten Film namens Welt, und was soll ich *jetzt* damit anfangen?

Sitz nur da, Narr, und sei Narr
sonst nichts –

Die Schatten kommen, es wird Nacht, der Bus braust straßenabwärts – Leute schlafen, Leute lesen, Leute rauchen –

Der Hals des Busfahrers ist steif und wachsam – Bald sehen wir die Lichter Portlands, triste Bluffs und Wasser, und bald schnell vorbei an Stadt- und Umgehungsstraßen – Danach, der Leib von Oregon, das Tal des Willamette –

Bei Morgengrauen erwache ich ruhelos zum Anblick von Mount Shasta und Black Butte, doch Berge faszinieren mich nicht mehr – Ich schaue nicht mal aus dem Fenster – Es ist zu spät, wen interessiert's?

Dann die lange, heiße Sonne sonntagnachmittags im Sacramento Valley, trostlose Pausenkäffer, in denen ich Popcorn kaue, dahocke und warte – Pah! Bald Vallejo, erste Ausläufer der Bay, der Anfang von irgendetwas Neuem am wolkenprächtigen Horizont – San Francisco an seiner Bucht!

Trotzdem Trübsals Wucht –

73

Auf die Brücke kommt es an, auf die Ankunft in San Francisco, Ankunft über die Oakland Bay Bridge, über von Orient-Schiffen auf dem Weg zum Ozean sanft aufgewühlten Wassern, über Wassern, die einen praktisch an ein anderes Ufer bringen, so war es immer schon gewesen, als ich in Berkeley lebte – nach ein, zwei Nächten Trinken in der Stadt, *bing*, brachte mich der alte F-Train ratternd wieder übers Wasser zu jenem anderen Ufer des Friedens und der Ruhe – Während der Fahrt sprachen wir (Irwin und ich) über das Nichts – Aufregung und Glaube kommen mit dem Anblick der Dächer von Frisco – Die großen Downtown-Klötze, der rote Pegasus von Flying Horse, die Hochhäuser in der Montgomery, das Hotel St. Francis, die Hügel, magischer

Telegraph mit Coit-Spitze, magischer Russian, magischer Nob, und dahinter der magische Mission mit dem Kreuz allen Leids, das ich vor langer Zeit mit Cody sah, in violettem Sonnenuntergang auf kleiner Eisenbahnbrücke – San Francisco, North Beach, Chinatown, Market Street, die Bars, das Bay-Oom, das Bell Hotel, der Wein, die Gassen, die Flaschen, Third Street, Dichter, Maler, Buddhisten, Rumtreiber, Junkies, Mädchen, Millionäre, MGs, der ganze fabelhafte Frisco-Film vor dem Fenster ankommender Busse oder Züge, er geht einem zu Herzen wie New York –

Und all meine Freunde sind da, irgendwo in diesen Spielzeugsträßchen, und wenn sie mich sehen, wird der Engel lächeln – Gar nicht übel – Trübsal ist gar nicht so übel –

74

Wow, ein ganz anderes Milieu ist dieses Frisco, war es immer, immer macht es einem Mut zur eigenen Überzeugung – «Diese Stadt wird dafür sorgen, dass du kriegst, was du dir wünschst, mit offensichtlichen Einschränkungen aus Stein und Erinnerung.» – Oder so ähnlich – und deshalb – dieses Gefühl von «Wow, o Gasse, ich hol mir ’ne Pulle billigen Tokajer und trink sie auf der Straße» – Die einzige Stadt, die ich kenne, in der man auf der Straße trinken kann, und keinen kümmert’s – Alle gehen dir aus dem Weg wie dem Giftmatrosen Joe McCoy, der just von Bord der Lurline ging – «Einer von den Flaschenwäschern da?» – «Nee, bloß ’n verlauster alter Deckaffe aus der Seeleutegewerkschaft, ist fast öfter nach Hongkong und Singapur und zurück gefahren, als er links und rechts der Harrison Street gesoffen hat» –

An der Harrison fährt der Bus vom Freeway ab, dann sieben Blocks nach Norden bis zur Seventh Street und rein in den Sonntagsstadtverkehr – Alle sind sie auf der Straße.

Überall was los. Da kommt Longtail Charley Joe aus Los Angeles, Koffer, blond, Sporthemd, protzige Armbanduhr, bei ihm ist Minnie O'Pearl, das muntere Mädchen, die Sängerin der Band vom Rooey – «*Whoo*-ey?»

Da sind die schwarzen Kofferträger von der Greyhound Company, die Irwin, glaub ich, mal Mohammedaner-Engel nannte – Sie schicken wertvolle Fracht nach Loontown und Moontown und Moonlight, Colorado, die Bar, in der sie heute Abend sitzen werden, mit den Mädels auf den Putz hauen, inmitten kehrtwendender Autos und Otay Spence in der Glotze – unten bei den Sozialbauten für Schwarze, wo wir morgens hingegangen sind, mit Whiskey und Wein, und wo wir mit den Schwestern aus Arkansas oolyakoot haben, die ihren Vater hängen sahen – Was konnten die von diesem Land schon denken, von diesem Mississippi – Da sind sie, adrett und gut gekleidet, perfekter Schlips und Kragen, akkurater ist in ganz Amerika sonst keiner angezogen, und sie präsentieren ihre schwarzen Gesichter dem Arbeitgeber-Richter, der hart auf Grundlage zu gut geknoteter Krawatten urteilt – Manche mit Brille oder Ringen, höfliche Pfeifenpaffer, Collegejungs, Soziologen, die ganze Wir-kennen-alle-die-irre-okaye-Szene, die ich in San Fran so gut kenne – Klang – Ich tänzle mit dem großen Rucksack durch die Straßen und muss aufpassen, dass ich keinen anremple, komme aber trotzdem zügig durch den Trubel auf der Market Street – Ein bisschen trübselig und einsam, Sonntag – Auf der Third Street Gedränge, große Pariahs bellen Türen an, faseln über Göttliche Mutterschöße, eine wahre Hundemeute – Ich kacke voran, furze die Kearny rauf in Richtung Chinatown, betrachte all die Läden und Gesichter, will sehen, wohin der Engel zeigt an diesem feinen, vollkommenen Tag –

«In meinem Zimmer schneid ich mir erst mal die Haare», sage ich, «damit ich nach was aussehe» – «Dann geh ich nämlich gleich in diesen sagenhaften Saxophon-Cellar.» Sonntagnachmittags ist da immer Jam Session. Alle werden da sein, die Blonden mit den dunklen Brillen, die schick bemäntelten Brünetten an der Seite ihrer Jüngelchen (The Man) – Sie nippen Bier, saugen gierig Zigarettenrauch, klopfen im Takt zum Beat von Brue Moore, dem perfekten Tenor-Sax – Brue das Tier, high vom Bier, genau wie wir – «Ich tret ihm auf die Zehen», denke ich – «Mal hören, was die Sänger heute sagen» – Denn den ganzen Sommer über hab ich selbst für meinen Jazz gesorgt, hab gesungen in und vor der Hütte, abends und wann immer ich etwas Musik brauchte, sehen wollte, wo der Engel seinen Eimer hinkippt, welche Treppe er hinabgeht, der Jazz ist okay bei Maurie O'Tay – Musik – Denn all die ernsthaften Gesichter machen einen nur verrückt, das einzig Wahre ist Musik – Nur das Bedeutungslose hat Bedeutung – Musik mischt sich mit dem Puls des Universums, und wir vergessen den Gehirntakt.

75

Ich bin in San Francisco und muss alles in mich aufnehmen. Unglaubliches hab ich gesehen.

Ich quere die California und lasse zwei Filipino-Gentlemen vorbei. Gehe weiter bis zum Bell Hotel, am chinesischen Spielplatz, und nehme mir ein Zimmer.

Der Mann am Empfang ist gleich auffällig eifrig, es mir recht zu machen, und in der Lobby schwatzen Frauen auf

Malayisch. Mich schaudert's beim Gedanken an die Laute, die von draußen in mein Zimmer dringen werden, so vollkommen chinesisch und melodisch. Sogar Chöre auf Französisch höre ich, von den Besitzern. Ein Medley von einem Hotel, mit Zimmern an dunkelbeteppichten Fluren, alte, knarrende Nachtstufen und blinkende Wanduhr, greiser, gebeugter Weiser hinterm Gitter, offene Türen und Katzen – Der Angestellte holt mein Wechselgeld, ich warte auf ihn an der Tür. Dann pack ich meine kleine Aluschere aus, mit der man nicht mal einen Knopf von einem Pulli trennen kann, und schneide mir trotzdem damit die Haare – Danach betrachte ich in Spiegeln das Ergebnis – Na gut, rasiere ich mich eben. Ich hole heißes Wasser und rasier mich, bring mich in Ordnung, und an der Wand ein Nacktkalender mit einer Chinesin. Mit so einem Kalender lässt sich schon was anfangen. («Tja», sagte der eine Typ im Varieté zum anderen, «die packe ich mir jetzt.»)

In heißen kleinen Flammen.

76

Ab auf die Straße, über die Kreuzung Columbus und Kearny, vorbei an der Barbary Coast, und ein Rumtreiber in langem Rumtreibermantel ruft mir zu: «Wenn wir in New York über die Straße wollen, gehen wir eben drüber! – Kein Bock auf diese Warterei!», und wir beide rasen einfach rüber, mittendurch zwischen den Autos, klopfen Sprüche über New York – Dann geh ich zum Cellar, in ein paar Sätzen die steile Holztreppe runter in den großen Keller, gleich rechts der Raum mit Bar und Bühne, wo Jack Minger grade Trompete bläst, und hinter ihm sitzt Bill, der irre blonde Pianist und Musikgelehrte, an den Drums der traurige Kerl mit hübschem Schwitzgesicht, verzweifeltem Beat und kräftigen Handgelenken, und der am Bass, den sehe ich nicht richtig, er wippt bärtig im Schatten – Irgendein verrückter Wigmo oder so – Aber das ist nicht die Jam Session, sondern die reguläre Band, ich bin zu früh, komm lieber später wieder, hab sämtliche Ideen von Jack Minger schon gehört, aber zuerst (weil ich grade im Buchladen war, nur so) (und ein Mädchen namens Sonya, 17, kam niedlich auf mich zu und fragte: «Hey, kennst du Raphael? Der braucht Geld, er wartet bei mir») (Raphael, ein alter Kumpel aus New York) (von Sonya später mehr) gehe ich rein, und als ich grade kehrt und die Fliege machen will, seh ich einen Typ, der, dunkle Brille auf der Nase, genauso aussieht wie Raphael, er redet vor der Bühne mit 'ner Puppe, also lauf ich zu ihm (gehe zügig) (will die Band nicht aus dem Takt bringen) (irgendein Liedchen à la «All Too Soon»), will sehen, ob es Raphael ist, stelle mich fast auf den Kopf, sehe ihn verkehrtrum an, und er kriegt gar nichts mit, spricht weiter mit dem Mädchen, und er ist nicht Raphael, und ich verschwinde – Der solierende Trompeter wundert sich, kennt mich aber schon von früher als verrückt, wie ich jetzt hier reingeplatzt komme, jemanden verkehrtrum anglotze und wieder verschwinde – Ich laufe nach Chinatown, um was zu essen, will zur Session wiederkommen. Shrimps! Hühnchen! Rippchen! Ich gehe zu Sun Heung Hung, setze mich an deren neue Theke und kriege kaltes Bier von einem unglaublich reinlichen Barmann, der pausenlos die Theke wischt und ein paarmal sogar unter meinem Glas, und ich sage: «Das ist 'ne schöne, saubere Theke», und er sagt: «Ist brandneu» –

Unterdessen sehe ich mich um nach einem freien Tisch –

nichts – also gehe ich nach oben, setze mich an einen großen Familientisch, doch man schickt mich wieder weg («Da können Sie nicht sitzen, der ist für Familien, große Gruppen») (man bedient mich nicht, ich warte nur), also schramme ich meinen Stuhl zurück und stapfe auf leisen Sohlen schnell nach unten, setze mich an einen Tisch und sag dem Kellner: «Setzen Sie bloß keinen zu mir, ich esse gern allein» (in Restaurants, versteht sich) – Shrimps in brauner Sauce, Curryhuhn und süß-saure Rippchen, chinesische Speisekarte, ich trinke noch ein Bier dazu, herrliches Mahl, das ich kaum schaffe – Aber ich esse alles auf, bezahle und mache mich vom Acker – Ab in den jetzt spätnachmittäglichen Park, wo Kinder schaukeln und in Sandkästen spielen, während alte Männer auf Bänken gaffen – Ich setze mich.

Die kleinen chinesischen Kinder führen große Dramen mit dem Sand auf – Ein Vater sammelt seine drei Kleinen ein und bringt sie heim – Cops gehen gegenüber ins Gefängnis. Sonntag in San Francisco.

Ein spitzbärtiger Patriarch nickt mir zu, setzt sich zu einem alten Kameraden, und die beiden sprechen laut auf Russisch. Ich erkenne Olski-dolski, wenn ich's höre, njet?

Dann schlendre ich durch zunehmende Kühle, spaziere durch die Dämmerstraßen Chinatowns, wie schon auf dem Desolation angekündigt, das hübsche Neonblinzeln, die Gesichter in den Läden, die geschmückten Lichter über der Grant Street, die Pagoden.

Ich gehe auf mein Zimmer, ruhe mich eine Weile auf dem Bett aus, rauche, lausche durchs Fenster den Lauten aus dem Hinterhof, klapperndes Geschirr, Verkehr, Chinesisch – Die ganze Welt heult, überall, sogar in meinem Zimmer ist noch was zu hören, die brüllende Stille, die mir in den Ohren saust und die diamantne Persepine schwappt – Ich lasse los, spüre, wie mein Astralkörper sich löst, liege da, in Trance, durchschaue alles. Alles weiß.

77

Das hat in North Beach Tradition, auch Rob Donnelly hat das in einem Hotel am Broadway gemacht, schwebte davon, sah ganze Welten, und als er wiederkehrte und in seinem Zimmer aufwachte, lag er fix und fertig angezogen auf dem Bett –

Wahrscheinlich sitzt der alte Rob gerade jetzt im Cellar, Mal Damlettes Mütze schief auf seinem Kopf –

Inzwischen wartet der Cellar auf die Musiker, kein Mucks, nirgends ein bekanntes Gesicht, ich hänge auf dem Bürgersteig rum, da kommt Chuck Berman aus der einen Richtung und Bill Slivovitz, ein Dichter, aus der anderen, und wir unterhalten uns an einen Kotflügel gelehnt – Chuck Berman sieht müde aus, verquollene Augen, aber er trägt schicke, bequeme Schuhe und wirkt cool im Abendlicht – Bill Slivovitz ist Aussehen egal, er trägt ein schäbiges Sakko und zerschundene Schuhe und hat Gedichte in der Tasche – Chuck Berman ist high, sagt, er sei high, bleibt nur kurz und sieht sich um, dann zieht er Leine – Der kommt wieder – Bill Slivovitz hat mich letztes Mal gefragt: «Wo gehst du hin?», und ich rief: «Ach, ist doch egal», weswegen ich mich jetzt entschuldige, erkläre, dass ich einen Kater hatte – Wir gehen auf ein Bierchen ins Place.

Das Place hat eine schöne braune Holztheke, Sägemehl, Fassbier aus Glaskrügen, ein altes Klavier, auf dem jeder klimpern darf, und eine Galerie mit Holztischchen – wen juckt's? Die Katz schläft auf der Bank. Meistens kenn ich hier die Leute hinter der Bar, aber nicht heute, nicht jetzt – Ich lasse Bill das Bier holen, und wir reden an einem runden Tischchen über Samuel Beckett und Prosa und Poesie. Bill meint, Beckett sei das Ende, redet von nichts anderem, seine Brille blitzt mir in die Augen, sein Gesicht ist lang und ernst, kaum zu glauben, dass er wirklich den Tod ernst nimmt, ist aber wohl so – «Ich bin tot», sagt er, «ich hab ein paar Gedichte über den Tod geschrieben» –

«Und, wo sind die?»

«Noch nicht fertig, Mann.»

«Komm, wir gehen in den Cellar, Jazz hören», also ab ums Eck, und kaum, dass wir durch die Tür kommen, hör ich sie schon da unten jaulen, ein kompletter Satz Alts, Tenors und Trompeten bläst den ersten Chorus – *Boom*, genau zum Break kommen wir rein, *bang*, ein Tenorsax startet sein Solo, ganz simpel über «Georgia Brown» – das Tenor setzt sich satt und schwer darauf, mit großem Ton – Aus Fillmore kamen sie mit Autos, mit ihren Mädchen oder ohne, die schwarzen San-Fran-Sonntags-Coolcats in irre schöner Freizeitkleidung, bei der einem die Augen übergehen, Schuhe, Jackenaufschläge, manche mit Krawatte, manche ohne, dazu Nieten – Ihre Tröten haben sie in Taxis oder ihren Autos mitgebracht, sie strömen in den Cellar, um ihm jetzt wirklich Jazz und Klasse zu verleihen, diese Schwarzen, die Amerikas Erlösung sein werden – Ich erkenne das, weil beim letzten Mal der Cellar voller griesgrämiger Weißer war, die während einer lauwarmen Jam Session auf eine Chance zur Schlägerei lauerten und sich schließlich mit meinem Kumpel Rainey prügelten, der hinterrücks von einem 120 Kilo schweren Seemann umgeboxt wurde, der dafür bekannt war, mit Dylan Thomas und Jimmy dem Griechen in New York gesoffen zu haben – Jetzt ist alles viel zu cool für Schlägereien, jetzt ist Jazz dran, der Laden brummt, lauter schöne Mädchen, eine irre Brünette, betrunken an der Bar mit ihren Jungs – Komische Schnecke, die ich von irgendwoher kenne, simpler Rock mit Taschen, die Hände stecken drin, kurzes Haar, gebeugt, redet mit allen – Auf und Ab auf der Treppe – Hinter der Bar die übliche Truppe, und der himmlische Drummer blickt blauäugig bärtig zum Himmel, trommelt auf Kronkorken, jammt auf der Registrierkasse, und alles folgt dem Beat – Das ist die Beat Generation, das ist *béat*, der Beat der Welt, der *heart-beat*, Herz-Schlag, das ist geschlagen und am Boden sein in dieser Welt wie in grauester Vorzeit, in uralten Kulturen die Galeerensklaven, die im Takt die Schiffe rudern, die Knechte, die im Takt die Töpferscheiben drehen – Diese Gesichter! Kein anderes Gesicht der Welt ist wie das von Jack Minger, der auf der Bühne steht mit einem farbigen Trompeter, der ihn an die Wand und schwindlig bläst, aber Jack schaut rauchend über alle weg – Er sieht aus wie jeder, den man aus seiner Generation gekannt und auf der Straße gesehen hat, ein liebes Gesicht – Schwer zu beschreiben – Traurige Augen, grausame Lippen, erwartungsvolles Funkeln, wippt zum Beat, groß, majestätisch – Wartend vor dem Drugstore – Ein Gesicht wie das von Huck in New York (Huck, den man am Times Square sieht, schläfrig und hellwach, bittersüß, finster, erledigt, frisch aus dem Knast, Märtyrer, von Gehwegen gefoltert, hungrig nach Sex und menschlicher Nähe, offen für alles und bereit, achselzuckend neue Welten vorzustellen) – Der große Farbige am lauten Tenor würde am liebsten Sonny Stitt aus allen Bars von Kansas City pusten, klare, schwere, etwas lahme, unmusikalische Ideen, die trotzdem niemals die Musik verlassen, immer da, weit draußen, die Harmonie ist viel zu kompliziert für das Gesindel aus (Musik-)Pfeifen – Aber die Musiker, die hören's – Der Drummer ist ein sensationeller 12-jähriger

Schwarzer, der noch nicht mal trinken darf, aber schon spielen kann, fantastisch, ein kleiner, flinker, kindlicher Miles Davis, wie frühe Fats-Navarro-Fans in Espan Harlem, hip, kurzgewachsen – Er donnert einen Beat auf seine Drums, den ein schwarzer, barettierter Connoisseur in meiner Nähe als «fabelhaft» beschreibt – Am Klavier sitzt Blondey Bill, gut genug, um jede Combo anzutreiben – Jack Minger bläst mit diesen Fillmore-Engeln, die Trompete hoch erhoben, ich finde ihn spitze – Sagenhaft ist das –

Ich lehne im Vorraum an der Wand, Bier brauche ich nicht, ringsum kommende und gehende Zuhörer, neben mir Sliv, und da kommt Chuck Berman wieder (ein Farbiger aus der Karibik, der vor sechs Monaten mit Cody und der Gang meine Party gesprengt hat, und ich hatte Chet Baker aufgelegt, und wir zappelten alle gemeinsam durchs Zimmer, sagenhaft, wie vollendet grazil er tanzte, so lässig wie Joe Louis im Ring) – So tanzt er jetzt herein, glücklich – Alle schauen überallhin, so läuft das in Jazzschuppen und bei der Beat Generation, man sieht jemanden, «Hi», und dann schaut man woandershin, nach etwas oder jemand anderem, total verrückt, dann schaut man zurück, wieder weg, ringsrum, alle kommen von überallher, und überall ist Jazz. «Hi» – «Hey» –

Rumms, der kleine Drummer bringt ein Solo, wirbelt mit den jungen Händen über *traps*, Trommeln und Becken und Fußpedal-RUMMS, fantastischer Lärm – 12 Jahre alt – was kommt als Nächstes?

Sliv und ich wippen zum Beat, und endlich kommt das Mädchen im Rock zu uns rüber, Gia Valencia, die Tochter des verrückten, weisen Anthropologen aus Spanien, der bei den Pomo- und Pit-River-Indianern Kaliforniens gelebt hat, ein berühmter alter Mann, den ich vor drei Jahren gelesen und verehrt habe, als ich in San Luis Obispo bei der Eisenbahn arbeitete – «Bug, gib mir meinen Schatten wieder!», rief er vor seinem Tod auf einem Tonband, er hat gezeigt, wie die Indianer in früher Vorgeschichte an den Bächen Kaliforniens überlebten, noch vor San Fran, Clark Gable und Al Jolson, noch vor Rose Wise Lazuli und dem Jazz der *mixed generations* – Da draußen all die Sonne und der Schatten wie vor urewiger Zeit, aber die Indianer, die sind fort, und der alte Valencia ist auch fort, und geblieben ist nur seine hochgelehrte Tochter, die mit den Händen in den Hosentaschen Jazz liebt – Außerdem spricht sie mit allen attraktiven Männern, ob schwarz, ob weiß, sie mag sie alle – Und die Männer mögen sie – Zu mir sagt sie auf einmal: «Willst du nicht mal Irwin Garden anrufen?»

«Doch, klar, bin ja grade erst angekommen.»

«Du bist doch Jack Duluoz, stimmt's?»

«Genau, und du bist –»

«Gia.»

«Ah, ein Latino-Name.»

«Oh, du furchterregender Kerl», sagt sie ganz ernst, bezieht sich plötzlich auf meine undurchdringlich eigene Weise, mit einer Frau zu sprechen, mein Augenfunkeln, meine Brauen, mein grobes, wütendes und doch verrücktes augenleuchtend knochiges Gesicht – Sie meint es ernst – Das spüre ich – Oft erschrecke ich vor mir selbst im Spiegel – Aber dass jetzt ein so zartes Küken in meinen Spiegel all der Wehs der Welt blickt ... das ist schlimmer!

Sie spricht mit Sliv, der macht ihr keine Angst, ist mitfühlend, traurig und ernst, sie steht da, ich schaue sie an, der kleine, dünne, nur leicht feminine Körper, die tiefe Stimme, dieser Charme, dieser veritabel elegante Altwelt-Charme, völlig fehl am Platz im Cellar – Sie gehört auf Katherine Porters Cocktailparty – Sollte mit Truman Capote, Gore Vidal und Compton-Burnett Kunst-Smalltalk-Duette in Venedig und Fiorenza trällern – Sie passt besser in Hawthorne-Bücher – Sie gefällt mir sehr, ich spüre ihren Charme, gehe zu ihr, will noch mal mit ihr reden –

Dazwischen kracht *bang bang* der Jazz in mein Bewusstsein, ich vergesse alles, schließe nur die Augen, lausche den Ideen – Am liebsten würd ich rufen: «Spielt A Fool Am I», ein toller Song – Aber sie jammen schon über was anderes – Worauf sie eben grade Lust haben, Downbeat, Klavierakkorde, Offbeat –

«Wie kann ich Irwin denn erreichen?», frage ich sie – Dann fällt mir wieder ein, dass ich Raphaels Nummer habe (von der süßen Sonya aus dem Buchladen), und ich verziehe mich mit meinem Dime in die Telefonkabine und wähle, typisch Jazzschuppen, wie damals in der Telefonkabine im Birdland in New York, als ich in der relativen Stille plötzlich hörte, wie Stan Getz auf der Toilette nebenan leise auf dem Saxophon zu Lennie Tristanos Band vorn auf der Bühne spielte und ich kapierte, dass er alles konnte – (Warne Marsh mir keinen Warne Marsh!, sagte seine Musik) – Ich rufe Raphael an, und der sagt: «Ja?»

«*Raphael?* Hier ist Jack – Jack Duluoz!»

«Jack! Wo bist du?»

«Im Cellar – komm vorbei!»

«Geht nicht, hab kein Geld.»

«Kannst du nicht zu Fuß?»

«*Zu Fuß?*»

«Ich schnapp mir Irwin, und wir holen dich im Taxi ab – Ich ruf dich in ’ner halben Stunde wieder an!»

Ich suche Irwin, das kann doch nicht sein, er ist nirgends zu finden – Der Cellar steht kopf, sogar die Bartender kippen inzwischen Bier und werden heiß und high und breit – Die betrunkene Brünette kippt vom Hocker, und ihr Beau bringt sie zum Klo – Neue Gangs kommen herein – Der blanke Wahnsinn – Und dann, zur Krönung des Ganzen (o Trübsal-Ich, stilles Ich), kommt Richard de Chili, der irre Richard de Chili, der nachts allein durch Frisco streift mit großen schnellen Schritten und die Architektur begutachtet, komische Kuddelmuddel-Einfälle, Erkerfenster und Gartenmauern, kichernd zieht er durch die Nacht, trinkt nicht, hamstert in seinen Taschen seltsam seifige Schokoriegel, Schnüre, halb kaputte Kämme und Zahnbürsten, und wenn er bei einem von uns schläft, verbrennt er Zahnbürsten am Gasherd oder lässt stundenlang im Bad das Wasser laufen, bürstet sich das Haar mit diversen Bürsten, absolut obdachlos, immer nur auf irgendjemands Couch zu Hause, und doch einmal im Monat auf der Bank (beim Nachtportier), sein monatliches Einkommen abholen (der Tagbank ist er peinlich), grade genug zum Überleben, hinterlassen von einer unbekannten, betuchten Familie, über die er nie ein Wort verliert – Nicht einen einzigen sichtbaren Zahn mehr im Mund – Verrückte Klamotten, zum Beispiel einen Schal und Jeans und eine alberne Jacke voller Farbe, die er irgendwo gefunden hat, und dann bietet er dir einen Minzriegel an, der schmeckt wie Seife – Richard de Chili, der Rätselhafte, den lange keiner mehr gesehen hat (ein halbes Jahr nicht), und dann, wir fahren grade so die Straße lang, betritt er vor unserer Nase einen Supermarkt: «Da ist ja Richard!», und alle springen aus dem Auto, um ihm nachzugehen, und da ist er, klaut Erdnüsse und Schokoriegel, und nicht nur sieht der Okie an der Kasse ihn dabei, und wir müssen ihn freikaufen, er flüstert auch noch seine üblich kryptischen Bemerkungen, z. B. «Der Mond ist ein Stück Tee», als er vom Notsitz zu ihm hochblickt – Vor sechs Monaten hatte ich ihn ein paar Tage in meiner Hütte in Mill Valley aufgenommen, und er hängte alle Schlafsäcke (außer meinem, der im Gras versteckt lag) übers Fenster, wo sie leicht aufreißen, sodass mein letztes Bild der Hütte in Mill Valley, ehe ich zum Desolation Peak aufbrach, eins von Richard de Chili war, der in einem Zimmer voller Entenfedern schlief, ein unglaublicher Anblick – ein typischer Anblick – mit seinen Unterm-Arm-Papiertüten voll sonderbarer Eso-Bücher (einer der klügsten Menschen, die ich kenne) und seinen Seifen und Riegeln und Kinkerlitzchen, ach, den ganzen Katalog weiß ich nicht mehr – Eines nieseligen Nachts nahm er mich mit auf einen langen Spaziergang durch Frisco, um durchs Fenster in eine Wohnung zu linsen, in der zwei homosexuelle *Liliputaner* wohnten (die aber nicht zu Hause waren) – Richard kommt jetzt also rein, stellt sich wie üblich neben mich, und in dem Lärm kann ich ihn nicht verstehen, und es ist sowieso egal – Wie alle sieht er sich nur rastlos um, alle suchen den nächsten Kick und finden ihn nicht …

«Was wollen wir machen?», frage ich –

Keiner weiß es – Sliv, Gia, Richard, die anderen, alle drücken sie sich nur die Füße platt im Cellar of Time, warten, warten, wie Beckett-Helden in der Hölle – Aber ich, ich *muss* was tun, irgendwas, irgendwo hingehen, einen Draht finden, die Leute zum Reden und zum Handeln bringen, stattdessen trete auch ich mir die Füße platt –

Die schöne Brünette ist noch schlimmer – So schön angezogen in einem hautengen schwarzen Seidenkleid, das all ihre perfekten dunklen Reize ausstellt, kommt sie aus der Toilette und fällt wieder hin – Irre Typen überall – Verrückte Gespräche, an die ich mich nicht erinnere, viel zu irrwitzig!

«Ich streiche die Segel, gehe schlafen, morgen suche ich die Gang.»

Ein Mann und eine Frau bitten uns, ein bisschen Platz

zu machen, damit sie den Stadtplan an der Wand studieren können – «Touristen aus Boston, was?», sagt Richard mit seinem dämlichen Grinsen –

Ich gehe noch mal telefonieren, finde Irwin nicht, also will ich zurück ins Bell Hotel und schlafen – Wie schlafen auf dem Berg, diese Generationen *sind* zu irre –

Aber Sliv und Richard wollen mich nicht gehen lassen, immer, wenn ich meinen Abgang machen will, schlurfen sie mir nach, wir alle schlurfen rum, warten auf nichts, auf die Nerven geht mir das – Ich brauche alle Willenskraft, alles traurige Bedauern, um macht's gut zu sagen und in die Nacht zu verschwinden –

«Cody kommt morgen um elf zu mir», ruft Chuck Berman mir nach, damit ich auch komme –

An der Ecke Broadway und Columbus, in dem berühmten kleinen Esslokal, rufe ich Raphael an, sage ihm, er soll morgen auch zu Chuck kommen – «Okay – Aber hör mal, während ich auf dich gewartet hab, hab ich ein Gedicht geschrieben! Ein tolles! Über Dich! Ich widme es Dir! Darf ich's dir vorlesen?»

«Schieß los.»

«*Spuck* auf Bosatsu!», schreit er. «*Spuck* auf Bosatsu!»

«Oh», sage ich, «schön.»

«Ich nenne es ‹Für Jack Duluoz, den Buddha-Fisch› – Pass auf –» Dann liest er mir am Telefon ein langes, irres Gedicht vor, ich stehe an der Burgertheke, er schreit und liest (ich höre jedes Wort, jeden Sinn dieses wiedergeborenen italienischen Renaissance-Genies aus der Lower East Side von New York). Ich denke: «Gott, wie traurig! – Ich hab Dichterfreunde, die mir in Städten ihre Gedichte vorschreien – Genau wie auf dem Berg vorausgesagt, Feiern in kopfstehenden Städten –

«Großartig, Raphael, du wirst immer besser – Du hast einen Lauf – Großartig – Hör bloß nicht auf – Schreib ohne Pause, ohne nachzudenken, einfach weiter, ich will alles hören, was tief aus deinem Kopf kommt.»

«Genau das mach ich ja! – Gefällt's dir? *Ver*stehst du's? *Do you understand*? Sein *«stand»* klingt wie *«stahnd»*, wie Frank Sinatra, irgendwie nach New York, irgendwie nach neu in der Welt, endlich ein echter Dichter von ganz unten in der Stadt, wie Christopher Smart und Blake, wie Tom O Bedlam, das Lied der Straßen und streunenden Katzen, der große, großartige Raphael Urso, auf den ich 1953 eine solche Wut hatte, als er's mit meinem Mädchen getrieben hat – Aber wer war daran schuld? Ich doch wohl genauso wie die beiden – steht alles in *The Subterraneans* –

«Großartiger Raphael, *see you tomorra* – Lass uns schlafen und schweigen – Lass uns die Stille feiern, die Stille ist das Ende, ich hatte sie den ganzen Sommer, ich bring sie dir bei.»

«Großartig, großartig, stark, dass du die Stille stark findest», erwidert er begeistert durch den jämmerlichen Fernsprechapparat, «irgendwie auch traurig, dass du sie stark findest, aber ich werde sie auch stark finden, verlass dich drauf» –

Ich gehe ins Hotel, will schlafen.

Und siehe da! Da ist der Nachtportier, ein alter Franzose, ich weiß nicht, wie er heißt, damals, als mein Kumpel Mal im Bell gewohnt hat (und wir große Portwein-Toasts auf Omar Khayyam ausbrachten und auf hübsche, kurzhaarige Mädchen in seinem glühbebirnten Zimmer), war dieser Alte dauernd wütend, schrie uns wirr und angefressen an – Jetzt, zwei Jahre später, ist er ein ganz anderer Mensch, der Rücken mittlerweile komplett gebeugt, er ist 75 und geht krumm und brummelnd durch den Flur, um einem das Zimmer aufzuschließen, zuckersüß inzwischen, der Tod besänftigt ihm die Lider, er ist erleuchtet, nicht mehr wütend – Er lächelt sogar süß, als ich um ein Uhr früh ankomme, steht gebeugt auf einem Stuhl, will die Uhr des Nachtportierkäfigs reparieren – Steigt unter Schmerzen ab, führt mich zu meinem Zimmer –

«*Vous êtes français, monsieur?*», sage ich. «*Je suis français moi-même.*»

In seiner neuen Süße liegt auch eine neue Buddha-Leere, er gibt mir nicht mal eine Antwort, schließt nur die Tür auf und lächelt traurig, vollständig gekrümmt, und sagt: «Gut Nacht, Sir – Alles in Ordnung, Sir» – Ich staune – 73 Jahre lang verschroben, und jetzt erwartet er tausüß das Ende seiner Tage in wenigen Jahren, und krumm werden sie ihn in den Sarg legen (keine Ahnung wie), und ich würde ihm Blumen bringen – *Werde* ihm in tausend Jahren Blumen bringen –

Im Zimmer regnen unsichtbare, ewig goldene Blüten mir im Schlaf auf den Kopf, sie regnen überall, es sind Heilige-Theresia-Rosen, die auf alle Köpfe dieser Welt prasseln – Selbst auf die Schlurfer und Verrückten, auf knurrende Wermutbrüder in den Gassen, ja selbst auf die meckernden Mäuse auf meinem Dachboden, fünfzehnhundert Kilometer weit entfernt und achtzehnhundert Meter hoch auf dem Desolation, selbst auf die Geringsten regnen ihre Rosen, immerdar – Wir alle wissen das im Schlaf.

78

Ich schlafe gut zehn Stunden durch und erwache rosenfrisch – Allerdings bin ich spät dran für mein Treffen mit Cody, Raphael und Chuck Berman – Ich springe auf, ziehe mein kariertes, kurzärmliges Baumwollhemd an, darüber meine Segeltuchjacke, darunter meine Chinos, und eile in den strahlend struwwelnden Montagmorgen-Hafenwind – Diese Stadt aus Weiß und Blau! – Diese Luft! – Große Kirchenglocken bongen, leise Flöten zwitschern auf den Märkten Chinatowns, die irre Old-Italy-Stimmung auf dem Broadway, wo alte, dunkel gewandete Itaker mit zwirbeligen schwarzen Zigarillos glucken und schwarzen Kaffee kippen – Ihre dunklen Schatten liegen auf dem weißen Bürgersteig in klarer, glockenheller Luft, und weiße Schiffe fahren durch das Golden Gate unter scharf gezogenen milchfarbenen Rimbaud-Dächern –

Der Wind, die Sauberkeit, famose Läden wie das Buon Gusto, all die baumelnden Salamis, Provolones und das Sortiment an Wein und Gemüsekisten – Die herrlichen Altwelt-Bäckereien – Und dann der Blick auf die verknäuelte hölzerne Siedlung, den kinderkreischend tagträgen Telegraph Hill –

Ich fliege dahin auf meinen neuen, himmlisch weichsohligen, segeltuchenen Blauschuhen («Ärch, das sind ja Tuntenschuhe!», findet Raphael tags drauf) und siehe da!, auf der anderen Straßenseite kommt mir der bärtige Irwin Garden entgegen – Wow! – Ich rufe, pfeife und winke, er sieht mich, macht großäugig die Arme breit, läuft quer durch den Verkehr mit seinem seltsam watschelnden Gazotsky-Gang – Aber sein Gesicht ist riesenhaft und ernst, umrahmt von einem prächtigen, feierlichen Abrahambart, und sein Blick ruht kerzenruhig in liebäugelnden Augenhöhlen, und sein sinnlich voller roter Mund schaut durch den Bart wie die geschürzten Lippen altertümlicher Propheten – Vor langer Zeit hab ich ihn mal als jüdischen Propheten bestaunt, der an der letzten Mauer klagt, jetzt war es offiziell, ein großer Beitrag über ihn war eben in der *New York Times* erschienen, in dem das auch erwähnt wurde – Der Autor von «Howling», ein langes, wildes, freies Versgedicht über uns alle, das anfängt mit:

«Ich sah die besten Köpfe meiner Generation zerstört vom Wahnsinn» – etc.

Was er mit Wahnsinn meint, war mir aber nie klar, ich meine, eines Nachts im Jahr 1948 hatte er in einer Bude in Harlem eine Vision von einer «riesigen Maschine, die vom Himmel niedersinkt», eine große Archentaube seiner Fantasie, und ständig sagt er: «Ist dir klar, in welchem Geisteszustand ich da war – Hast du je eine richtige Vision gehabt?»

«Klar, wieso fragst du?»

Ich verstehe nie, worauf er rauswill, manchmal denke ich, er ist der wiedergeborene Jesus von Nazareth, manchmal werde ich sauer und glaube, er ist nur Dostojewskis armer kichernder Teufel im Bettlergewand – Ein früher, idealistischer Held meiner Zeit, ich war 17, als er in mein Leben trat – Ich erinnere mich noch an seinen seltsam festen Stimmenklang, selbst da schon – Er spricht leise, deutlich, aufgeregt – Doch er wirkt ein wenig ausgepumpt von all der San-Francisco-Aufregung, die mich für meinen Teil in 24 Stunden fertigmacht – «Rate mal, wer in der Stadt ist!»

«Ich weiß, Raphael – ich bin grade unterwegs zu ihm und Cody.»

«Cody? – Wo?»

«Bei Chuck Berman zu Hause – Alle sind da – bin spät dran – komm mit.»

Eilig besprechen wir tausend unwichtige Dinge, rennen gradezu den Bürgersteig entlang – Desolation Jack knöchelt dahin mit einem bärtigen Landsmann – Meine Rosen warten – «Simon und ich fahren nach Europa!», verkündet er. «Komm doch mit! Meine Mutter hat mir tausend Dollar vererbt. Und noch mal tausend habe ich gespart! Wir fahren alle zusammen in die Sonderbare Alte Welt!»

«Bin dabei – Ein paar Dollar hab ich auch übrig – Warum nicht – Wird höchste Zeit, stimmt's, alter Kumpel?»

Denn Irwin und ich hatten lange von Europa geredet und geträumt und natürlich alles darüber gelesen, bis hin zu Dostojewskis «Weinen auf den alten Steinen Europas» und den zeichenvollen Gossen beginnender Rimbaud-Erregungen, als wir auf dem Columbia-Campus (1944) zusammen Gedichte schrieben und Kartoffelsuppe schlürften, bis hin sogar zu Jean Genet und den Apatschenhelden – ja bis hin zu Irwins traurigen Träumen von Geisterreisen nach Europa, bei denen er, getränkt von Weh und altem Regen, sich dümmlich und entkräftet fühlend auf dem Eiffelturm stand – Die Arme um des anderen Schultern gelegt, eilen wir den Hügel rauf zur Haustür von Chuck Berman, klopfen, treten ein – Richard de Chili lümmelt auf der Couch wie prophezeit, schenkt uns nur ein müdes Grinsen – Ein paar andere Typen mit Chuck in der Küche, einer ein verrückter Indianer mit schwarzem Haar, der Kleingeld will für einen Bettlerjungen, ein Frankokanadier wie ich, mit dem ich gestern Abend schon im Cellar sprach und der zum Abschied rief: «So long brother!» – Jetzt ruft er: «Good morning brother!», und wir hängen alle rum, noch keine Spur von Raphael, Irwin schlägt vor, runter in das hippe Café zu gehen und da alle zu treffen –

«Da landen sie doch früher oder später sowieso.»

Aber es ist keiner da, also gehen wir zum Buchladen, und zack!, da kommt Raphael die Grant Avenue rauf, mit langen John-Garfield-Schritten und schlenkernden Armen, spricht und ruft schon aus der Ferne, platzt vor Poesie, wir alle rufen gleichzeitig nach ihm – Wir ziehen herum, rempeln uns an, Straßen rauf, Straßen runter, suchen ein Café –

Schließlich gehen wir in das am Broadway, setzen uns in eine Nische, und schon sprudeln Bücher und Gedichte, und zack!, da kommt ein rothaariges Mädchen und dahinter Cody –

«*Jackson me boyyyy*», sagt Cody, imitiert wie immer alte W. C.-Fields-Eisenbahnschaffner –

«Cody! Setz dich! Wow! Alles geht ab!»

Denn es kommt, kommt jedes Mal, in großen, vibrierenden Jahreszeiten.

79

Doch es ist ein stinknormaler Morgen auf der Welt, und die Kellnerin bringt stinknormalen Kaffee, und unsere ganze Begeisterung ist vergänglich und normal.

«Wer ist die Kleine?»

«Eine Verrückte aus Seattle, hat uns da oben letzten Winter lesen gehört und kam mit 'ner Freundin im MG her, um Spaß zu haben», informiert mich Irwin. Er weiß alles.

Sie sagt: «Wo nimmt der Duluoz nur diese Lebenskraft her?»

Lebenskraft, Schmebenskraft, bei dieser Bierbrauserei bin ich um Mitternacht wieder für ein Jahr erledigt –

«Ich hab all meine Gedichte in Florida verloren!», schreit Raphael. «Im Busbahnhof von Miami! Ich hab nur noch die neuen hier! Und die anderen Gedichte hab ich in New York verloren! Du warst ja dabei, Jack! Was hat dieser Lektor mit meinen Gedichten angestellt? Und alle älteren Gedichte hab ich in Florida verloren! Stellt euch vor! Scheiße ist das!» So redet er. «Jahrelang bin ich danach von Busbahnhof zu Busbahnhof gezogen, hab die verschiedensten

Präsidenten bekniet, meine Gedichte zu suchen! Geheult hab ich sogar! Hörst du, Cody? Geheult! Aber die blieben kalt! Plagegeist haben sie mich genannt, nur weil ich fast jeden Tag zu dem Büro in der 50th Street kam und um meine Gedichte bettelte! Ehrlich!» – Und als jemand anders etwas sagt, hört er das auch und wendet ein: «Die Polizei rufe ich höchstens, wenn ein Pferd stürzt und nicht mehr alleine hochkommt oder so! *Scheiße* ist das!» Er schlägt auf den Tisch –

Er hat ein irres kleines Koboldgesicht, das eigentlich ein großes, grüblerisches, dunkles ist, wenn er auf einmal traurig wird, schweigt und schmollend in die Ferne blickt – Ein bisschen wie der schmollende Beethoven – Eine etwas gestupselte, oder gerubselte, grobe Italienernase, grobe Züge, dazu weiche Wangen, sanfte Augen, Koboldhaar, schwarz, niemals gekämmt, hängt ihm jungenhaft von hinten über den Quadratkopf in die Stirn – Er ist erst 24 – Er ist wirklich noch ein Junge, die Mädels sind verrückt nach ihm –

Flüstert Cody mir ins Ohr: «Der da, dieser Raff, Mann, der hat mehr Schnallen, als er vertragen kann – Ich sag's dir – Jack, pass auf, ist alles vorbereitet, alles eingefädelt, dieses Jahr scheffeln wir Millionen mit den Pferdchen, sichere Sache, UNSER JAHR, MANN.» Er steht auf, um zu verkünden: «Meine zweite Wahl zahlt sich jetzt aus, und zwar *richtig dicke*!»

«Macht letztes Jahr wett», sage ich, denke daran, wie ich für Cody $ 350 auf die zweite Wahl gesetzt hab (er war bei der Arbeit) und er jedes Rennen verpasste und ich mich in einem Heuhaufen mit einer 35c-Pulle betrank, ehe ich zum Zug ging, um Cody zu berichten, dass er verloren hatte, was ihn nicht weiter juckte, weil er schon insgesamt $ 5000 in den Sand gesetzt hatte –

«Dieses Jahr wird mein Jahr – und das nächste auch», beharrt er –

Inzwischen liest Irwin seine neuen Gedichte, und der Tisch dreht durch – Cody (meinen alten Blutsbruder) kann ich bitten, dass er mich nach Mill Valley fährt, um meine alten Klamotten und Manuskripte zu holen, «Na klar, wir fahren alle, wo wir schon mal da sind.»

Wir flitzen zu Codys irrem kleinem 1933er Chevy Coupé, passen nicht rein, versuchen es trotzdem und platzen aus den Nähten –

«Glaubt ihr, das Baby packt das nicht?», fragt Cody.

«Was ist mit der tollen Karre, die du früher hattest?»

«Ist hinüber, Zucker im Getriebe.»

Irwin sagt: «Leute, fahrt ihr mal schön nach Mill Valley, wir sehen uns heute Nachmittag wieder.»

«Okay.»

Das Mädchen zwängt sich neben Cody, Raphael – kleiner und leichter als ich – setzt sich auf meinen Schoß, und los, wir winken Irwin, der bärtig durch die North Street hüpft und tanzt, um seine Anteilnahme auszudrücken –

Cody prügelt das kleine Auto gnadenlos voran, nimmt die Kurven schnell und makellos, ganz ohne Quietschen, zischt durch den Verkehr, flucht, grade noch so über die Ampel, Hügel hoch im heulenden Zweiten, flugs über die Kreuzung, «Sorry», Bleifuß Richtung Golden Gate, wo wir (Maut bezahlt) endlich übers Tor der Träume sausen, hoch in der Luft über dem Wasser, Alcatraz zu unserer Rechten («Ich weine, ich leide mit Alcatraz!», ruft Raphael) –

«Was treiben die da?» – Die Touristen an der Marin-Klippe, die durch Ferngläser und Kameras zum weißen San Fran rüberglotzen, ihr Sightseeing-Bus –

Und dabei pausenlos Gerede –

Der alte Cody wieder! Der alte *Visionen-von-Cody*-Cody, der Verrückteste von allen (kommt noch), und wie immer links der weite, blaue, pfadlose Pazifikschlund, Mutter der Meere und des Friedens, bis rüber nach Japan –

Alles zu viel, ich fühl mich wunderbar und wild, hab meine Freunde wieder, und Poesie und Freude strömen fabelhaft vibrierend durch uns alle – Sogar wenn Cody von seinem Wettsystem der zweiten Wahl salbadert, tut er das mit staunenswertem Rhythmus – «Junge, in nur *fünf* Jahren mach ich so viel Kohle, Junge, danach bin ich nur noch Pilantro – Plilantrop – puff puff.»

«Philanthrop.»

«Geb einfach allen Geld, die welches brauchen – Geh und teile, was dir zuteil wird –» Ständig zitiert er Edgar Cayce, den Seher, den Okie-Heiler, der nie Medizin gelernt hat, aber ins Haus eines Kranken geht, die alte, schwitzige Krawatte ablegt und sich lang ausgestreckt in Trance schläft, während seine Frau all seine Antworten auf ihre Fragen aufschreibt. «Warum ist Soundso krank?» Antwort: «Soundso hat Thrombophlebitis, Gerinnsel in den Venen und Arterien, weil er in einem früheren Leben das Blut des lebenden Menschenopfers trank» – Frage: «Wie wird er gesund?» Antwort: «Drei Minuten täglich Kopfstand – Außerdem, ganz allgemein – ein Gläschen Whiskey oder Bourbon täglich, zum Blutverdünnen –» Dann erwacht er aus der Trance, so hat er schon Tausende geheilt (Edgar Cayce Institute, Atlantic Beach, Virginia) – Codys neuer Gott – der Gott, der selbst den mädchenirren Cody sagen ließ: «All die kleinen Dinger hab ich fast hinter mir gelassen.»

«Wieso?»

Auch er hat seine Stille, ernst und schwankend – Und jetzt, im Flug über das Tor aus Gold, spüre auch ich, dass Cody und Raphael nicht grade die besten Freunde sind – Ich will das klären – Meine Jungs sollen nicht streiten – Alles wird spitze – Wenigstens sterben wir alle in Harmonie, mit großem chinesischem Heulen und Klagen und schreienden Freudentrauerfeiern, weil der alte Cody, der alte Raphael, der alte Irwin oder der alte Simon (Darlovsky, kommt noch) tot und frei ist –

«Mein Hirn ist hin, wen juckt's?!», ruft Raphael –

«Warum dieser blöde Gaul es nicht mal auf den zweiten Platz geschafft und mir wenigstens mickrige fünf Eier gespart hat, aber ich werd's dir schon zeigen, Süße –», flüstert Cody Penny zu (sie ist bloß ein großes, glückliches, seltsames, trauriges Mädchen, saugt alles auf, und mir wird klar, dass sie mit meiner Gang rumhängt, weil von denen niemand außer Cody sie sexuell besonders beachtet) (tatsächlich putzen die anderen sie ständig runter und schicken sie nach Hause) –

Doch in Mill Valley sehe ich mit Staunen, dass sie Buddhistin ist, als wir in der Hütte auf dem Pferdehügel alle durcheinanderreden, drehe ich mich um, und wie im Traum sitzt sie da vor mir, wie eine Statue ganz aus Rubin, an der Wand im Lotossitz, Hände gefaltet, Augen starr geradeaus, sieht nichts, hört vielleicht auch nichts – eine irre Welt.

Irre vor allem die Hütte – Sie gehört Kevin McLoch, mein alter Kumpel Kevin, auch bärtig, aber ein Zimmermann mit Frau und Kindern, immer in sägemehligen Malerhosen, meistens brustnackt, patriarchisch, nett, feinfühlig, scharfsinnig, ausgesprochen ernst, gefühlstief, ebenfalls Buddhist, hinter seinem guten alten und maroden Holzhaus mit der angefangenen Veranda, an der er noch baut, steigt steil ein grasiger Hügel an, geht in die oberen Hirschparks über, in echte, wirkliche alte Wildparks, wo in Mondscheinnächten aus dem Nichts die Hirsche auftauchen und unter kolossalen

Eukalypten kauen – Vom Schutzgebiet auf dem Berg, das wissen alle Dharmajäger, kommen die Hirsche bereits länger als zwölfmal die Geschichte Kaliforniens herab in diesen heiligen Hain – Und ganz oben steht die Hütte hinter Rosenbüschen – Holzstapel, hohes Gras, Wildblumen, Sträucher, Baummeere rascheln überall – Die Hütte, wie ich sagte, hat ein alter Mann gebaut, um drin zu sterben, was er auch durchgezogen hat, und er war ein großer Zimmermann – Kevin hat die Wände hübsch mit Jute ausgekleidet und hübsche Buddhabilder, Teekannen und filigrane Tassen, Farnwedel in Vasen aufgestellt, und Benzinkocher zum Wasserkochen, um die Hütte in sein buddhistisches Refugium, sein zeremonielles Teehaus zu verwandeln, für Besucher und lang bleibende 3-Monats-Gäste (die Buddhisten sein, also verstehen müssen, dass der Weg kein Weg ist), wie ich einer war, und wenn er donnerstags zu seinem Zimmermannschef sagt: «Ich nehm mir heute frei», und der Chef sagt: «Wer hebt dann das Brett am anderen Ende hoch?» – «Such dir jemand anderen», dann lässt Kevin hübsche Frau und Kinder im Tal und steigt den Wildparkeukalyptuspfad hinauf, Sutren unterm Arm, um den Rest des Tags zu meditieren und studieren – Er meditiert im Lotossitz über das Prajna – liest Suzukis Kommentare und das Surangama-Sutra – sagt: «Würde sich jeder Arbeiter Amerikas dafür einen Tag freinehmen, wäre die Welt wunderbar.»

Sehr ernst, schöner Mann, 23, blaue Augen, makellose Zähne, attraktiver Irencharme, hübsche, melodiöse Art zu sprechen –

Hier, nach kurzem Gespräch mit Kevins Frau im Tal, steigen wir (Cody, Penny, Raff und ich) den heißen Pfad rauf (lassen das Auto vor dem Briefkasten) und platzen in Kevins Meditationstag – Heute ist zwar Montag, doch er arbeitet trotzdem nicht – In der Hocke kocht er Tee wie ein echter Zen-Meister.

Er strahlt vor Freude, als wir kommen –

Penny richtet sich auf der schönen Meditationsmatte ein und meditiert, Cody und Raphael quasseln, Kevin und ich lauschen lachend –

Es ist zum Schießen –

«Was? Was?», ruft Raphael, als Cody, stehend, eine Rede über Gottes Allheit schwingt. «Das soll heißen, alles ist Gott? *Sie* ist Gott, mein Gott?», sagt er und zeigt auf Penny.

«Na klar», sage ich, und Cody fährt fort –

«Wenn wir die Astralebene verlassen –»

«Ich hör mir das nicht länger an, ich lass mich doch von dem Gefasel nicht verderben! Ist Cody der Teufel? Ist Cody ein Engel?»

«Cody ist ein Engel», sage ich.

«O nein!» Raphael hält sich die Ohren zu, weil Cody immer noch redet –

«– den Saturn erreichen, wo es sich der höheren Gnade des Erlösers vielleicht nicht mehr überlassen lässt, sich in einen Felsen zu verwandeln, obwohl Jack, der alte Mistkerl, bestimmt sofort dazu bereit wäre, ein Fels zu werden» –

«Nein! Ich geh nach draußen! Das ist ein böser Mensch!»

Ein Wortgefecht zeichnet sich ab, wer wird reden und die Oberhand behalten, und Penny sitzt dort richtig rosig strahlend, sommersprossige Arme und Gesicht, rotes Herzhaar –

«Geh raus, schau dir die schönen Bäume an», rate ich Raphael, und er geht wirklich raus, um sie zu bewundern, (und bis er wiederkommt, hat Cody gesagt: «Probier mal diesen Tee hier, Junge», reicht mir eine Tasse heißen Tee in einer Japsentasse, «der zieht dir alle Runzeln aus der Funzel – argh!» (hustet, Spucke landet im Tee) «hrrm!»

«Der saftige Erlöser wurde auf dem Goldhügel manoralisiert und reputatiert», sage ich mir, wie ich mir oft ein Stückchen Sprache aus dem Hirn ziehe, um zu sehen, was es bedeutet.

Kevin lacht nur lauthals, lotossitzend, ich sehe ihn an, den kleinen Hindu, erinnere mich wieder, wie seine kleinen nackten Füße mich erkennen ließen, dass ich ihn von früher her aus einem Tempel kannte, wo ich Priester war und er ein Tänzer, der es draußen mit den Frauen trieb – Und wie sanft er Raphaels und Codys Sturm aus Lärm und Worten aufgenommen hat – Lacht leise, hält sich leicht den Bauch, der schlank und fest ist wie der eines jungen Yogi –

«Es gibt», sagt Cody, «sogar Seher, die sehen Auren über Köpfen, die, ähm, *exakt* die Ausdruckszwecke des inneren Geistes des Wesens spiegeln, *sodass!*» – er schlägt die Faust in die Hand, springt dazu umher, die Stimme bricht vor Aufregung wie die des alten Conny Murphy am Mill-Valley-Morgen, tut das nach langer Denkpause oder einem Worthänger – «sie das sehen wie bei so einem Typen, dem der Auraleser die (von Gott dem Allmächtigen gesetzte) Notwendigkeit abliest, sein Karma zu finden, sein verdientes Schicksal, wie Jack sagt, oder seine wahren Bedürfnisse, seinen Getane-Taten-Stapel der Fehltritte und Sünden – das Karma zu finden, indem er wirklich das tut, was der Auraleser sagt: *Du hast einen bösen Geist* und *einen guten Geist,* und beide kämpfen sie um deine ganz spezielle Wesensseele, ich kann sie sehen (über den Köpfen, schaut), du kannst das Böse abwehren und das Gute anziehen, indem du über das weiße Rechteck deines Geistes meditierst, das ich über deinem Kopf sehe und in dem die beiden Geister wohnen – ist so», und er spuckt einen Tabakkrümel aus. Glotzt auf den Boden. Wenn Raphael ein Italiener ist, ein Renaissance-Italo, dann ist

Cody Grieche – eine römisch-arische Mixtur (behauptet, er sei «Atlantaner»), die beschränkt war auf spartanische Athleten und verwurzelt im Nomadenmenschen des Miozäns.

Dann führt Cody weiter aus, durch einen osmotischen Prozess wirke in unseren kapillaren Äderchen und Adern die wahrhafte Anziehung der Säfte durch die Sterne und vor allem den Mond – «Das heißt, ist der Mond da, hat man 'ne Macke – und dazu die Anziehung vom Mars, Mann!»

Er macht mir Angst mit seinem Mars.

«Der Mars ist uns am *nächsten*! Das ist unsere nächste Reise.»

«Wir fliegen zum Mars?»

«Und immer noch *weiter*, verstehst du nicht?» (Kevin gackert vor Glück) «Zum nächsten und den anderen und den richtig irren – am alleräußersten Rand», fügt er hinzu. Ein schlichter Eisenbahnbremser ist Cody, ja er trägt sogar jetzt seine blaue Bremserhose, scharf gebügelt, gestärktes weißes Hemd unter der blauen Weste, die blaue Eisenbahnerkappe liegt in dem lächerlichen 33er Draufgänger-Chevy, ach je – oft gab Cody mir zu essen, wenn ich hungrig war – Ein *Glaubender* – Was für ein sorgenschwerer, aufgewühlter Mann! – Wie er mit Lampe raus ins Dunkel rannte und sie holte und morgens den Blumenwagen an den Bummelzug nach Sherman koppelte – Ach, der gute Cody, was ein Kerl!

Ich denke an die Tagträume auf dem Desolation und verstehe. Alles dieselbe Leere, Cody und ich fahren ins Leere starrend weiter. Cody bedient die Maschine, und ich sitze da, meditiere über Cody und Maschine. Doch seine harte Hand muss das Lenkrad zwirbeln, muss Frontalzusammenstöße vermeiden (während er hin und her die Spur wechselt) – Wir kennen das alles, haben eines Nachts im Auto diese himmlische Musik gehört. «Hast du das mitgekriegt?» Ich hatte plötzlich schallende Musik gehört im motorbrummenden Innenraum des Wagens – «Ja», sagte Cody, «was *ist* das?» Er hatte sie auch gehört.

80

Sosehr mich Raphael ohnehin erstaunt, erstaunt er mich noch mehr, als er, sein Manuskript in Händen, wieder von draußen reinkommt, wo er stumm die Bäume betrachtet hat, und sagt «Ich hab ein Blatt in meinem Pamphlet» zu Cody, der nur austeilt und nicht glaubt, und er hört es ihn sagen, aber ich sehe den Blick, den er Raphael zuwirft – Das sind eben zwei Welten, Pomeray und Urso, beide Namen bedeuten was, das früher vielleicht mal mit der Casa D'Oro zu tun hatte, auch nicht grober als Corso, aber es ist der italienische Süßsänger gegen den Irischen Brabacker – krack – (keltisch, Holz kracht in der See) – Raphael sagt: «Jack muss ja nur stumpfe Liedchen schreiben, um der heldenhafte Anführer zu werden» – solche Töne von Raphael.

«Na, wenn er das will, dann check check check», sagt Cody wie eine Maschine ohne Musik und ohne Gesang –

Raphael singt: «Du! Meine Tanten haben mich vor dir gewarnt, Pomeray» –

«Rülps.»

So ging es hin und her –

Inzwischen lächelt der liebe, sanfte Jesus-Vater Josef, Kevin mit dem Josefsbart, lauscht und lächelt rund und gebeugt auf dem Boden.

«Was denkst du, Kevin?»

«Ich denke, morgen wird's übel, wenn ich diesen blöden Führerschein nicht finde.»

Cody mag Kevin natürlich, seit Monaten schon, vielleicht, weil auch er irischer Vater und eine irische Type ist – Cody ist ständig, ist hunderttausendmyriadenmal zum Essen bei ihnen, bringt das Wahre Gesetz – Namensgeber Mal, der Simon Darlovsky (zu Recht) den «Verrückten Russen» getauft hat, nennt Cody inzwischen den «Prediger» –

«Was macht Simon eigentlich?»

«Ach, den holen wir heut Nachmittag noch ab, so gegen fünf», sagt Cody superschnell und sachlich.

«Simon Darlovsky!», ruft Raphael. «Was ein irrer Typ!» Und wie er irre sagt, *irrrre*, so richtig Osten – richtig schräger Baltikumstreuner – richtiger Zaunpalaverer ... wie kleine Kinder zwischen Gastanks hinter Reifenlagern – «Wahnsinnig ist der», wirft sich die Hände an den Kopf, lässt los, grinst dämlich, ein merkwürdiges, demütiges Fehlen von Stolz in Raphael, der jetzt auch beinverschränkt auf dem Boden sitzt, aber so, als wäre er da kollabiert.

«Komische Welt», sagt Cody, marschiert ein Stück von dannen, macht kehrt und kommt zurück – Tschechows stiller Engel legt sich über uns, und wir sind totenstill, lauschen dem Hmmm des Tages, dem Sssch der Stille, bis Cody – nur ein bisschen – hustet, «Hnf-haf» macht – mit großen Rauchsignalen indianische Mysterien anzeigt – Kevin reagiert mit typisch aufwärtssanftem Blick zu Cody, verwundert, blauäugig bass erstaunt – Auch das sieht Cody, jetzt mit zugekniffenen Augen.

Penny sitzt noch immer (die ganze Zeit) im korrekten Lotossitz, anderthalb Stunden Gerede und Gedenke – Alle völlig irre – Wir warten ab, was als Nächstes passiert. Es passiert auf der ganzen Welt, aber an manchen Orten teilt man Prophylaxe aus, an anderen geht es gleich zur Sache.

Wir kommen auf keinen grünen Zweig.

81

Nur eine Story von der Welt und was darauf passiert ist – Gemeinsam gehen wir runter zu Kevins Haupthaus und zu Eva, seiner Frau (süße schwesterliche grünäugige barfüßige langhaarige Schönheit) (lässt die kleine Maya nackt herumstolzieren, wenn sie mag, was sie auch tut, wobei sie «Abra abra» durch das hohe Gras ruft), großes Mittagessen aufgetischt, aber ich hab keinen Hunger, verkünde sogar etwas salbungsvoll: «Ich esse nur noch, wenn ich Hunger habe, das hab ich auf dem Berg gelernt», aber Cody und Raphael essen selbstverständlich, schlingen, schwatzen währenddessen – Ich höre mir inzwischen Platten an – Nach dem Essen kniet Kevin auf seinem liebsten Strohteppich, zieht eine zarte Schallplatte aus der zwiebelpapierzarten weißen Hülle, der hindumäßig vollkommenste Kerl der Welt, dirigiert von Raphael, sie wollen gregorianische Gesänge hören – Ein Haufen Priester und Brüder, die wunderschön förmlich und seltsam miteinander singen, zu Musik, noch älter als die Steine – Musik liegt Raphael am Herzen, besonders Renaissancemusik – und Wagner, als ich ihm 1952 in New York das erste Mal begegnete, rief er: «Alles egal außer Wagner, ich will Wein trinken und in deinem Haar rumtrampeln!» (zur mädchenhaften Josephine) – «Scheiß auf diesen Jazz!» – Dabei ist er eine echte Hepcat und sollte Jazz eigentlich mögen, und in Wahrheit kommt vom Jazz sein Rhythmus, und er weiß es gar nicht – aber in ihm steckt ein kleiner Italienervogel, der nichts am Hut hat mit moderner Krachbeat-Kakophonik – Doch das soll jeder selbst beurteilen – Cody jedenfalls liebt jegliche Musik und kennt sich sehr gut aus, als wir ihm zum ersten Mal indische Hindumusik vorspielten, erkannte er sofort, dass die Trommeln («Der feinste, raffinierteste Beat der Welt!», sagt Kevin, und Kevin und ich haben sogar spekuliert, ob Dravidia was zu hindu-arischen Motiven beigetragen hat) – Cody jedenfalls erkannte, dass die leisen Kalebassen, die leisen Trommeln, die kessel-blonk-leisen Handtrommeln einfach schwach gespannte Felle hatten – Wir spielen gleich noch mal die Gregorianer und auch das indische Zeug, wenn Kevins zwei Töchterchen das hören, plappern sie immer munter drauflos, den ganzen (letzten) Frühling über hörten sie es jeden Abend beim Schlafengehen, weil die große Wandbox (durch die Rückseite) direkt auf ihre Bettchen schallte, die Schlangenflöten, die Holzbeschwörer, die weichbespannten Kalebassen und der ausgefeilte alte, Dravidia-gezähmte Afrika-Beat, und über alldem der alte Hindu, der ein Schweigegelübde abgelegt hat und die Altweltharfe spielt, Schauer unmöglicher Himmelwärtsideen, die Cody beblüfften und andere (wie Rainey) (in der großen Dharmajägerzeit, ehe ich fortging) vollkommen zudröhnten – Über die ganze stille kleine Teerstraße hört man aus Kevins Anlage die sanften Gesänge Indiens und gotischer Hohepriester und Lauten und japanische Lauten und Mandolinen, sogar chinesisch unverständliche Platten – Er schmiss oft riesige Partys, mit großen Feuern vor dem Haus, und viele Feiernde (Irwin, Simon Darlovsky und Jarry) standen splitternackt herum, inmitten kultivierter (Ehe-)Frauen, sprachen über buddhistische Philosophie mit dem Dekan der Asienwissenschaften, Alex Aums, dem das womöglich gleich war, der nur seinen Wein trank und mir sagte: «Buddhismus heißt, so viele Leute kennenlernen wie nur möglich» –

Jetzt ist Mittag, wir haben gegessen, ein paar Platten, dann ab zurück in die Stadt, mit meinen alten Manuskripten und Klamotten, die ich in einer Holzkiste in Kevins Keller gelassen hatte – Ich schulde ihm vom letzten Frühling $ 15, also stelle ich ihm zwei meiner Sedro-Woolley-Reiseschecks aus, und er gibt mir aus Versehen (im Keller) (sanft, die Augen traurig) vier zerküllte Dollarnoten, eine zu wenig, was ich im Leben nicht über die Lippen brächte – Denn Kevin ist inzwischen stoned (von Wein und Mittagessen und so weiter) und sagt: «Wann seh ich dich wieder, Jack?», da wir eines Abends vor sechs Monaten mit einer Flasche Tokajer an den Hafengleisen gesessen und (wie Bodhidharma, der China den Buddhismus brachte) die große Steilwand angestarrt hatten, die hinten aus dem Telegraph Hill ragt, es war Nacht, und wir beide sahen Wellen elektromagnetisch-gravitationellen Lichts aus dieser massigen Substanz kommen, und wie froh war Kevin, dass er mit mir eine schöne Nacht mit Wein und Starren und Durch-die-Straßen-Ziehen verbracht hatte statt mit dem üblichen Bier im Place –

Wir steigen wieder in das kleine Coupé, wenden quietschend, winken Eva und Kevin zu und rasen zurück über die Brücke in die City –

«Ach, Cody, du bist wirklich der verrückteste Vogel, den ich kenne», räumt Raphael jetzt ein –

«Hör mal, Raphael, du nennst dich Raphael Urso, der Zockerpoet, also komm mal morgen schön mit auf die Rennbahn», dränge ich –

«Scheiße, wir könnten heute noch, wenn's nur nicht schon so spät wär –», sagt Cody –

«Abgemacht! Ich bin dabei! Cody, du zeigst mir, wie man gewinnt!»

«Na klar!»

«Morgen – wir holen dich bei Sonya ab.»

Sonya ist Raphaels Freundin, aber Anfang des Jahres hat Cody sie (natürlich) gesehen und sich in sie verliebt («O

Mann, ist dir eigentlich klar, wie verrückt Charles Swann nach *Frauen* war – !», hat Cody mal zu mir gesagt ... «Der Proust, der das geschrieben hat, war nie im Leben schwul!») – Cody verliebt sich in jedes hübsche Mädchen, das er sieht, ist auch ihr nachgelaufen, hat sein Schachbrett mitgebracht, um mit ihrem Mann zu spielen, einmal war ich auch dabei, und sie saß da in ihrer Hose vor den Schachspielern, spreizte die Beine und sagte: «Wird dein Leben als einsamer Schriftsteller nicht manchmal sehr fad, Duluoz?» – Ich nickte, sah den Schlitz in ihrer Hose, den Cody natürlich, während er mit dem Läufer den Damenbauern auf der vierten Reihe schlug, auch bemerkt hatte – Aber schließlich gab sie Cody einen Korb, sagte: «Ich weiß, worauf du aus bist», verließ dann trotzdem ihren Mann (den Bauern) (inzwischen vorläufig verschwunden aus der Szene) und zog mit dem frisch aus dem Osten angekommenen quasselnden Raphael zusammen – «Wir holen dich bei Sonya ab.»

Raphael sagt: «Okay, übrigens hab ich Streit mit ihr, ich zieh noch diese Woche aus, du kannst sie haben, Duluoz.»

«Ich? Lass sie lieber Cody, der ist ganz verrückt nach – »

«Nein, nein», unterbricht Cody – anscheinend ist er über sie hinweg –

«Heute Abend bei mir, wir trinken Bier, lesen Gedichte», sagt Raphael, «und ich fang schon mal an zu packen.»

Wir sind zurück beim Café, wo Irwin wartet, und bald kommen durch die Tür: Simon Darlovsky, allein, fertig mit der Arbeit als Krankenwagenfahrer, dann Geoffrey Donald und Patrick McLear, die beiden alten (alteingesessenen) San-Fran-Dichter, die uns nicht leiden können –

Und Gia, die kommt auch rein.

82

Ich habe mich inzwischen rausgeschlichen, mir eine Pulle kalifornischen Billigwein in den Gürtel gesteckt und ihn mir reingeschüttet, bis alles verschleiert und aufregend wurde – Gia kommt rein, die Hände wie immer im Rock, und sagt mit ihrer tiefen Stimme: «Die ganze Stadt spricht schon davon, die *Mademoiselle* will euch am Freitagabend alle ablichten.»

«Wen?»

«Irwin, Raphael, Duluoz – Und nächsten Monat kommt dann *Life*.»

«Woher hast du das?»

«Ich bin raus», sagt Cody, als Irwin seine Hand nimmt und will, dass er auch kommt, «Freitagabend hab ich Dienst.»

«Aber *Simon* kommt mit uns aufs Foto!», ruft Irwin triumphierend, packt Darlovsky am Arm, und Darlovsky nickt bloß –

«Wie wär's danach mit einer Sexorgie?», fragt Simon.

«Da bin ich dann raus», sagt Gia –

«Tja, die verpass ich dann wohl auch», sagt Cody, und alle schenken sich Kaffee nach und sitzen an drei verschiedenen Tischen, und andere Bohemiens und Subterraner gehen ein und aus –

«Aber wir machen das zusammen!», ruft Irwin. «Wir werden berühmt – Donald, McLear, ihr macht auch mit!»

Donald ist 32, füllig, schönes Gesicht, traurige Augen, elegant, blickt still zur Seite, und McLear, Zwanziger, jung, Bürstenschnitt, sieht Irwin ausdruckslos an: «Ach, wir werden heute Abend schon allein fotografiert.»

«Und wir sollen nicht mit drauf sein?», ruft Irwin – dann

begreift er, dass es Ränke und Intrigen gibt, und sein Blick wird dunkel nachdenklich, es gibt Bündnisse und Risse und Abspaltungen im heiligen Gold –

Simon Darlovsky wendet sich an mich: «Jack, ich such dich schon seit zwei Tagen! Wo warst du? Was treibst du? Hast du letztens was geträumt? Was Tolles? Haben Mädels dir den Gürtel aufgeschnallt? Jack! Schau mich an! Jack!» Er zwingt mich, ihn anzusehen, sein eindringliches, stürmisches Gesicht mit sanfter Adlernase, blondes, mittlerweile kurzes Haar (vorher wilde Mähne) und dicke, ernste Lippen (so wie die von Irwin), aber groß und schlank und wirklich ganz frisch aus der Highschool – «Ich muss dir tausend Sachen sagen! Alles über die Liebe! Ich hab das Geheimnis der Schönheit entdeckt! Es ist die Liebe! Alle lieben! Überall! Ich erklär's dir –» Und tatsächlich war für Raphaels anstehende Dichterlesung (sein Debüt vor den passionierten Poesiefans im Fünfziger-Frisco) geplant (mit Zustimmung von Raphael und Irwin, die kicherten und sich nicht darum scherten), dass Simon nach den Gedichten einen langen, spontanen Vortrag über die Liebe halten sollte –

«Was wirst du sagen?»

«Alles werde ich sagen – nichts auslassen – zum Weinen werd ich sie bringen – Schöner Bruder Jack, hör zu! Hier reich ich dir meine Hand auf dieser Welt! Nimm sie! Drück sie! *Weißt* du, was mir *gestern* passiert ist?», ruft er plötzlich, perfekt Irwin imitierend, sonst ahmt er immer Cody nach, er ist erst 20 – «Um vier Uhr nachmittags in die Bibliothek mit einer Himbeerpille – und siehe da! –»

«Himbeer?»

«Dexedrine – im Magen» – klopft drauf – «Verstehst du? – high im Magen bin ich über Dostojewskis *Traum eines wunderlichen Kerls* gestolpert – hab die Chance erkannt –»

«*Traum eines lächerlichen Menschen,* meinst du?»

«– die Chance auf Liebe in den Klausen meines Herzens, aber nicht außerhalb davon, im echten Leben, ich bekam einen Eindruck von Dostojewskis Liebesleben in seinem tiefen Lichtverlies, das rührte mir im Herz die Tränen auf, bis sie selig überschwappten, weißt du, dann hat Dostojewski diesen Traum, in die Kommode legt er nach dem Aufwachen seine Pistole, wollte sich erschießen, BÄNG!», klatscht in die Hände, «war dann sogar noch extra scharf darauf zu lieben und zu predigen – ja, zu *predigen* – und das hat er gesagt – ‹Dieses mir so wohlbekannte Bündel Wahrheit predigen und leben› – Jedenfalls, wenn es dann so weit ist und ich bei Raphael und Irwins Lesung diesen Vortrag halten soll, werde ich alle anderen und mich selbst blamieren, mit Ideen und mit Worten über die Liebe, darüber, wieso die Leute einander nicht so lieben, wie sie könnten – Sogar heulen werde ich vor ihnen, um meine Gefühle auszudrücken – Cody Cody! Hey, du verrückter Youngster!», und er rennt zu ihm, schlägt ihn, zerrt an ihm, und Cody macht «Ah, hm, ha, ja» und blickt auf seine alte Eisenbahneruhr, startbereit, während wir alle bummeln – «Irwin und ich hatten lange, l-a-n-g-e Gespräche, ich will, dass unser Verhältnis sich wie eine Bach-Fuge entwickelt, in der alle Quellen ineinanderfließen, weißt du –» Simon stottert, streicht sich das Haar zurück, wirklich sehr nervos und irre: «Und bei Partys haben wir uns ausgezogen, ich und Irwin, und große Orgien abgezogen, letzte Nacht, bevor du kamst, hatten wir die Kleine, die Slivovitz kannte, und sind mit ihr ins Bett, und Irwin hat es ihr besorgt, die, der du den Spiegel zerbrochen hast, was für 'ne Nacht, das erste Mal gekommen bin ich schon nach 'ner halben Minute – Ich hab nichts geträumt, obwohl, vor anderthalb Wochen, da hatte ich 'nen feuchten

Traum, kann ich mich aber nicht mehr dran erinnern, einsam ist das …»

Dann packt er mich: «Jack schlaf lies schreib sprich lauf ficke und sehe und schlafe wieder» – Er gibt mir ernsthaft Ratschläge und mustert mich besorgt. «Jack, du musst öfter flachgelegt werden, noch *heute Abend* müssen wir das hinkriegen!»

«Los, wir gehen zu Sonya», schlägt Irwin vor, der entzückt gelauscht hat –

«Wir ziehen uns alle aus und treiben es – Komm schon, Jack!»

«Wovon redet der da?!», ruft Raphael, kommt zu uns rüber – «Simon, du Spinner!»

Und Raphael schubst Simon freundlich, und Simon steht da wie ein kleiner Junge, streicht sich durch den Bürstenschnitt und blinzelt unschuldig. «Ist doch wahr!»

Simon wär gern so «perfekt wie Cody», sagt er, als Fahrer, als «Redner» – Er bewundert Cody – Man sieht, wieso Namensgeber Mal ihn Verrückter Russe taufte – Aber er macht auch immer unschuldige, riskante Sachen, zum Beispiel läuft er plötzlich auf einen Wildfremden zu (den griesgrämigen Irwin Minko) und küsst ihn überschwänglich auf die Wange: «Hi, du», und Minko sagte: «Du hast ja keine Ahnung, wie knapp du grad dem Tod entgangen bist.»

Und Simon, allseits belauert von Propheten, verstand gar nichts – Zum Glück waren wir alle da und konnten ihn beschützen, und Minko ist nett – Simon, typisch Russe, will Liebe auf der ganzen Welt, ein echter Nachfahr einiger der süßen, wahnsinnigen Ippolits und Kirilows aus Dostojewskis 19.-Jahrhundert-Zaren-Russland – So sieht er auch aus, wie damals, als wir alle (die Musiker und ich) Peyote gegessen hatten und um fünf Uhr nachmittags lautstark in einem Keller jammten, mit Posaune, zwei Drums, Speed am Klavier und Simon unter der roten Dauerleuchtlampe mit uralten Quasten, das felsige Gesicht ganz ausgemergelt in der künstlichen Röte, und ich plötzlich erkannte: «Simon Darlovsky, der Größte von ganz San Francisco», und später am Abend, um Irwin und mich zu unterhalten, als wir mit meinem Rucksack durch die Straßen stapften (und aus Kartenkasinos kommenden Chinesen «Die Große Wahrheitswolke!» zuriefen), führte Simon eine originelle kleine Pantomimennummer auf, à la Charlie Chaplin, aber auch ganz eigen in seinem russischen Stil, zu dem gehörte, dass er in ein Foyer voller Leute tanzte, die in Sesseln sitzend fernsahen, und vor ihnen ausgeklügelt mimte (Erstaunen, Schreckhände vor dem Gesicht, umsehen, hoppla, stolpern, schämen, davonschleichen wie die Jungs bei Jean Genet, die betrunken in den Straßen von Paris herumalbern) (ausgefeilte, kluge Masken) – Der Verrückte Russe Simon Darlovsky, der mich immer an meinen Cousin Noël erinnert, wie ich ihm oft sage, meinen Cousin aus Massachusetts, der dasselbe Gesicht, dieselben Augen hatte und immer phantomhaft in trüben Zimmern um den Tisch schwebte und sagte: «Muharharharha, das Phantom der Oper ist da» (sagte es auf Französisch, *je suis le phantome de l'opera-a-a-a*) – Seltsam auch, dass Simon immer Whitman-hafte Jobs hatte, pflegerische, er hat alte Psychopathen in Kliniken rasiert, Kranke und Sterbende gepflegt, und jetzt raste er als Rettungsfahrer für eine kleine Klinik den ganzen Tag durch San Francisco, lud die Gekränkten und Verletzten auf Tragen (schreckliche Orte, wo man sie fand, kleine Hinterzimmer), das Blut und das Leid, Simon gar nicht so Verrückter Russe, sondern Simon, der Sanitäter – Könnte niemandem ein Haar krümmen, selbst wenn er wollte –

«Ah, ja, ähm, gut», sagt Cody schließlich, geht zur Arbeit

bei der Bahn, gibt mir auf der Straße Anweisungen: «Morgen fahren wir zur Rennbahn, ich hol dich bei Simon ab» – (Weil wir alle bei Simon schlafen) …

«Okay.»

Dann bieten die Poeten Donald und McLear uns an, uns heimzufahren, drei Kilometer die Third Street runter bis zu dem Sozialbau für Schwarze, wo Simons 15 ½-jähriger kleiner Bruder Lazarus in diesem Augenblick Kartoffeln brät, sich kämmt und über Mondmenschen sinniert.

83

Genau das tut er, als wir reinkommen, Kartoffeln braten, der große, hübsche Lazarus, der im ersten Highschooljahr aufsteht und zum Lehrer sagt: «Wir wollen Redefreiheit», und immer fragt: «Hast du was geträumt?», und wissen will, was man geträumt hat, und wenn man's ihm erzählt, nickt er – Er will, dass wir ein Mädchen für ihn suchen – Er hat ein perfektes Profil wie John Barrymore, wird sicher mal ein schöner Mann, aber jetzt wohnt er hier allein mit seinem Bruder, die Mutter und anderen verrückten Brüder sind im Osten, und Simon ist mit ihm überfordert – Also wird er wieder nach New York geschickt, will aber nicht gehen, nein, auf den Mond will er – Er futtert alles Essen, das Simon für sie beide einkauft, um drei Uhr morgens steht er auf und brät sich alle Lammkoteletts, alle acht, und isst sie ohne Brot – Ständig zerbricht er sich den Kopf über sein langes blondes Haar, ich lasse ihn meine Bürste nehmen, er versteckt sie sogar, und ich muss sie wiederfinden – Er dreht das Radio auf, Jumpin George Jazz aus Oakland – Dann streift er einfach aus der Tür und durch die Sonne, stellt die merkwürdigsten Fragen:

«Glaubst du, die Sonne fällt irgendwann runter?» – «Gibt's da Ungeheuer, wo du warst?» – «Wird's irgendwann 'ne neue Welt geben?» – «Wenn die hier erledigt ist?» – «Sind deine Augen verbunden?» – «Richtig verbunden, meine ich, mit 'nem Tuch?» – «Bist du zwanzig Jahre alt?»

Vier Wochen zuvor ist er mit seinem Fahrrad über die Kreuzung unten am Hügel gerast, gleich neben dem Bürohaus der Stahlfabrik bei der Bahnunterführung, und in ein Auto gekracht, Bein war gebrochen – Er humpelt noch etwas – Auch Laz blickt zu Cody auf – Cody hat sich die größten Sorgen wegen seines Beins gemacht – Sogar bei den wildesten Leuten gibt es simple Anteilnahme – «Das arme Kind, Mann, konnte kaum laufen – Eine Weile war er ziemlich übel dran – Ich war wirklich in Sorge um den alten Lazarus. Genau, Laz, mehr Butter», als der schlaksig schlurfende Laz uns Essen hinstellt und sich das Haar zurückstreicht – Ausgesprochen still, er sagt nicht viel – Simon nennt seinen Bruder bei seinem wahren Namen Emil – «Emil, warst du einkaufen?»

«Noch nicht.»

«Wie spät ist es?»

Lange Pause – dann Lazarus' tiefe, reife Stimme – «Vier» – «Und wann wolltest du gehen?»

«Jetzt gleich.»

Simon sucht irre Prospekte raus, von den Geschäften in die Briefkästen gesteckt, mit den Tagesangeboten, und statt einen Einkaufszettel zu schreiben, kringelt er einfach irgendwelche Angebote ein, zum Beispiel

TYDOL SEIFE

HEUTE NUR 45c

– Die wird eingekringelt, nicht weil die beiden wirklich Seife brauchen, sondern nur weil sie im Angebot ist, zwei Cent billiger – Sie stecken die reinrassigen Russenbrüderköpfe zusammen, gehen den Prospekt durch, kringeln noch mehr Angebote ein – Dann geht Lazarus pfeifend den Hügel rauf, Geld in der Hand, und betrachtet im Laden stundenlang die Cover von Science-Fiction-Heften – Kommt erst spät wieder –

«Was hast du so lang gemacht?»

«Bilder angekuckt.»

Da ist er, der gute Lazarus, brät seine Kartoffeln, als wir reinkommen – Die Sonne strahlt über ganz San Francisco, man sieht es von der langen Veranda hinterm Haus.

84

Der Dichter Geoffrey Donald, ein schicker, traurig-müder Typ, war schon in Europa, Ischia, Capri und so weiter, kennt all die reichen, schicken Schriftsteller etc. und hat sich grade für mich bei einem New Yorker Verleger eingesetzt, ich also baff (sehe ihn zum ersten Mal), und wir gehen auf die Veranda, um die Aussicht zu genießen –

Alles South Side San Fran, untere Third Street, Gastanks, Wassertanks und Industriegleise, alles verraucht, zementstaubschleimig, Dächer, hinter denen blaues Wasser bis nach Oakland und Berkeley reicht, gute Sicht, sogar bis zu den Ausläufern der Berge, zum Beginn des langen Anstiegs zur Sierra, unter Wolkendeckeln von gottköniglicher Größe, schneerosig getönt im Abendlicht – Links der Rest der Stadt, die weiße Traurigkeit – Typisch für Simon und Lazarus, ringsum nur schwarze Familien, und sie natürlich recht beliebt, und sogar Kinderbanden stürmen in die Wohnung, schießen mit Spielpistolen, schreien, und Lazarus, ihr Held, lehrt sie die Kunst der Stille –

Neben dem traurigen Donald am Geländer lehnend frage ich mich, ob der das alles kennt (diesen Typus), sich darum schert und was er denkt – Plötzlich merke ich, dass er mich vollgesichtig ansieht, lang und ernst, ich wende mich ab, halt es nicht aus – Ich weiß nicht, was ich sagen, wie ich ihm danken soll – Inzwischen ist der junge McLear in der Küche, alle lesen Gedichte, sitzen rum mit Brot und Marmelade – Ich bin müde, hab von alldem schon genug, wo soll ich hin? Was tun? Wie vertreibt man sich die Ewigkeit?

Inzwischen brennt die Kerzenseele hinter unseren «Kloster»-Stirnen …

«Du warst also in Italien und so? – Was willst du jetzt als Nächstes machen?», sage ich schließlich –

«Ich weiß nicht, was ich *machen* will», sagt er traurig, mit traurig-müdem Witz.

«Was macht man, wenn man's macht», sage ich lustlos, geistlos –

«Irwin hat mir viel von dir erzählt, und ich hab deine Sachen gelesen –»

Er ist zu anständig für mich – Ich verstehe doch nur Raserei – Ich wünschte, ich könnte ihm das sagen – Aber er weiß, dass ich es weiß –

«Wir sehen uns, oder?»

«Ja, bestimmt», sagt er –

Am übernächsten Abend gibt er für mich eine kleine Dinnerparty bei Rose Wise Lazuli, die auch die Lesungen organisiert (bei denen ich aus Schüchternheit nie lese) – Sie lädt mich telefonisch ein, Irwin flüstert neben mir: «Dürfen wir auch?» – «Rose, darf Irwin auch?» – («Und Simon») –

«Und Simon?» – «Aber gern!» – («Und Raphael») – «Und Raphael Urso, der Dichter?» – «Sicher, sicher» – («Und Lazarus», flüstert Irwin) – «Und Lazarus?» – «Gewiss» – Und so wird aus meiner Dinnerparty mit Geoffrey Donald, der mit einem hübschen, schicken, klugen Mädchen ankommt, ein rasendes, schreiendes Abendmahl mit Schinken, Eis und Kuchen – auf das ich noch zu sprechen komme –

Donald und McLear ziehen ab, und wir schlingen runter, was wir grade im Kühlschrank finden, und düsen zu Raphaels Kleiner nach Hause, um den Abend lang zu reden und Bier zu trinken, und Irwin und Simon ziehen sich aus (ihr Markenzeichen), und Irwin spielt mit Sonyas Bauchnabel – Raphael, Hepcat aus der Lower East Side, hat natürlich keinen Bock drauf, dass einer mit dem Nabel seiner Kleinen spielt, und auch nicht auf nackte Männer vor der Nase – Ein griesgrämiger Abend – Ich hab alle Hände voll zu tun, das wieder hinzubiegen – Übrigens ist Penny wieder da, drückt sich im Hintergrund herum – Ein altes Frisco-Wohnheim, oberster Stock, alles voller Bücher und Klamotten – Ich sitze nur mit meinem Bier da, schaue keinen an – Von meinen Gedanken lenkt mich nur das schöne Silberkruzifix ab, das Raphael um den Hals trägt, und ich sage es ihm –

«Dann gehört es *dir*!», und er nimmt es ab und reicht es mir – «Wirklich, ehrlich, nimm's ruhig!»

«Nein, nein, höchstens trag ich's ein paar Tage, dann geb ich es dir wieder.»

«Du kannst es behalten, ich *will* es dir schenken! Weißt du, was ich an dir mag, Duluoz, du verstehst, wieso ich sauer bin – ich habe keine Lust, hier rumzusitzen und nackte Kerle anzuglotzen –»

«Oh, was hast du denn?», sagt Irwin, der vor Sonyas Hocker kniet und unter hochgeschobenem Stoff ihren

Bauchnabel berührt, und Sonya (hübsches Ding) will unbedingt beweisen, dass man sie nicht reizen kann, und lässt ihn machen, während Simon gebetsmäßig zusieht (sich selbst im Arm hält) – Ja, Irwin und Simon zittern ein bisschen, es ist spät, kalt, die Fenster sind offen, das Bier ist kalt, Raphael sitzt missmutig am Fenster, sagt nichts, außer um sie zu beschimpfen – («Dachtet ihr, ich lass euch einfach so mit meiner Kleinen rummachen?»)

«Raphael hat recht, Irwin – du versteht das nicht.»

Aber ich muss es auch Simon beibringen, der ist noch schlimmer als Irwin, will nichts als unendliche Orgie –

«Ach, ihr», seufzt Raphael schließlich und winkt ab –

«Na los, Jack, nimm das Kreuz, behalt's, es steht dir gut.»

Es hängt an einem Silberkettchen, das zieh ich mir über den Kopf und unter den Kragen und trage das Kreuz – bin merkwürdig glücklich – Inzwischen hat Raphael den Diamantspalter des Weisen-Gelübdes (Diamant-Sutra) in meiner Desolation-Paraphrase gelesen, hat sie auf dem Schoß: «Versteht du das, Raphael? Da steht alles drin, was du wissen musst.»

«Ich weiß, was du meinst. Ja, ich versteh's.»

Schließlich lese ich allen ein paar Passagen vor, um sie von den Mädchen-Eifersüchteleien abzulenken.

«Subhuti, wissende Lebende, sollten, wenn sie anderen Bedeutung lehren, zuerst selbst frei sein von all den frustrierenden Begehren, die von schönen Anblicken, angenehmen Lauten, süßem Geschmack, Duft, samtig Berührbarem und verlockenden Gedanken erregt werden. In ihrer Ausübung sollten sie nicht blind von irgendeinem dieser Spektakel beeinflusst werden. Und wieso? Weil sie, wenn sie in Ausübung ihrer Großmut nicht blind davon beeinflusst werden, ein Glück und ein Verdienst durchlaufen, das jenseits aller Berechnung und Vorstellungskraft liegt.

Was meinst du, Subhuti? Kann man die Weite des Osthimmels berechnen?

Nein, o segensreicher Erwecker! Niemand kann die Weite des Osthimmels berechnen.

Subhuti, kann man das Ende des Nord-, des Süd- und des Westhimmels berechnen? Oder von irgendeinem Winkel dieses Universums, seiner Ober-, Unter- oder Innenseite?

Nein, o Weltgeehrter!

Subhuti, ebenso unmöglich ist es, das Glück und das Verdienst zu berechnen, das wissende Lebende durchlaufen werden, wenn sie Großmut üben, die nicht blind beeinflusst ist von irgendeinem Urteil über die Wirklichkeit des Gefühls von Existenz. Diese Wahrheit sollte man von Anfang an alle lehren» …

Die anderen hören aufmerksam zu … trotzdem hängt da was im Raum, mit dem ich nichts zu tun habe … Perlen in Muscheln.

Durch meine Augen wird die Welt befreit
Unendlich perfekte Höflichkeit –
Orion, am frischen Himmel fliegend
Eins, zwei, drei, vier, fünf, sechs, sieben –

Am Ende läuft der Abend schlecht, wir gehen, lassen Raphael griesgrämig zurück und wirklich im Streit mit Sonya, kurz vor der Trennung – Irwin, Simon und ich fahren zurück zur Wohnung, wo Lazarus schon wieder kocht, wir haben Bier dabei, und alle trinken – Irgendwann kommt Penny in die Küche, fast in Tränen, sie will mit Irwin schlafen, doch der pennt schon. «Setz dich doch auf *meinen* Schoß, Baby», sag ich – Endlich gehe ich ins Bett, und sie kriecht zu mir und schlingt sofort die Arme um mich (sagt aber zuerst: «Ich brauch nur einen Platz zum Schlafen hier in diesem Irrenhaus»), und wir legen los – Dann wacht Irwin auf, und dann nimmt Simon sie sich auch noch, Betten wackeln und quietschen, und der gute Lazarus streift durch den Flur, und am nächsten Abend küsst ihn Penny endlich auch, und alle sind zufrieden –

Am Morgen wach ich auf, spüre das Kreuz um meinen Hals und denke dran, durch welche Dicks und Dünns ich das noch werde tragen müssen, frage mich: «Was würden wohl Christen und Katholiken dazu sagen, dass ich das Kreuz beim Vögeln und beim Saufen trage? – Aber was würde wohl Jesus sagen, wenn ich ihn fragte: ‹Darf ich Dein Kreuz auf dieser Welt tragen, so wie sie nun mal ist›?»

Was auch passiert, darf ich dein Kreuz tragen? – Gibt es nicht viele Arten Fegefeuer?

« … nicht blind beeinflusst … »

85

Am Morgen steht Penny vor allen anderen auf, kauft Schinken, Eier und Orangensaft und macht für alle Frühstück – So langsam gefällt sie mir – Jetzt klebt sie an mir, knutscht mich ab, und Cody kommt rein (Simon und Irwin sind zur Arbeit, Irwins Frachter liegt im Trockendock in Oakland), grade als wir auf dem Bett rumschmusen (oder wieder rumgeschmust haben), und er ruft: «Ach, das ist morgens doch mein liebster Anblick, Jungs und Mädels!»

«Darf ich heute mit dir mitkommen?» fragt sie mich –

«Klar.»

Cody kramt seine Renntickets hervor, steckt sich eine Zigarre an und freut sich am Küchentisch auf den neuen Renntag, genau wie mein Vater früher – «Nur ’n bisschen Zucker in den Kaffee, Lazarus, mein Lieber», sagt er –

«*Yes, Sir.*»

Lazarus wuselt durch die Küche, mit tausend Broten und Eiern und Schinken und Zahnbürsten und Haarbürsten und Comicheften – Ein strahlend sonniger Morgen in Frisco, Cody und ich kiffen am Küchentisch.

Plötzlich sprechen wir wieder laut über Gott. Lazarus soll ja was lernen. Meistens sprechen wir ihn direkt an – Er steht bloß grinsend da, streicht sich das Haar zurück.

Cody ist in Topform, aber er muss es begreifen, sagt: «Gut, du hast recht, Gott ist *wir*» – armer Cody – «jetzt und hier et cetera, wir müssen nicht erst zu ihm gehen, weil wir ja schon da sind, aber trotzdem, Jack, das musst du doch auch einsehen, dass der Weg zum Himmel wirklich verdammt *lang* ist!» Er schreit richtig, und Lazarus grinst träge am Herd, *lazy*, darum nennt man ihn auch «Laz».

«Gefällt dir das, Laz?», frage ich.

Klar gefällt's ihm.

«Worte», sage ich zu Cody.

«Zuerst mal haben wir unseren Astralkörper, Mann, du weißt schon, wie so ein Gespenst, das schnurgerade in die strahlend schwarze Nacht geht – Dann, während er so rumstreift, rein astral und neu im Spiel, schlängelt er sich nach rechts und links, erkundet, so wie auch H. G. Wells sagt, dass eine Putzfrau einen Flur von links nach rechts wischt, so wie auch Wanderungen fortschreiten – Astral wandert er zur nächsten, zur Mars-Ebene – Da stößt er auf die ganzen Wächter, weißt du, aber er ist astralverflechtungsschnell» –

«Worte!»

«Stimmt, ja, aber dann – Pass auf, Jack, es gab mal einen, der hatte eine so üble Verräteraura, er war nämlich eine Wiedergeburt von Judas, dass die Leute auf der Straße es spürten und sagten: ‹Wer war der Verräter da eben?› – Sein ganzes

Leben litt er unter einem Fluch, die Karmaschuld dafür, dass er Jesus für ein paar Silberlinge verkauft hat.»

«Worte!»

Immer wieder sage ich «Worte», weil ich es auch so meine – Ich will, dass Cody still ist, also sage ich: «Gott ist Worte –»

Trotzdem ist alles nur Worte – aber Cody lässt nicht locker, will beweisen, dass das Universum physikalisch ist, er glaubt im Ernst, der Körper sei ein physikalisch unabhängiges Gebilde vor unseren Augen – und davon ginge dann der Astralgeist aus: «Und wenn er zum Saturn kommt, könnten gewisse Bedingungen versuchen, ersuchen, verbuchen, ihm dort *einen Strich durch die Rechnung zu machen,* er könnte zu Stein werden, oder noch –»

«Mal im Ernst, geht dieses Wesen nicht zu Gott im Himmel?»

«Doch, aber nach einem langen, schweren Weg, weißt du», und er zündet sich weltmännisch eine Zigarette an.

«Worte.»

«Wie du meinst.»

«Torte.»

Er reagiert nicht auf mein «Torte».

«Wenn es endlich ganz gereinigt ist, so rein wie ein niemals verliehenes Kleidungsstück, kommt das Wesen in den Himmel und zurück zu Gott. Darum sage ich: ‹Wir sind noch nicht so weit!›»

«Wir können gar nicht anders, als schon so weit zu sein, wir können unserer Belohnung nicht entgehen.»

Das macht Cody einen Moment sprachlos, ich verdrehe immer Wörter –

«Himmel, garantiert», sage ich.

Er schüttelt wie gewohnt den Kopf – mit irgendwas an

Cody komme ich da nicht zurecht, in diesen Situationen werden wir Geister, die sich (in den distanzlosen Weiten) auf einer anderen Ebene an denselben Fragen stoßen – Aber wozu?

«WORTE!!!», rufe ich wie Raphael, «scheiß drauf!»

«Verstehst du nicht», sagt Cody, strahlend vor echter Dankbarkeit und Freude, «dass alles längst für uns geregelt ist, wir müssen nur vorangehen … Drum will ich heute zur Rennbahn», geht Cody voran, «ich muss mein Geld zurückgewinnen, und außerdem, eins musst du wissen: Schon x-mal stand ich am Wettschalter und hab Nummer fünf genommen, weil irgendeiner grade ‹Nummer fünf› gesagt hat, obwohl ich eigentlich Nummer zwei wollte.»

«Dann sag doch einfach, du hast dich versprochen und willst eigentlich Nummer zwei. Würden die dir das nicht umtauschen?»

(Raphael und ich hatten schon gestern in der Hütte über Codys ständiges Zahlengerede gestaunt, wie man es beim Rennen noch sehen wird.)

Statt darauf zu antworten, ob er den Wettschein umgetauscht bekäme, sagt er: «Weil mir das mit der Nummer fünf eine körperlose Wesenheit gesagt hat –»

«Hörst du die manchmal einfach im Kopf?»

«Die Wesenheit will, dass ich entweder gewinne oder verliere, und weiß garantiert schon vorher, wie das Rennen ausgeht, Mann, glaub bloß nicht, ich wüsste nicht warum, puah, ich muss einfach, und du weißt, Lazy Willie hat gesagt, nie sollst du je von dieser zweiten Wahl abrücken –»

«Dann weißt du ja zumindest, dass diese körperlosen Geister dich verlieren sehen wollen – Du sagst doch selbst, das mit der zweiten Wahl geht niemals schief.»

«Tut's auch nicht.»

«Wie sehen die denn aus?», fragt Lazarus von nebenan, wo er sich auf dem Bettrand die Haare bürstet und auf der Anlage ein bisschen Musik hört.

«Mal so, mal so, Auren eben, Auren zum Beispiel von diesem *Verräter,* der alle auf der Straße erschreckt hat, Auren wie fantastische Oger – oder jedenfalls Oper.» So traktiert Cody die keltische Sprache.

«Große, schäbige Gespenster schlendern einfach so in den weiten Himmel rauf, scheiße, Cody, was ist los?»

Oh, die Froufrous und die Fifi-Süßen, die er dem Auge präsentiert, um das zu zeigen, er springt vom Stuhl auf, winkt und redet – Der Prediger – Mal hatte recht – Laz kommt rein, will Cody tanzen sehen. Cody beugt sich ganz weit vor, schlägt mit der Faust auf den Boden, streckt sich, springt wie Nijinsky in die Luft, dreht sich um und fuchtelt uns vor der Nase rum mit seinen großen, muskulösen Armen wie die von Lil Abners fünfzehneinhalb Jahre altem Bruder, will uns Wind und Wärme des Herrn spüren lassen –

«Alles ein wesentliches Licht, das sich nicht weiter teilen lässt», versuche ich mich, um hinzuzufügen: «Worte.»

«Jesus Christus kommt herab, und sein Karma ist, zu wissen, dass er Gottes Sohn ist und für die ewige Sicherheit der Menschheit sterben muss –»

«Aller fühlender Wesen.»

«Nein – nicht der Ameisen. Er weiß es, und er tut es, stirbt am Kreuz. Das war sein Karma als Jesus – Denk mal drüber nach.»

Les onges qui mange
dans la terre …

86

Cody hätte ja nur sagen müssen: «Gott lässt sich nun mal nicht in Worte fassen», doch was jucken ihn Worte, er will einfach zur Rennbahn.

«Wir steigen jetzt in dieses Auto und besuchen erst noch eine süße Schnecke, die ich dir zeigen will, dann gabeln wir deinen Kumpel Raphael Smashael auf, und LOS!» Wie der Kommentator auf dem Turf. Er stopft seine Papiere, seine Schlüssel und Zigaretten in die Taschen, und los geht's, Penny, die sich beim Kämmen Zeit gelassen hat, muss zum Auto rennen, Cody wartet nicht, Lazarus lassen wir einfach in der Tür stehen, er hat die Wohnung jetzt den ganzen Tag für sich – Wir rasen den steilen Hügel runter, dann rechts, noch mal rum, links und wieder rechts zur Third Street, warten an der Ampel, dann weiter, kurz bevor es grün wird, Cody vergeudet keine Sekunde – «Ist alles ZEIT, Junge!», ruft er – Er fängt von seiner Zeittheorie an, davon, dassmanimmerschnellseinmuss. «Es gibt so viel zu tun!», schreit er (der Motor ist laut) – «Wenn wir doch bloß ZEIT hätten!», ruft er fast verzweifelt.

«Was soll'n das jetzt mit der Zeit?», ruft Penny. «Mann, die ganze Zeit nur das Gelaber über Zeit und Gott und alles!»

«Ach, halt einfach die Klappe», sagen wir beide (in spöttischen Gedanken), was Cody erst richtig in Rage bringt, und er jagt die Teufelskarre mitten in die Third-Street-Penner, die von den leeren Flaschen in den Gassen wegtorkeln, während Cody flucht und manövriert – «Hey, pass doch auf!», ruft Penny, als sein wütender Ellbogen sie trifft. Er wirkt durchgeknallt genug, um eine Bank zu überfallen oder einen Cop zu killen, sieht aus wie ein gesuchter Outlaw in der Panhandle von Oklahoma 1892. Er würde Dick Tracy bibbern lassen, ehe er ihm Kugeln in den Kopf jagt.

Dann aber, an der Market, zeigen sich die hübschen Mädchen, und so beschreibt sie Cody: «Schau mal die da. Gar nicht übel. Da geht sie in den Laden. Netter Arsch.»

«Ach, du!»

«Die da ist nicht halb so hübsch – hmm – hübscher Vorbau, hübsch von der Seite – aber keine Taille, Schmaille – Kanaille.»

Kanaille, so vergisst er sich, und wenn Kinder mit dabei sind, lachen die sich tot und finden es lustig. Nur unter Erwachsenen spielt er nie den Clown. Die Sternschnuppe der Gnade muss ein freudloses Gesicht gehabt haben.

«Da, noch eine. Ziemlich niedlich, oder?»

«Wo, wo?»

«Ach, Männer.»

«Los, wir essen was!» – Frühstücken in Chinatown, ich nehme süß-saure Rippchen, Mandelente und dazu Orangensaft, igitt.

«Und jetzt, Kinder, sollt ihr erkennen, dass heute der Tag der Tage ist», verkündet Cody am Tisch, packt seine Rennprogramme von einer Tasche in die andere, «und bei *Gott*», er schlägt auf den Tisch, «ich hole mir mein Geld *zurück*», wie W. C. Fields, dann blickt er leeräugig den Kellner an, der aber nicht stehen bleibt (ein Chinese mit Tabletts). «Wir werden hier geschnitten», brüllt Cody – Und dann nimmt er ein stinknormales Frühstück oder Mittagessen mit Schinken und Eiern, so wie damals, mit G. J. im Old Union Oyster House, als er Schweinelendchen bestellt hat. Ich kämpfe mit der Mandelente und werde fast nicht damit fertig.

Kein Platz im Auto, oder eigentlich ein Vorwand, um Penny an der Ecke rauszulassen und noch bei Codys liebstem neuem Mädchen reinzuschauen, die da draußen wohnt, und wir parken rabiat und laufen schnell ins Zimmer, und da ist sie, in engem kurzem Kleid, macht sich die Haare vor dem Spiegel, lippenstiftet, sagt: «Ich geh gleich zu 'nem Filipino-Fotograf, der macht Aktbilder von mir.»

«Ach, das ist ja nett», sagt Cody äußerst salbungsvoll. Und während sie sich aufhübscht, kann auch ich die Augen nicht von ihren Kurven lassen, absolut vollkommen, und Cody steht jetzt hinter ihr wie ein Sittenstrolch in einem nie veröffentlichten Pornofoto, ganz dicht an ihr dran, berührt sie aber nicht, und sie bemerkt's oder auch nicht oder auch keins von beiden, und er sieht mich schmachtend an, zeigt auf sie, formt ihre Kurven mit der freien Hand nach, ohne sie anzufassen, ich sehe mir das Schauspiel an, dann setze ich mich, und er macht weiter, und sie trägt weiter Lippenstift auf. Eine irre kleine Irin namens O'Toole.

«Mann», sagt sie schließlich und steckt sich einen Joint an. Ich staune, und plötzlich kommt ein Dreijähriger ins Zimmer und sagt was furchtbar Cleveres zu seiner Mutter, so was wie: «Mama, krieg ich 'ne Badewanne voller Babyaugen, Mann?», so was in der Art, oder: «Wo ist mein Babyspielzeug, mit dem ich ein Junge sein kann», wirklich – Dann kommt ihr Mann rein, einer aus dem Cellar, ich hab ihn dort schon oft gesehen. Ich halte das kaum aus, schnappe mir ein Buch (Zen- Buddhismus) und flüchte mich ins Lesen. Cody juckt das alles nicht, aber wir können jetzt los, sie zu dem Fotografen bringen. Die beiden also raus, ich hinterher, aber ich habe das Buch noch, muss zurück und noch mal klingeln (während Cody der hübschen *Mizzus* O'Toole um den Hals fällt), und ihr Mann blitzt mich schon auf der Treppe an, und ich sage: «Hab das Buch vergessen», drücke es ihm in die

Hand. «Wirklich», und er ruft: «Schon klar, Mann», ganz cool und perfektes Paar.

Wir setzen sie ab und fahren zu Raphael –

«Ist die nicht 'n hübsches kleines Ding, wie fandest du das Kleid?», und dann plötzlich stinksauer. «Nur wegen deinem Raphael kommen wir zu spät zur Rennbahn!»

«Raphael ist spitze, wirklich! – Was ist, magst du ihn nicht?»

«Der ist so unentspannt – so 'n typischer Itaker –»

«Ja, manchmal sind die harte Knochen», gebe ich zu, «aber Raphael ist ein großer Dichter.»

«Mann, du kannst es drehen und wenden, wie du willst, ich versteh den einfach nicht.»

«Weil er immer so schreit? So spricht er eben!» (Nicht schlechter als Schweigen, nicht schlechter als Gold, hätte ich sagen können.)

«Nein, nicht deshalb – Und klar mag ich Raphael, Mann, weißt du nicht, dass wir –» Und er sagt kein Wort mehr zu dem Thema.

Aber ich weiß, ich kann (*ich* kann?), *Raphael* kann ihm beweisen, dass er ein prima Kerl ist – Kerl, Schmerl, Junge, Zunge, *dog* ist rückwärts für *God* –

«Er ist in Ordnung – und er ist mein *Freund.*»

«Die *Friends So-si-a-tay*», sagt Cody, einer seiner seltenen ironischen Momente, die aber, wenn sie dann mal kommen, so keltisch-irisch hart und endgültig zuschlagen wie bei Dr. Samuel Johnson, den ich in einem anderen Leben rauf und runter las, das ist wie Fels, der fest in der Brandung steht, unbeweglich und widerständig, und die Ironie, *irony*, das *iron*, das Eisen im Fels, die Netze, die die Kelten auf dem Fels ausbreiten – In seiner Ironie zeigt sich vor allem die irisch-jesuitische Schule, der auch Joyce angehört hat, ganz zu schweigen vom taffen Ned Gowdy oben auf dem Berg, und von Thomas von Aquin, dem unglückseligen, vom Schicksal geschlagenen Denkpapst, dem Jesuitengelehrten – Cody war Ministrant und auf der Konfessionsschule – Priester haben unter seiner Dreistigkeit gelitten, wenn er sich wand, um Himmelshäuser einzureißen – Doch jetzt hatte die Religion ihn wieder, er glaubte an Jesus Christus und an Ihn (wie unter Christen üblich schreiben wir Ihn groß) –

«Hast du das Kreuz gesehen, das Raphael mir geliehen hat? Mir schenken wollte?»

«Ja.»

Ich glaube, Cody findet nicht so gut, dass ich es trage – Ich lass es trotzdem draußen, bleibe standhaft – Kriege dieses komische Gefühl davon, vergesse es dann, und alles findet sich von selbst – So läuft es mit allem, und alles ist heilig, wie ich vor langer Zeit schon sagte – Lange bevor ein Ich da war, um es zu sagen – So was in der Richtung jedenfalls –

«Okay, dann meinetwegen ab zur Richmond, aber das ist ganz schön weit, also zack-zack – Kommt der da irgendwann mal raus?», jetzt rauf zu Raphaels Fenstern linsend.

«Moment, ich geh ihn holen.» Ich springe raus, klingle, rufe rauf durchs Treppenhaus zu Raphael, als der die Tür aufmacht und eine alte Lady aus ihrer Wohnung tritt –

«Komme gleich!»

Ich wieder zum Auto, und da tänzelt auch schon Raphael die Vortreppe herunter, swingt beim Gehen und wirft sich ins Auto, durch die Tür, die ich ihm aufhalte, Cody lässt den Motor an, ich ziehe die Tür hinter mir zu und lege den Ellbogen ins Fenster, und da ist Raphael, Finger zu kleiner Fingerfaust geballt: «Hey, Leute, wow, ihr habt gesagt, ihr wärt Punkt zwölf da –»

«Mitternacht», brummt Cody.

«Mitternacht?!! Verdammt, Pomeray, du hast gesagt, du wärst – du, ey, du, oh, jetzt durchschau ich euch, ich weiß Bescheid, Intrigen, überall Intrigen, alle wollen mir eins überbraten und mich ins Grab bringen – Als ich das letzte Mal von euch geträumt hab, von dir, Cody, und dir, Jack, war das mehr so mit Goldvögeln und tröstlich süßen Kitzen, ich war der Tröster, ich hab meine Rockschöße der Göttlichkeit für all die Kinder gehoben, die es nötig hatten, hab mich in Pan verwandelt, hab ihnen eine süße grüne Melodie aus einem Baum geflötet, und *der Baum wart ihr! Pomeray, du warst der Baum!* – Jetzt seh ich klar! Ihr könnt mir nicht folgen!»

Die Hände dabei immer erhoben, fuchtelnd, mit kleinen Schnipsern oder Schwingern in die Luft, wie ein Italiener bei einer langen Bartirade vor einer ganzen Theke voll Zuhörer – Wow, mir klingeln die Ohren von dem plötzlichen Schall und der unanfechtbaren *delicatesse* von Raphaels sämtlichen Worten und Bedeutungen, ich *glaube* ihm, er meint es ernst, Cody muss *erkennen*, dass er's ernst meint, es stimmt, ich dreh mich zu ihm um, er fährt nur vor sich hin, spitzt die Ohren und weicht dem Verkehr aus –

Plötzlich sagt er: «Dieser Bruch in der Zeit, wenn man einen Fußgänger sieht oder ein Auto oder ein Schlagloch vor sich auf der Straße, und man lacht, als wär nichts, und wenn sie nicht ausweichen, hat man diesen Extrazeitbruch, um ihnen Aufschub zu gewähren, weil normalerweise, in zehn Fällen von einem, weichen die Astralleiber doch aus, und zwar, weil alles vorbestimmt ist, oben in dem Saal, wo sie die Zi-ga-ril-los machen.»

«Ach, Pomeray – Ich kann Pomeray nicht leiden – faselt nur Mist – mir bluten die Ohren – vergiss es, ich geb's auf – Wann ist das erste Rennen, Mann?» Letzteres leise, höflich und interessiert.

«Raphael ist ein *Fopper*!», rufe ich, «Raphael, der Fopper» – (Cody hatte grade gesagt: «Einer foppt gern die anderen, weißt du» – «Nicht gut?» – «Doch gut» –)

«Zum ersten Rennen schaffen wir's nicht mehr», sagt Cody betrübt, «und für die Doppelwette ist es auch zu spät.»

«Wen juckt die Doppelwette?», rufe ich. «Die Quoten sind doch eh nie gut genug. Hundert zu eins, fünfzig zu eins, dass man auf zwei Sieger in Folge setzt, das ist doch scheiße.»

«Doppelwette?» Raphael zupft sich die Lippe, und plötzlich brütet er die Straße an, und so rasen wir voran in dem kleinen Coupé mit dem 1933er Stampfmotor, und in der Scheibe drei Gesichter, in der Mitte Raphael, der nichts hört und sieht und stur geradeaus schaut wie der Buddha, und der Fahrer des Himmlischen Wagens (das ganze Ochsengespann-Schneeweiß-Nummer-Eins-Team) palavert bierernst über Zahlen, fuchtelt mit der Hand, und Mensch oder Engel Nummer drei lauscht sprachlos. Denn grade erzählt Cody, wie eine zweite Wahl sechs Dollar auf Show brachte, dann fünf fürs zweite Mal Show, vier fürs dritte, dann zweimal etwas weniger als vier (vierzig Cent etwa), und dann den ganzen Tag immer als Erster, Zweiter oder Dritter ins Ziel kam –

«Zahlen.» Raphael klingt weit entfernt, doch seinen kleinen Geldbeutel mit vielleicht dreißig Dollar hat er dabei, und vielleicht werden ja hundert draus, und er kann sich betrinken und 'ne Schreibmaschine kaufen.

«Was wir tun sollten, glaubt ihr mir ja eh nicht, aber ich sag's euch, ehrlich, ich setz immer nur auf Sieg, nach dem System von Lazy Willy – Also, Lazy Willy, Raphael, du kennst ihn nicht, der hat immer nach diesem System gespielt, und als er tot war, fand man ihn im Clubhaus, mit $ 45 000 in der

Tasche – was ja wohl heißt, dass er da längst schon kräftig abkassiert hat und sich die Quoten quasi selber machte –»

«Aber ich hab nur 30 Dollar!», ruft Raphael.

«Das wird schon –» Cody wollte Millionär werden mit Lazy Willys System und dann Klöster bauen und Klausuren in Samaria, wollte Fünfer an bedürftige Penner in der Skid Row verteilen und an Wildfremde in der Straßenbahn – Dann wollte er einen Mercedes kaufen und über den El Paso Highway nach Mexico City düsen, «mit 200 Sachen die Geraden runter, und Junge, die *musst* du in 'nem niedrigen Gang fahren, weil wenn dann plötzlich die Kurve kommt und du die Karre noch mit 130 oder 150 da durchdrücken willst, musst du sonst schon mit der Bremse durchschlittern –» Er gibt uns eine Kostprobe, drückt aufs Gas, drückt und schaltet zugleich runter, kurz vor einer praktischerweise roten Ampel (dass die rot ist, weiß er nur, weil Autos davorstehen, dieser Farbenblinde) – Welch dunstig graue Dinge mag der tapfre, edle Cody sehen? Raphael könnt ich das fragen, und er würde mir von hoch zu Ross aus antworten:

«Ein unbeflecktes, ehrwürdiges Mysterium.»

87

«Wir machen das so», sagt Cody, die Arme vor der flaggenflatternden Rennbahn um uns beide gelegt, als wir uns mitten in den Mob aus Wettern unter der Haupttribüne schieben, «ich setze auf Sieg, Raphael auf Platz und Jack auf Show, den ganzen Tag lang, immer zweite Wahl» (er tippt auf dem Programm aufs zweite Rennen und die Pferdenummer, reckt den Kopf, späht nach der großen Tafel) – Raphael versteht kein Wort, was wir erst gar nicht merken.

«Nein, ich wette nicht», sage ich, «ich wette nie – Lasst uns erst Bier holen – Bier, Baseball und Hotdogs, das ist gut.»

Dann kündigt Raphael sein Pferd an, zu unserer sofortigen gemeinsamen Bestürzung, weil es beweist, dass er kein bisschen verstanden hat, was «zweite Wahl» bedeutet – «Ich setze auf die Nummer neun, das ist eine mystische Zahl.»

«Dantes mystische Zahl», rufe ich aus –

«Neun – *neun?*», stutzt Cody, «aber der Klepper steht bei dreißig zu eins!»

Ich sehe Cody an, will wissen, ob er versteht, und auf einmal versteht keiner mehr was.

«Wo bleibt überhaupt mein Bier?», sage ich, als stünde ein Kellner damit direkt hinter mir. «Holen wir uns erst ein Bier, dann könnt ihr wetten.»

Raphael hat sein Geld gezückt und nickt ernst.

«Klar», sagt Cody, «ich setze auf Sieg für meine zweite Wahl – Kapiert? Nummer fünf!»

«Nein!», ruft Raphael lachend. «Mein Pferd ist die Nummer neun. Hast *du* kapiert?»

«Ja, ich hab's kapiert», lenkt Cody ein, und wir ziehen los zum Wetten, ich warte am Bierstand, während die zwei sich in lange, aufgeregte Wettschlangen einreihen und die Pferde sich am Furlong-Pfosten versammeln, und gleich kommt (da ist es schon!) das Signal, und alle drängeln und drücken, die Schlange kommt nur langsam vorwärts, und keiner wirft auch nur mal einen kurzen Blick auf die wirklichen Pferde auf der wirklichen Bahn – Alles nur Astralzahlen, Zigarrenrauch und tapsende Füße – Ich blicke über Menge und Rennbahn auf die Golden Gate Bridge weit jenseits überm Wasser, es ist der Golden Gate Fields Racetrack in Richmond, Kalifornien, aber im Nirwana ist es ein Ameisenhaufen, das sieht man an den kleinen Autos in der Ferne – Unglaublich klein sind die – Ein Trick der Weite – Mit ganz eigener Ehrfurcht tätscheln die kleinen Jockeys ihre Pferde in die Starterboxen, aber so weit weg sehen wir nicht gut, ich erkenne nur die seidenehrfürchtigen Jockeys, gebeugt über die Pferdehälse, und obwohl es mehr Pferdehälse als Pferde auf der Welt gibt, sind diese Pferdehälse doch stramm wunderschön – Brrrang! Los geht's – Wir haben nicht mal ein Programm gekauft, ich weiß gar nicht, welche Seide Codys Nummer 5 trägt, oder Raffs Nummer 9, wir können bloß (wie all die anderen geknechteten Wetter der Karmawelt) abwarten, bis das Feld den 70-Yard-Pfosten umrundet, und schauen, wie die Zahlen fallen in der diamantschnaubenden Meute, und was den Kommentator angeht, dessen Kommentare gehen unter im Gebrüll der Menge an der Kehre, und uns bleibt nur Aufspringspähen nach vorbeiziehenden – durchrasenden – Nummern – sobald die Jockeys um das Clubhouse biegen und das Rennen vorbei ist, stürzen die Fans sich schon auf die Statistik fürs dritte Rennen – Codys 5 wird Dritter, Raphaels 9 weit abgeschlagen, beinahe Letzter, müdes Dante-Ross – man wird es wohl erst bei Laternenlicht ins Ziel führen, wenn ich schon träume – Stolz verkündet Cody: «Gut, wenn die zweite Wahl als Dritter einläuft, ist ja fast schon alles so, wie's sein soll, oder? Weil er dritte Wahl ist, soll er den Zuschauern zuliebe halt auch drittewahlen, schön, schön, soll er nur verlieren, je öfter er verliert, desto stärker werde ich.»

«Wie?», fragt Raphael verblüfft und will es wissen.

«Wenn die zweite Wahl mehrfach verliert, wird meine Quote besser, und wenn er's dann doch packt, kassier ich richtig ab, alles, was ich verloren hab, und mehr.»

«Alles nur Zahlen», sage ich.

«Wahnsinn», sagt Raphael. Innerlich brütet er: «Bestimmt

fliegt mir gleich noch ’ne mystische Zahl zu. Vermutlich wieder die Neun. Wie beim Roulette, im *Spieler.* Dolgoruki hat immer alles auf dasselbe gesetzt und abgeräumt. Ich werde sein wie Dolgoruki! Komme, was da wolle! Wenn ich verliere, dann, weil ich scheiße bin, und wenn ich scheiße bin, dann, weil der Mond auf Scheiße scheint! Auf Scheiße *scheint*!» – «*Friss* meine Kinder!»

Jeden Tag, sagt Simon, «kriecht ein Gedicht in Raphaels Kopf und wird ein Hochgedicht.» Genau das hat Simon gesagt.

88

Wir wollen grade unsere Wetten für das dritte Rennen abgeben, da kommt eine alte Frau auf uns zu, große, leere, blaue Augen, alte Jungfer, sogar mit straffem Pionierdutt (sie sieht aus wie ein Porträt von Grant Wood, im Hintergrund erkennt man fast die Gothic-Scheunen), und sie sagt bierernst zu Cody: «Setz auf die 3 und gib mir die Hälfte, wenn du gewinnst – Ich hab kein Geld – Bitte, nur zwei Dollar.»

«Auf die *Drei*?» Cody blickt ins Programm. «Der Klepper gewinnt garantiert nicht –»

«Wo steht er denn?» Ich schaue selbst nach. Von zwölf Pferden etwa siebte Wahl.

«Stimmt schon, die siebte Wahl läuft an einem Tag oft zweimal ein», sagt Cody, und Raphael begafft die altehrwürdige Dame, die leicht Codys Mutter aus Arkan*saw* sein könnte, voller Staunen und privater Sorgen («Was sind das hier nur für Verrückte?»). Dann wettet Cody für sie auf ihr Pferd, und auch auf seins, und außerdem auf ein spontanes Bauchgefühl, verteilt sein Geld, sodass, als im dritten Rennen sein eigentliches System aufgeht, der Gewinn nicht mal reicht, um all den Wahnsinn und das wilde Raten abzudecken – Inzwischen hat Raphael wieder auf die 9 gesetzt, mystisch, und erfolglos – «Raphael, wenn du heute noch was gewinnen willst, halt dich an mich», sagt Cody. «Das Pferd im vierten Rennen ist die eindeutigste zweite Wahl, die ich jemals gesehen hab, ganz allein bei 9 zu 2, Nummer Zehn.»

«Nummer Zwei! Zwei ist meine Lieblingszahl!», verkündet Raphael mit Kleinkindgrinsen –

«Das ist nicht nur ein lahmer Gaul, der Jockey Prodner fällt auch noch ständig aus dem Sattel –»

«Die Jockeys!», rufe ich. «Schau, Raphael, die Jockeys! Sieh dir die schöne Seide an!» Sie kommen vom Sattelplatz, Raphael schaut nicht mal hin. «Was für schräge kleine – was für merkwürdige kleine Tänzer.»

Raphael hat sich die Zwei fest in den Kopf gesetzt –

Dieses Mal, beim vierten Rennen, wird die Startmaschine vor unseren Augen von sechs großen Budweiser-Arbeitspferden an den Platz gezogen, schöne hochgewachsene Gäule mit ehrfürchtigen alten Führern, langsam, alle Zeit der Welt, ziehen sie die Boxen einen halben Kilometer runter vor die Haupttribüne, und niemand (außer kleinen Kindern, die am Drahtzaun in der Sonne spielen, während ihre Eltern wetten, seltsame schwarzweiße Grüppchen) niemand hier bewundert sie, schaut auch nur hin, alles dreht sich um die Zahlen, alle Köpfe beugen sich im Sonnenschein über die grauen Hefte, das *Daily Racing Form*, den *Chronicle* mit grünen Einträgen – manche picken bloß mystische Zahlen aus dem Programm, ich durchsuche das Heft, das ich vom Boden aufgehoben habe, nach merkwürdigen Hinweisen, z. B. dass «Classic Face» vom Hengst Irwin Champion und der Stute Ursory abstammt – oder nach noch seltsameren Zeichen,

z. B. «Grandpa Jack» oder «Dreamer» oder «Night Clerk» (was bedeutet, dass der alte Mann im Bell Hotel vielleicht sein gütiges Astralhaupt über unsere kläglich-nichtigen Bemühungen hier auf der Rennbahn neigt) – In seinen ersten Pferdetagen war Cody schier unglaublich, er knipste die Fahrkarten im Expresszug zur Bay-Meadows-Rennbahn und kam in voller blauer Bremser-Uniform, mit Schirmmütze und allem, schwarzer Schlips, weißes Hemd, Weste, stolz, aufrecht und adrett, mit seinem damaligen Mädchen (Rosemarie), und trug beim ersten Rennen das Programm fein säuberlich in der Seitentasche, stand stolz in schlurfenden Wettschlangen vorm Schalter an, verlor, bis er zum siebten Rennen vollkommen zerzaust war, die Mütze längst im Zug verstaut (der vor den Toren stand, bereit zur Rückfahrt in die Stadt), und weil er Geld verlor, verschob sein Interesse sich auf Frauen. «Schau mal, die Braut da drüben mit dem Alten, *ah-hum*», manchmal (wenn ihm das Geld ausging) versuchte er sogar, alte Ladys, die seine blauen Augen mochten, dazu zu bringen, was für ihn zu setzen – Immer ging der Tag traurig zu Ende, wenn er wieder in den Zug stieg, in der Toilette seine Uniform abbürstete (ich bürstete den Rücken) und akkurat herauskam und noch mal die Fahrkarten (von missmutigen Wettern) abknipste, auf der Rückfahrt durch die einsam roten Sonnenuntergänge über der Bucht von San Francisco – Heute trägt er seine Freier-Tag-Jeans, ausgebleicht und eng, und ein abgewetztes Polohemd, und ich sage zu Raphael: «Schau mal, der alte Oklahoma-Hombre, der da zum Wettschalter schleicht, das ist Cody, ein rauer Hombre aus dem Wilden Westen» – und Raphael grinst leise und sieht es auch.

Raphael will Geld gewinnen, Gedichte sind ihm egal –

Wir landen auf den Bänken ganz oben auf der Haupttribüne und können die Startboxen nicht sehen, obwohl sie gleich da unten sind, ich will vor zum Zaun und Raphael alles erklären – «Schau, das ist der Starter – Der drückt einen Knopf, und dann klingelt eine Glocke, die Boxen öffnen sich, und los geht's – Siehst du die Jockeys, die haben Hände aus Stahl –»

Johnny Longden ist einer der besten lebenden Jockeys, dazu Ishmael Valenzuela und der hervorragende Mexikaner namens Pulido, der aufmerksam auf seinem Pferd sitzt und tatsächlich interessiert in die Menge blickt, während die anderen sich nervös auf die Lippen beißen – «Letztes Jahr hat Cody mal geträumt, dass Pulido in der falschen Richtung mit einem Zug über den Turf rattert, und in der letzten Kehre flog der Zug in die Luft, und übrig war nur Pulido in der kleinen Pferdelok und kam als Einziger ins Ziel – Ich sagte: ‹Wow, Pulido hat gewonnen!› – Also gab Cody mir 40 Dollar extra, damit ich bei jedem Rennen auf ihn setzte, und verlor jedes Mal!» – Das erzähle ich Raphael, der Nägel kaut –

«Ich glaub, ich nehm wieder Nummer neun.»

«Halt dich ans System, Mann!», fleht Cody – «Ich sag's doch, Lazy Willy haben sie tot gefunden, mit Wettscheinen für 45 000 Dollar in der Tasche.»

«Hör mal, Raphael», werfe ich ein, «Lazy Willy saß zwischen den Rennen bloß mit Kaffee rum, wahrscheinlich mit Zwicker auf der Nase, kam kurz vor knapp erst raus, peilte die Lage, machte seine Wette und ging pissen, während das Rennen lief – Es geht nur um die Zahlen – Die zweite Wahl ist der Konsens der Menge, gekürzt auf die zweite Stelle, mathematisch berechnet geht das so viele Prozent Male gut, dass man, wenn man den Einsatz dem Verlust anpasst, am Ende doch gewinnt, außer man hat tragisch Pech –»

«Genau, *tragisch*, hör nur gut zu, Raphael, dann machst du heute Geld –»

«Okay okay!» – «Ich versuch's!» –

Plötzlich ooht die Menge, als sich in der Starterbox ein Pferd aufbäumt, sich komplett verkeilt und den Reiter abwirft, und Raphael japst entsetzt – «Das arme Pferd steckt fest!»

Die Stallknechte laufen herbei und befreien das Pferd, das sofort aus dem Rennen genommen wird, alle Wetten ausgesetzt – «Die können sich da doch verletzen!», ruft Raphael schmerzerfüllt – Cody stört das offenbar nicht weiter, vielleicht, weil er Cowboy in Colorado war und Pferde für ihn nichts Besonderes sind, einmal zuckte und strampelte ein Pferd auf der Gegengeraden, und allen war's egal, alle johlten nur zur letzten Kurve, und da liegt das Pferd, das Bein gebrochen (Todesurteil), der reglose Jockey ein weißer Fleck auf der Bahn, tot vielleicht, bestimmt verletzt, aber alle achten nur aufs Rennen, darauf, wie die wahnwitzigen Engel auf ihre Karma-Unwohltat zulaufen – «Und das Pferd?», rief ich, als das Gejohle auf der Zielgeraden lauter wurde, und zur Buße behielt ich den Unfallort im Blick, ignorierte den Ausgang des Rennens, bei dem Cody gewann – Das Pferd war hinüber, der Jockey lag im Krankenwagen – Nicht in dem von Simon – Dafür ist die Welt zu groß – Nur Geld, nur Leben, die Mengen johlen, die Zahlen blitzen, die Zahlen sind vergessen, die Erde ist vergessen – Die Erinnerung ist vergessen – Immer weiter mit dem Diamanten der Stille, ohne dass es weitergeht –

Die Pferde starten, rasen los entlang der Begrenzung, man hört die Gerten auf die Flanken klatschen, hört Stiefel und Pfiffe, «*Yah!*», und schon geht's um die erste Kehre, und alle suchen in ihren Programmen nach den Zahlen, den Symbolen dessen, was dort auf dem Nirwana-Turf passiert – Das Pferd von Raphael und Cody liegt deutlich in Führung –

«Das schafft er», sage ich aus Erfahrung, gut 2 ½ Längen Vorsprung, leichter Galopp unter sicherer Reiterhand – Um die zweite Kehre und ab auf die Gerade, jämmerliches Flirren spindeldürrer Vollblutbeine, so zerbrechlich, dann die Staubwolke kurz vor dem Ziel, die Jockeys geben alles – Unser Pferd bleibt vorn, hält einen Konkurrenten auf Abstand und gewinnt –

«Hurra!» Sie laufen sich ihr Almosen abholen –

«Seht ihr? Haltet euch nur immer an den alten Cody, dann könnt ihr nicht verlieren!»

Unterdessen tingeln wir umher zwischen Klo, Bierstand, Kaffeestand und Hotdogs, und endlich, kurz vor dem letzten Rennen, ist der Himmel spätnachmittäglich golden, und lange Schlangen vor dem Wettschalter warten schwitzend aufs Signal – die Rennbahntypen, die beim ersten Rennen noch so frisch und zuversichtlich waren, sind jetzt völlig durch den Wind, Köpfe gesenkt, wirr. Manche suchen den Boden nach verlorenen Wettscheinen ab, nach Programmheften oder fallen gelassenen Dollars – Es ist die Zeit, in der Cody langsam nach den Mädchen schielt, wir müssen mehrere rund um die Bahn verfolgen, rumstehen und glotzen. Raphael sagt: «Ach, vergiss die Frauen, wer ist jetzt hier das Pferd? Du bist ein Lustmolch, Pomeray!»

«Schau mal Cody, beim ersten Rennen, das wir heute verpasst haben, hättest du gewonnen», sage ich und deute auf die große Tafel –

«Ah» –

Wir haben einander irgendwie satt, pinkeln getrennt in Urinale, hängen aber gemeinsam in der Sache drin – Das letzte Rennen ist gelaufen – «Los, zurück in die süße Stadt», denke ich, da gleich jenseits der Bucht liegt sie, voller Verheißungen, die niemals außerhalb des Kopfes wahr werden – Außerdem habe ich immer das Gefühl, dass Cody eigentlich verliert, wenn er gewinnt, und gewinnt, wenn er verliert, es ist diffus, mit Händen nicht zu greifen – Das Geld, das schon, aber die Fakten von Geduld und Ewigkeit, die nicht – *Ewigkeit!* Das heißt länger als die Zeit und über all den kleinen Mist hinaus und immer weiter! «Cody, du kannst nicht gewinnen, nicht verlieren, alles ist flüchtig, alles ist Schmerz», so empfinde ich das – Aber wo ich listig gar nicht zocke, nicht mal auf den Himmel setze, ist er der ernste Christus, dessen Nachahmung von Christus fleischgeworden vor einem steht, schwitzend bemüht zu glauben, dass wirklich alles Gute und Böse zählt – Strahlend, zitternd will er glauben – ein Priester des Lebens.

Am Ende war sein Tag enorm erfolgreich, jedes Pferd brachte was ein: «Jack, du Schisser, hättest du mal zwei lausige Dollar aus der Jeans gefummelt und auf mich gehört, dann hättest du jetzt hübsche vierzig Dollar», und das ist richtig, aber schade ist es nicht – außer ums Geld – Raphael kam ungefähr bei null raus und hat noch dreißig Dollar übrig – Cody gewinnt vierzig und steckt sie sich stolz in die Taschen, in ordentlichen Bündeln, die kleinen Scheine außen –

Einer seiner Glückstage –

Von der Rennbahn gehen wir vorbei am Parkplatz zu dem Stichbahngleis, wo wir umsonst geparkt haben, und ich sage: «Da ist dein Parkplatz, da parkst du fortan jeden Tag», denn jetzt, wo er gewonnen hat, kommt er sicher täglich –

«Stimmt, und in 'nem halben Jahr steht ein Mercedes drauf – oder wenigstens erst mal ein Rambler.»

89

Ach, See der Träume, alles ist verwandelt – Wir steigen in das kleine Auto, und beim Anblick der geröteten Stadt überm weißen Pazifik denk ich an den Jack Mountain im hohen Bergegrauen, daran, wie Röte die oberste Gipfelwand bereifte, bis die Sonne wirklich unten war, und noch immer blieb ein wenig übrig, durch die Höhe und die Erdkrümmung, und ein kleiner Hund geht an der Leine durchs Verkehrschaos, und ich sage: «In Mexiko geht es den Welpen gut –»

«So wahr ich lebe, ich bin nicht drangeblieben, hab's nicht durchgezogen, habe mein System vergessen, auf die falschen Pferde gesetzt und auch nicht genug und hab letztes Jahr fünftausend Dollar verloren – verstehst du das nicht?»

«Doch!!», ruft Raphael. «Zusammen schaffen wir's! Wir beide! Du gewinnst alles zurück und ich was dazu!», und Raphael schenkt mir eins seiner seltenen, halbherzigen Grinsen. «Aber ich erkenne und kenne dich jetzt, Pomeray, du bist *aufrichtig* – Du willst wirklich gewinnen – Ich glaube dir – Ich *weiß*, du bist Jesus Christus' heutiger, furchteinflößender Bruder, ich will bloß nicht auf den falschen Wetten sitzenbleiben wie auf der falschen Poesie, den falschen Leuten oder der falschen Seite!»

«Alles ist die richtige Seite», sage ich.

«Kann sein, aber ich will nicht abstürzen – will kein Gefallener-Engel-Mann sein», sagt er, stechend kummervoll und ernst. «Du! Duluoz! Ich seh dich samt deinen Ideen in der Skid Row mit den Pennern saufen, argh, das würde mir im Traum nicht einfallen, *warum sich ins Elend stürzen*? Schlafende Hunde weckt man nicht – Ich will Kohle scheffeln, nicht sagen oh, ah, ach, ich hab mich verirrt, oh, ah, Gold schatz, verirrt, ich *habe* mich noch nicht verirrt – Ich werde den Erzengel bitten, dass er mich gewinnen lässt. Hört! – der Strahlende Herold erhört mich! Ich höre seine Trompete! Hey Cody, ta-ta-tara-tara, der Typ mit der langen Posaune vor den Rennen immer. Kapierst du?»

Cody und er sind sich in allem völlig einig. Mir wird plötzlich klar, dass ich mit Erfolg darauf gewartet habe, dass die beiden sich vertragen und anfreunden – Jetzt ist es passiert – Kaum noch eine Spur von Skepsis in den beiden – Ich für meinen Teil bin bester Laune, weil ich zwei Monate im Wolkenknast war und alles mich durchdringt und freut, meine schneeweiße Sicht auf Lichtpartikel, die das Wesen aller Dinge durchziehen, einfach mitten durch – Ich spüre die Mauer der Leere – Natürlich liegt es ganz in meinem Interesse, dass Cody und Raphael sich aneinander erfreuen, das hängt alles mit dem Nichts zusammen, das alles in und um uns ist, ich habe keinen Grund, daran herumzukritteln, dass der Abwesende Richter, der die Welt gebaut hat, ohne sie zu bauen, die Dinge nicht beurteilt.

Ohne sie zu bauen.

In Chinatown setzt Cody uns ab, brennt drauf, nach Hause zu fahren und seiner Frau von seinen Wettgewinnen zu erzählen, und Raphael und ich steuern im Dämmer durch die Grant Street unsere eigenen Ziele an, als wir in der Market Street einen Monsterfilm angekündigt sehen. «Jetzt weiß ich, was du meintest, Jack, mit Cody und den Rennen. Wirklich lustig, Freitag gehen wir wieder hin. Hör mal! Ich schreibe ein tolles neues Gedicht – » Da entdeckt er plötzlich Hühner in Kisten in einem düsteren Chinesenladen, «schau, schau, die müssen alle sterben!» Mitten auf der Straße bleibt er stehen. «Wie kann Gott so eine Welt erschaffen?»

«Und schau mal da», sage ich, ganz hinten Kisten voller Weiß, «die flatternden Tauben – all die kleinen Tauben werden sterben.»

«Ich will so eine Welt von Gott nicht haben.»

«Kann ich dir nicht verübeln.»

«So was da, das will ich nicht – Was für ein Tod!» Er zeigt auf die Tiere.

(«Jegliches Geschöpf erzittert aus Furcht vor Strafe», sagt Buddha.)

«Die schneiden denen die Hälse über Fässern durch», sage ich, mit stummem «H», wie es Franzosen häufig tun, und Simon auch, der Russe, wir beide stottern etwas – Raphael dagegen stottert nie –

Er auft einfach den Mund und mault: «Dass all die kleinen Tauben sterben werden, hätte mir die Augen längst öffnen sollen. Ich find das jedenfalls nicht gut. Ist mir egal – Ach, Jack.» Auf einmal merkt er, wie er angesichts der Vögel das Gesicht verzieht, im Dunkeln vor dem Laden auf dem Gehsteig, keine Ahnung, ob's das erste Mal ist, dass einer vor Chinatown-Geflügelladenfenstern fast in Tränen ausbricht, wer denn auch sonst, höchsten noch ein stummer Heiliger wie David D'Angeli (kommt noch) – Und Raphaels Miene lässt mich eine schnelle Träne tränen, ich sehe, leide, wir alle leiden, Menschen sterben in unseren Armen, zu viele, und trotzdem muss man weitermachen, als wäre nichts passiert, stimmt's? Stimmt's, liebe Leser?

Der arme Raphael, der seinen Vater sterben sah auf Galgenstrick-Fotos, das Rauschen seiner alten Heimat. «Wir hatten Peperoni zum Trocknen aufgehängt im Keller, meine Mutter lehnte am Ofen, meine Schwester spielte verrückt» (er beschreibt es selbst) – Der Mond bescheint seine Jugend, und hier sieht er dem Taubentod ins Auge, genau wie du und ich, doch dem süßen Raphael ist das zu viel – Er ist bloß ein kleines Kind, ich sehe ihn niedersinken und in unserer Mitte schlafen, stört ihn nicht, den Kleinen, ich bin die alte Garde zarter Bande – Raphael wird im Vlies der Engel schlafen, und all der schwarze Tod, das prophezeie ich, wird nicht mehr

Vergangenheit sein, sondern Leere – Kein Seufzen, Raphael, kein Schluchzen? – Schluchzen muss der Dichter – «Den Tierchen wird von Vögeln der Kopf abgehackt», sagt er –

«Von Vögeln mit langen scharfen Messern, die in der Nachmittagssonne blitzen.»

«Ja.»

«Und der alte Zing Twing Tong, der wohnt da oben und raucht Opium aus aller Welt – Opium aus Persien – Er hat nur eine Matratze auf dem Fußboden, ein Kofferradio, und seine Werke unter der Matratze – Armselige Buden, schreibt der *San Francisco Chronicle.*»

«Ach Duluoz, du bist verückt.»

(Ein paar Stunden zuvor, nach jener fuchtelnd ausbrechenden Tirade, hatte Raphael gesagt: «Jack, du bist ein Gigant», ein Literaturgigant sollte das heißen, obwohl ich Irwin grade erst erzählt hatte, dass ich mir wie eine Wolke vorkäme, nachdem ich die den ganzen Desolation-Sommer lang betrachtet hatte, war ich selbst eine geworden.)

«Ich bin nur –»

«Ich denk nicht drüber nach, ich gehe heim und schlafen, ich will nicht von erschlafften Schweinen und toten Hühnern in Fässern träumen –»

«Recht hast du.»

In großen Schritten gehen wir Richtung Market. Dort stapfen wir zum Monsterfilm und sehen uns erst mal die Plakate an. «Der Film ist Schrott, den können wir nicht schauen», sagt Raphael. «Da gibt's gar keine Monster, bloß 'nen Mondmann im Raumanzug, ich will Riesendinosaurier und Säugetiere aus fremden Welten. Wer will fünfzig Cent berappen, um Typen mit Schaltpulten und Maschinen zu sehen – und ein Mädchen in monströsem Rettungsringrock. Nee, lassen wir's gut sein. Ich geh nach Hause.» Wir warten auf seinen Bus, und er steigt ein. Morgen Abend sehen wir uns bei der Dinnerparty.

Fröhlich gehe ich die Third Street lang, warum auch immer – Ein toller Tag war das. Der Abend ist sogar noch toller, warum auch immer. Weich wickelt sich unter mir der Gehsteig ab. Vorbei an alten Spelunken, wo ich früher immer Lester in der Jukebox auflegte, Bier trank, mit den Jungs quatschte. «Hey! Was machst'n du hier?» – «Grade aus New York gekommen», *New Yahk* ausgesprochen, «Big Apple!» – «Ganz genau» – «*Down* City» – «*Bebop* City» – «Bebop City» – «Yeah!» – und Lester spielt dazu «In a Little Spanish Town», träge Third-Street-Nachmittage, Wein trinken in Sonnengassen – Manchmal reden – Die immergleichen exzentrischsten Penner Amerikas kommen vorbei, lange weiße Bärte und zerlumpte Mäntel, mit jämmerlichen Tütchen voll Zitronen – Vorbei an meinem alten Hotel, dem Cameo, wo Skid-Row-Säufer ganze Nächte durchstöhnen, man hört sie auf den dunklen Teppichböden – Alles knarzt – Das Ende der Welt, wo allen alles gleich ist – Große Gedichte hab ich dort an die Wand geschrieben –

Nur das Heilige Licht kann man sehen,
Nur die Heilige Stille kann man hören,
Nur den Heiligen Duft kann man riechen,
Nur die Heilige Leere kann man spuren,
Nur den Heiligen Honig kann man schmecken,
Nur die Heilige Ekstase kann man denken ...

Albern ist das – Ich verstehe die Nacht nicht – Fürchte die Menschen – Fröhlich spaziere ich drauflos – Sonst ja nichts zu tun – Würd ich vor der Desolation-Hütte auf und ab gehen, wär ich auch nicht besser dran als hier auf dieser

Straße – Oder auch nicht schlechter – Wo ist da der Unterschied?

Und die alte Uhr sowie das Neonlicht am Druckbedarfsgebäude erinnern mich an meinen Vater, und ich sage «Armer Pa», spüre ihn und sehe ihn so deutlich, als könnte er gleich vor mir stehen, mich beeinflussen – Aber Einflussnahmen ändern nichts, ist alles nur Geschichte.

Simon ist nicht da, doch Irwin liegt schlecht drauf im Bett, spricht außerdem mit Lazarus, der auf dem anderen Bett sitzt. Ich öffne das Fenster zur Sternennacht und rolle meinen Schlafsack aus.

«Warum bist du so traurig, Irwin?», frage ich.

«Donald und McLear können uns nicht leiden. Und Raphael kann mich auch nicht leiden. Simon erst recht nicht.»

«Kann er doch – jetzt mach mal nicht –», aber er fällt mir ins Wort, gewaltiger Seufzer, Arme hochgestreckt von seinem derangierten Bett:

«Ach, das ist alles dieses Biest! –»

Rohe Spaltung zwischen seinen Geistesbrüdern, manche nah, andere nicht, aber in Irwins Hirn brodelt noch was jenseits meiner unpolitischen Intelligenz. Seine Augen sind dunkel, schwelend misstrauisch, ängstlich, stumm erzürnt. Man sieht es daran, wie sie vortreten, der Mund zeigt eine klare Richtung an. Er wird es schon hinkriegen, aber auf Kosten seines zarten Herzens.

«Ich will die ganze Streiterei nicht!», schreit er.

«Klar.»

«Ich will bloß klassische Engel» – Das hatte er schon oft gesagt, er wollte alle Hand in Hand im Paradies, ganz ohne irgendwelchen Scheiß. «Hand in Hand, so muss es sein!»

Verdrießliche Kompromisse verdrossen ihm die Lust, den Himmel – Er hatte den Gott von Moloch gesehen, und all die anderen Götter, einschließlich Bel-Marduk – Irwin hatte in Afrika begonnen, mittendrin, mit verdrossenem Schmollmund, ist an Ägypten, Babylon und Elam vorbeigezogen und hat ein Reich gegründet, der erste Schwarze Semit, der weder durch Worte noch Deduktionen vom Weißen Hamit zu trennen ist. In babylonischer Nacht hat er das Hassgesicht Molochs gesehen. In Yucatán sah er die Regengötter neben einer Kerosinlampe in Dschungelfelsen vor sich hin düstern. Er grübelt sich hinaus in den Weltraum.

«Ich werd heute jedenfalls gut schlafen», sage ich. «Großartiger Tag – Raphael und ich haben die flatternden Tauben gesehen» – und ich erzähle den gesamten Tag.

«Ich war auch ein bisschen neidisch, weil du eine Wolke bist», sagt Irwin ernst.

«Neidisch? Wow! – Eine riesige Wolke, mehr ist nicht dran an mir, bloß eine riesige, auf der Seite liegende Wolke, nur Dampf, sonst nichts – genau.»

«Ich wär auch gern eine Riesenwolke», seufzt Irwin völlig ernst, und obwohl er mich veralbert, lacht er nicht, er ist zu ernst und zu besorgt darum, wie alles endet, wenn es Riesenwolken sind, will er das eben wissen, weiter nichts.

«Hast du Lazarus von den grünen Gesichtern vor deinem Fenster erzählt?», frage ich, aber ich habe keine Ahnung, worüber sie gesprochen haben, und gehe ins Bett und wache mitten in der Nacht kurz auf, als Raphael reinkommt und sich auf dem Boden schlafen legt, und ich dreh mich um und schlafe weiter.

Süßer Schlaf!

Am Morgen liegt Raphael im Bett, und Irwin ist fort, aber Simon ist da, sein freier Tag. «Jack, heute gehe ich mit dir zur Buddhist Academy.» Da wollte ich schon seit Tagen hin, hatte Simon nichts davon gesagt.

«Ist vielleicht langweilig für dich. Ich geh allein.»

«Doch, ich komm mit – Ich will zur Schönheit der Welt beitragen» –

«Wie das?»

«Indem ich mache, was du machst, und dir helfe, dann lerne ich alles über die Schönheit und werde stark in ihr.» Todernst.

«Wunderbar, Simon. Gut, dann los – Wir gehen zu Fuß –»

«Nein, nein! Da fährt ein Bus hin! Siehst du?», sagt er, zeigt, springt, tanzt, will Cody imitieren.

«Okay, okay, dann eben mit dem Bus.»

Raphael muss woandershin, also essen wir und kämmen uns (und ziehen los), aber vorher mache ich im Badezimmer drei Minuten Kopfstand, um meine Nerven zu beruhigen und meine Kummeradern zu heilen, und fürchte dauernd, dass jemand durch die Tür platzt und mich krachend ins Waschbecken schubst ... Lazarus weicht in der Badewanne weite Hemden ein.

90

Oft folgt auf Ekstaseschübe wie dem beim Heimweg auf der Third Street bei mir am nächsten Tag Verzweiflung, wegen der ich heute diesen wirklich wunderschönen neuen Tag nicht schätzen kann, wieder Sonne, blauer Himmel, und der gute Simon strengt sich wirklich an, mich aufzuheitern, erst rückblickend weiß ich all das zu schätzen – Wir nehmen den Bus zur Polk, gehen den Broadway rauf inmitten von frischer Luft und Blumen, und Simon erzählt tänzelnd, was in seinem Kopf vorgeht – Ich kann zwar alles nachvollziehen, erinnere ihn aber ständig düster daran, dass es sowieso egal ist – Schließlich blaffe ich: «Ich bin zu alt für solche jugendlichen Ideale, das hab ich hinter mir! – Soll ich das vielleicht noch mal durchmachen?»

«Aber es stimmt, es ist die Wahrheit!», ruft Simon. «Die Welt ist voll unendlicher Anmut! Gib allen Liebe, dann bekommst du sie zurück! Ich hab's doch gesehen!»

«Ich weiß, aber ich bin gelangweilt.»

«Du kannst nicht gelangweilt sein, denn wenn du's bist, sind wir's alle, und wenn wir alle müde und gelangweilt sind, geben wir auf, und dann bricht die Welt zusammen und stirbt!»

«So soll es auch sein!»

«Nein! Lebendig soll es sein!»

«Das ist dasselbe!»

«Ach, Jacky-Boy, komm mir nicht so, Leben ist Leben und Blut und Gezerre und Gekitzel» (zum Beweis kitzelt er mich am Bauch). «Siehst du? Du weichst aus, du bist kitzlig, du lebst, du hast lebendige Schönheit im Hirn und lebendige Freude im Härzen und lebendigen Orgasmus im Leib, du musst es nur machen! *Mach's!* Jeder geht gern Arm in Arm», und mir wird klar, dass er mit Irwin gesprochen hat –

«Ach, ich bin ein Schlappschwanz, ich bin müde», muss ich zugeben –

«Nichts da! Aufwachen! Froh sein! Wo gehen wir hin?»

«Erst den Hügel rauf zur Buddhist Academy und dann runter in Pauls Keller –»

Paul ist ein großer, blonder Buddhist, der Hausmeister der Akademie, grinst unten im Keller, und wenn im Cellar gejazzt wird, steht er mit geschlossenen Augen da, lacht und wippt auf den Füßen, freut sich über Jazz und Gagagerede – Dann steckt er sich langsam eine große, ernste Pfeife an und blickt mit großen, ernsten Augen durch den Rauch, ein toller Kerl – Oft kam er zur Hütte auf dem Pferdehügel und schlief im Schlafsack im alten, leeren Hinterzimmer, und wenn große Scharen von uns ihm dort morgens Wein brachten, setzte er sich auf, nahm einen Riesenschluck und spazierte dann zwischen den Blumen herum, dachte nach und kam mit einem neuen Einfall zurück – «Genau wie du sagst, Jack, man braucht eine lange Schnur für einen Drachen, der in die Unendlicheit aufsteigt, ich dachte nur eben, ich bin ein Fisch – Ich schwimme durch die spurenlose See – Bloß Wasser, keine Wege, keine Richtungen und Wege – Ich muss nur mit der Flosse schlagen und komme voran – Aber mein Kopf hat mit der Flosse scheinbar nichts zu tun – Solang ich kann» (er hockt sich hin, um es zu zeigen), «schlag ich die Flosse, schwimme ziellos weiter ohne Sorgen – Alles kommt aus der Flosse, und in meinem Kopf sind nur Gedanken – Der Kopf strampelt sich ab, aber die Flosse treibt mich voran» – Lange Erklärungen – Ein seltsamer, stiller, ernster Typ – Ich war nur da, um nach einem verlegten Manuskript zu suchen, das vielleicht in seinem Zimmer lag, ich hatte es dort ja für alle hinterlassen, mit Anweisungen sogar: *Wenn Ihr diese Schrift hier nicht versteht, dann werft sie weg. Ich bestehe auf Eurer Freiheit* – Und jetzt begreife ich, dass Paul genau das vielleicht getan hat, und das bringt mich zum Lachen – Paul war früher Physiker, Student der Mathematik und der Ingenieurskunst, dann Philosoph, heute ist er Buddhist ohne Philosophie – «Bloß meine Flosse.»

«Siehst du?», sagt Simon. «Ein schöner Tag! Die Sonne scheint, hübsche Frauen auf der Straße, was will man mehr?»

«Na gut, Simon, dann lass uns Engelsvögel sein.»

«Engelsvögel hier, zurücktreten, Engelsvögel!»

Durch den Kellereingang des düsteren Gebäudes gehen wir zu Pauls Zimmer, die Tür steht offen – Keiner da – Wir gehen in die Küche, eine große Farbige dort sagt, sie käme aus Ceylon, wirklich hübsch und elegant, bloß ein bisschen mollig –

«Bist du Buddhistin?», sagt Simon.

«Was würde ich wohl sonst hier machen – nächste Woche gehe ich zurück nach Ceylon.»

«Das ist ja toll!» Simon linst ständig zu mir rüber, ob ich den Anblick auch genieße – Er will's mit ihr treiben, oben in eins der Schlafzimmer der religiösen Uni gehen und vögeln – Ich glaube, sie ahnt das und verzieht sich deshalb höflich – Wir gehen den Flur entlang, linsen in ein Zimmer, und da liegt eine junge Hindufrau auf einer Matratze auf dem Boden, mit ihrem Baby, großen Tüchern und Büchern – Sie steht nicht mal auf, als wir sie ansprechen –

«Paul ist nach Chicago», sagt sie – «Sucht ruhig in seinem Zimmer nach dem Manuskript, vielleicht ist es ja da.»

«Wow», sagt Simon und gafft sie an.

«Sonst könntet ihr Mr. Aums fragen, oben im Büro.»

Auf Zehenspitzen schleichen wir zurück, kichern fast, gehen aufs Klo, kämmen uns, reden, durchsuchen Pauls Zimmer – Er hat eine Karaffe Burgunder dagelassen, den wir uns in oblatendünne japanische Teetassen schenken –

«Bloß nicht kaputtmachen.»

Lässig setze ich mich an Pauls Schreibtisch und kritzle ihm eine Nachricht, überlege mir lustige Zen-Witze und rätselhafte Haikus –

«Da liegt Pauls Meditationsmatte – An Regenabenden heizt er den Ofen an, sitzt hier im Dunkeln und denkt nach.»

«Worüber denn?»

«Über nichts.»

«Lass mal schauen, was die oben so machen. Los jetzt, Jack, keine Müdigkeit vorschützen, weiter!»

«Weiter wohin?»

«Einfach weiter, nicht aufhören –»

Simon tanzt seine verrückte «Simon in der Welt»-Nummer, Finger auf den Lippen, Zehenspitzen, Hopplas und Erkundungen im Wald von Arden wartender Wunder – Genau wie ich früher –

Eine mürrische Bürofrau fragt, wer da zu Mr. Aums will, was mich wütend macht, ich will doch nur zwischen Tür und Angel mit ihm reden, zornig drehe ich mich um zur Treppe, Simon ruft mich zurück, die Frau ist perplex, Simon tanzt umher, als führten seine Hände diese Frau und mich in einem raffinierten Spiel – Endlich geht die Tür auf, und Alex Aums kommt raus in schickem blauem Hepcat-Anzug, Zigarette im Mund, und mustert uns durch Augenschlitze: «Ah, da bist du ja», sagt er zu mir, «wie geht's? Kommt rein», zeigt ins Büro.

«Nein, schon gut, ich wollte nur fragen, ob Paul ein Manuskript bei dir gelassen hat, eins von mir, zur Aufbewahrung, oder weißt du –»

Simon blickt perplex zwischen uns beiden hin und her –

«Nein. Gar nicht. Nichts. Vielleicht in seinem Zimmer. Übrigens», sagt er dann ausgesprochen freundlich, «hast du den Artikel in der *New York Times* gesehen, über Irwin Garden – Du kommst zwar nicht drin vor, aber es geht um –»

«Ja, hab ich gesehen.»

«Na ja, war schön, dich mal wieder zu treffen», sagt er schließlich und sieht auf, und Simon nickt zustimmend, und ich sage: «Fand ich auch, Alex, mach's gut», laufe die Treppe runter, und auf der Straße ruft Simon:

«Warum hast du ihm denn nicht mal auf die Schulter geklopft und die Hand geschüttelt – Warum sprichst du nur kurz auf dem Flur mit ihm und läufst gleich wieder weg?»

«Vielleicht gab's einfach nichts zu sagen?»

«*Alles* gab's zu sagen, über die Blumen, die Bäume –»

Hastig gehen wir die Straße lang und diskutieren, bis wir uns auf eine Mauer unter einem Parkbaum setzen, am Gehsteig, und da kommt ein Mann mit voller Einkaufstasche. «Sagen wir's der ganzen Welt, dem da zuerst! – Hey, Mister! Schauen Sie! Dieser Mann hier ist Buddhist und kann Ihnen alles übers Paradies der Liebe und der Bäume sagen ...» Der Mann sieht einmal kurz rüber und eilt weiter – «Hier sitzen wir unter dem blauen Himmel – und keiner hört uns zu!»

«Ist schon okay, Simon, die wissen es alle.»

«Du hättest in Alex Aums' Büro sitzen sollen, Knie an Knie in Lachsesseln, und über alte Zeiten reden, aber du hattest Schiss –»

Wenn ich mit Simon noch die nächsten fünf Jahre zu tun habe, wird mir jetzt klar, muss ich das alles noch ein zweites Mal mitmachen, genau wie ich in seinem Alter, aber besser tun als bleibenlassen – Wörter, die wir brauchen, um Wörter zu beschreiben – Außerdem will ich Simon nicht enttäuschen, ihm seine jungen Ideale nicht vergällen – Simon zehrt vom festen Glauben daran, dass die Menschen Brüder sind, aber wie lange wird es dauern, bis andere Probleme das verdrängen ... Aber vielleicht passiert das ja auch nie ... Jedenfalls komme ich mir blöd vor, weil ich mit ihm nicht mithalte.

«Obst! Das ist jetzt genau das Richtige!», ruft er, als er einen Obstladen entdeckt – Wir kaufen Melonen und Trauben, teilen sie, gehen vorbei am Broadway Tunnel, rufen hinein, wegen des Echos, mampfen Trauben und schlabbern Melonen und werfen sie weg – In North Beach gehen wir direkt zum Bagel-Laden, um zu sehen, ob Cody da ist.

«Weiter! Weiter!», ruft Simon hinter mir, schiebt mich schnell über den schmalen Gehsteig – Ich vergeude keine Traube, esse alle, alle auf.

91

Wenig später, nach dem Kaffee, ist es Zeit, fast etwas spät, zur Dinnerparty von Rose Wise Lazuli aufzubrechen, wo Irwin, Raphael und Lazarus uns treffen sollen –

Wir sind spät dran, halten uns mit langen Schlendereien über Hügel auf, ich lache über Simons irre Kommentare wie: «Schau mal da, der Hund da – hat Bissmale im Schwanz – wild mahlende Zähne haben ihn im Kampf erwischt – das wird ihn lehren, nicht zu kämpfen.» Und als er ein Paar in einem MG-Roadster nach dem Weg fragt: «Wo geht es nach T-le T-le, wie heißt das noch gleich, Tebsterton?»

«Ach, Hepperston! Ja. Vier Blocks rauf, dann rechts.»

Ich weiß mit «vier Blocks rauf, dann rechts» nie recht was anzufangen, da bin ich so wie Rainey, der mit einer Karte rumlief, die sein Bäckerei-Boss ihm gezeichnet hat, «geh zur Soundso-Straße», und Rainey, in der Firmenuniform, geht los und kehrt nie mehr zu diesem Job zurück, weil er nicht weiß, wo er eigentlich hinsoll – (ein ganzes Buch nur über Rainey, *Mr. Caritas,* wie David D'Angeli sagt, den wir heute Abend sicher bei der wilden Party in der Reichenbude nach der Dichterlesung treffen werden –)

Da ist das Haus, wir treten ein, die Lady macht uns auf, so ein liebes Gesicht, mir gefällt ihr ernster Frauenblick, sogar in mittlerem Alter noch schlafzimmerig und feucht, das Zeichen einer liebenden Seele – Da haben wir's, Simon hat mich schon verdorben oder missioniert – Prediger Cody verliert an Einfluss – So eine liebe Frau mit ihrer vornehmen Brille, und mit einer dünnen Schleife, glaub ich, irgendwo in ihrem Kopfputz, Ohrringe auch, glaub ich, weiß es nicht mehr – Ausgesprochen elegante Lady in herrlichem altem Haus in San Franciscos Nobelviertel, auf dicht und dick gummiert belaubten Hügeln, inmitten wilder rotblühender Hecken und Granitmauern bis rauf zu den Parks verlassener Barbary-Coast-Villen, inzwischen endlich zu sündhaft teuren Clubs geworden, wo dauerdurstige Finanzbosse sich das Hinterteil vor Teppichen am offenen Kamin wärmen und Drinks auf Rädern kriegen – Nebel zieht auf, manchmal fröstelt Mrs. Rose bestimmt in ihrem stillen Haus – Oh, und was treibt sie wohl nachts, in ihrem «hellen Nachthemd», wie W.C. Fields sagen würde, wenn sie in ihrem Bett sitzt, auf seltsame Geräusche unten lauscht, dann wieder zurücksinkt, ihr Schicksal plant, über ihrer alltäglichen Niederlage brütet – «Singen, um sich bei der Heuernte die Zeit zu vertreiben», sonst höre ich nichts – So lieb, so traurig, dass sie morgens aufsteht, den Kanarienvogel in der hellen gelben Küche sieht und weiß, dass er nicht ewig leben wird – Erinnert mich an meine Tante Clementine, nur völlig anders – «An wen erinnert sie mich bloß?», frage ich mich – an eine frühere Geliebte, anderswo – Wir hatten bereits schöne Abende zusammen, ich geleitete sie kunstvoll (sie und ihre Dichterfreundin Bernice Whalen) die Treppe runter ins Place, an einem besonders wilden Abend, als da drin ein irrer Spinner rücklings auf dem Klavier lag und laut alberne New-Orleans-Riffs in die Trompete blies – die zugegeben ziemlich gut waren, wie fein durchwirkte Tonfetzen, die man auf der Straße hört – Dann brachten wir (Simon, Irwin, ich) die Ladys in einen wilden Jazzschuppen mit rot-weißen Tischdecken und Bier, großartig, die verrückten Typen, die an diesem Abend swingten (und ich hatte Peyote mit), und ein Neuer aus Las Vegas, lässig und perfekt gekleidet, mit Schuhen wie perfekte, aufwendige Sandalen fürs Casino, setzt sich an die Drums und wirbelt einen irren Beat, klirrende Becken, dann wummert der Bass los und fasziniert den Drummer so, dass er sich bis kurz vorm Umfallen zurücklehnt und den Beat mit seinem Kopf am Herzen des Bassisten schlägt – Rose Wise Lazuli hat all das mit mir genossen, wir konversierten kultiviert in Droschken (klippklopp, Washington-Square-James), und eine letzte Sache, die ich tat, hat Rose, die 56 ist, wahrscheinlich nie vergessen: Bei einer Cocktailparty in ihrem Haus hab ich ihre beste Freundin spät zum Bus begleitet, 2 ½ Blocks die Straße runter (ganz in der Nähe von Raphaels Sonya), aber schließlich nahm die alte Dame ein Taxi – «Oh, Jack», zurück auf der Party, «wie lieb, dass Sie so nett zu Mrs. James waren. Sie ist wirklich der wunderbarste Mensch, den man sich denken kann!»

Und jetzt, an der Tür, begrüßt sie mich: «Ich freue mich so, dass Sie da sind!»

«Entschuldigen Sie die Verspätung – wir haben den falschen Bus genommen –»

«Ich freue mich *so*, dass Sie da sind!», wiederholt sie, schließt die Tür, und ich begreife, dass sie das Gefühl hat, ich könnte eine peinliche Situation im Esszimmer beenden, oder es ist Ironie – «So schön, dass Sie da sind», sagt sie sogar noch einmal, und mir wird klar, dass das bloß simple Kleinemädchenlogik ist, einfach immer weitermachen mit den Nettigkeiten, dann verliert man niemals seine Liebenswürdigkeit – Sie verbreitet wirklich Unschuld auf einer sonst vor Widerborstigkeit nur so strotzenden Party. Ich sehe Geoffrey Donald entzückt lachen, also ist alles in Ordnung, ich setze mich, und gut. Simon setzt sich seinerseits, ein «Oh» aufrichtiger Anerkennung auf den Lippen. Lazarus ist da, lächelt wie die Mona Lisa, die Hände, um Manieren zu beweisen, links und rechts vom Teller und eine Serviette auf dem Schoß. Raphael fläzt flach auf seinem Stuhl, beißt ab und zu in ein Stück Schinken auf der Gabel, die eleganten, faulen Hände hängend, mal schreit er, mal verstummt er ganz. Irwin ist bärtig und ernst, lacht aber innerlich (vor bezauberter Zufriedenheit), sodass die Augen unwillkürlich funkeln. Sein Blick schweift über die Gesichter, große, ernste, braune Augen, und wenn man direkt in sie blickt, blicken sie fest zurück. Einmal spielten wir «Wer zuerst wegschaut» und haben uns zwanzig Minuten angestarrt, oder auch zehn, ich weiß nicht mehr, und seine Augen wurden immer irrer, meine immer müder – Der Prophet der Augen –

Donald, fein in grauem Anzug, lacht, sitzt neben einem Mädchen in teuren Klamotten, erzählt von Venedig und den Sehenswürdigkeiten. Neben mir sitzt eine junge Hübsche, frisch in eins von Roses Gästezimmern eingezogen, um hier in San Francisco zu studieren, uff, und dann denk ich: «Hat Rose mich eingeladen, damit ich sie kennenlerne? Oder war ihr nur klar, dass mir all die Dichter und die Lazarusse folgen würden?» Das Mädchen trägt für Rose das Essen auf, was ich gut finde, aber sie zieht dafür eine Schürze an wie eine Dienerin, was mich, ungehobelt, wie ich bin, ein Weilchen durcheinanderbringt.

Ach, wie wunderbar und elegant ist dieser Donald, dieser pfiffige Piffero, sitzt neben Rose, macht passende Bemerkungen, von denen ich kaum eine mehr weiß, so beiläufig perfekt waren sie, zum Beispiel: «Hoffentlich nicht so rot wie eine Tomate», oder wie er plötzlich mitsamt allen anderen schallend loslachte, als mir ein dummer Fauxpas unterlief, der für einen Witz gehalten wurde: «Ich reise *nur* im Güterzug», damit ging's los.

«Wer will schon im Güterzug reisen!» – Gregory – «Versteh ich nicht, wieso sollte man so was bloß machen und mit Pennern Kippen teilen – Warum tust du dir das an, Duluoz?» – «Ganz im Ernst, kein Witz!»

«Aber das ist ein First-Class-Güterzug», und alle wiehern los, und ich sehe im Gelächter Irwin an und sage: «Wirklich, der Midnight Ghost ist erstklassig, Express, fährt nonstop durch», was Irwin sowieso weiß, weil er sich dank Cody und mir mit Zügen auskennt – Aber das Lachen ist echt, und ich tröste mich mit dem im Tao meiner Erinnerung eingefleischten Gedanken: «Der Weise, der andere zum Lachen bringt, ist mehr wert als ein Brunnen.» Also bewässre ich mich wankend am vollen Weingewölbeglas, schenke mir karaffenweise Rotburgunder ein. Fast schon unanständig, wie ich diesen Wein wegkippe – Aber alle machen es mir nach – Ich schenke sogar der Gastgeberin ein – Manchmal muss man mit den Wölfen heulen, sag ich immer –

Perfekt geht die Party zu dem Thema über, wie wir die Revolution anführen werden. Ich leiste meinen kleinen Beitrag, indem ich zu Rose sage: «In der *New York Times* stand, Sie seien die treibende Kraft hinter der Lyrikbewegung in San Francisco – Stimmt genau, oder?», und sie zwinkert mir zu. Am liebsten würde ich hinzufügen: «Sie böses Mädchen, Sie», doch ich leg es nicht drauf an, geistreich zu sein, das ist für mich einer der ersten ganz entspannten Abende, ich mag gutes Essen, guten Wein, gute Gespräche, welcher Bettler mag das nicht.

Also greifen Raphael und Irwin das Motiv auf: «Wir gehen bis zum Äußersten! Wir ziehen uns zur Lesung aus!»

Das brüllen sie in dieser höflichen Runde, und doch wirkt

alles sehr natürlich, und ich sehe Rose an, und sie blinzelt wieder, ach, sie kennt mich eben – In einem Gottseidank-Moment, als Rose am Telefon ist und die anderen im Flur die Mäntel holen, nur noch wir Jungs am Tisch, ruft Raphael: «Das machen wir, wir müssen denen die Augen öffnen, sie *bombardieren*! Mit *Bomben*! Es geht nicht anders, Irwin, tut mir leid – wirklich – es ist wirklich wahr», und jetzt steht er auf und zieht sich neben der Spitzentischdecke die Hose runter. Bis über die Knie zieht er sie runter, aber nur zum Spaß, zieht sie schnell wieder hoch, als Rose zurückkommt: «Leute, wir müssen uns beeilen! Es ist fast Zeit für die Lesung!»

«Wir fahren in getrennten Autos!», ruft sie.

Nachdem ich die ganze Zeit gelacht hab, schlinge ich jetzt den Schinken und den Wein runter, spreche noch schnell mit dem Mädchen in der Schürze, die weiter still Geschirr abträgt –

«Wir werden alle nackt sein, und die *Time* wird unser Bild *nicht* haben wollen! Das ist der wahre Ruhm! Na also!»

«Ich hol mir vor denen einen runter!», ruft Simon und schlägt mit großen, ernsten Lenin-Augen auf den Tisch.

Lazarus beugt sich gierig vor, will alles hören, doch zugleich trommelt oder schwankt er auf dem Stuhl herum, Rose steht da und mustert uns, macht «Tst, tst», lässt es uns aber zwinkernd durchgehen – So ist sie eben – All die irren kleinen Dichter, die in ihrem Haus futtern und krakeelen, zum Glück hat niemand jemals Ronnie Taker zu ihr mitgenommen, der hätte sich mit dem Silber davongemacht – Auch er ein Dichter –

«Los, wir revoltieren gegen mich!», rufe ich –

«Wir revoltieren gegen den ungläubigen Thomas! Wir führen Paradiesgärten in den Ländern unseres Reiches ein!

Wir suchen die Mittelschicht mit Splitterfasernacktbabys heim, die groß werden und sich über die Welt verteilen!»

«Wir winken mit unseren Hosen von Krankentragen!», ruft Irwin.

«Wir springen in die Luft und grabschen uns Babys!», rufe ich.

«Das ist gut», sagt Irwin.

«Wir bellen sämtliche verrückten Hunde an», schreit Raphael triumphierend. *KRACH* auf den Tisch. «Das wird –»

«Wir schaukeln Babys auf dem Schoß», sagt Simon ganz direkt zu mir.

«Babys, Schmabys, wir werden wie der Tod sein, wir gehen auf die Knie und trinken aus stillen Bächen.» (Raphael)

«Wow.»

«Was soll das heißen?»

Raphael zuckt die Achseln. Öffnet den Mund: «Wir schlagen ihnen Hämmer in die Mäuler! Hämmer aus Feuer! Die Hämmer selber werden brennen! Und sie schlagen ihnen immer wieder in die Schlachtgehirne!» Und wie er *Gehirne* sagt durchfährt uns alle, dieses sonderbare «r» ... dickes, aufrichtiges «r» ... «Gehirrrne ... »

«Wann werde ich Raumschiffkommandant?», fragt Lazarus, der sich das von unserer Revolution erhofft.

«Lazarus! Du kriegst statt eines Antriebs ausgedachte goldene Turteltauben! Wir hängen den heiligen Franz als Abbild auf! Wir töten all die Babys in unserem Gehirn! Schütten Wein in die Schlünde verwesender Pferde!!! Wir kommen mit Fallschirmen zu Dichterlesungen!»

(Irwin hält sich den Kopf.)

All das hier sind nur Kostprobenversuche davon, was er wirklich sagte –

Und wir alle legen los, und Irwin legt noch einen drauf:

«Wir werden auf Hollywoodleinwänden Arschlöcher zeigen.»

Oder ich: «Schlimme Mobster werden auf uns aufmerksam werden!»

Oder Simon: «Wir zeigen denen das Goldhirn unserer Schwänze.»

Wie sie reden! – Cody sagt: «Wir kommen alle in den Himmel, am Arm von einem, dem wir halfen.»

92

Gehe hindurch wie der verschwindende Blitz, und sorge dich nicht –

Wir zwängen uns in zwei Autos, Donald fährt voraus, und los geht's zur Lesung, die ich weder genießen noch auch noch nur ertragen werde, ich hab mir längst in den Kopf gesetzt (Wein etc.), mich zwischendurch in eine Bar zu schleichen – «Wer ist denn dieser Merrill Randall?», frage ich – der Dichter, der aus seinen Werken lesen wird.

«So 'n dünner, schnieker Kerl mit Hornbrille und schicken Krawatten, du kennst ihn aus dem Remo in New York, erinnerst dich bloß nicht mehr», erklärt Irwin. «Einer aus der Hartzjohn-Clique –»

Die feinen Teetassen – Ihn spontan sprechen zu hören könnte schon interessant sein, doch auf keinen Fall halte ich seine an der Schreibmaschine ausgetüftelten Schlaumeiereien durch, die meistens darauf abzielen, wenigstens annähernd die beste bis dato geschriebene Poesie zu imitieren – Lieber würde ich Raphaels neueste Wortbomben hören, ja sogar lieber ein Gedicht von Lazarus –

Rose lenkt langsam, ängstlich ihren Wagen durch den

Verkehr von Downtown San Francisco, ich muss unwillkürlich denken: «Säße Cody jetzt am Steuer, wären wir längst da» – Komisch, dass Cody nie zu Lesungen oder ähnlich förmlichen Geschichten kommt, nur einmal war er da, zu Irwins erster Lesung, und als Irwin das letzte Gedicht geheult hatte und der Saal in Totenstille lag, trat Cody vor, im Sonntagsanzug, und reichte dem Poeten die Hand (seinem Kumpel Irwin, mit dem er durch die Texase und Apokalypsen von 1947 getrampt war) – Im Gedächtnis blieb mir das als typische, bescheidene und wunderschöne Freundschaftstat und Anstand – Knie an Knie kopfüber im Auto recken wir die Hälse, während Rose sich langsam, langsam in die Parklücke müht – «Okay, okay, kleines Stück noch, jetzt einschlagen.» Und sie seufzt: «Geschafft –» Gern würde ich sagen: «Ach, Rosey, warum bleibst du nicht zu Hause, isst Schokolade und liest Boswell, all diese Gesellschafterei bringt dir ja doch nur Sorgenfalten ein – Ein leutseliges Lächeln zeigt am Ende auch nichts anderes als Zähne.»

Aber der Saal ist bereits voll von Frühankömmlingen, da sind die Programme und das Ticketmädchen, wir sitzen rum und reden, und irgendwann besorgen Irwin und ich eine Flasche Sauternes, um die Zungen zu lockern – Eigentlich ganz nett, Donald ist jetzt solo, das Mädchen verschwunden, und aus ihm sprudeln nette Witzchen – Lazarus hält sich im Hintergrund, ich hocke mit der Flasche da – Rose hat uns gefahren, ihre Arbeit ist getan, sie setzt sich hin, sie war die Mutter, lenkte das Fahrgerät gen Himmel, mit all ihren Kinderlein, die nicht glaubten, dass die Hütte brennt –

Mich interessiert nur, dass es hinterher noch eine Party gibt, in einem großen Haus, mit Bowle aus der Schüssel, aber jetzt kommt David D'Angeli herein, schwebend wie ein Araber, grinsend, eine schöne Französin namens Yvette am

Arm, und du meine Güte, er wirkt wie ein galanter Held von Proust, *Der Priester*, wenn Cody der Prediger ist, ist David der Priester, aber er hat immer irgendein hübsches Mädel im Schlepp, ja, ich bin sicher, das Einzige, was David davon abhält, ein katholisches Gelübde abzulegen, ist, dass er vielleicht noch mal heiraten (einmal hat er schon) und Kinder kriegen will – David ist der schönste von uns Männern, perfekte Züge, so wie Tyrone Power, nur noch feiner, esoterischer, und ich habe keine Ahnung, wo er diesen Akzent herhat – Wie ein Mohr mit Oxford-Abschluss, irgendwas ausgeprägt Arabisches oder Aramäisches hat David an sich (oder auch karthagisch, so wie Augustinus), obwohl er der Sohn eines wohlhabenden, inzwischen toten italienischen Großhändlers ist und seine Mutter in einer schönen Wohnung mit teuren Mahagonimöbeln und Tafelsilber lebt, den Keller voll italienischem Schinken, Käse und Wein – hausgemacht – David ist wie ein Heiliger, sieht aus wie ein Heiliger, er ist eine dieser faszinierenden Gestalten, die in der Jugend erst das Böse suchen («Probier mal diese Pillen», sagte er, als Cody ihm zum ersten Mal begegnet ist, «die geben dir wirklich den *finalen* Kick», sodass Cody sie nie anrührte) – Da war David, an dem Abend damals, lag elegant auf weißer Pelzdecke auf einem Bett mit einer schwarzen Katze, las aus dem Ägyptischen Totenbuch, reichte Joints herum und sprach merkwürdig: «Wie wunder-r-bar, wir-r-klich», sagte er damals, aber seit ihn «der Engel vom Stuhl haute», hatte er Visionen von den Büchern der Kirchenväter, von allen auf einmal, und ihm wurde *befohlen,* zum katholischen Glauben zurückzukehren, sodass statt eines galanten, leicht weibischen Hipsterdichters eine Art hinreißender Augustinus aus ihm wurde, einst ein Sünder, jetzt dem Kreuz geweiht – Nächsten Monat geht er probeweise ins Trappistenkloster – Zu Hause dreht er bis zum Anschlag Gabrielli auf, dann geht er zur Kommunion – Er ist lieb, gerecht, brillant, erklärbegierig, akzeptiert kein Nein: «Dein Buddhismus ist doch bloß ein Überbleibsel des Manichäismus, J-a-a-ck, find dich damit ab – schließlich bist du doch getauft, gar keine Frage», sagt er, fuchtelt mit den dünnen, weißen, zarten Priesterhänden – Jetzt aber schwebt er weltmännisch zur Lesung ein, angeblich will er das Missionieren an den Nagel hängen und ist in eine Phase weltgewandten Schweigens zu dem Thema eingetreten, ganz natürlich also, dass er die hinreißende Yvette am Arm hat, und er selbst perfekt zurechtgemacht in schlichtem Anzug, simpler Krawatte und frischem Kurzhaarschnitt, der seinem lieben Gesicht ganz neue Männlichkeit verleiht, diesem Gesicht, das in nur einem Jahr von jungenhafter Süße zu männlicher Süße und Schwere überging –

«Du siehst männlicher aus!», sage ich gleich als Erstes.

«Was soll das heißen, ‹männlicher›?», ruft er, stampft kräftig auf und lacht – Wie er so arabisch anschwebt und einem die lasche, weiße, ernste, sanfte Hand hinstreckt – Aber wie er redet, und in all seinen Entwicklungsstadien kann ich doch immer nur lachen, er ist wirklich ausgesprochen witzig, grinst unaufhörlich weiter jenseits aller Grenzen der Vernunft, und man merkt, sein Grinsen ist ein feiner Witz (ein großer Witz), und er erwartet, dass man ihn auch so versteht, und er strahlt weiter weißen Wahnsinn aus mit dieser Maske, bis man nur noch seine inneren, ungesagten Worte hört (zweifellos witzige Worte) und es zu viel wird – «Was gibt's denn da zu lachen, J-a-a-ck!», ruft er – Er zieht seine Aaas in die Länge, ein Akzent mit seltsamem Aroma, teils (anscheinend) zweite Generation italo-amerikanisch, aber mit stark britifizierter Deckschicht auf der Mittelmeereleganz, was eine großartige, sonderbare neue Form des Englischen ergibt, die ich sonst von nirgends kenne – Der Wohltätige David, der Anständige David, der (auf mein Drängen hin) in meiner Hütte meinen Kapuziner-Regenponcho überzog und sich darin nachts zum Meditieren unter Bäume setzte, wahrscheinlich zum Beten auf den Knien, und dann wieder zu der lampenhellen Hütte kam, wo ich «manichäische» Sutren las, und den Poncho legte er erst ab, nachdem er mir gezeigt hatte, wie er darin aussah, nämlich wie ein Mönch – David, der mich sonntagmorgens in die Kirche mitgenommen hat und nach der Kommunion zwischen den Bänken auf mich zukam, die Hostie unter der Zunge schmelzend, den Blick fromm und dennoch irgendwie humorig oder wenigstens gewinnend gesenkt, Hände gefaltet, gut sichtbar für die Damen, das Urbild eines Priesters – Alle sagen ihm dauernd: «David, schreib doch deine Lebensbeichte, so wie Augustinus!», was ihn amüsiert: «Ach ihr!», lacht er – Doch das kommt nur daher, dass jedermann weiß, was er für ein prima Kerl ist, der durch die Hölle ging und jetzt zum Himmel unterwegs ist, ohne irdischen Zweck, und alle ahnen, dass er etwas weiß, das bisher vergessen wurde, ausgelassen in den Schriften von Augustinus, Franziskus, Loyola und den anderen – Jetzt gibt er mir die Hand, stellt mich der blauäugig vollkommenen Schönheit Yvette vor, hockt sich neben mich und nimmt einen Schluck Sauternes –

«Was machst du jetzt?», lacht er.

«Kommst du später zu der Party? – Gut – Ich setz mich jetzt in eine Bar ab –»

«Betrink dich nicht!», lacht er, er lacht andauernd, ja, wenn Irwin und er beisammen sind, kommen sie aus dem Lachen gar nicht mehr raus, sie tauschen esoterische Mysterien aus unter dem gemeinsamen byzantinischen Dom ihrer leeren Köpfe – Mosaikstein für Mosaikstein, die Atome sind leer – «Die Tische sind leer, alle verschwunden!», singe ich zu Sinatras «You're Learning the Blues» –

«Ach, diese Geschichte von der Leere», lacht David. «Ehrlich, Jack, ich erwarte, dass du mehr von dem zeigst, was du wirklich weißt, nicht bloß all diese buddhistischen Negativitäten –»

«Oh, ich bin kein Buddhist mehr – ich bin gar nichts mehr!», rufe ich, und er lacht und gibt mir einen sanften Klaps. «Du bist getauft, das Mysterium des Wassers hat dich angerührt, Gott sei Dank dafür» – «Sonst wüsste ich auch nicht, was mit dir passiert wäre –» David hat die Theorie, oder den Glauben, dass «Christus vom Himmel herabgestürzt ist, um uns zu erlösen» – und Paulus' simple Regeln sind das einzig Wahre, sofern sie aus dem Christus-Epos stammen, der Sohn, geschickt vom Vater, um uns durch das höchste Opfer seines Lebens die Augen zu öffnen – Doch wenn ich ihm sage, Buddha musste nicht im Blut sterben, sondern nur in friedlicher Ekstase unterm Baum der Ewigkeit sitzen: «Aber J-a-a-ck, das ist nicht außerhalb der *natürlichen Ordnung*» – Alle Ereignisse außer dem Ereignis Christi sind Teil der natürlichen Ordnung, sind den Geboten der Übernatürlichen Ordnung unterlegen – Oft habe ich die Treffen mit David tatsächlich gefürchtet, er hat mir wirklich das Hirn zermartert mit seinen begeisterten, leidenschaftlichen, brillanten Darlegungen der Universellen Orthodoxie – Er war in Mexiko und streifte durch die Kathedralen, hat sich eng mit Klostermönchen angefreundet – David ist auch ein Dichter, ein seltsamer und raffinierter Dichter, ein paar seiner früheren, Prä-(Prä-Re-)-Konversionsgedichte waren bizarre Peyote-Visionen und so weiter – und gingen über das hinaus, was ich sonst kenne – Aber mir ist es nie gelungen, David und *Cody* zu einem ausführlichen Gespräch über Christus zusammenzubringen –

Jetzt aber geht die Lesung los, der Dichter Merrill Randall ordnet vorn am Tisch die Manuskripte, und nachdem wir die Flasche auf dem Klo gekillt haben, flüstere ich Irwin zu, dass ich mich in eine Bar absetze, und Simon flüstert: «Bin dabei!», und Irwin würde gerne auch, muss aber bleiben und poetisch interessiert aussehen – Raphael hat sich inzwischen hingesetzt, will zuhören und sagt:

«Ich weiß schon, das wird nix Großes, aber ich will unverhoffte Po*i*sie hören», dieser kleine Kauz, also machen Simon und ich schnell die Biege, als Randall mit dem ersten Vers beginnt:

> «Die zwölffingrige Hölle bringt mich an die Grenze
> Weil sie mein Fleisch verzehrt»

und so weiter, ich höre irgendeinen Vers und hab die Nase voll, weil ich darin das Handwerk seines sorgsam arrangierten Denkens höre, nicht die unbändigen, unfreiwilligen Gedanken selbst, klar – Auch wenn ich mich selbst noch in meinem Alter nicht mal getraut hätte, mich da vorne hinzustellen und auch nur das Diamant-Sutra vorzulesen.

Wie durch ein Wunder finden Simon und ich eine Bar, in der zwei Mädels darauf warten, abgeschleppt zu werden, und mitten im Raum singt ein junger Kerl und klimpert Jazz, und an der Theke brüten dreißig Männer über Bier – Nach kurzer Anmache setzen wir uns zu den Mädchen, doch ich merke gleich, dass sie weder auf Simon noch auf mich stehen, und außerdem will ich den Jazz hören, nicht ihr Gejammer, der Jazz ist wenigstens neu, also geh ich rüber zum Klavier – Den Pianisten kenn ich aus dem Fernsehen (in Frisco), mordsmäßig naiv und aufgeregt sang, schrie und tanzte er mit einer Gitarre, inzwischen ist er ruhiger und verdient sein Geld mit Barpiano – Im Fernsehen hat er mich an Cody erinnert, einen jüngeren, musikalischen Cody, in seiner Old-Midnight-Ghost-Gitarre (*chug chugalug chugchug chugalug*) hörte ich die alte *Road*-Lyrik, und in seiner Miene sah ich Glauben, Liebe – Jetzt sieht er aus, als hätte die Stadt ihn endlich in die Knie gezwungen, und er klimpert lustlos vor sich hin – Ich sing ein bisschen mit, er stimmt «The Thrill Is Gone» an, bittet mich ganz offiziell, dazu zu singen, was ich tue, lässig, nicht zu laut, ein bisschen den Stil von June Christie imitierend, was bald der allgemeine Männerstil im Jazzgesang sein wird, dieses Schleifen, dieses lässig gleichgültige Gleiten – die erbärmliche Hollywood-Boulevard-Einsamkeit – Unterdessen gibt sich Simon nicht geschlagen und beschwatzt weiter die Mädchen – «Gehen wir doch alle zu mir ... »

Die Zeit verfliegt, und plötzlich kommt Irwin herein, überall taucht er mit diesen großen, stechenden Augen auf wie ein Gespenst, irgendwie hat er gerochen, dass wir hier sind (ein paar Straßen weiter), Irwin entkommt man nicht: «Da seid ihr ja, die Lesung ist vorbei, wir gehen *alle* zu so einer *großen* Party, was habt ihr getrieben?», und hinter ihm kommt tatsächlich Lazarus herein –

Lazarus erstaunt mich auf der Party – Die steigt irgendwo in einem echten Herrenhaus, holzgetäfelte Bibliothek mit Flügel und Ledersesseln, ein großer Raum mit Kronleuchter und Ölbildern, Kamin aus cremefarbenem Marmor, Feuerböcke aus reinem Messing, und auf einem Tisch eine enorme Bowlenschüssel und Pappbecher – Inmitten all des üblichen Geredes und Geschreis der späten Cocktailparty steht Lazarus alleine vor dem Ölporträt von einer Vierzehnjährigen, fragt schnieke Schwule neben sich: «Wer und wo ist sie? Kann ich sie kennenlernen?»

Derweil fläzt Raphael auf einer Couch und brüllt ein paar seiner Gedichte, «Buddha-Fisch» etc., die er in der Jacke hat – Ich springe von Yvette zu David zu einer anderen Frau und wieder zu Yvette, dann taucht sogar Penny wieder auf, begleitet von Levesque, dem Maler, und die Party wird lauter – Ich unterhalte mich sogar ein bisschen mit dem Dichter Randall, tausche mich mit ihm über New York aus – Am Ende schütt ich mir die letzte Bowle aus der Schüssel in den Becher, eine Herkulesaufgabe – Lazarus erstaunt mich auch dadurch, wie cool er an dem ganzen Abend bleibt, man dreht sich um, und er steht da mit einem Drink und lächelt, aber er ist nicht betrunken, und er sagt kein Wort –

Die Gespräche solcher Partys sind immer ein einziger Tumult, der unter die Decke steigt und dort krachend kollidiert, wenn man die Augen schließt und lauscht, klingt es wie *«bwash bwash crash»*, alle wollen ihre Beiträge betonen, um nicht unterbrochen oder übertönt zu werden, es wird immer lauter, immer mehr Getränke kommen, die Horsd'œuvres werden weggeputzt, die Bowle aufgeschlürft von gierig-redseligen Zungen, bis das Ganze in ein Wettgebrüll ausartet, und immer sorgt der Gastgeber sich etwas um die Nachbarn und verbringt die letzte Stunde damit, die Party höflich abzuwickeln – Immer gibt es letzte laute Nachzügler, soll heißen: uns – Die letzten Feiernden werden stets sanft hinausgeworfen – So wie ich, als ich die Bowlenschüssel leeren will und die beste Freundin der Gastgeberin sie mir freundlich aus der Hand nimmt und sagt: «Da ist nichts mehr drin, und außerdem, die Party ist vorbei» – Die letzte grauenhafte Szene zeigt die Bohemiens, wie sie sich die Taschen mit Gratiszigaretten vollstopfen, die großzügig in Teakkisten bereitgestellt waren – Levesque, der Maler, tut das mit bösem, anzüglichem Grinsen, ein mittelloser Künstler, ein Verrückter, den Kopf bis auf ein Mindestmaß an Haar geschoren und übersät von Schrammen und Blessuren, weil er am Abend zuvor besoffen hingefallen ist – Trotzdem, der beste Maler in ganz San Francisco –

Die Gastgeber nicken und beschwatzen uns raus in den Garten, und wir ziehen schreiend ab, als besoffen grölende Meute: Raphael, ich, Irwin, Simon, Lazarus, David D'Angeli und Levesque, der Maler. Die Nacht hat grade erst begonnen.

93

Wir setzen uns auf eine Bordsteinkante, und Raphael sinkt vor uns auf der Straße in den Schneidersitz, redet und gestikuliert – Auch ein paar andere von uns haben die Beine überkreuz – Er schwingt eine lange Rede voll betrunkenem Triumph, betrunken sind wir alle, nur kommt bei ihm noch dieser vogelreine Raphael-Triumph hinzu, doch da kreuzen die Cops auf, fahren im Streifenwagen vor. Ich stehe auf und sage: «Los, wir gehen, wir sind zu laut», und alle kommen mit, aber die Cops halten uns an und wollen wissen, wer wir sind.

«Wir kommen grade von der Party da drüben.»

«Ihr wart zu laut – Die Nachbarn haben uns schon dreimal angerufen.»

«Wir gehen ja schon», sage ich und stapfe los, und außerdem mustern die Cops jetzt den großen bärtigen Irwin Abraham und den charmanten, gediegenen Maler, sehen auch Lazarus und Simon und beschließen, dass all das für das Revier zu viel wäre, was sicher auch gestimmt hätte – Ich will meinen Bhikkus raten, der Obrigkeit aus dem Weg zu gehen, denn so steht es im Tao, anders geht es nicht – Das ist der einzige gerade Weg, mitten hindurch –

Die Welt gehört jetzt uns, in der Market Street kaufen wir Wein und springen alle acht in Busse, trinken auf den letzten Bänken, steigen aus und führen mitten auf der Straße große, ausführliche Gespräche – Wir erklimmen einen Hügel, gehen einen langen Pfad entlang, rauf zu einem Grasweg mit Blick über die Lichter von Frisco – Wir setzen uns auf die Wiese, trinken Wein – Alle reden – Dann in jemands Bude, Haus mit Garten, großer, elektromagnetischer HiFi-Macker-Plattenspieler, heraus wummern große Nummern, Orgelmessen – Levesque, der Maler, stürzt, glaubt, Simon hätte ihn geschlagen, heult uns deswegen was vor – Ich heule auch, weil Simon jemanden geschlagen hat, alles ist betrunken und sentimental, David geht nach Hause – Aber Lazarus hat es «gesehen», sah Levesque zack auf die Nase fallen, und am nächsten Morgen stellt sich raus, dass keiner irgendwen geschlagen hat – Etwas alberner Abend, aber triumphal, ein betrunkener Triumph ganz zweifellos.

Am Morgen kommt Levesque mit einem Block an, und ich sage: «Keiner hat dich geschlagen!»

«Na, da bin ich aber *froh*!», bellt er – Einmal hab ich ihm gesagt: «Du musst mein Bruder sein, der 1926 starb und mit neun ein großer Maler und Zeichner war, wann bist du geboren?», doch jetzt begreife ich, dass er kein bisschen derselbe ist – Wenn doch, hat sich das Karma offenbar verdreht. Levesque ist ernst mit großen blauen Augen, hilfsbereit und sehr bescheiden, doch er dreht auch manchmal plötzlich durch, tanzt auf der Straße einen wahnsinnigen Tanz, der mich erschreckt. Außerdem lacht er «Muahahahaha» und drückt sich hinter einem rum …

Ich studiere seinen Zeichenblock, sitze auf der Veranda und blicke auf die Stadt, verbringe einen ruhigen Tag, zeichne Bilder mit Levesque (eins vom schlafenden Raphael, Levesque sagt: «Ja, das ist exakt die Raphael-Taille») – Dann klecksen Lazarus und ich ihm mit unseren verrückten Cartoonstiften Geister in den Block. Gern würde ich die ja noch mal sehen, besonders Lazarus' merkwürdig mäandernde Gespensterlinien, die er mit strahlend verträumtem Lächeln zeichnet … Dann, bei Gott, kaufen wir Schweinekoteletts, kaufen den ganzen Laden leer, Raphael und ich reden vorm Regal mit den Filmzeitschriften über James Dean: «Das ist doch nekrophil!», ruft er, meint die Mädchen, die einen toten Schauspieler anbeten, aber welcher Schauspieler ist *nicht* tot, welcher Schauspieler ist es? – In der Küche braten wir die Koteletts, und es ist schon dunkel. Wir gehen spazieren, auf demselben sonderbaren Pfad über ein felsgrasleeres Feld, wieder unten durchschreitet Raphael die mondhelle Nacht wie ein Opiumpfeifen-Chinamann, Hände in den Ärmeln, Kopf gesenkt geht er voran, düster, seltsam und gebeugt durch sorgenvolle Blicke, er hebt den Kopf und sieht sich um, wirkt verloren wie der kleine Richard Barthelmess in einem alten Gemälde mit Londoner Opiumrauchern unter Lampen, jetzt geht er unter der Laterne durch ins nächste Dunkel – Mit den Händen in den Ärmeln wirkt er launisch, sizilianisch, und Levesque sagt: «Ach, wie gern könnte ich malen, wie er da so geht.»

«Skizzier es erst mit Bleistift», sage ich, weil ich den ganzen Tag erfolglos mit seiner Tinte gemalt habe –

Wir gehen nach Haus und ich ins Bett, in meinen Schlafsack, die Fenster offen zu den kühlen Sternen – Beim Schlafen trage ich mein Kreuz.

94

Tags darauf gehen «ich und Raphael und Simon» durch den heißen Morgen zu Zementfabriken, Schrottplätzen und Eisenwerken, ich will spazieren, ihnen Dinge zeigen – Anfangs meckern sie, dann wecken die großen Elektromagneten ihr Interesse, die gepressten Schrott hochheben und rumms in Trichter fallen lassen: «Man drückt einfach den Knopf, der Strom ist weg, die Masse fällt», erkläre ich ihnen. «Und Masse ist gleich Energie – und Masse plus Energie ist gleich Leere.»

«Ja, aber schau dir das verd-a-m-m-t-e Ding an», sagt Simon mit staunendem Mund.

«Der reine Wahnsinn!», ruft Raphael und boxt mich –

Wir ziehen weiter – Wollen sehen, ob Cody am Bahnhof ist – Schnurstracks in die Eisenbahnerumkleide, und ich seh sogar nach, ob Post von vor zwei Jahren für mich da ist, als ich selbst noch Bremser war, dann verziehen wir uns, um Cody in North Beach zu treffen – im Café – Wir nehmen den Bus – Raphael fläzt sich auf die letzte Bank, palavert lautstark, dieser Wahnsinnige will, dass ihn der ganze Bus hört, wenn ihm grad nach Reden ist – Simon hat eine Banane, eben erst gekauft, und will wissen, ob unsere auch so groß sind.

«Größer», sagt Raphael.

«*Größer?*», ruft Simon.

«Genau.»

Simon nimmt die Auskunft völlig ernst, er überlegt und überlegt nochmals, bewegt die Lippen, während er im Stillen rechnet –

Da ist auch schon Cody, auf der Straße, jagt das Coupé

mit 60 Sachen rückwärts hügelauf in die Parklücke und springt raus – Er lehnt in der weit offenen Tür, großes, rotes Lachgesicht, ruft uns einen Satz über die Straße zu und hält gleichzeitig ankommende Autos auf Abstand –

Wir flitzen rauf zur Bude eines schönen Mädchens, schöne Bude, das Mädchen trägt die Haare kurz, liegt im Bett unter der Decke, ist krank, hat große, traurige Augen, will, dass ich Sinatra auf dem Plattenspieler lauter drehe, ein ganzes Album von ihm hat sie aufgelegt – Ja, wir dürfen ihr Auto nehmen – Raphael will umziehen, von Sonyas Wohnung in die neue Bude von nach der Party, wo die Orgelmusik lief und Levesque geheult hat, okay, aber Codys Auto ist zu klein – Und danach ab zur Rennbahn –

«Nein, zur Rennbahn fahrt ihr nicht mit meinem Auto!», ruft sie –

«Okay» – «Wir sind bald zurück» – Wir stehen rum und himmeln sie an, setzen uns ein Weilchen, schweigen sogar länger, wobei sie uns erst ansieht und schließlich sagt:

«Was habt ihr denn vor» – «Eigentlich» – Schnief – «Wow», sagt sie – «Bleibt locker» – «Ehrlich, wisst ihr?» – «Wisst ihr??» –

Ja, wir sind uns alle einig, aber wir können nicht alle gleichzeitig, also ab zur Rennbahn, aber Raphaels Umzug dauert zu lange, und Cody wird irgendwann klar, dass wir's wieder nicht zum ersten Rennen schaffen werden – «Schon wieder keine Doppelwette!», ruft er verzweifelt – Er bleckt die Zähne – Es ist ihm wirklich ernst.

Raphael sammelt seine Socken und Sachen ein, und Sonya sagt: «Hört mal, ich will nicht, dass die alten Schachteln alles über mein Leben wissen – Ich *lebe*, wisst ihr –»

«Das ist spitze», sage ich, und zu mir selbst: ein todernstes Mädchen, ernsthaft verliebt – Sie hat schon einen neuen

Freund, das meint sie – Simon und ich schleppen Schallplatten und Bücher zum Auto, wo Cody schmollt –

«Hey, Cody», sage ich, «komm mit rauf, sag der Hübschen hallo –» Er hat keine Lust – Schließlich sage ich: «Wir brauchen deine Muskeln, um das ganze Zeug zu schleppen», und dann kommt er doch, aber als wir fertig sind und wieder im Auto sitzen und Raphael sagt: «Puh, geschafft!», sagt Cody: «Hmf, Muskeln.»

Wir müssen zu der neuen Bude, und mir fällt zum ersten Mal das schöne Klavier auf. Der Hausherr, Ehrman, ist noch gar nicht aufgestanden. Levesque wohnt auch hier. Raphael wird zumindest seinen Kram hierlassen. Es ist sowieso zu spät fürs zweite Rennen, weshalb ich Cody überrede, die Rennbahn heute auszulassen, morgen die Resultate nachzusehen (wie sich zeigen sollte, hätte er verloren) und einen Nachmittag voll Nichtstun zu genießen.

Also holt Cody sein Schachbrett raus und spielt gegen Raphael, um ihn aus Rache zu vernichten – Seine Wut hat bereits nachgelassen, verglichen mit vorhin im Auto, als er Raphael beim Wenden eins mit dem Ellenbogen mitgab, und Raphael rief: «Hey, wieso schlägst du mich? Pass doch auf –»

«Er schlägt dich, weil er sauer ist, dass du ihn mit dem Umzug reingelegt hast und er nicht mehr zum Rennen kann. Er *züchtigt* dich!», ergänze ich achselzuckend – Jetzt ist Cody, der uns zugehört hat, offenbar zufrieden, und die beiden spielen große, böse Schachpartien, bei denen Cody schreit: «Jetzt hab ich dich!», während ich große, laute Platten spiele, Honegger, und Raphael spielt Bach – Wir hängen einfach nur so rum, ich gehe tatsächlich zwei Kisten Bier besorgen.

Unterdessen kommt der Herr des Hauses, Ehrman, aus dem Schlafzimmer, sieht uns eine Weile zu und legt sich wieder hin – Ihm ist's gleich, er hat ja all die Musik, die für ihn plärrt – Raphaels Platten, Requiems, Wagner, ich lege Thelonious Monk auf –

«Lächerlich!», ruft Raphael angesichts der hoffnungslosen Lage auf dem Schachbrett – Und später: «Pomeray, du lässt mich das Endspiel nicht beenden, du nimmst dauernd die Figuren vom Brett, stell sie zurück –», und Cody lässt so flink die Schachfiguren vom Brett verschwinden und wiederauftauchen, dass ich mich plötzlich frage, ob er der Betrüger aus Melvilles *Maskeraden* ist, der fabelhaftes, heimlichtuerisches, ernstes Schach spielt.

95

Dann geht Cody ins Bad und rasiert sich, und Raphael setzt sich ans Klavier, gebeugt, einen Finger auf den Tasten.

Er spielt erst eine Note, dann zwei, dann wieder eine –

Schließlich spielt er eine Melodie, eine schöne Melodie, die niemand je zuvor gehört hat – Auch wenn Cody, Rasierer am Kinn, behauptet, es sei «Isle of Capri» gewesen – Mit brütenden Fingern baut Raphael Akkorde – Bald hat er seine sonatische Etüde ganz perfekt zusammen, mit Überleitung, Refrain, zweitem Refrain mit frischen Motiven, erstaunlich, wie er so aus dem Handgelenk das perfekte Notengejammer herausklimpert, um seinen italienischen Turteltaubensong voranzutreiben – Sinatra, Mario Lanza, Caruso, alle singen diese vogelreine Note cellohafter Traurigkeit, wie man sie von kummernden Madonnen kennt – Ihr Reiz – Raphaels Reiz ist wie Chopin, zarte, verständige Finger, die klug über die Tasten laufen, ich wende mich von meinem Fenster ab und sehe ihm zu, denke: «Das ist seine erste Sonate –» Alle lauschen stumm, Cody im Bad, der alte John Ehrman im Bett, mit Blick auf die Zimmerdecke – Raphael benutzt nur die weißen Tasten, als wäre er in einem Vorleben vielleicht (neben Chopin) ein unbekannter Organist in einem Glockenturm gewesen, der eine frühgotische Orgel ohne Zwischentöne spielt – Doch mit den ganzen (weißen) Tasten macht er, was er will, schafft unbeschreiblich schöne Melodien, immer tragischer und herzzerreißender, der reinste Singvogel ist er, sagte auch selbst mal: «Ich fühl mich wie ein singender Vogel», und das sagte er strahlend. Vom Fenster aus höre ich zu, jede Note sitzt, und er spielt zum ersten Mal im Leben Klavier vor so ernsthaften Zuhörern wie dem Musiklehrer im Schlafzimmer, so traurig wird es, die Lieder zu schön, so rein wie seine Sätze, sein Mund so sauber wie die Hand – Seine Zunge so rein wie die Hand, sodass die Hand weiß, wo sie Lieder findet – ein Troubadour, ein Frührenaissance-Troubadour, der Gitarre für die Damen spielt und sie zum Weinen bringt – Auch mich bringt er zum Weinen … Tränen steigen mir beim Hören in die Augen.

Und ich denke: «Wie lang ist das schon her, dass ich am Fenster stand, als ich Musiklehrer in Pierluigi war und ein ganz neues Musikgenie entdeckte», ich habe wirklich derart großspurige Gedanken – soll heißen: In einem früheren Leben war ich ich und Raphael das neue Klaviergenie – Hinter den Vorhängen von ganz Italien weinte die Rose, und der Mond beschien die Turteltaube.

Dann stell ich mir vor, wie er mit Kerzen auf dem Flügel spielt, so wie Chopin, sogar wie Liberace, für zahllose Frauen wie Rose, und sie zum Weinen bringt – Ich stelle es mir vor, den Ursprung des spontanen Virtuoso-Komponisten, dessen Werke erst auf Tonband aufgezeichnet und dann abgeschrieben werden und der somit die weltweit ersten freien Melodien und Harmonien «schreibt», unverdorbene

Musik – Vielleicht ist er als Musiker sogar noch größer denn als Dichter, und er ist ein großartiger Dichter. Dann denke ich: «Chopin hat seinen Urso gekriegt, jetzt brennt der Poet zugleich mit Wörtern und Piano –» Das sage ich zu Raphael, der es kaum glaubt – Er spielt ein neues Lied, so schön wie schon das erste. Da weiß ich, er kann das immer wieder.

Heute Abend will die Zeitschrift uns fotografieren, und Raphael ruft mir zu: «Nicht kämmen – lass deine Haare ungekämmt!»

96

Und wie ich so am Fenster stehe, einen Fuß nach vorn wie ein Pariser Dandy, erkenne ich Raphaels komplette Größe – die Größe seiner Reinheit, die Reinheit seiner Hochachtung für mich – dass er mich das Kreuz tragen lässt. Gerade hatte Sonya noch gefragt: «Trägst du das Kreuz nicht mehr?», und das in so vergiftetem Ton, als wollte sie sagen, *mit mir zusammenzuwohnen hieß also, das untragbare Kreuz zu tragen?* – «Bloß nicht kämmen», sagt Raphael und hat kein Geld – «Ich glaube nicht an Geld.» – Der Mann im Bett im Schlafzimmer kennt ihn ja kaum, und jetzt ist er eingezogen und spielt auf seinem Klavier – Der Musiklehrer ist einverstanden, und nächsten Tags, als Raphael erneut vollendet spielt, nach langsamerem Anfang diesmal, aufgrund meines womöglich vorschnellen Urteils über sein musikalisches Talent – musikalisches Genie – schlurft Ehrman im Bademantel aus dem Krankenzimmer, und als Raphael eine perfekte, pure Melodienote anschlägt, blicke ich zu Ehrman und er zu mir, und wir nicken einverständig – Dann sieht er Raphael ein paar Minuten zu.

Zwischen diesen zwei Sonaten war das mit den dummen Fotos, und wir natürlich alle sturzbetrunken, denn wer würde schon nüchtern bleiben, um abgelichtet und «flamingocooler Dichter» genannt zu werden – Irwin und ich nahmen Raphael in die Mitte, meine Idee, ich sagte: «Raphael ist der Kleinste, er gehört in die Mitte», und so, Arm in Arm, posierten wir drei für die Literaturwelt Amerikas, und als die Blenden klickten, sagte irgendwer: «Was für ein Trio!», als wären wir eins dieser millionenschweren Outfield-Teams im Baseball – Ich der Leftfielder, blitzschnell, brillanter Baserunner, Fänger aller hohen Bälle, auch über die Schulter, ich krache in die Außenwände wie Pete Reiser, bin schon völlig zerschunden, bin Ty Cobb, ich schlage, laufe, stehle Bases mit gerechtem Zorn, man nennt mich auch The Peach – Doch ich bin irre, persönlich kann mich keiner leiden, ich bin kein angebeteter Babe Ruth – Im Centerfield steht Raphael, der blonde DiMaggio, der niemals irgendetwas falsch macht, ohne sich je sichtbar anzustrengen, Raphael eben – Rightfielder ist der ernsthafte Lou Gehrig, Irwin, der linkshändig weite Homeruns in die Fenster der Harlem River Bronx schlägt – Später posieren wir noch mit dem besten Catcher aller Zeiten, Ben Fagan, alias krummbeiniger alter Mickey Cochrane oder auch Hank Gowdy, er legt nach jedem halben Inning ohne Murren Beinschoner und Maske an und ab –

Gern hätte ich's zu Bens Häuschen in Berkeley geschafft, das einen kleinen Garten hat und einen Baum, unter dem ich in sternhellen Herbstnächten schlief, während Blätter auf mich rieselten – In diesem Häuschen lieferten der gute Ben und ich uns einen Ringkampf, nach dem ich einen Splitter im Arm und er Rückenschmerzen hatte, zwei riesige, rasende Rhinozerosse, wir rangen nur zum Spaß, so wie ich es zuletzt in New York getan hatte, in einem Loft mit Bob Cream, und dann spielten wir französische Filme nach, am Tisch, samt Dialog und Baskenmützen – Ben Fagan mit rotem, ernstem Gesicht, blauen Augen, großer Brille, er war im Jahr vor mir Brandwächter auf dem Sourdough und kennt die Berge auch – «Aufwachen!», ruft er, er ist Buddhist – «Tritt nicht auf das Erdferkel!» Das Erdferkel ist ein Ameisenbär – «Buddha sagt: bloß kein Bein ausreißen.» Ich sage zu Ben: «Warum scheint die Sonne durch das Laub?» – «Das ist deine Schuld» – Ich sage: «Was hat das zu bedeuten, dass du meditiert hast, bis dir das Dach wegflog?» – «Es bedeutet, dass ein Pferd in China rülpst und eine Kuh in Japan muht.» – Er sitzt da und meditiert in weiter und kaputter Hose – Ich hatte mal eine Vision von ihm, wie er in einem weiten, leeren Raum saß, aber vorgebeugt mit breitem Lächeln – Er schreibt lange Gedichte darüber, wie er sich in einen zehn Meter großen Goldriesen verwandelt – Er ist wirklich seltsam – Stark wie eine Säule – Die Welt wird durch ihn besser – Die Welt *muss* besser werden – Und das wird Mühe kosten –

Ich geb mir Mühe, sage: «Komm schon, Cody, du musst Raphael doch mögen» – also nehm ich Raphael am Wochenende mit zu ihm. Ich werde Bier für alle kaufen, auch wenn ich selbst das meiste davon trinke – Kauf ich eben mehr – Bis ich pleite bin – Alles ist möglich – Wir, *Wir?* Keine Ahnung, was ich tun soll – Doch wir alle sind gleich – Jetzt wird mir das klar, wir alle sind gleich, wenn wir uns nur in Ruhe lassen, wird schon alles gut – Schluss mit Hass – Schluss mit Misstrauen – Was soll's, trauriger Sterber?

Wirst du etwa nicht sterben?

Wieso dann Freund und Feind ermorden –

Wir alle sind Freunde und Feinde, Schluss jetzt damit, Schluss mit Kämpfen, wach auf, alles ein Traum, sieh dich doch um, du träumst, und wenn du denkst, die goldene Erde tut uns weh, tut die goldene Erde uns in Wahrheit gar nicht weh, das ist nur die goldene Ewigkeit seliger Sicherheit – Gesegnet sei die Stubenfliege – Nie wieder töten – Nicht in Schlachthöfen schuften – Wir können Grünzeug züchten, atombetriebene, synthetische Fabriken erfinden, die Brotlaibe ausspucken und unerträglich köstliche Chemie-Koteletts und Dosenbutter – Warum auch nicht? – Unsere Klamotten aus perfektem Plastik werden ewig halten – Perfekte Medizin werden wir haben und Drogen, die uns alles außer dem Tod ertragen lassen – Und wir werden alle finden, dass der Tod unsre Belohnung ist.

Steht irgendwer auf und stimmt mir zu? Gut, das Einzige, was ihr in meinem Dienst zu tun habt, ist segnen und euch setzen.

97

Wir ziehen also los, betrinken uns und hören uns die Cellar-Session an, Brue Moore am Tenorsax, mundstückig im Mundwinkel, die Wange aufgebläht zu rundem Ball wie Harry James und Dizzy Gillespie, und er spielt perfekte Harmonien zu jeder beliebigen Nummer – Er beachtet kaum die Leute, trinkt sein Bier, wird langsam blau und augenschwer, trifft aber jeden Beat und jede Note, denn die Musik ist sein Herz, in der Musik fand er die reine Botschaft an die Welt – Dumm ist nur, dass niemand sie versteht.

Zum Beispiel: Ich sitze auf der Bühnenkante direkt vor Brues Füßen, Gesicht zur Bar, aber den Blick ins Bier gesenkt, aus Bescheidenheit natürlich, trotzdem sehe ich, dass sie nicht zuhören – Blondinen und Brünette sind mit ihren

Männern da, machen anderen Männern schöne Augen, und Beinahe-Schlägereien liegen knisternd in der Luft – Frauenaugen können Kriege auslösen – Indessen wird die ganze Harmonie verpasst – Brue bläst direkt in ihre Richtung, «Birth of the Blues», jazziger Rhythmus, und als es Zeit für seinen Einstieg ist, kommt ihm ein wunderschöner und perfekter neuer Einfall, der den Ruhm der zukünftigen Welt ankündigt, das Klavier blongt einen einverständigen Akkord (der blonde Bill), der heilige Drummer, Augen zum Himmel, schickt beschwingte Engelsrhythmen aus, die allen bei der Arbeit Halt geben – Natürlich drängt der Bass mit zuckend zupfenden Fingern, die für exakte Harmonie über die Saiten gleiten – Natürlich hören die anwesenden Musiker zu, Horden junger Farbiger, die dunklen Gesichter glänzend im schummrigen Licht, die weißen Augen groß und ehrlich, Getränke haben sie nur in der Hand, damit sie hier sein und zuhören dürfen – Es verheißt Gutes in den Menschen, dass sie auf die Wahrheit in der Harmonie hören – Brue aber muss die Botschaft über mehrere Choruskapitel durchhalten, seine Ideen werden langsam matter, er gibt rechtzeitig auf – Sowieso will er eine andere Nummer spielen – Zustimmend tippe ich ihm auf den Schuh – In den Pausen setzt er sich zu mir und Gia, sagt nicht viel, tut, als könnte er auch nicht viel sagen – Er spricht durch sein Saxophon –

Doch sogar an Brues Lebenskraft nagt der himmlische Zeitwurm, so wie an meiner und an deiner, schwer genug, in einer Welt zu leben, in der man älter wird und stirbt, warum da auch noch disharmonisch sein?

98

Seien wir wie David D'Angeli, beten wir privat und auf den Knien – Sagen wir: «O Du, der Du alles denkst, sei gütig» – Flehen wir ihn (oder es) um gütige Gedanken an – Er, Gott, muss nur gütige Gedanken denken, dann ist die Welt gerettet – Und jeder Einzelne von uns ist Gott – Was sonst? Und was sonst, wenn wir privat und auf den Knien beten?

Ich habe gesagt, was ich zu Frieden habe.

Nach der Session waren wir bei Mal (Namensgeber Mal Damlette), und da ist er, mit smarter kleiner Stoffmütze, smartem Sporthemd und karierter Weste – aber seiner Frau, der armen Baby, ist schlecht von Sedativa, sie macht sich Sorgen, wenn er mit uns trinken geht – Letztes Jahr, als Mal mit Baby stritt, hab ich gesagt: «Küss ihr den Bauch, liebe sie einfach, streite nicht» – Ein Jahr lang ist das gutgegangen – Den ganzen Tag arbeitet Mal als Telegrammbote für Western Union, zieht mit stillem Blick durch San Franciscos Straßen – Jetzt begleitet er mich höflich zu der weggeworfenen chinesischen Gemüsekiste, in der ich eine Flasche versteckt habe, und wir stoßen auf die alten Zeiten an – Er trinkt eigentlich nicht mehr, aber ich sage: «Die paar Schluck können nicht schaden» – Oh, Mal war ein großer Trinker! Wir lagen auf dem Boden, Radio bis zum Anschlag aufgedreht, Baby bei der Arbeit, mit Rob Donnelly lagen wir da, an kaltem Nebeltag, und holten uns beim Aufwachen gleich 'ne frische Pulle – Noch einen Tokajer – Den tranken wir zu neu entflammendem Gespräch und schliefen schließlich auf dem Boden wieder ein – Das übelste Besäufnis meines Lebens – So was drei Tage lang, und man ist tot – Das allerdings braucht niemand –

Gott sei gnädig, Gott sei gütig, wie immer Du auch heißt, sei gütig – segne und behüte.

Vorsicht mit deinen Gedanken, Gott!

So waren wir geendet, sternhagelvoll, Fototermin, schliefen bei Simon, und am Morgen waren Irwin, Raphael und ich in unserem literarischen Los untrennbar verwoben – Sofern man sich daraus was macht –

Ich mache im Badezimmer Kopfstand, um meinen Beinen das Trinken-Rauchen auszutreiben, da auft Raphael das Badfenster und ruft: «Schaut! er steht auf dem Kopf!», und alle kommen angerannt, auch Lazarus, und ich sage: «O Scheiße.»

Etwas später sagt Irwin zu Penny: «O mach du an der Straßenecke einen Kopfstand», nachdem sie ihn gefragt hat: «O was soll ich in dieser irren Stadt mit euch Verrückten machen» – Gute Antwort, aber Kinder sollten nicht streiten. Denn die Welt steht in Flammen – Das Auge steht in Flammen, was es sieht, steht in Flammen, das Sehen steht in Flammen – Das heißt nur, alles wird reine Energie und nicht mal das. Es wird selig.

Versprochen.

Ich weiß es, weil ihr es wisst.

Rauf zu Ehrman waren wir gegangen, den seltsamen Hügel hoch, und Raphael spielte seine zweite Sonate für Irwin, der sie nicht ganz verstand – Aber Irwin muss so viel über das Herz verstehen, über die Worte des Herzens, dass ihm für Harmonieverständnis keine Zeit bleibt – Melodie versteht er, und auch klimaktische Requiems, die er für mich dirigiert wie ein bärtiger Leonard Bernstein, mit gewaltigen, armehochreißenden Finalen – Ja, ich sage: «Irwin, du wärst ganz bestimmt ein guter Dirigent!» – Doch als Beethoven aufs Licht lauschte und das kleine Kreuz am Horizont seiner Stadt stand, da begriff sein knochiger Kummerkopf die Harmonie, den göttlich harmonischen Frieden, und nie war es nötig, eine Beethoven-Symphonie zu dirigieren – Oder seine Finger bei seinen Sonaten –

Doch all das sind nur verschiedene Formen ein und derselben Sache.

Ich weiß, es ist unentschuldbar, eine Geschichte mit solchem Geschwafel zu unterbrechen – Doch wenn ich das nicht loswerde, sterbe ich – sterbe ich hoffnungslos –

Und auch wenn hoffnungslos sterben nicht wirklich hoffnungslos sterben ist, sondern nur goldene Unendlichkeit, schön ist es trotzdem nicht.

Der arme Ehrman liegt mit Fieber flach, ich hole seinen Arzt, der sagt: «Da ist nichts zu machen – er braucht einfach viel Saft und Ruhe.»

Und Raphael ruft: «Ehrman, Sie müssen mir Musik beibringen, Klavier spielen!»

«Sobald ich wieder auf den Beinen bin.»

Ein trauriger Nachmittag – Auf der Straße bei wilder, schwindender Sonne tanzt der Maler diesen wahnsinnigen Glatzkopftanz, der mich erschreckt, als ob der Teufel selber tanzen würde – Wie machen diese Maler das? Offenbar ruft er was Spöttisches – Das Trio, Irwin, Raff und ich, windet sich den einsamen Pfad hinab – «Ich rieche tote Katze», sagt Irwin – «Ich rieche toten süßen Chinamann», sagt Raphael, die Hände wie schon vorher in den Ärmeln, durchschreitet er die Dämmerung, den steilen Pfad hinab – «Ich rieche tote Rose», sage ich – «Ich rieche süßen Plunder», sagt Irwin – «Ich rieche Macht», sagt Raphael – «Ich rieche Traurigkeit», sage ich – «Ich rieche kalte Rosenlachse», füge ich hinzu – «Ich rieche das einsame Bittersüß», sagt Irwin –

Armer Irwin – Ich sehe ihn an – Fünfzehn Jahre kennen

wir uns schon, betrachten einander sorgenvoll im Nichts, jetzt geht es zu Ende – Es wird dunkel – Wir müssen tapfer sein – Wir werden es schaffen, auf Biegen und Brechen, in der frohen Sonne unserer Gedanken. In einer Woche ist alles vergessen. Warum also sterben?

Traurig erreichen wir das Haus, in der Tasche ein Opernticket von Ehrman, der nicht hingehen kann, wir sagen Lazarus, er soll sich auftakeln für seinen lebensersten Opernabend – Wir binden ihm eine Krawatte, suchen ihm ein Hemd aus – Kämmen ihm das Haar – «Was muss ich tun?», fragt er –

«Schau dir einfach die Leute an und hör auf die Musik – Es gibt Verdi, ich erzähl dir alles, was du wissen musst!», ruft Raphael und erklärt, endet mit einem langen Exkurs über das Römische Reich – «Du musst die Geschichte kennen! Musst Bücher lesen! Ich sag dir, was du lesen solltest!»

Simon ist da, okay, wir nehmen ein Taxi zur Oper, setzen Lazarus ab und wollen weiter zu McLear in die Bar – Der Dichter Patrick McLear, unser «Feind», will uns dort treffen – Wir setzen Lazarus zwischen Tauben und Menschen ab, drinnen brennt Licht, Opernclub, private Schließfächer, Logen, Vorhänge, Masken, eine Verdi-Oper – Lazarus wird alles donnernd niedergehen sehen – Der Ärmste traut sich nicht alleine rein – Er fürchtet, was die Leute über ihn sagen könnten – «Vielleicht lernst du ja Mädchen kennen!», drängelt Simon, schubst ihn voran. «Los jetzt, hab Spaß. Küss sie, zwick sie, träum von ihrer Liebe.»

«Okay», lenkt Lazarus ein und stürmt in seinem feinen Anzug in die Oper, wehende Krawatte – Ein ganzes Leben voller Todesopern für den «hübschen Knaben» (wie seine Lehrerin ihn nannte) – Hoffnungsopern – Warten – Sehen – Ein ganzes Leben voller Träume vom verlorenen Mond.

Wir fahren weiter – Der Taxifahrer ist ein höflicher Schwarzer, der ehrlich interessiert zuhört, als Raphael ihm einen Vortrag über Poesie hält – «Du musst Gedichte lesen! Du musst Schönheit und Wahrheit sehen! Weißt du denn nichts von Schönheit und Wahrheit? Keats, der hat's gesagt, Schönheit ist Wahrheit, und Wahrheit ist Schönheit, du bist ein schöner Mann, du solltest das wissen.»

«Wo find ich diese Bücher – in der Bücherei?»

«Klar! Oder in den Buchläden in North Beach, kauf die Gedichtbände, lies alles, was die Hungrigen, Geplagten über Hungrige, Geplagte sagen.»

«Die ganze Welt ist hungrig und geplagt», merkt er klug an. Ich trage Sonnenbrille, hab meinen Rucksack schon gepackt, um Montag auf den Güterzug zu springen, lausche jetzt aufmerksam. Es ist gut. Von ernsten Dingen redend, rasen wir durch blaue Straßen wie die Bürger von Athen. Raphael ist Sokrates, er wird den Beweis führen; der Taxifahrer ist Alkibiades, er wird auf ihn hören. Irwin ist der beobachtende Zeus. Simon ist Achilles, inzwischen überall verwundbar. Ich bin Priamos, beweine meine abgebrannte Stadt, meinen erschlagenen Sohn und die Verschwendung der Geschichte. Ich bin nicht Timon von Athen, sondern Krösus, der auf brennender Bahre die Wahrheit rausschreit.

«Okay», willigt der Taxifahrer ein, «in Zukunft lese ich Gedichte», und er wünscht uns freundlich einen schönen Abend, zählt sein Wechselgeld, und wir hasten in die Bar, zu dunklen Hintertischen wie in Dubliner Hinterzimmern, und Raphael verblüfft mich mit einem Angriff auf McLear:

«McLear! Von Schönheit oder Wahrheit hast du keine Ahnung! Du schreibst Gedichte, und du bist ein Scharlatan! Du lebst das grausame, herzlose Leben eines bourgeoisen Unternehmers!»

«Was?»

«Das ist genauso schlimm, wie Octavian mit einer kaputten Sitzbank zu erschlagen! Ein mieser Senator bist du!»

«Warum sagst du so was –»

«Weil du mich hasst und scheiße findest!»

«Raphael, du nudelfressender New Yorker Nichtsnutz», rufe ich lächelnd, um zu demonstrieren: «Raphael ist nur gekränkt, Diskutieren zwecklos.»

Doch der bürstenschnittige McLear lässt sich weder beleidigen noch an die Wand reden, er schlägt zurück und sagt: «Ihr habt von Sprache alle keine Ahnung – außer Jack.»

Gut, wenn ich von Sprache wirklich so viel weiß, lasst sie uns nicht zum Streit benutzen.

Raphael hält seine demosthenische Schmährede, sticht immer wieder in die Luft dabei, doch ab und zu muss er auch grinsen – und McLear genauso – weil er merkt, dass alles nur ein Missverständnis ist, basierend auf geheimen Sorgen hosentragender Poeten, im Unterschied zu robentragenden Poeten wie Homer, der blindlings sang und niemals unterbrochen, lektoriert oder verhöhnt wurde – Das Geschrei und die Art der Unterhaltung, «Poisie», lockt Rowdys von weiter vorn in der Bar an, und beim Gehen geraten wir fast in eine Schlägerei, aber ich schwöre mir: «Muss ich mit dem Kreuz am Hals kämpfen, um es zu verteidigen, dann kämpfe ich, aber lieber würde ich verduften und Gras über die Sache wachsen lassen», was auch passiert, zum Glück kommen wir ungeschoren auf die Straße –

Dann aber enttäuscht mich Simon, indem er mitten auf die Straße pisst, vor massenweise Leuten, bis jemand auf ihn zutritt und fragt: «Muss das sein? Was soll das denn?»

«Ich musste halt pinkeln», sagt Simon – Ich eile mit dem Rucksack weiter, die anderen mir lachend hinterher – In der

Cafeteria, wo wir Kaffee trinken wollen, lässt Raphael stattdessen eine lautstarke Tirade an die versammelte Mannschaft vom Stapel, und wir werden natürlich nicht bedient – Es geht nur um Dichtung und Wahrheit, aber die halten es für verrückte Anarchie (auch angesichts unseres Äußeren) – Ich mit dem Kreuz, dem Rucksack – Irwin mit dem Bart – Simon mit dem irren Blick – Was Raphael auch tut, Simon sieht begeistert zu – Sonst fällt ihm nichts auf, auch nicht die entsetzten Leute: «Die muss man Schönheit lehren», sagt Simon sich entschlossen.

Und im Bus spricht Raphael zum gesamten Bus, bla, bla, diesmal ein großer Vortrag über Politik. «Wählt Stevenson!», schreit er (warum auch immer), «wählt Schönheit! Wählt Wahrheit! Kämpft um eure Rechte!»

Wir wollen aussteigen, der Bus hält an, unsere leeren Bierflaschen scheppern über den Boden, der schwarze Fahrer liest uns die Leviten, ehe er die Tür öffnet: «Wehe, ihr trinkt noch mal in meinem Bus ... Wir einfachen Leute haben's schon schwer genug, und ihr macht alles nur noch schlimmer», sagt er zu Raphael, auch wenn das nicht ganz richtig ist, außer jetzt grade, sicher, aber kein Fahrgast hat sich beschwert, bloß eine Show in einem Bus –

«Das ist ein toter Bus, er fährt zum Tod!», sagt Raphael auf der Straße. «Und der Fahrer weiß es und lässt nichts dagegen unternehmen!»

Wir beeilen uns, um Cody am Bahnhof zu treffen – Armer Cody, will nur telefonieren in der Bahnhofskneipe, in seiner Uniform, und wird von einer Bande irrer Dichter angesprungen, schultergeklopft und angeheult – Er sieht mich an, wie um zu sagen: «Kannst du die nicht ruhigstellen?»

«Wie sollte ich das tun?», frage ich. «Ich kann euch nur zu Güte raten.»

«O verflucht sei deine Güte!», ruft die Welt. «Wir wollen *Ordnung*!» Keine Ordnung ohne Anordnung – Ich sage: «Lasst uns überall vergeben – so gut wir können – vergeben – vergessen – Betet auf Knien um die Kraft zu vergeben und zu vergessen – Dann wird alles schneeweißer Himmel.»

Cody hat nicht die geringste Lust, Raphael und die anderen im Zug mitzunehmen – Zu mir sagt er: «Kämm dich zumindest mal, ich sag dem Schaffner, wer du bist» (Ex-Eisenbahner) – Also kämme ich mich, Cody zuliebe. Dem Ordnungssinn zuliebe. Auch gut. Ich will nur durchgehen, zu Dir, Herr – Lieber wäre ich in Deinen Armen als in denen von Kleopatra ... bis in die Nacht, wo das dieselben Arme sind.

Wir verabschieden uns von Simon und Irwin, der Zug fährt südwärts in die Finsternis – Die erste Etappe meiner Fünftausend-Kilometer-Reise nach Mexiko, fort von San Francisco.

99

Von Cody angestiftet, erklärt Raphael einer Blondine alles über Wahrheit und Schönheit, bis sie in Millbrae aussteigt, ohne uns eine Adresse zu hinterlassen, dann schläft er auf seinem Sitz ein – Wir töffen über Gleise in die Nacht.

Da geht Bremser Cody mit der Lampe durch das Dunkel – Er hat eine Speziallaterne, die, die die (das ist Sprache, Bruder) Schaffner, Eisenbahner und Weichensteller oft statt der großen, sperrigen normalen haben – Sie passt in die blaue Jackentasche, aber nicht bei dem Manöver jetzt, das ich mir von draußen ansehe, während Raphael schläft wie ein verlorenes Kind (Rauch, Gleise, alles wie alte Träume, in denen man mit seinem Vater in einer großen Stadt voll Löwen zugfährt) – Cody stapft nach vorn zur Lok, löst die Schläuche und gibt das Zeichen, dann dieseln sie zur Weiche, ziehen den Blumenwagen für den Morgen, Sonntagmorgen – Cody springt ab, stellt die Weiche um, bei seiner Arbeit sehe ich den wilden, gläubigen Ernst seiner Bewegungen, er will, dass die Kollegen ihm voll und ganz vertrauen, und zwar, weil er an Gott glaubt (Gott segne ihn –) – Lokführer und Feuerwehrmann sehen zu, wie Codys Lampe durch die Dunkelheit schaukelt, als er vom Trittbrett springt und auf die Weiche leuchtet, all das auf Kies, der unter den Schuhen rutscht, er löst den Riegel, stellt die alte Weiche um, und ab nach Haus (–) aufs Gleis – Das Gleis hat einen besonderen Namen – Für Eisenbahner ist der völlig logisch, sonst versteht ihn keiner – Ist nun mal ihre Arbeit – Und Cody ist auf dieser Bahn der Bremser-Champion – Ich hab über die Obispo-Steige unter Brettern gekauert, ich kenn mich aus – Besorgte Eisenbahner blicken auf die Uhren, wissen sicher, dass Cody keine Zeit verschwendet, nicht unnötig lang die Hauptstrecke blockiert, er koppelt den Blumenwagen ab, der Papa in Form von Blumen Bodhisattva liefern wird – seine kleinen Kinder werden sich in ihren Krippen umdrehen und seufzen – Denn Cody stammt aus dem Land, wo man die Kinder schreien lässt – «Vorsicht, Durchfahrt!», ruft er, winkt mit großer Hand – «Zur Seite, Aprikosenbaum!» – Er rennt zurück und springt aufs Trittbrett, weiter geht's – Ich sehe zu, in der kalten, diffus nach Obst duftenden Nacht – Die Sterne herzzerreißend, was machen die da bloß? – Dort drüben der Hügel mit den trüben Nebenstraßenlichtern –

Weiter geht's, Cody schrubbt und trocknet sich die Hände auf dem Klo und sagt zu mir: «Mann, ich fahr nach Innisfree! *Yessir,* Junge, mit den Pferdchen da lerne ich endlich wieder *lächeln.* Mann, ich werde vor lauter Kohle aus dem Grinsen nicht mehr rauskommen – Glaubst du mir nicht? Hast du letztes Mal nicht aufgepasst?»

«Doch, aber das ist nicht so wichtig.»

«*Was* ist nicht wichtig, Geld?», schreit er, die Zähne bleckend, wütend über seinen innisfreien Bruder.

«Gut, dann wirst du eben Millionär. Aber schenk mir keine Yacht mit Schampus und Blondinen, ich will bloß ’ne Waldhütte. Eine Hütte auf dem Desolation Peak.»

«Und die Chance», nach vorn gebeugt tippt er mir auf die Brust, «das System mit dem Geld aufs Kreuz zu legen, das ich dir per Western Union schicke, sobald wir unser Geschäft aufs ganze Land ausweiten können – Du kümmerst dich um die Rennbahnen in New York, ich mich hier um die Eisenbahn und um die Rennbahnen, und die alte Schlafmütze Raphael verschiffen wir auf eine schicke Tropeninsel – Er kann sich um Florida kümmern – Und Irwin um New Orleans –»

«Und Marlon Brando um Santa Anita», sage ich –

«Und Marl, genau, und die gesamte Gang –»

«Simon um Setabustaposk Park in Sardinen-Russland.»

«Und Semopalen-Russland für Lazarus, also, alles klar, Mann, eingetütet, todsicheres *Kinderspiel*», er boxt in die Luft, «ich muss nur schnell meinen Anzug abbürsten, hier, die Bürste, kannst du mal am Rücken?»

Stolz wie ein alter Kinoplatzanweiser aus New Orleans bürste ich ihm den Rücken ab –

«Danke, Mann», sagt Cody, steckt das Rennprogramm in seine Jackentasche, und wir rollen weiter Richtung Sunnyvale – «Da ist Sunnyvale», sagt Cody, als wir in einen Bahnhof rattern, und zweimal ruft er zu den Passagieren «Sunny-

Vale», und ein paar gähnen, stehen auf – Sunnyvale, wo Cody und ich gearbeitet haben, wo der Schaffner fand, er würde zu viel reden, obwohl Cody mir doch nur gezeigt hat, wie man bei einer Diesellok nicht aufs Trittbrett steigen darf – (Steigt man falsch auf, wird man zerquetscht, im Dunkeln fällt das manchmal gar nicht auf) (Man steht im Dunkeln am Gleis und sieht nichts, weil so ein Flachwagen sich anschleicht wie eine Schlange) – Also ist Cody der Schaffner des Himmlischen Zugs und knipst uns allen die Karten, denn wir waren gute Lämmer, glaubten an Rosen und Lampen und Mondaugen –

Wasser vom Mond
Schneller als gewohnt

100

Aber Cody ist sauer, weil ich Raphael dabeihabe, wir wollen das Wochenende bei Cody zu Hause verbringen, und er glaubt, Evelyn wird Raphael nicht mögen – In San Jose steigen wir aus, wecken Raphael, klettern in Codys neue Familienkutsche, einen Rambler-Kombi, und los geht's, er ist stinksauer, reißt wild das Auto in die Kurven, aber ohne dass die Reifen quietschen, den Trick hat er gut raus – «Na schön», scheint er damit zu sagen, «wir schlafen bei mir. *Und*», fährt er laut fort, «euch zwei morgen viel Spaß beim Football-Knaller, Packers gegen Lions, ich komm gegen sechs zurück, Montag fahr ich euch ganz früh zum ersten Zug – Auf dem arbeite ich auch, ihr kommt also problemlos rein – So, hier wohne ich», sagt er und biegt in eine schmale Landstraße, dann in eine zweite, schließlich in eine Einfahrt und eine Garage – «Hier ist meine Spaniervilla, und jetzt wird geschlafen.»

«Wo soll ich denn schlafen?», fragt Raphael.

«Nimm du ruhig das Sofa im Wohnzimmer», sage ich, «ich leg mich ins Gras mit meinem Schlafsack. Ich hab im Garten schon ein Plätzchen.»

Gut, wir steigen also aus, ich gehe nach hinten in den großen Garten, breite meinen Schlafsack zwischen Büschen aus, auf taufeuchtem Gras, und die Sterne sind kalt – Doch die Sternenluft ergreift mich, und in meinen Schlafsack schlüpfen ist wie ein Gebet – Schlafen ist wie ein Gebet, doch wenn man um drei Uhr nachts unter den Sternen aufwacht, sieht man, in welch großem, schönem Himmlischen-Milchstraßen-Zimmer man schläft, wolkig-milchig mit hunderttausend Myriaden Universen und noch mehr, die Zahl ist unglaublich nebulös, kein Univac-Rechner mit seinem Gehirnwäscheverstand kann das Ausmaß der Belohnung messen, die wir dort oben sehen –

Und der Schlaf ist köstlich unter Sternen, selbst wenn der Boden bucklig ist, man passt die Glieder an und spürt die feuchte Erde, doch sie wiegt einen in den Schlaf, in uns allen steckt ein Steinzeit-Indianer – Ein Cro-Magnon- oder Grimaldi-Mensch, der – natürlich – auf dem Boden schlief, oftmals im Freien, und auf dem Rücken in die Sterne blickte, versuchte, ihre Dipankara-Anzahl zu berechnen, ihr trübes Hoodoo-Oolagoo-Mysterium – Sicher fragte er: «Warum?» – «Warum, Name?» – Einsame Steinzeitlippen unter Sternen, die Nomadennacht – Das Knistern seines Lagerfeuers –

Ja, und das Schnalzen seines Bogens –

Amorsbogig schlafe ich dort tief – In frostig-grauer Dämmerung wache ich auf, verkrieche mich und schlafe weiter – Im Haus hat Raphael ein völlig anderes Schlaferlebnis, Cody wieder ein anderes, Evelyn ein anderes, die drei Kinder ein anderes, sogar der Hund ein anderes – Doch dämmern werden alle in ein sanftes Paradies.

101

Geweckt werde ich von den herrlichen Stimmchen zweier kleiner Mädchen und eines kleinen Jungen: «Aufwachen, Jack, *Frühstück ist fertig.*» Dieses «Frühstück ist fertig» kommt praktisch im Chor, weil es ihnen aufgetragen wurde, dann erkunden sie kurz die Büsche rings um mich und verschwinden, und ich stehe auf, lasse meinen Rucksack im strohigen Herbstgras liegen und gehe ins Haus, um mich zu waschen – Raphael sitzt grübelnd in der Ecke – Evelyn ist ganz die strahlende Blondine am Morgen. Wir lächeln uns an und reden – Sie: «Warum hast du nicht auf dem Küchensofa geschlafen?», und ich: «Ach, ich schlafe gern im Garten, da träume ich so schön» – Und sie: «Na, das ist doch toll, wenn heutzutage einer schöne Träume hat.» Sie bringt mir Kaffee.

«Raphael, was gibt's zu grübeln?»

«Ich grüble über deine schönen Träume», sagt er und kaut abwesend auf seinem Fingernagel.

Cody wuselt durchs Schlafzimmer, schaltet den Fernseher um, zündet Zigaretten an, rennt zwischen Sendungen und Szenen ins Bad für seine Morgenwäsche – «Ist die nicht ein Herzchen?», sagt er über eine Frau in einer Seifenwerbung, und aus der Küche hört ihn Evelyn und sagt so etwas wie: «Sicher eine alte *Hexe.*»

«Hexe, Schmexe», sage ich zu Cody. «Von der Bettkante würd ich die nicht stoßen.» – «Puh», sagt Evelyn und belässt es dabei.

Den ganzen Tag mag niemand Raphael, er hat Hunger und fragt mich nach was zu essen, ich bitte Evelyn um Marmeladenbrote, schmiere sie selbst – Die Kinder und ich machen einen Zauberspaziergang durchs Königreich der Katzen – Lauter Pflaumenbäume, an denen ich mich bediene, und wir gehen über Feld und Straßen zu einem Zauberbaum, unter dem ein Junge eine Zauberhütte gebaut hat –

«Was treibt er da drin?», frage ich.

«Ach», sagt Emily, 9 Jahre, «der sitzt da bloß immer drin und singt.»

«Was singt er denn?»

«Worauf er halt Lust hat.»

«Und», sagt Gaby, 7, «er ist wirklich nett. Du solltest ihn mal sehen. Er ist richtig lustig.»

«Ja, hihi, richtig lustig», sagt Emily.

«*Richtig* lustig!», sagt Timmy, 5, so tief unter mir an meiner Hand, dass ich ihn ganz vergessen hatte – Auf einmal wandere ich mit kleinen Engeln durch die Trübsal –

«Wir nehmen den Geheimweg.»

«Die Abkürzung.»

«Erzähl uns eine Geschichte.»

«Nee.»

«Wo führt dieser Weg hin?»

«Zu den Königen», sage ich.

«*Könige?* Hm.»

«Falltüren und Walküren», sage ich.

«O Emily», verkündet Gaby, «ist Jack nicht *lustig*?»

«Doch», seufzt Emily beinahe, todernst.

Timmy sagt: «Ich kann was Lustiges mit den Händen machen», und er zeigt uns mystische Mudra-Vögel –

«Schaut mal, da im Baum, da singt ein Vogel», mache ich sie aufmerksam.

«Ich hör ihn», sagt Emily – «Ich schau mal nach.»

«Verlauf dich nicht.»

«Ich bin der Riese auf dem Baum», sagt Timmy und klettert in die Zweige.

«Gut festhalten», sage ich.

Ich setze mich, entspanne, meditiere – Alles ist gut – Warm scheint die Sonne durchs Geäst –

«Ich bin ganz weit oben», sagt Timmy, weiter oben.

«Ja, wirklich hoch.»

Auf dem Rückweg begegnet uns ein Hund, reibt sich an Emilys Bein, und sie sagt: «Oh, als wär er wie ein Mensch.»

«Er *ist* ja auch wie ein Mensch», sag ich («mehr oder weniger»).

Pflaumen schmatzend kehren wir zum Haus zurück, alle glücklich.

«Evelyn», sage ich, «herrlich ist das, mit drei Kindern, ich kann sie gar nicht auseinanderhalten – sie sind alle gleich niedlich.»

Cody und Raphael brüllen im Schlafzimmer dem Spiel im Fernsehen ihre Wetten zu – Evelyn und ich führen im Wohnzimmer eins unserer langen, ruhigen Gespräche über Religion – «Das sind alles nur verschiedene Sätze und Wörter, um dieselbe Sache auszudrücken», sagt Evelyn, Sutren und Schriften in den Händen wiegend – Wir sprechen immer über Gott. Sie hat sich mit Codys Ungezähmtheit abgefunden, weil sich das so gehört – Einmal freute sie sich sogar über die Gelegenheit, Gott zu danken, als fiese Kinder ihr Eier ins Fenster geworfen hatten: «Ich war Ihm dankbar für die Gelegenheit zu verzeihen.» Sie ist eine bildhübsche Frau und eine erstklassige Mutter – Grundsätzliche Sorgen macht sie sich indessen über gar nichts – Sie ist wirklich zu dieser kühlen Nichts-Wahrheit gelangt, von der wir alle immer faseln, und in der Praxis zeigt sie Wärme – Was braucht man mehr? An der Wand hängt der sonderbare Goldlamé-Christus, den sie mit 14 angefertigt hat, Blut spritzt Ihm aus der aufgespießten Seite, ziemlich mittelalterlich – und über dem Sims zwei schöne Porträts ihrer Töchter, schlicht gemalt – Nachmittags kommt sie im Badeanzug raus, blond und froh, in Kalifornien zu leben, badet in der Sonne, während ich ihr und den Kindern Schwalben- und Paketsprünge in den Pool vormache – Raphael sieht sich das Spiel an, will nicht ins Wasser – Cody geht zur Arbeit – Kommt zurück – Ein ruhiger Sonntagnachmittag auf dem Land. Warum aufregen?

«Sehr, sehr ruhig, Kinder», sagt Cody, legt die Bremserkluft ab und schlüpft in den Bademantel. «Abendessen, Ma.» … «Kriegt man hier denn nie was zu beißen?», fügt er noch hinzu.

«Genau», sagt Raphael.

Und Evelyn serviert ein wunderschönes, leckeres Gericht, das wir bei Kerzenlicht genießen, nachdem Cody und die Kinder ein kurzes Tischgebet gesprochen haben – «Lieber Gott, sei unser Gast» – Lang ist es nicht, aber sie müssen es gemeinsam aufsagen, Evelyn sieht zu, ich schließe die Augen, und Raphael staunt –

«Das ist doch verrückt, Pomeray», erklärt er schließlich – «Und du *glaubst* wirklich an diesen Kram, so richtig? – Tja, wer's mag –» Cody schaltet eine Sendung über Wunderheiler aus Oklahoma an, und Raphael ruft: «Quatsch!»

Cody will nicht zustimmen – Als der Heiler dazu auffordert, betet er ein wenig mit dem Fernsehpublikum, und Raphael flippt völlig aus – Und am Abend wird eine Frau vor der 64 000-Dollar-Frage interviewt, erklärt, sie sei Metzgerin aus der Bronx, und man sieht ihr einfaches, ernstes Gesicht, bisschen faschiert vielleicht, vielleicht auch nicht, und Evelyn und Cody sind sich händchenhaltend einig (auf Kissen auf der Bettkante, Raphael im Lotossitz zu ihren Füßen, ich in der Tür mit einem Bier). «Sie ist bloß eine einfache Christin», sagt Evelyn, «gute, bodenständige Leute – anständige Christen» – und Cody pflichtet bei: «Genau, Darling», und Raphael brüllt: «NIEMAND WILL HÖREN, WAS DIE SAGT, DIE TÖTET SCHWEINE!» Cody und Evelyn springt der Schock aus dem Gesicht, beide sehen Raphael mit großen Augen an, außerdem hat er es so plötzlich gesagt, und sie müssen zugeben, dass es ganz sicher stimmt, sie tötet Schweine –

Raphael beharkt jetzt Cody, ist schon viel besser drauf – Der Abend wird richtig lustig, wir berauschen uns an rührseligen Sendungen, an der hübsch singenden Rosemary Clooney und an Millionen-Dollar-Filmen, die wir nicht sehen können, weil Cody zwischendurch auf Sport umschaltet, dann zu einer Stimme, einer Frage, weiter, Cowboys ballern mit Spielzeugpistolen auf staubigen Hügeln, dann, zack, ein großes, besorgtes Gesicht in einer Talkshow oder bei «Sie stellen die Fragen» –

«Wie sollen wir denn so der Sendung folgen?», rufen Raphael und Evelyn gleichzeitig –

«Das ist alles ein und dieselbe Sendung, Cody weiß schon, was er tut, Cody weiß alles – Schau hin, Raphael, du wirst schon sehen.»

Dann gehe ich in den Flur, weil wir ein Geräusch gehört haben (King Cody: «Geh mal nachsehen»), und es ist ein großer, bärtiger Patriarch von Konstantinopel mit Brille und schwarzer Wildlederjacke und also Irwin Garden, der aus dem düsteren Russland im Hintergrund tritt – Der Anblick *schreckt* mich! – Ich also zurück ins Zimmer, halb erschrocken, halb zu Cody sagend: «Irwin ist da» – Simon und Gia sind auch mit dabei – Simon zieht sich aus, springt in den Mondscheinpool wie ein Krankenwagenfahrer bei einer Lost-Generation-Cocktailparty anno 1923 – Ich führe sie zu den Liegen am im Mondschein schimmernden Pool, damit Cody und Evelyn schlafen können – Gia steht neben mir, lacht, spaziert mit den Händen in den Taschen davon, sie trägt eine Hose – Kurz halte ich sie für einen Kerl – Sie schlurft und raucht wie einer – Einer aus der Gang – Simon drängt sie mir auf: «Sie steht auf dich, Jack.»

Ich setze Raphaels Sonnenbrille auf, und wir hocken uns in eine Nische in einem Restaurant zehn Blocks den Highway runter – Wir bestellen eine ganze Silex-Kanne Kaffee – Simon stapelt Teller, Toast und Zigarettenkippen zu einem schmutzig hohen Turm von Babel – Den Restaurantleuten gefällt das nicht, ich sage: «Das ist hoch genug, Simon» – Irwin singt ein Liedchen:

«Stille Nacht
heilige Nacht» –

Ein Lächeln für Gia.

Raphael grübelt.

Wir fahren zurück zum Haus, wo ich auf dem Rasen schlafen werde, und die anderen verabschieden sich an der Einfahrt, Irwin sagt: «Wir setzen uns in den Garten und feiern Abschied.»

«Nein», sage ich, «wenn ihr geht, dann geht.»

Simon küsst mich wie einen Bruder auf die Wange – Raphael schenkt mir seine Sonnenbrille, nachdem ich ihm das Kreuz zurückgegeben und darauf bestanden habe, er solle es behalten – Traurig – Hoffentlich sehen sie mein müdes

Abschiedsgesicht nicht – Die Zeittrübe in unseren Augen – Irwin nickt, ein kleines, simples, trauriges, überzeugendes und ermutigendes Nicken: «Gut, wir sehen uns in Mexiko.»

«Mach's gut, Gia» – Und ich gehe in den Garten, rauche auf dem Liegestuhl, während sie losfahren – Ich glotze in den Pool wie ein College-Direktor, wie ein Filmregisseur – Wie eine Madonna im strahlend hellen Wasser – Surrealer Swimmingpool – Dann blicke ich zur Küchentür, zur Dunkelheit, und sehe eine Bande dunkler Männer auftauchen, mit silbernen Rosenkränzen um den Hals und silbernen Kreuzen und Kinkerlitzchen auf der dunklen Brust – Plötzlich sind sie da und genauso plötzlich weg.

Ach, wie diese Glanzdinge im Dunkeln funkeln!

102

Am nächsten Abend verabschiede ich mich mit Küsschen von Ma und den Kleinen, und Cody fährt mich zum Bahnhof von San Jose.

«Gestern hatte ich eine Vision, eine Bande dunkler Männer, so wie Raphael, David D'Angeli, Irwin und ich, stand mit silbernen Kruzifixen und Halsketten über der dunklen, schmuddeligen Brust im Dunkeln! – Cody, Christus wird wirklich wiederkehren.»

«Na klaaar.» Er nickt weltmännisch und bremst. «Sag ich doch immer –»

Wir parken am Verschiebebahnhof, betrachten das Schauspiel der qualmenden Loks, der neuen, brummenden Dieselmaschinen und das hell erleuchtete Büro, wo wir in unseren zerlumpten Bremsertagen beide gearbeitet haben – Ich bin nervös, will raus und auf die Gleise, um den abfahrenden

Ghost noch zu erwischen, doch Cody sagt: «Immer mit der Ruhe, die rangieren nur – Warte noch, bis sie die Lok ankoppeln – Wirst sehen, ein Riesentrumm mit vier Loks bringt dich im Handumdrehen nach Los Angeles, aber Jack, pass auf dich auf, halt dich gut fest, und denk dran, was ich dir immer gesagt hab, wir sind auf dieser einsamen Welt schon so lang Freunde, ich lieb dich mehr denn je, und ich will dich nicht verlieren, mein Junge –»

Ich habe ein Fläschchen Whiskey für die rasante Reise auf dem Flachwagen mit, biete ihm einen Schluck an – «Das ist was für Männer, was du da jetzt anfängst», sagt er kopfschüttelnd, weil ich statt Wein jetzt Whiskey trinke – Als er schließlich hinter ein paar leeren Personenwagen hält und ich meine alte Güterzugjacke raushole, die mit den zu langen Ärmeln und der hellen Stelle von dem traurigen Kriegsgefangenenabzeichen aus irgendeiner Korea-Vorgeschichte am Arm (die Jacke gekauft in sonderbar gebeutelten Indianerläden in El Paso), staunt er, wie ich meine Stadtuniform gegen meine Nachtreise-Uniform eintausche – Ich frage mich, was er wohl von mir hält – Er ist ganz der besorgte Ratgeber. Ich soll von der Heizerseite her aufspringen, meint er, aber dazu müsste ich sechs oder sieben Gleise bis zum Hauptgleis überqueren (wo der Ghost Zipper vorbeirauscht) – «Da könnte ich im Dunkeln stolpern – besser auf der Führerseite.» Wie früher fachsimpeln wir über Eisenbahnfragen, seine Argumente sind lang und kompliziert, messerscharfe Okie-Logik auf Grundlage fiktiver Ängste, und meine dummen, unschuldigen Grünschnabelfehler auf Grundlage echter kanadischer Sicherheitsbedenken –

«Aber auf der Führerseite *sieht* man dich, der große Scheinwerfer wird dich direkt anstrahlen!»

«Ich versteck mich zwischen den Waggons.»

«Nein – komm hier rein.»

Wie in alten Autodiebstahlstagen stiehlt sich der ehrbare Angestellte in leere Waggons, blickt sich weißgesichtig um wie ein Dieb, der im Stockdunkel nicht gesehen werden will – Ich will den Rucksack nicht umsonst reinwuchten, warte zwischen den Waggons – Er flüstert aus einem dunklen Fenster:

«PASS BLOSS AUF, DASS DICH KEINER SIEHT!»

Da taucht plötzlich der Rangierer mit seiner grünen Lampe auf, gibt das Zeichen zur Anfahrt, die Lok pfeift zweimal schrill, und plötzlich liegt der gelbe Lichtstrahl ganz direkt auf mir, ich drücke mich zitternd an die Puffer, Cody hat mir Angst gemacht – Statt mit ihm Whiskey zu trinken, hab ich mich zurückgehalten: «Bei der Arbeit trink ich nicht», habe ich geprahlt und damit ganz im Ernst die Arbeit gemeint, vorbeirauschende Stangen zu ergreifen und mich mit schwerem Rucksack auf einen Flachwagen zu hieven, hätte ich einen Schluck genommen, würde ich jetzt nicht so zittern – Der Rangierer sieht mich, und wieder wispert Cody voller Angst:

«LASS DICH NICHT SEHEN!»

und der Rangierer ruft:

«*Probleme?*», was ich sofort interpretiere als: «Geldprobleme, dass du dir kein Ticket leisten kannst?» oder: «Probleme mit der Polizei, dass du dich da verstecken musst?», aber ich trällere bloß, ohne nachzudenken: «Ja – o-kay?», und der Rangierer antwortet sofort:

«In Ordnung.»

Dann, als der große Zug mit immer blendenderem Licht langsam aufs Hauptgleis rollt, rufe ich: «Ich steig gleich hier auf», um dem Rangierer zu beweisen, dass ich bloß ein netter, redseliger Einfaltspinsel bin, der ganz sicher nicht vorhat, was kaputtzumachen – Cody kauert als totenstiller Klumpen hinter dem dunklen Wagenfenster, vermutlich flach am Boden –

Er hatte gesagt: «Jack, lass auf jeden Fall erst zwanzig Waggons vorbei, damit du nicht zu dicht an den Loks bist, wenn ihr durch die Tunnels bei Margarita fahrt, sonst erstickst du an den Dieselabgasen», aber während ich die zwanzig abwarte, werde ich zu nervös, die Wagen rollen immer schneller, beim sechsten oder siebten springe ich aus dem Versteck, warte mit klopfendem Herzen noch zwei ab, greife ein paarmal probeweise nach vorbeiziehenden Nachtstahlsprossen (O Herr unserer Väter, welch kaltes Schauspiel ist das Schauspiel der Dinge!), dann los, ich trabe nebenher, auf einer Höhe mit einer der Griffstangen, greife zu, trabe, fürchte mich, keuche, ziehe mich in einer flüssig eleganten, nichts-dabei-haften, traumtänzerisch läppischen Bewegung an Bord, und dann stehe ich oben auf dem Wagen, winke dem ewig unsichtbaren Cody zu, winke immer weiter, damit er sicher sieht, dass ich's geschafft habe, winke und winke, und mach's gut, alter Cody …

– Und all unsere Ängste waren eitel, ein Traum, ganz wie der Herr gesagt hat – und so werden wir sterben –

Es herrscht tiefe Nacht entlang der Küste, ich trinke meinen Whiskey, singe den Sternen was vor, denke zurück an frühere Leben, als ich in Kerkern einsaß, jetzt bin ich draußen an der Luft – Hinab, hinab, so wie in meinem Desolation-Song vorhergesagt, durch die Rauchtunnels hindurch, rotes Tuch über der Nase, runter nach Obispo, wo coole schwarze Hobos auf dem Wagen neben meinem lässig Zigaretten in den Führerhäusern festgezurrter Laster rauchen, einfach so vor aller Augen! Armer Cody! Armer ich! Nach L. A., wo ich am Morgen, nachdem ich mich an tropfendem

Schmelzwasser von Kühlwagen gewaschen habe, in die Stadt stapfe und mir endlich ein Ticket kaufe, als einziger Passagier im Bus, und als wir Richtung Arizona losfahren, zu meinem Wüstenschlaf dort und dem dann folgenden Mexiko, fährt plötzlich neben uns ein zweiter Bus, in dem zwanzig junge Männer zwischen bewaffneten Wachen sitzen, ins Gefängnis unterwegs, ein Gefängnisbus ist das, und zwei der Männer drehen sich um, blicken mich an, und ich hebe nur langsam die Hand, winke ihnen langsam zu und wende mich dann wieder ab, als sie beide langsam lächeln –

Desolation Peak, was will man mehr?

ZWEITES BUCH

DURCH-
REISE

ERSTER TEIL

DURCH MEXIKO

1

Und jetzt, nach der Erfahrung auf dem Berg, wo ich zwei Monate allein gewesen war, ohne eine Frage oder einen Blick von einem Menschen, begann ich eine völlige Kehrtwende in meiner Einstellung zum Leben – Jetzt war ich auf umfassende Nachbildung jenes absoluten Friedens in der Welt der Menschen aus, gierte aber heimlich auch nach manchen ihrer Freuden (Shows, Sex, Bequemlichkeiten, gutes Essen & Getränke), die es auf dem Berg nicht gab – Mein Leben war, das wusste ich jetzt, eine Suche nach Frieden als Künstler, aber nicht nur als Künstler – Als Mann der Betrachtung statt großer Taten, im altchinesischen Sinn des «Tue nichts» (Wu Wei), eine an sich schon schönere Lebensart als jede andere, ein klösterlicher Elfer inmitten irre geifernder Tatendränger dieser oder jeder anderen «modernen» Welt –

Ich wollte beweisen, dass ich «nichts tun» konnte, selbst mitten in der lärmendsten Gesellschaft, in die ich, wie berichtet, aus den Bergen von Washington State nach San Francisco gekommen war, wo ich eine Woche betrunkener «Saufgelege»(wie Cody mal sagte) mit den Engeln der

Trübsal, den Dichtern und Gestalten der San Francisco Renaissance verbracht hatte – Nur eine Woche, nach der ich (mit Kater und ein paar Bedenken, sicher) per Güterzug nach L. A. fuhr und weiter nach Old Mexico, um meine Einsamkeit in einem schäbigen Schuppen in der Großstadt fortzusetzen.

Klar, dass ich als Künstler Einsamkeit brauche, und dazu eine Philosophie des «Nichtstuns», die mir erlaubt, den ganzen Tag zu träumen und Kapitel vergessener Träumereien auszuarbeiten, die Jahre später zu Geschichten werden – So gesehen ist es, weil ja nicht alle Künstler sein können, vollkommen unmöglich, meine Art zu leben allen zu empfehlen – So gesehen bin ich ein Sonderling wie Rembrandt – Rembrandt malte beschäftigte Bürger, die mittags Modell saßen, und nachts, während sie sich für den nächsten Werktag ausruhten, tupfte er ganz allein im Atelier die Dunkelheit auf seine Leinwände – Die Bürger erwarteten von Rembrandt nichts als seine Kunst, also klopften sie auch nachts nicht bei ihm an und fragten: «Warum lebst du so, Rembrandt? Warum bist du nachts allein? Wovon träumst du?» Umgekehrt erwarteten sie nicht, dass Rembrandt sich umdrehte und sagte: «Ihr müsst leben wie ich, die einzige Philosophie ist die der Einsamkeit.»

Genauso wie ich also um meiner Kunst willen (in meinem Fall Geschichten, Prosa) (erzählte Abrisse davon, was und wie ich sah) ein friedliches Leben suchte, im Dienste der Betrachtung und ihrer Feinheiten, suchte ich danach auch als nach meiner Lebensweise, soll heißen, wollte die Welt vom Standpunkt der Einsamkeit aus sehen, ohne in ihren Betrieb imbroglioniert zu werden, der bis dato berühmt für Grauen & Abscheulichkeit war – Ein Mann des Tao wollte ich sein, der in die Wolken schaut und die Geschichte drunter wüten lässt (darf man das noch, nach Mao & Camus?) (so weit kommt's noch) –

Doch niemals hätte ich gedacht, dass ich, trotz meiner Entschlossenheit, trotz meiner Erfahrung in der Kunst der Einsamkeit, trotz der Freiheit meiner Armut – nie hätte ich geglaubt, dass auch ich vom Weltbetrieb erfasst würde – Ich hielt es nicht für möglich, dass – …

Na, aber erst mal weiter mit den Einzelheiten, die machen doch das Leben aus –

2

Anfangs war es noch okay, nachdem ich kurz vor L.A. den Gefängnisbus gesehen hatte, sogar als die Cops mich in der Wüste von Arizona kontrollierten, wo ich um zwei Uhr morgens unterm Vollmond wanderte, um im Sand vor Tucson meinen Schlafsack auszubreiten – Als sie sahen, dass ich Geld für ein Hotel hatte, wollten sie wissen, wieso ich in der Wüste schlafe – Man kann der Polizei das nicht erklären, kann denen schließlich keinen Vortrag halten – Ich war damals ein zäher Sohn der Sonne, wog nur 75 Kilo, konnte kilometerweit mit vollem Rucksack gehen, drehte meine Zigaretten selbst und wusste, wie man sich bequem in Flussbetten verkriecht und nur mit ein paar Cent auskommt – Heute, nach all den Schrecken literarischer Bekanntheit, den Badewannen voller Fusel durch den Schlund, den vielen Jahren, die ich mich daheim vor Hunderten von Bittstellern um meine Zeit versteckte (Steinchen ans Fenster um Mitternacht: «Komm saufen, Jack, große, wilde Partys überall!») – oi – Je enger sich der Kreis um diesen flüggen alten Deserteur schloss, desto bourgeoiser sah ich aus, Bierbauch und so weiter, Miene voller Misstrauen und Wohlstand (gehört das zusammen?) – Würden die Cops mich heutzutage nachts um zwei auf einem Highway kontrollieren, würde ich (beinahe) erwarten, dass sie sich grüßend an die Mützen tippen – Aber damals, vor grade mal fünf Jahren, sah ich wild und ruppig aus – Sie umstellten mich mit gleich zwei Streifenwagen.

Sie leuchteten mich mit ihren Lampen an, wie ich da auf der Straße stand in Jeans und Arbeitskleidung, den großen, elendigen Rucksack auf dem Rücken, und fragten: «Wo wollen Sie hin?», genau wie man mich ein Jahr später unter Fernsehflutlicht in New York fragte: «Wo wollen Sie hin?» – Man kann der Polizei genauso wenig wie dem Rest der Menschheit sagen: «Ich suche nach Frieden.»

Macht das was aus?

Abwarten.

P. S. Man stelle sich vor, man würde tausend auf der Straße tobenden Tokioter Schlangentänzern sagen, man suche nach Frieden, wolle aber nicht mittanzen!

3

Mexico City – prima Stadt für Künstler, billige Unterkunft, gutes Essen, jede Menge Spaß am Samstagabend (einschließlich mietbarer Mädchen) – Ungestört kann man durch Straßen und über Boulevards schlendern, zu jeder Tages- und Nachtzeit, während die lieben kleinen Polizisten wegschauen und sich um ihren Kram kümmern, um die Bekämpfung von Verbrechen – In meiner Erinnerung ist Mexiko jederzeit bunt und aufregend (besonders gegen vier Uhr nachmittags, wenn sommerliche Gewitterschauer die Leute über glänzende Bürgersteige hetzen, auf denen sich blau und rosa Neon spiegelt, die hastenden Indiofüße, die Busse, Regenjacken, kleine, feuchte Lebensmittelläden und Schustereien, die süße Fröhlichkeit von Frauen- und Kinderstimmen, die strenge Aufregung der Männer, die noch immer wie Azteken aussehen) – Kerzenlicht in einem einsamen Zimmer und über die Welt schreiben.

Komme ich dann wirklich an, stell ich immer wieder staunend fest, dass ich eine gewisse trostlose, ja traurige Düsterkeit vergessen habe, den Anblick eines Indios in rostbraunem Anzug zum Beispiel, weißes Hemd, Kragen offen, der mit einem in Zeitungspapier (El Diario Universal) geschlagenen Bündel auf den Circumvalacion-Bus wartet, und der Bus, jeder Platz und jeder Haltegriff besetzt, drinnen dunkelgrüne Düsternis ohne Beleuchtung, bringt ihn, über schlammpfützige Nebenstraßen holpernd, in einer halben Stunde an den Rand der Lehmhütten-Slums, wo ewig der Geruch nach totem Tier und Scheiße in der Luft liegt – Sich darin zu suhlen, ausführlich zu schildern, wie trostlos dieser Mann ist, wäre unfair, letztlich unreif – Ich lass es bleiben – Sein Leben ist ein Graus – Doch plötzlich sieht man eine fette alte Indiolady in weitem Tuch, die ein kleines Mädchen an der Hand hält, die zwei betreten die *pasteleria* und kaufen glänzend süße Teilchen! Das kleine Mädchen freut sich – Nur in Mexiko, in seiner Anmut und Unschuld, scheinen Geburt und Tod sich überhaupt zu lohnen …

4

Ich kam mit dem Bus aus Nogales an, mietete mir gleich eine Lehmhütte auf einem Dach, richtete sie nach meinem Gusto ein, steckte eine Kerze an und schrieb drauflos über den Abstieg vom Berg und die wilde Woche in Frisco.

In einem tristen Zimmer unter mir leistete mein sechzigjähriger Freund Bull Gaines mir Gesellschaft.

Auch er lebte friedlich.

Er geht alles langsam an, steht buckelig und hager da, durchstöbert endlos seine Jacke, Koffer, Schubladen, sucht unter Teppichen und Zeitungen nach überall verstecktem Stoff – «*Yessir*», sagt er zu mir, «ich lebe auch gern friedlich – Du hast wohl deine Kunst, ganz wie du sagst, auch wenn ich das bezweifle» (aus den Brillenwinkeln schaut er, wie ich den Witz aufnehme), «aber ich hab meinen Stoff – Solang ich den hab, kann ich leicht den ganzen Tag zu Hause bleiben und H. G. Wells' *Weltgeschichte* lesen, auch wenn ich sie bestimmt schon hundertmal gelesen hab – 'n Tässchen Nescafé, ab und zu 'n Schinkensandwich, meine Zeitung und nachts schön durchschlafen mit Traumpillen, hm-m-m-m-m» –

«Hm-m-m-m», macht Gaines immer am Satzende, ein leiser Junkie-Seufzer, bebend und wie ein geheimes Lachen oder Vergnügen darüber, dass er den Satz gut abgeschlossen hat, mit Knalleffekt, in diesem Fall «mit Traumpillen» – Doch auch wenn er sagt: «Ich glaub, ich geh dann mal ins Bett», hängt er dieses «Hm-m-m-m» an, so singt er eben, was er sagt – Wie ein indischer Hindusänger zum Rhythmus von Kalebassen und Draviden-Tamburinen. Der alte Guru Gaines, tatsächlich die Erste all der Gestalten, die ich seit jenen unschuldigen Tagen kennenlernen sollte – Da stöbert er durch seine Bademanteltaschen, sucht eine verschollene *codeinetta*, hat völlig vergessen, dass er sie schon gestern Abend eingeworfen hat – Er hat den typisch tristen Junkie-Kleiderschrank, große Spiegel an den knarrenden Türen, drinnen ramponierte Jacken aus New York, deren Taschenfussel man nach dreißig Jahren Drogensucht auf einem Löffel kochen kann – «In mancher Hinsicht», sagt er, «sind der sogenannte Junkie und der sogenannte Künstler sich sehr ähnlich, beide sind gerne allein und haben ihre Ruhe, solang sie haben, was sie brauchen – Sie laufen nicht wie irre durch die Gegend und suchen nach Beschäftigung, weil sie alles in sich tragen, sie können stundenlang stillsitzen. Sie sind sensibel, wie man sagt, und schrecken nicht davor zurück, gute Bücher zu studieren. Ach, schau mal, die Orozcos da, die hab ich aus einer mexikanischen Zeitschrift ausgeschnitten und an die Wand gehängt. Die könnt ich mir Tag und Nacht ansehen, sind die nicht toll – M-m-m-m-m.»

Er dreht sich um, wirkt groß und wie ein Zauberer, macht sich ein Sandwich. Mit pinzettengleichen langen dünnen weißen Fingern nimmt er eine Scheibe Brot. Das belegt er dann in beinahe zweiminütiger Meditation mit Schinken, arrangiert ihn immer wieder neu. Dann legt er eine zweite Scheibe Brot drauf, setzt sich mit dem Sandwich auf die Bettkante und überlegt mit geschlossenen Augen, ob er es auch essen kann, hm-m-m-m. «*Yessir*», sagt er, sucht in der Nachttischschublade nach einer alten Pille. «Der Junkie und der Künstler haben viel gemeinsam.»

5

Die Fenster seines Zimmers gingen direkt auf den typisch mexikanischen Gehsteig hinaus, wo Tausende Hepcats, Kinder und plappernde Leute vorbeiliefen – Von der Straße aus sah man seine rosa Vorhänge, wie von einer Perserbude oder von einem Zigeunerzimmer – Drin das ramponierte, durchgelegene Bett, auch rosa bezogen, und sein Sessel (alt, aber er konnte die langen Spinnenbeine darauf ganz bequem ausstrecken) – Und dann der «Kocher», mit dem er Wasser zum Rasieren heiß machte, bloß eine umgedrehte alte Wärmelampe oder so (ich kann mich einfach nicht mehr an diese wilde, ganz perfekte, wirklich simple Vorrichtung erinnern, auf die nur ein Junkie kommen konnte) – Dann der jämmerliche Pinkeleimer, den der alte Invalide jeden Tag rauftragen und in die einzige Toilette kippen musste, ich nahm ihm das immer ab, wenn ich in der Nähe wohnte, wie jetzt schon zum zweiten Mal – Immer wenn ich mit dem Eimer raufging, unter den Augen der Frauen aus dem Haus, musste ich an diesen wunderbaren Satz des Buddha denken: «Ich weiß noch, dass ich während meiner fünfhundert vorigen Wiedergeburten Leben für Leben darauf verwendet habe, mich in Bescheidenheit zu üben und so demütig mein Dasein zu betrachten, als sei es ein heiliges Wesen, das ruhig zu dulden und zu leiden hat» – Viel unmittelbarer wusste ich aber, dass es in meinem Alter, 34, besser war, einem alten Mann zu helfen, als in Bars herumzuprahlen – Ich dachte an meinen Vater, daran, wie ich ihm aufs Klo half, als er 1946 in den letzten Zügen lag. Ein vorbildlich Leidender war ich aber nicht, ich hab mehr als genug dumm gesündigt und idiotisch angegeben.

Bulls Zimmer hatte was von Persien, so als gäbe sich ein alter, guruhafter Großwesir in einer fernen Stadt noch eine Zeitlang den Drogen hin, im Wissen, dass die Frau des Königs ihn vergiften wird, aus irgendeinem alten abwegigen Grund, von dem er nichts erzählt als «Hm-m-m-m».

Wenn der alte Großwesir mit mir im Taxi fuhr, um in der Stadt sein Morphium aufzutreiben, saß er immer direkt neben mir, ließ die dürren Knie an meine schlagen – Im Zimmer fasste er mich nie auch nur am Arm an, nicht mal, um ein Argument zu unterstreichen, aber auf den Taxi-Rücksitzen, da spielte er senil (um die Fahrer zu täuschen, glaube ich), ließ die Knie an meine kippeln, ja ließ sich selbst wie einen alten und vom Pech verfolgten Pferdewetter in die Bank und gegen meinen Ellenbogen sinken – Wieder draußen auf dem Gehsteig hielt er dann zwei Meter Abstand, blieb ein Stückchen hinter mir, so als würden wir uns gar nicht kennen, noch so ein Trick, um in seinem Exil die Aufpasser reinzulegen («Ich bin aus Cincinnat*a*», sagte er immer) – Der Taxifahrer sieht einen Invaliden, das Gehsteigvolk nur einen alten Hipster, der ganz allein spazieren geht.

Gaines war der heutzutage recht berühmte Kerl, der zwanzig Jahre seines Lebens lang in New York täglich einen teuren Mantel stahl und ihn für Stoff versetzte, ein großer Dieb.

Erzählt er: «Als ich in Mexiko ankam, hat so 'ne Sau mir meine Uhr geklaut – Ich also in den Uhrenladen, mit einer Hand gefuchtelt, mit der anderen stibitzt (gefischt) (geangelt), und als ich wieder rausging, hatte ich 'ne neue Uhr, *quitt*! – Ich war so sauer, dass ich's einfach riskiert hab, und der Typ hat nix gesehen – Ich wollte einfach meine Uhr zurück – Nichts geht einem alten Dieb mehr auf die Eier –»

«Da gehört schon was dazu, in einem mexikanischen Geschäft 'ne Uhr zu klauen!», sagte ich.

«Hm-m-m-mm.»

Dann schickte er mich einkaufen: gekochten Schinken aus dem Laden an der Ecke, maschinengeschnitten vom griechischen Besitzer, einem typisch knausrigen Krämer, der den alten Gaines aber mochte, ihn «Señor Gahr-va» nannte (fast wie Sanskrit) – Dann musste ich zu Sears Roebuck auf der Insurgentes, seinen *News Report* und seine *Time* holen, die er auf seinem Sessel sitzend durchlas, zugedröhnt mit Morphium, manchmal schlief er im besten Henry-Luce-Stil mitten im Satz ein, und wenn er wieder aufwachte, las er einfach weiter, nur um beim nächsten Satz gleich noch mal einzuschlafen, dösend saß er da, während ich ins Leere träumte, in Gesellschaft dieses stillen, wunderbaren Mannes – In seinem Zimmer im Exil, trostlos, aber wie ein Kloster.

6

Außerdem musste ich ihm aus dem Supermercado seinen Lieblingssüßkram holen gehen, cremegefüllte, eisgekühlte Schokodreiecke – Bloß zur Reinigung kam er mit, aber nur, um den alten Chinesen dort zu hänseln. «Heute Opium?», fragte er ihn mit Pfeifenrauchergeste. «Du mir sagen wo.»

Und der runzlige, opiumsüchtige Chinamann sagte dann immer: «Nicht wissen. Nein nein nein.»

«Diese Chinesen sind die verschwiegensten Junkies der Welt», sagt Bull.

Dann mit dem Taxi wieder in die Innenstadt, schlaff lehnt er mit schlaffem Grinsen an mir – Sagt: «Der Fahrer soll an jeder Drogerie anhalten, an der wir vorbeikommen, und du springst raus und kaufst ein Röhrchen *codeinettas,* hier hast du fünfzig Pesos.» Machen wir. «Lieber nicht alles im selben Laden kaufen, so riecht keiner Lunte, und keiner kann dir was.» Auf dem Heimweg lässt er den Fahrer immer am Cine Soundso anhalten, dem Kino um die Ecke, und geht von dort den Rest zu Fuß, damit kein Taxifahrer mitkriegt, wo er wohnt. «Wenn ich die Grenze überquere, kann keiner mit dem Finger auf mich zeigen, weil ich mir den meinen nämlich in den Arsch stecke.»

Schräge Vorstellung, ein alter Mann, der mit dem Finger im Arsch über die Grenze geht.

«Ich nehm so einen Gummifinger, wie Ärzte ihn benutzen, den pack ich voll mit Stoff und steck ihn rein – Keiner kann mit dem Finger auf mich zeigen, weil ich den meinen im Arsch habe. Und zurück geh ich woanders über die Grenze», fügt er hinzu.

Nach diesen Taxitrips begrüßen die Hausherrinnen ihn respektvoll: «*Señor* Gahr-va! Sí?» Er schließt das Vorhängeschloss auf, dann das normale Schloss darunter und betritt sein dauerfeuchtes Zimmer. Da hilft kein Kerosinofen, und wenn er noch so qualmt. «Wenn du mir wirklich helfen willst, Jack, komm mit mir an die Westküste von Mexiko, da wohnen wir in einer Grashütte, rauchen in der Sonne Opium und züchten Hühner. So stell ich mir meine letzten Tage vor.»

Sein Gesicht ist schmal, das weiße Haar mit Wasser glatt zurückgekämmt wie bei einem Teenager. Lila Slipper an den Füßen, sitzt er zugedröhnt in seinem Sessel und liest noch mal die *Weltgeschichte.* Den ganzen Tag hält er mir Vorträge. Wenn es Zeit wird, dass ich rauf zu meiner Hütte auf dem Dach gehe und schreibe, sagt er: «Hm-mmm, ist doch noch früh, bleib noch ein bisschen –»

Jenseits der rosa Vorhänge summt und singt die Stadt in Cha-Cha-Nacht. Und er murmelt vor sich hin: «Orphismus, das findest du sicher interessant, Jack –»

Ich sitze mit ihm da, und wenn er einschläft, hab ich außer denken nichts zu tun, und oft hab ich gedacht: «Wer auf dieser Welt, der bei Verstand zu sein behauptet, konnte diesen sanften alten Mann hier einen *Unmensch* nennen – Dieb hin oder her, und wo sind die Diebe … so diebisch … wie in eurem ehrbaren Tagesgeschäft … Diebe?»

7

Außer, wenn's ihm richtig dreckig ging, weil er seine Medizin nicht hatte, und ich für ihn in die Slums musste, wo Leute mit Namen wie Tristessa oder Black Bastard hinter ihren eigenen rosa Vorhängen saßen, hatte ich auf dem Dach meine Ruhe. Vor allem freute ich mich an den Sternen, dem Mond, der kühlen Luft da oben, drei Treppen über der Musik der Straße. Ich konnte auf der Dachkante sitzen, hinunterschauen und die Cha-Chas aus den Taco-Jukeboxes hören. Ich hatte meine kleinen Weine, ein paar harmlosere Drogen (zum Anregen, Schlafen oder Meditieren, und man soll ja mit den Wölfen heulen) – und am Abend, wenn die Waschfrauen im Bett waren, hatte ich das Dach für mich allein. In meinen weichen Wüstenstiefeln ging ich auf und ab. Oder ich ging in die Hütte und kochte mir Kaffee oder Kakao. Ich schlief gut, und jeden Morgen schien die Sonne. Ich schrieb einen Roman, schloss einen zweiten ab und schrieb einen ganzen Band Gedichte.

Hin und wieder quälte sich der arme alte Bull die Wendeltreppe rauf, und ich kochte ihm Spaghetti, und er döste kurz auf meinem Bett ein, brannte mit der Zigarette ein Loch ins Laken. Wenn er wieder aufwachte, hielt er mir einen Vortrag über Rimbaud oder so. Die längsten Vorträge hielt er über Alexander den Großen, das Gilgamesch-Epos, das antike Kreta, Petronius, Mallarmé, aktuelle Fragen wie die Suez-Krise (ach, die Wolken kannten keine Suez-Krise!), die alten Zeiten in Boston Tallahassee Lexington und New York, seine Lieblingslieder und seinen alten Kumpel Eddy Corporal. «Eddy Corporal geht jeden Tag in denselben Klamottenladen, quatscht mit den Verkäufern und marschiert mit 'nem neuen Anzug wieder raus, in den Hosenbund gestopft, keine Ahnung wie, ist eben einer seiner Tricks. Und als Junkie kriegt der nie genug. Wenn du dem fünf Bubbles gibst, drückt er sie alle auf einmal.»

«Was ist mit Alexander dem Großen?»

«Ich weiß sonst keinen General, der selber vor der Kavallerie herritt und das Schwert schwang», und schon schläft er wieder ein.

Und in dieser Nacht seh ich den Mond, Citlapol auf Aztekisch, und male ihn sogar aufs mondbeschienene Dach, mit blauer und mit weißer Wandfarbe.

8

Ein Beispiel, also, meines damaligen Friedens.

Doch es braute sich schon was zusammen.

Noch mal was zu mir, damit man besser mitkommt (langsam hab ich einen sitzen): Ich bin der Sohn einer Witwe, die damals bei Verwandten lebte, mittellos. Ich hab nur das Geld von meinem Job auf dem Berg, eingetauscht in jämmerliche Reiseschecks zu jeweils fünf Dollar – Außerdem den großen, klebrigen Rucksack voller alter Pullis, dazu Erdnuss- und Rosinenpäckchen als eiserne Ration und lauter solche Hobo-Tricks – Ich bin 34, sehe ganz normal aus, doch in meinen Jeans und unheimlichen Outfits schaut mir lieber keiner in die Augen, weil ich wirklich aussehe wie ein entlaufener Irrer mit ausreichend Kraft und angeborener Hundeklugheit, um mich außerhalb der Anstalt durchzuschlagen und durch eine Welt zu reisen, die alles Ungewöhnliche täglich engstirniger betrachtet – Wenn ich mitten in Amerika durch Städte gehe, schaut man mich komisch an – Ich musste auf meine Weise leben – Den Ausdruck «Non-Konformität» hatte ich zwar irgendwo schon mal gehört (Adler? Erich Fromm?) – Aber ich wollte unbedingt *froh* sein! – Dostojewski schreibt: «Gebt dem Menschen sein Utopia, und er schlägt es grinsend in Stücke», und ich wollte Dostojewski mit demselben Grinsen *widerlegen*! – Außerdem war ich ein notorischer Säufer, der immer gleich in die Luft ging, wenn er blau war – Meine Freunde in San Francisco nannten mich Zen-Spinner, oder zumindest versoffenen Spinner, und trotzdem tranken und sangen sie mit mir auf Mondlichtwiesen – Mit 21 war ich als «schizoid» aus der Navy entlassen worden, weil ich den Ärzten da gesagt hatte, dass ich keine Disziplin vertrage – Nicht mal ich weiß, wie ich mich erklären soll – Als meine Bücher bekannt wurden (*Beat Generation*) und die Reporter ihre Fragen stellten, antwortete ich einfach, was mir grade so einfiel – Mir fehlte der Mumm, ihnen zu sagen, sie sollten mich in Frieden lassen, oder, wie Dave Wain (großartiger Kerl in Big Sur) später meinte: «Sag ihnen, du hast schon genug damit zu tun, dich selbst zu interviewen.» Klinisch gesehen war ich zu Beginn dieser Geschichte, auf dem Dach über Gaines, ein «ambitionierter Paranoiker» – Nichts konnte mich davon abhalten, für nichts und wieder nichts, ohne jede Hoffnung auf Veröffentlichung, dicke Prosawälzer und Gedichtbände zu schreiben – Ich hab sie nur geschrieben, weil ich «Idealist» war und an «das Leben» glaubte, und weil ich das mit meinem ernsthaften Geschreibsel rechtfertigen wollte – Erstaunlicherweise war dieses Geschreibsel das Erste seiner Art, und ich hab (unbewusst, sagt ihr?) eine ganz neue Weise begründet, über das Leben zu schreiben, nichts ausgedacht, kein Handwerk, keine Überarbeitung, die herzzerreißende Disziplin der wahren Feuerprobe, bei der man nicht zurückkann, weil man geschworen hat, dass man «jetzt sprechen oder für immer schweigen» will, und alles daran unschuldige Wild-drauflos-Beichte, die Zucht, den Geist zum Sklaven der Zunge zu machen, ohne eine Chance auf Lügen oder nachträgliches Ausschmücken (gemäß nicht nur der Lehren des Dichtung-und-Wahrheit-Goethe, sondern auch der katholischen Kirche meiner Kindheit) – Diese Manuskripte verfasste ich wie das hier in billigen Notizheften bei Kerzenlicht in Ruhm und Armut – Selbst*ruhm* – Denn ich war Ti Jean, und die Schwierigkeit, all das und auch «Ti Jean» zu erklären, besteht genau darin, dass Leser, die meine ersten Werke nicht gelesen haben, den ganzen Hintergrund nicht kennen – Der Hintergrund ist mein Bruder Gerard, der mir kurz vor seinem Tod noch Dinge sagte, auch wenn ich kein Wort davon mehr weiß, oder höchstens noch ein paar (ich war erst vier) – Aber er sprach über *Ehrfurcht* vor dem Leben, nein, zumindest über Ehrfurcht vor der *Vorstellung* vom Leben, was ich mir so übersetzte, dass das Leben selbst der Heilige Geist ist –

Dass wir alle durch das Fleisch wandern, während die Taube nach uns ruft, zurück zur Himmelstaube –

So schrieb ich also, und ich hatte Freunde wie Irwin Garden und Cody Pomeray, die fanden, das sei so schon in Ordnung, die mich ermutigten, obwohl ich sowieso zu sehr im Wahnsinn schwelgte, um noch auf sie zu hören, ich hätt's ohnehin gemacht – Was ist das *Licht*, das uns bedrückt – Das Licht des *Fallens* – Die Engel *fallen* immer noch – Irgend so eine Erklärung, kaum brauchbar für ein Uni-Seminar, hielt mich aufrecht, damit ich mit den Menschen *fallen* konnte, mit Luzifer, zu Buddhas exzentrischem Ideal der Bescheidenheit – (Ich meine, warum schrieb Kafka wohl, er sei sooo ein großer Käfer) –

Außerdem soll man mich nicht für ein einfaches Gemüt halten – Ein Lustmolch, ein Gesinnungsakrobat, ein Faulenzer, der alte Frauen und sogar Schwule betrügt, ein Trottel, und ein besoffenes Indianerbaby, wenn ich saufe – Eingesteckt am ganzen Leib und nie zurückgeschlagen (außer als junger, taffer Football-Spieler) – Eigentlich weiß ich gar nicht, *was* ich war – Irgendein fiebriges Wesen, so anders wie eine Schneeflocke (jetzt kling ich schon wie Simon, der bald hier auftauchen wird). Jedenfalls ein erstaunliches Chaos aus Widersprüchen (gut genug, sagt Whitman), aber besser geeignet fürs Heilige Russland des 19. Jahrhunderts als fürs moderne Amerika der Bürstenschnitte und mürrischen Mienen in Pontiacs –

«Habe ich alles gesagt?», fragte Lord Richard Buckley, ehe er starb.

Das also braute sich zusammen: Die Jungs kamen zu mir nach Mexiko. Wieder die Engel der Trübsal.

9

Irwin Garden war Künstler wie ich, Autor des brillanten Gedichts «Howling», aber er brauchte nie die Einsamkeit wie ich, war immer umgeben von Freunden und manchmal von Dutzenden Bekannten, die nachts bärtig und leise an seine Tür klopften – Irwin sah man nie ohne Anhang, und der fing an bei seinem Partner und Lover Simon Darlovsky.

Irwin war ganz offen schwul, was von Philadelphia bis Stockholm in vornehmen Business-Anzügen und Football-Coach-Hosen kleine Beben auslöste – Ja, grade auf dem Weg hierher zu mir (ich bin nicht schwul) nach Mexiko hatte Irwin in L. A. bei einer Lesung all seine Klamotten ausgezogen, als ein Störer rief: «Was soll das heißen, *nackt*?» (bezogen auf Wendungen wie «nackte Schönheit» oder «nackte Beichten» in seinen Gedichten) – Er zog sich also aus und stand nackt vor Männern und Frauen, aber jedenfalls einem ziemlich coolen Haufen Ex-Pariser Exilanten und Surrealisten –

Zu mir nach Mexiko kam er mit Simon, dem blonden, russischblütigen Neunzehnjährigen, der eigentlich gar nicht schwul gewesen war, sich aber in Irwin und in Irwins «Seele» und Gedichte verliebt und sich seinem Meister angepasst hatte – Irwin trieb noch zwei andere Jungs vor sich her nach Mexiko, erstens Simons kleinen Bruder Lazarus (15 ½) und zweitens Raphael Urso aus New York, einen großartigen jungen Dichter (der später «Atom Bomb» schrieb, das die *Time* teilweise abdruckte, um es lächerlich zu machen, aber alle fanden es spitze) –

Zuerst mal sollte der Leser übrigens wissen, dass ich als Autor viele Homosexuelle kennenlernte – 60 oder 70 (wenn nicht 90) Prozent unserer besten Schriftsteller sind schwul, treiben es mit Männern, und man trifft sie alle, unterhält sich und tauscht Manuskripte aus, trifft sie auf Partys und bei Lesungen, überall eben – Das hindert den nichthomosexuellen Schriftsteller weder daran, ein Schriftsteller zu *sein*, noch mit homosexuellen Schriftstellern zu tun zu haben – So war das auch mit Raphael, der «jeden kannte», so wie ich – Ich könnte eine kilometerlange Liste all der Homosexuellen in der Kunstwelt anführen, doch warum um eine ziemlich harmlose und unwichtige Sache großen Zinnober machen – Jeder, wie er mag.

Irwin schrieb, sie kämen in etwa einer Woche an, also beeilte ich mich und schrieb meinen Roman in einem Rutsch noch rechtzeitig davor zu Ende, aber dann kamen sie zwei Wochen zu spät, wegen eines dummen Zwischenstopps bei einer langweiligen Dichterinnenfrau in Guadalajara. So saß ich also auf meiner *tejado*-Dachkante und hielt auf der Orizaba Ausschau nach den vier Marx Brothers.

Auch der alte Gaines konnte ihre Ankunft kaum erwarten, in den Jahren des Exils (von Familie und US-Justiz) war er vereinsamt, und außerdem kannte er Irwin gut aus den alten Zeiten am Times Square, wo (1945) Irwin und ich und Hubbard und Huck in zwielichtigen Bars rumhingen, um Drogen zu besorgen. Damals stand der alte Gaines am Gipfel seiner Blütezeit als Manteldieb und hielt uns Vorträge über Anthropologie und Archäologie, manchmal vor der Statue von Father Duffy, aber keiner hörte zu. (Schließlich hatte ich den großartigen Einfall, Gaines wirklich zuzuhören, wobei Irwin den auch schon gehabt hatte, früher mal.)

Inzwischen dürfte klar geworden sein, dass Irwin ein verrückter Vogel ist. Damals, als ich mit Cody unterwegs war, ist er uns nach Denver und sonst wohin gefolgt, mitsamt seinen apokalyptischen Gedichten und Augen. Jetzt, als berühmter Dichter, war er milder, tat, was er schon immer hatte tun wollen, reiste sogar mehr als früher, schrieb weniger, erntete aber die Früchte seiner Arbeit – «Mutter Garden», könnte man fast sagen.

Ich tagträumte, wie sie abends ankämen, während ich von meiner Dachkante hinabspähte, davon, was ich tun würde, ein Steinchen werfen, rufen, sie irgendwie verblüffen, aber nie erträumte ich mir ihre wirkliche Ankunft in trostloser Wirklichkeit.

10

Ich schlief, hatte die ganze Nacht bei Kerzenlicht Blues und Gedichte gekritzelt. Meistens schlief ich aus bis Mittag. Die Tür ging kratzend auf, und herein trat Irwin, allein. In Frisco hatte der alte Dichter Ben Fagan ihm gesagt: «Schreib mir sofort, wenn du ankommst, und erzähl, was dir an Jacks Zimmer als Erstes aufgefallen ist.» Irwin schrieb: «Weite Hosen, die von Nägeln an den Wänden hängen.» Er stand da und sah sich um. Ich rieb mir die Augen, sagte: «Scheiße, ihr seid zwei Wochen zu spät.»

«Wir waren noch in Guadalajara, bei Alise Nabokov, dieser schrägen Dichterin. Echt seltsam, ihre Papageien, ihre Wohnung und ihr Mann – Wie geht's dir, Jacky?», und zärtlich legte er mir die Hand auf die Schulter.

Schon merkwürdig, was für lange Reisen man im Lauf eines Lebens macht, Irwin und ich hatten als Freunde auf dem Campus der Columbia in New York angefangen, jetzt standen wir uns in einer Hütte in Mexico City gegenüber. Die Geschichten der Leute quellen wie lange Würmer durch die Plaza der Nacht – Vorwärts, rückwärts, auf und ab, krank und gesund, man fragt sich, wie das Leben unserer Ahnen war. «Wie war das Leben unserer Ahnen?»

«Gekicher in Zimmern», sagt Irwin. «Los, steh schon auf. Wir gehen in die Stadt und sehen uns den Diebesmarkt an. Raphael schreibt schon seit Tijuana lauter große, irre Gedichte über das Verderben Mexikos, und ich will ihm wirkliches Verderben zeigen, das es auf dem Markt zu kaufen gibt. Hast du mal die armlosen kaputten Puppen gesehen, die sie da verticken? Und die wackeligen, wurmstichigen Aztekenschnitzereien, die man nicht mal tragen kann –»

«Gebrauchte Dosenöffner.»

«Seltsame Einkaufstaschen von 1910.»

Schon ging's wieder los, wann immer wir zusammen waren, wurde unser Gespräch ein Gedicht, immer hin und her, außer wenn wir Geschichten zu erzählen hatten. «Geronnene Milch, die in Erbsensuppe schwimmt.»

«Und wo wollt ihr wohnen?»

«Wir müssen noch was mieten, Gaines meint, die Bude unten könnten wir billig haben, die hat auch eine Küche.»

«Wo sind die Jungs?»

«Bei Gaines.»

«Und Gaines palavert.»

«Gaines palavert und erzählt ihnen alles über die minoische Kultur. Los, wir gehen.»

In Gaines' Zimmer lauschte Lazarus, der 15-jährige stille Sonderling, dessen Worten mit ehrlich unschuldigem Blick. Raphael lungerte im Sessel und genoss den Vortrag. Gaines saß dozierend auf der Bettkante, eine Krawatte zwischen den Zähnen, die er sich grade um den Arm zurrte, damit eine Vene vortrat oder was auch immer nötig war, um sich Morphium zu drücken. Simon stand im Eck wie ein Heiliger in Russland. Ein großes Ereignis. Wir alle im selben Raum.

Gaines setzte Irwin einen Schuss, und der legte sich seufzend aufs Bett unter den rosa Vorhängen. Der kleine Laz kriegte stattdessen einen Softdrink. Raphael blätterte durch die *Weltgeschichte*, wollte hören, was Gaines über Alexander den Großen dachte. «Ich will sein wie Alexander der Große», schrie er, irgendwie schrie er immer, «ich will juwelenbesetzte Feldherrengewänder tragen, mein Schwert gegen Indien erheben und Samarkand sehen!»

«Klar», sagte ich, «aber du willst nicht, dass dein Adjutant und bester Freund ermordet oder ein ganzes Dorf voller Frauen und Kinder abgeschlachtet wird!» Und los ging die Diskussion. Das Erste, worüber wir stritten, das fällt mir grade wieder ein, war Alexander der Große.

Raphael Urso konnte ich auch gut leiden, trotz oder womöglich wegen einer Auseinandersetzung in New York über eine Subterranerin, wie ich das nenne. Er respektierte mich, obwohl er ständig hinter meinem Rücken über mich sprach, aber das machte er mit jedem. Zum Beispiel flüsterte er mir in der Ecke zu: «Dieser Gaines, der ist ein *Griffler.*»

«Was soll das heißen?»

«Der Tag des Grifflers naht, der Tag des buckligen Ekels …»

«Ich dachte, du magst ihn!»

«Schau dir meine *Gedichte* an –» Er zeigte mir ein Heft voll schwarztintigem Geschreibsel und Zeichnungen, wunderbare, unheimliche Zeichnungen von verhungernden Kindern, die aus einer dickbauchigen Coca-Cola-Flasche tranken, die Beine und Zitzen und einen Haarschopf hatte und mit «Mexikos Verderben» beschriftet war. «In Mexiko herrscht der *Tod* – Ich hab eine Windmühle gesehen, die hat den Tod gedreht – Es *gefällt* mir hier nicht – Und dein alter Gaines ist ein Griffler.»

Das nur als Beispiel. Aber ich mochte ihn auch wegen seines staubtiefen Brütens, der Art und Weise, wie er mit gesenktem Blick an einer Straßenecke steht, Hand an der Stirn, und sich fragt, wohin auf dieser Welt er gehen soll. Er dramatisierte, wie es uns allen ging. Und am besten taten das seine Gedichte. Dass der alte, invalide Gaines ein «Griffler» sei, war nur sein hartes, aber ehrliches Entsetzen.

Was Lazarus angeht, wenn man den fragt: «Hey Laz, alles klar?», blickt er mit ruhigen, blauen, unschuldigen Augen auf, ein leises, beinahe engelsgleiches Lächeln auf den Lippen, traurig, und muss gar keine Antwort geben. Wenn überhaupt, erinnerte er mich mehr an meinen Bruder Gerard als an irgendwen sonst. Schlaksiger Teenager, Pickel auf dem sonst schönen Profil, völlig hilflos, wäre nicht sein Bruder Simon für ihn da. Geld konnte er nicht richtig zählen, nicht mal jemand nach dem Weg fragen, ohne dass ein großes Ding draus wurde, und am allerwenigsten einen Job finden oder irgendwelche Formulare oder auch nur Zeitungen verstehen. Beinahe katatonisch war er, so wie einer seiner älteren Brüder, der in einer Anstalt saß (ein angebeteter älterer Bruder). Ohne Simon und Irwin, die ihn behüteten, ihm Kost und Logis boten, hätte die Obrigkeit ihn längst aus dem Verkehr gezogen. Nicht dass er schwachsinnig gewesen wäre, oder dumm. Tatsächlich war er wahnsinnig brillant. Ich habe Briefe gesehen, die er mit 14 geschrieben hat, vor seinem Verstummen: Ganz normal geschrieben waren die, sogar überdurchschnittlich, sensibel und besser als alles, was ich mit 14 hätte schreiben können, als auch ich ein unschuldiges, introvertiertes Ungeheuer war. Was sein Hobby, das Zeichnen, angeht, darin war er besser als die meisten lebenden Künstler, und ich wusste immer, dass er in Wahrheit ein großer junger Künstler war, der nur so weggetreten tat, damit man ihn in Ruhe ließ, ihn nicht drängte, sich einen Job zu suchen. Denn oft fiel mir der merkwürdige Blick auf, den er mir von der Seite zuwarf, wie der Blick eines Gefährten oder Mitverschwörers in einer Welt von Wichtigtuern –

Wie ein Blick, der sagt: «Ich weiß, Jack, dass du weißt, was ich tue, und dass du auf deine Art dasselbe tust.» Denn auch Laz verbrachte wie ich ganze Nachmittage damit, ins Leere zu starren und nichts zu tun, außer sich vielleicht durchs Haar zu streichen, aber hauptsächlich nur seinen eigenen Gedanken zu lauschen, als wäre auch er allein mit seinem Schutzengel. Simon hatte meistens viel zu tun, aber während seiner halbjährlichen «schizophrenen» Anfälle zog er sich von allen zurück und saß ebenfalls untätig in seinem Zimmer. (Ja, die beiden waren wirklich echte Russenbrüder.) (Eigentlich teils Polen.)

11

Als Irwin Simon kennenlernte, hat Simon auf ein paar Bäume gezeigt und gesagt: «Schau, die winken mir zu und verbeugen sich.» Abgesehen von diesem schrägen, interessanten Eingeborenenmystizismus war er wirklich ein kleiner Engel, und zum Beispiel jetzt in Gaines' Zimmer ging er sofort den Pisseimer leeren, spülte ihn sogar aus, nickte und lächelte auf dem Weg zurück nach unten den neugierigen Hausherrinnen zu (die standen in der Küche, kochten töpfeweise Bohnen und wärmten Tortillas auf) – Dann machte er mit Besen und Kehrschaufel sauber, schob uns alle streng zur Scitc, wischte den Tisch ab und fragte Gaines, ob er was aus dem Laden wollte (beinahe mit Verbeugung). Sein Verhältnis zu mir war so, er stellte mir (später) zwei Spiegeleier hin und sagte: «Iss!», und ich sagte nein, hab keinen Hunger, und er rief: «Iss, Bürschchen! Wenn du so weitermachst, starten wir 'ne Revolution und lassen dich in der Fabrik schuften!»

So hatten Simon, Laz, Raphael, Irwin und ich jede Menge fantastischen Spaß, vor allem als wir alle mit der Haupthausherrin über die Miete ihrer neuen Wohnung feilschten, im Erdgeschoss, mit Blick auf den Fliesenhof.

Dic Haushcrrin kam aus Europa, Frankreich, glaube ich, und weil ich ihr erzählt hatte, die «Dichter» würden kommen, saß sie ziemlich höflich und erwartungsvoll auf ihrer Couch. Aber falls sie sich lauter de Mussets im Umhang oder elegante Mallarmés vorgestellt hatte – bloß eine Bande Rumtreiber. Irwin handelte sie auf etwa 100 Pesos runter, von wegen kein Warmwasser und zu wenig Betten. Auf Französisch sagte sie zu mir: «*Monsieur Duluoz, est-ce qu'ils sont des poètes vraiment ces gens?*»

«*Oui madame*», antwortete Irwin im feinsten Tonfall, fiel in die Rolle, die er «den gepflegten Ungarn» nannte, «*nous sommes des poètes dans la grande tradition de Whitman et Melville, et surtout Blake.*»

«*Mais ce jeune là.*» Sie zeigte auf Laz. «*Il est un poète?*»

«*Mais certainement, dans sa manière*» (Irwin).

«*Et bien, et vous n'avez pas l'argent pour louer à cinq cents pesos?*»

«*Comment?*»

«Fünfhundert Pesos – *cinquo ciente pesos.*»

«Ah», machte Irwin, schaltete auf Spanisch um, «*Sí, pero el departamiento n'est pas assez grande* für uns alle.»

Sie verstand alle drei Sprachen und musste nachgeben. Als das geklärt war, liefen wir schnell los zum Diebesmarkt, aber als wir auf die Straße traten, pfiffen uns ein paar junge, Cola trinkende Mexikaner nach. Ich wurde wütend, nicht bloß, weil ich so was mit diesem bunten, schrägen Haufen jetzt ertragen musste, sondern auch, weil es nicht fair war, wie ich fand. Aber der weltgewandte Irwin sagte: «Das geht nicht gegen Schwule oder was du da in deiner Paranoia denkst – das war ein bewundernder Pfiff.»

«Be*wundernd*?»

«Klar», und tatsächlich, ein paar Abende später klopften die Mexikaner bei uns an, Meskal in der Hand, wollten mit uns anstoßen, ein Haufen mexikanischer Medizinstudenten, die zwei Stockwerke weiter oben wohnten (später mehr). Entlang der Calle Orizaba machten wir unseren ersten Spaziergang durch Mexico City. Ich ging mit Irwin und Simon voraus, wir redeten; Raphael hielt sich (wie Gaines) ein Stückchen abseits, ging brütend auf der Bordsteinkante; und Lazarus stapfte in seinem langsamen Ungeheuergang einen halben Block hinterher, glotzte manchmal die Centavos in seiner Hand an und fragte sich, wo er ein Eiscreme-Soda kriegen könnte. Irgendwann drehten wir uns um und sahen grade noch, wie er ein Fischgeschäft betrat. Wir mussten zurück und ihn da rausholen. Er stand vor ein paar kichernden Mexikanermädchen, streckte ihnen die Hand mit den Centavos hin und sagte: «Eiscreme-Soda, ich will Eiscreme-Soda», nuschelte es in seinem komischen New Yorker Akzent und sah sie ganz unschuldig an.

«*Pero, señor, no comprendo.*»

«Eiscreme-Soda.»

Irwin und Simon führten ihn sanft nach draußen, und wir gingen weiter, doch bald fiel er wieder einen halben Block zurück und (wie Raphael jetzt klagte): «Armer Lazarus – staunt über Pesos!» – «Verloren in Mexiko und staunt über Pesos! Was soll nur aus dem armen Lazarus werden! So traurig, so *traurig*, das Leben, das Leben, wer soll das nur *ertragen*!»

Aber Irwin und Simon gingen fröhlich neuen Abenteuern entgegen.

12

So ging mein Frieden in Mexiko also zu Ende, was mich zwar nicht weiter störte, denn mit dem Schreiben war ich vorerst fertig, mir am nächsten Morgen aber doch zu viel war, als ich süß auf meinem einsamen Dach schlummerte und Irwin reinplatzte: «Aufstehen! Wir gehen zur Uni von Mexico City!»

«Was juckt mich die Uni von Mexico City, lass mich schlafen!» Ich träumte grade von einem rätselhaften Weltberg, wo alle und alles waren, warum da aufstehen?

«Du Dummkopf», sagte Irwin, eines der seltenen Male, dass ihm rausrutschte, was er wirklich von mir hielt, «wie kannst du nur den ganzen Tag verschlafen und niemals was erleben, was soll das für ein Leben sein?»

«Du unsichtbarer Scheißkerl, ich durchschaue dich.»

«Wirklich?» Er setzte sich plötzlich interessiert auf meine Bettkante. «Und was siehst du? Wie sieht das aus?»

«Als würden lauter kleine Gardens auf ihr Grab zutrotteln und von Wundern schwafeln.» Unser alter Streit, Samsara vs. Nirwana, obwohl das höchste buddhistische Denken (na ja, Mahayana) betont, dass es zwischen Samsara (Welt) und Nirwana (Nicht-Welt) gar keinen Unterschied gibt, und vielleicht stimmt das ja auch. Heidegger und sein «Seiendes» und sein «Nichts». «Und wenn das so ist», sage ich, «schlaf ich dann mal weiter.»

«Aber Samsara ist bloß das Rätsel-X auf der Oberfläche des Nirwana – Wie kannst du diese Welt nur ablehnen, sie ignorieren, wie du's eher schlecht als recht versuchst, wenn sie die Oberfläche dessen ist, was du erreichen willst, und du sie eigentlich studieren solltest?»

«Und deshalb sollte ich in einem blöden Bus zu einer blöden Uni mit einem herzförmigen Stadion oder so fahren?»

«Das ist 'ne große, weltberühmte Uni voller Ignus und Anarchos, manche Studenten sind aus Delhi und Moskau –»

«Scheiß auf Moskau!»

Unterdessen kommt Lazarus aufs Dach, mit einem Stuhl und einem Stapel brandneuer Bücher, die er sich gestern hat von Simon kaufen lassen (ziemlich teuer) (Bücher über Kunst und Zeichnen) – Er stellt den Stuhl in die Sonne, neben die Dachkante, und fängt unter großem Gekicher der Waschweiber zu lesen an. Aber während Irwin und ich noch über das Nirwana streiten, steht er auf und geht wieder nach unten, lässt Stuhl und Bücher einfach da – und würdigt sie nie mehr eines Blickes.

«Das ist doch bescheuert!», rufe ich. «Ich zeig euch gern die Pyramiden von Teotihuacan oder irgendwas anderes Interessantes, aber schleif mich bitte nicht auf diesen dämlichen Ausflug mit –» Am Ende komme ich doch mit, weil ich sehen will, was sie als Nächstes anstellen.

Schließlich ist der einzige Sinn des Lebens *und* aller Geschichten nur die Frage: «Und was ist dann passiert?»

13

In ihrer Wohnung herrschte heilloses Durcheinander. Irwin und Simon schliefen in dem Doppelbett im Schlafzimmer, Lazarus auf einer schmalen Couch im Wohnzimmer (auf seine übliche Art, eingewickelt in ein einziges weißes Laken wie eine Mumie) und Raphael im selben Zimmer auf einer kürzeren Couch, in all seinen Klamotten zu einem traurig würdevollen Knäuel eingerollt.

Und die Küche war schon übersät mit all den Mangos, Bananen, Orangen, Kichererbsen, Äpfeln, Kohlköpfen und Töpfen, die wir gestern auf den Märkten Mexikos gekauft hatten.

Mit einem Bier in der Hand saß ich da und sah ihnen zu. Als ich einen Joint drehte, rauchten alle wortlos mit.

«Ich will Roastbeef!», schrie Raphael, als er auf seiner Couch aufwachte. «Wo kriegt man hier Fleisch? Gibt's hier denn nur Mexiko-Todesfleisch?»

«Erst gehen wir zur Universität!»

«Ich will zuerst Fleisch! Und Knoblauch!»

«Raphael», rufe ich, «wenn wir von Irwins Uni zurück sind, geh ich mit dir zu Kuku's, da kriegst du 'n riesiges

T-Bone-Steak und kannst dir die Knochen über die Schulter werfen wie Alexander der Große!»

«Ich möchte eine Banane», sagt Lazarus.

«Die hast du alle gestern Abend aufgegessen, du Spinner», antwortet Simon seinem Bruder, macht aber ordentlich sein Bett und steckt das Laken rein.

«Wundervoll», sagt Irwin, kommt mit Raphaels Notizbuch aus dem Schlafzimmer, liest vor: «‹Feuersbrunst, Universum wie aus Heu eilt zur grellen Ausmerzung von Schwindlertinte?› Wow, das ist echt großartig – Ist dir überhaupt klar, wie *gut* das ist? Die Welt brennt, und ein großer Schwindler wie Melvilles Hochstapler schreibt ihre Geschichte auf brennbare Gaze oder so was, aber außerdem in *selbstlöschender Tinte,* ein Riesenbluff, der alle täuscht, wie Zauberer, die Welten erschaffen und sie von selbst wieder verschwinden lassen.»

«Lernt man das an dieser Uni?», frage ich. Aber wir gehen trotzdem hin. Mit dem Bus fahren wir kilometerweit raus, und nichts passiert. Wir spazieren über einen riesigen Azteken-Campus und reden. Wirklich erinnern kann ich mich nur noch daran, dass ich im Lesesaal in einer Zeitung aus Paris einen Artikel von Cocteau gelesen hab. Das Einzige, was wirklich passiert, *ist* also der selbstlöschende Gaze-Zauber.

Zurück in der Stadt gehe ich mit den Jungs zu Kuku's, Ecke Coahuila und Insurgentes. Hubbard hat mir den Laden vor Jahren empfohlen (zu Hubbard komme ich noch), als halbwegs interessantes Wiener Restaurant (in dieser Indiostadt), geführt von einem emsig ehrgeizigen Wiener. Für fünf Pesos kriegte man dort wunderbare Suppe, die einen ganzen Tag lang satt machte, und dann natürlich die enormen T-Bones mit allem Drum und Dran, für achtzig amerikanische Cent. Man aß die riesigen Steaks in schummrigem Kerzenlicht und trank Krüge gutes Bier vom Fass. Und in der Zeit, von der ich schreibe, lief der blonde Wiener Inhaber wirklich eifrig und energisch hin und her, um dafür zu sorgen, dass auch alles in Ordnung war. Aber erst gestern (jetzt, 1961) war ich wieder dort, und er schlief auf einem Stuhl in der Küche, mein Kellner spuckte im Speiseraum in die Ecke, und im Bad gab es kein fließend Wasser. Ich bekam ein übles altes Steak, schlecht gebraten, begraben in Kartoffelchips – aber damals, da waren die Steaks noch gut, und die Jungs hauten rein, schnippelten mit Buttermessern daran rum. Ich sagte: «Wie Alexander der Große, sag ich doch, esst mit den Händen», und nach ein paar verstohlenen Blicken ins Halbdunkel ringsum packten alle ihre Steaks und bissen schmatzend zu. Und trotzdem sahen sie dabei so schüchtern aus, weil sie in einem Restaurant waren!

Am Abend, zurück in ihrer Wohnung, prasselte Regen auf den Hof, und Laz bekam auf einmal Fieber und ging schlafen – Der alte Bull Gaines kam zu seinem allabendlichen Besuch vorbei, in seinem besten geklauten Tweed-Sakko. Laz litt an einem merkwürdigen Virus, das viele amerikanische Touristen sich in Mexiko einfangen, nicht gleich die Ruhr, sondern was Unbestimmtes. «Da hilft nur eins», sagt Bull, «ein schöner Schuss Morphium.» Irwin und Simon diskutierten sorgenvoll und beschlossen dann, es zu versuchen, Laz litt so fürchterlich. Schweiß, Krämpfe, Übelkeit. Gaines saß auf der Bettkante, schnürte ihm den Arm ab, drückte ihm eine kleine Dosis, und am nächsten Morgen sprang Lazarus nach langem Schlaf komplett geheilt auf und lief los, um Eiscreme-Soda zu besorgen. Da sieht man, dass Drogen (oder *Medikamente*) in Amerika nur verboten sind, weil die Ärzte nicht wollen, dass die Leute sich selber kurieren –

Amen, Anslinger –

14

Und das war der wirklich großartige Tag, an dem wir alle zu den Pyramiden von Teotihuacan fuhren – Erst ließen wir uns von dem Fotografen im Prado ablichten, dem Park im Stadtzentrum – Stolz stehen wir da, also ich und Irwin und Simon stehen (heute staune ich, wie breit meine Schultern damals waren), Raphael und Laz knien vor uns, wie auf einem Mannschaftsfoto.

Ach, traurig. So wie die heute vergilbten alten Fotos vom Vater meiner Mutter und seiner Gang, aufrecht vor der Kamera in New Hampshire 1890 – Ihre Schnurrbärte, das Licht auf ihren Köpfen – Oder wie die alten Fotos, die man auf verlassenen Farm-Dachböden in Connecticut findet, ein Kind in der Krippe ist drauf, 1860, und es ist bereits tot, und *du* bist eigentlich auch schon tot – Das alte Licht dieses Connecticuts von 1860, es würde Tom Wolfe die Tränen in die Augen treiben, scheint auf die stolze, gehetzte, braune, verlorene Mutter des Babys – Aber das Bild von uns gleicht eher den Bürgerkriegsfotos von Thomas Brady, mit stolzen, gefangenen Konföderierten, die die Yankees anfunkeln, aber so sanft, dass kaum Zorn darin liegt, nur die alte Whitman-Sanftheit, die Whitman zum Weinen brachte und ihn Krankenpfleger werden ließ –

Wir springen in einen Bus und rattern zu den Pyramiden, etwa 40 Kilometer, schnell vorbei an den Agavenfeldern – Lazarus bestaunt mexikanische Lazarusse, und die staunen genauso göttlich unschuldig zurück, nur sind ihre Augen braun statt blau.

Wir kommen an und gehen auf dieselbe weit verstreute Weise Richtung Pyramiden, Irwin, Simon und ich voraus,

Raphael grübelnd etwas abseits, Laz stapfend wie Frankenstein fünfzig Meter hinterher. So besteigen wir die Steinstufen der Sonnenpyramide.

Alle Feueranbeter verehrten die Sonne, und wenn sie ihr jemanden opferten und sein Herz aufaßen, dann aßen sie die Sonne. Das war die Pyramide des Grauens, auf der sie das Opfer über ein steinernes Becken beugten und ihm mit ein, zwei Schnipsern ihres Herzausschneiders das schlagende Herz ausschnitten, es zur Sonne streckten und dann aufaßen. Abscheuliche Priester, die nicht mal was von Effigien wussten. (Heute, im modernen Mexiko, essen die Kinder an Halloween Bonbonherzen und -schädel.)

Die Indiana-Vogelscheuche ist eine alte Fantasie aus Thüringen …

Oben auf der Pyramide zündete ich einen Joint an, damit wir alle unser Bauchgefühl zu diesem Ort erforschen konnten. Lazarus reckte die Arme zur Sonne, kerzengrade, obwohl wir ihm gar nicht erzählt hatten, was es mit der Pyramide auf sich hatte. So albern er dabei auch aussah, wusste er doch offensichtlich mehr als wir.

Vom Osterhasen ganz zu schweigen …

Die Arme grade hochgestreckt, schnappte er wahrhaftig eine halbe Minute lang nach der Sonne. Im Glauben, jenseits von alldem zu stehen, setze ich mich als großer *Buddha* in den Schneidersitz, stutze die Hand ab und verspüre sofort einen stechenden Schmerz. «Verdammt, jetzt hat mich doch noch ein Skorpion erwischt!», aber ein Blick auf die blutende Hand zeigt, es sind nur Touristenscherben. Ich verbinde mir die Hand mit meinem roten Halstuch.

Doch wie ich da oben so high und nachdenklich sitze, dämmert mir etwas über die mexikanische Geschichte, das ich noch in keinem Buch gelesen habe. Die Melder kommen angekeucht, ganz Texcoco sei wieder in Kriegsrot. Warnend schimmert der Texcoco-See am südlichen Horizont, und westlich die Ahnung des kauernden Ungeheuers eines größeren Reiches im Krater: das Königreich Azteca. O weh! Die Teotihuacan-Priester besänftigen millionenfach die Götter und erfinden ständig neue. Zwei ungeheuerliche Reiche, nur 50 Kilometer auseinander, mit bloßem Auge sichtbar von der Spitze ihres wackeligen Scheiterhaufens. Verängstigt wenden sie den Blick deshalb nach Norden, zu dem sanften Berg hinter den Pyramiden mit seiner perfekten Graskuppe, wo zweifellos (wie mir aufging) ein alter Weiser in der Hütte wohnte, der wahre König von Teotihuacan. Abends stiegen sie hinauf, um ihn um Rat zu bitten. Er winkte mit einer Feder, als wäre die Welt bedeutungslos, und sagte: «Oh», oder wahrscheinlich eher: «Upps!»

Das erzählte ich Raphael, der darauf mit weitblickender Feldherrnhand die Augen abschirmte und zum Seefunkeln hinabspähte. «Mann, du hast recht, die hatten hier oben sicher die Hosen voll.» Dann erzählte ich ihm von dem Weisen auf dem Berg, aber er meinte nur: «Irgend so ein ziegenhütender, versponnener Ödipus.» Lazarus griff unterdessen weiter nach der Sonne.

Kleine Kinder wollten uns angeblich echte Ausgrabungsstücke andrehen; kleine Steinköpfe und -körper. Perfekt verwittert wirkende Imitationen, fabriziert von Handwerkern unten im Dorf, wo in der Dämmer-*obscura* Jungen jämmerlichen Basketball spielten. (Ha, genauso wie Durrell und Lowry!)

«Los, wir erkunden die Höhlen!», ruft Simon. Inzwischen ist eine amerikanische Touristin oben angekommen, will, dass wir stillhalten, damit sie Farbfotos von uns schießen kann. Ich sitze mit überkreuzten Beinen da, eine Hand verbunden, wende mich dem winkenden Irwin und den grinsenden anderen zu, und sie drückt ab: Später schickt sie uns das Bild aus Guadalajara.

Wir steigen runter und erkunden die Höhlen, die Gänge unterhalb der Pyramide, Simon und ich verstecken uns kichernd in einer Felsnische, und als Irwin und Raphael sich vorbeitasten, rufen wir: «Buh!» Lazarus ist ganz in seinem Element, stumm stapft er durch die Gänge. Nicht mal mit einem drei Meter breiten Segeltuch in seinem Badezimmer könnte man ihn erschrecken. Zum letzten Mal Gespenst gespielt hatte ich im Krieg, vor der isländischen Küste.

Dann raus aus den Höhlen und über ein Feld bei der Mondpyramide, auf dem es Hunderte Ameisensiedlungen gibt, jede deutlich zu erkennen am Ameisenhaufen und an dem Haufen emsiger Ameisen ringsum, Raphael steckt einen kleinen Zweig in eins der kleinen Spartas, und die Krieger eilen herbei und tragen ihn fort, damit er bloß nicht den Senator auf seiner kaputten Sitzbank stört. Wir stecken einen größeren Zweig rein, und die verrückten Ameisen tragen auch den fort. Eine ganze Stunde beobachten wir kiffend die Dörfer. Wir tun keinem Bürger was zuleide. «Schaut mal der, der da vom Stadtrand her ein Stück toten Skorpion zum Loch trägt –» Rein ins Loch, für Fleisch im Winter ist gesorgt. «Wenn wir jetzt ein Honigglas hätten, würden die wohl denken, das sei das Armageddon.»

«Wie die Mormonen würden sie vor Tauben beten.»

«Und Tabernakel bauen und sie mit Ameisenpisse besprenkeln.»

«*Ehrlich*, Jack – vielleicht würden sie den Honig einfach einlagern und *dich* komplett vergessen» (Irwin).

«Haben die da drin auch Ameisenkrankenhäuser?» Alle fünf beugen wir uns nachdenklich über den Haufen. Wir bauen kleine Haufen, und die Ameisen machen sich sofort an die von Staat und Steuerzahler finanzierte Aufgabe, sie wieder abzutragen. «Man könnte das gesamte Dorf plattmachen, Versammlungen in Angst und Schrecken versetzen! Mit einem Tritt!»

«Als die Teo-Priester da oben ihre Faxen machten, haben die Ameisen grade angefangen, einen unterirdischen Supermarkt zu bauen.»

«Der muss inzwischen riesig sein.»

«Wir könnten eine Schaufel holen und ihre Gänge untersuchen – Gott muss wirklich gnädig sein, dass er nicht auf sie drauftritt», doch kaum war das gesagt, zog Lazarus, alleine auf dem Rückweg zu den Höhlen, mit seinen ungeheuerlichen Latschen eine grade, geistesabwesende Linie durch ein halbes Dutzend ernster Römersiedlungen.

Wir liefen ihm nach, umgingen vorsichtig die Haufen. «Irwin», sagte ich, «hat Laz nicht gehört, was wir über die Ameisen gesagt haben – die ganze letzte Stunde lang?»

«Ah, *doch*», fröhlich, «aber jetzt denkt er längst wieder an was anderes.»

«Aber er geht doch mitten durch, zertrampelt ihre Siedlungen und Köpfe –»

«Ja, stimmt –»

«Mit seinen Quadratlatschen!»

«Ja, aber er denkt eben an irgendwas.»

«An *was*?»

«Weiß auch nicht – wenigstens hat er kein Fahrrad.»

Wir sahen Laz quer übers Mondfeld trampeln, bis zu seinem Ziel, einem Stein, auf dem er sitzen wollte.

«Er ist ein Ungeheuer!», rief ich.

«Das bist du selber, wenn du Fleisch isst – denk nur mal an all die fröhlichen Bakterien, die auf die grauenhafte Reise durch deine sauren Eingeweide müssen.»

«Und dann zu haarigen Klumpen verfilzen!», fügt Simon hinzu.

15

Und wie Lazarus durch diese Dörfer geht, geht Gott durch unser Leben, und wie die Arbeiter und Krieger räumen wir den Schaden auf, so schnell wir können, obwohl am Ende alles keinen Zweck hat. Denn Gottes Fuß ist größer als der von Lazarus und all die Texcocos und Texacos und Mañanas von morgen. Am Ende sehen wir im Dämmerlicht ein paar Indianern beim Basketball in der Nähe der Bushaltestelle zu. Unter einem alten Baum stehen wir an der staubigen Kreuzung, Staub im Gesicht vom Flachlandwind der Hochebene Mexikos, auch nicht trister als Wyoming im Oktober, Ende Oktober …

p. s. Das letzte Mal, als ich in Teotihuacan war, sagte Hubbard: «Willst du 'nen Skorpion sehen?», und hob einen Stein an – Da saß ein Skorpionweibchen neben dem Skelett ihres Männchens, das sie aufgefressen hatte – «Yaaaah!», schrie Hubbard, nahm einen großen Stein und schmetterte ihn auf den ganzen Anblick (und obwohl ich nicht wie Hubbard bin, diesmal war ich seiner Meinung).

16

Wie unfassbar trostlos die wirkliche Welt doch ist, wenn man von bunten Hurenstraßen und bunten Tanzclubs geträumt hat, aber wie Irwin und Simon und ich an dem einen Abend, als wir alleine loszogen, am Ende in die kalten, knöchernen Trümmer der Nacht starrt – Trotz Neon am Ende ist diese Gasse unendlich traurig, eigentlich unmöglich – Losgezogen waren wir in Freizeitkluft, mehr oder weniger, mit Raphael im Schlepptau, zum Tanzen im Club Bombay, doch kaum hatte der grüblerische Raphael diese Straße der toten Hunde gerochen und die verdreckten Kostüme erschöpfter Mariachis gesehen, das jaulende Chaos aus Wahnsinn und Schrecken moderner Stadtstraßennächte gehört, fuhr er allein im Taxi zurück, sagte: «Scheiß auf das alles, ich will Eurydike und Persephones Horn – ich will nicht durch all diese Krankheit matschtrampeln –»

Irwins grimmig beharrliche Fröhlichkeit treibt ihn voran, und so führt er Simon und mich zu den schmutzigen Lichtern – Im Club Bombay tanzt ein Dutzend irrer Mexikanermädchen, für zugesteckte Pesos schleudern sie den Männern ihren Schoß entgegen, packen sie auch manchmal an den Hosen, und ein irre melancholisches Orchester schmettert vom Podium des Kummers schwermütige Lieder – Die Trompeter verziehen keine Miene, der Mambo-Drummer ist gelangweilt, der Sänger glaubt, er sänge in Nogales ein Ständchen für die Sterne, dabei ist er nur im slumigsten Slumloch begraben und lockt uns Schlamm aus den Mündern – Schlammschnäuzige Huren stehen gleich um die nächste schmierige Ecke, aufgereiht vor pockennarbigen Wänden voller Bettwanzen und Kakerlaken, rufen den paradierenden Lustmolchen zu, die die Straße auf und ab streifen und im Dunkeln die Mädchen begutachten – Simon trägt ein hellbraunes Sakko, tanzt romantisch und wirft Pesos auf den Boden, verbeugt sich vor seinen schwarzhaarigen Partnerinnen. «Sieht er nicht romantisch aus?», seufzt Irwin in der Nische, in der wir Dos Equis trinken.

«Na ja, nicht grade der typische fröhliche Amerikaner, der in Mexiko die Sau rauslässt – »

«Wieso denn nicht?», sagt Irwin genervt.

«Die Welt ist überall so albern – so wie du dir Regenmäntel und wunderbar traurige Arc de Triomphes vorstellst, wenn du mit Simon nach Paris kommst, dabei werdet ihr die ganze Zeit nur an Bushaltestellen gähnen.»

«Also, Simon hat jedenfalls Spaß.» Trotzdem kann Irwin nicht ganz widersprechen, als wir die dunkle Hurenstraße auf und ab streifen und er schaudernde Blicke auf den Dreck in den Buden hinter rosa Vorhängen erhascht. Er wird sich bestimmt kein Mädchen nehmen. Simon und ich allerdings schon. Ich finde eine Gruppe Huren, die wie eine Familie auf der Schwelle sitzt, die Alten beschützen die Jüngeren. Ich nicke der Jüngsten, vierzehn, zu. Wir gehen rein, und sie schickt eine Heißwasser-Hilfshure «*Agua caliente*» holen. Hinter fadenscheinigen Vorhängen knarzen die Dielen, wo eine dünne Matratze auf verfaulten Brettern liegt. Aus den Wänden trieft Verhängnis. Kaum dass eine Mexikanerin hinter einem Vorhang vortritt und kurz dunkle Schenkel und billige Seide aufblitzen, während sie die Beine auf den Boden schwingt, führt meine Kleine mich hinein, geht in die Hocke und wäscht sich völlig selbstverständlich. «*Tres peso*», sagt sie streng, will ihre 24 Cent sichern, bevor es losgeht. Und als wir anfangen, ist sie so klein, dass man erst eine Weile stochern muss. Dann rasen die Hasen los, rasen hopplahopp wie amerikanische Highschool-Kids ... anders können es die Jungs gar nicht. Aber sie ist auch nicht wirklich bei der Sache. Ich verliere mich in ihr, ohne dass auch nur ein Jota antrainiertes Verantwortungsgefühl mich bremst, nach dem Motto: «Hier bin ich völlig frei, wie ein Tier in einer irren Orientscheune!», und so mache ich weiter, und keinen *stört's.*

Doch Simon in seiner sonderbaren russischen Verschrobenheit hat sich inzwischen eine fette alte ramponierte Hure aus Juarez geschnappt, sicher schon zu Diaz' Zeiten auf dem Strich, er geht mit ihr nach hinten, und wir hören (noch von draußen) wildes Kichern, während Simon offenbar mit all den Ladys scherzt. Ikonen der Jungfrau Maria brennen in Wandlöchern. Trompeten um die Ecke, der grässliche Gestank von alten Bratwürsten, Ziegelgeruch, dumpfiger Backstein, Schlamm, Bananenschalen – und über einer bröckeligen Mauer die Sterne.

Eine Woche später hat der arme Simon den Tripper und braucht Penizillinspritzen. Im Gegensatz zu mir hat er sich hinterher nicht mit der Spezialsalbe eingerieben.

17

Jetzt aber, als wir aus der Hurenstraße in die Redondas einbogen, die Hauptader ärmlichen mexikanischen Nachtlebens, wusste er davon noch nichts. Plötzlich bot sich uns ein irrer Anblick. Eine junge Tunte, etwa 16, hastete an uns vorbei, an der Hand einen zerlumpten, barfüßigen Indiojungen, etwa 12. Ständig blickten sie über die Schultern. Ich drehte mich um und sah ein paar Polizisten, die ihnen nachschauten. Rasch bogen sie um die nächste Ecke und versteckten sich in einer dunklen Nebenstraßentür. Irwin war entzückt: «Habt ihr den Älteren gesehen? Genau wie Charlie Chaplin und das Kind, die Hand in Hand verliebt die Straße runterflitzen und vor dem großen bulligen Cop flüchten – Kommt, wir reden mal mit ihnen!»

Wir gingen auf das seltsame Paar zu, doch die beiden liefen ängstlich weg. Irwin ließ uns so lange die Straße patrouillieren, bis wir wieder auf sie stießen. Die Cops waren verschwunden. Der Ältere sah Wohlwollen in Irwins Blick, ließ sich auf ein Gespräch ein, fragte zuerst nach Zigaretten. Auf Spanisch fand Irwin heraus, dass sie ein obdachloses Liebespaar waren und dass die Bullen sie besonders auf dem Kieker hatten, aus irgendeinem dummen Grund, vielleicht war jemand eifersüchtig. Sie schliefen unter Zeitungen auf Brachflächen, manchmal auch unter abgerissenen Plakaten. Der Ältere war zwar tuntig, aber nicht so überdreht wie solche Typen in Amerika, er war streng, einfach, ernst, seine Schwulheit hatte was von der passionierten Professionalität eines Hoftänzers. Der arme Zwölfjährige war bloß ein Indiojunge mit großen braunen Augen, eine Waise höchstwahrscheinlich. Er wollte nur, dass Pichi ihm ab und zu eine Tortilla besorgte und ihm einen sicheren Schlafplatz zeigte. Pichi trug Make-up, lila Augenlider und so weiter, alles ziemlich grell, sah aber eher aus wie ein Revuekünstler. Die Cops tauchten wieder auf, und die zwei verschwanden in der sich traurig dahinwurmenden Gasse – wir sahen sie davonflitzen, zwei Paar Füße, in Richtung dunkler Hütten auf dem verrammelten, mülligen Markt. Im Vergleich zu ihnen wirkten Irwin und Simon wie ganz normale Leute.

Unterdessen laufen ganze Banden mexikanischer Hipster herum, die meisten mit Schnurrbärten, alle pleite, einige mit Wurzeln in Italien und Kuba. Manche schreiben sogar Gedichte, wie ich später rausfand, und haben die übliche Lehrmeister-Schüler-Beziehung, genau wie in London oder Amerika: Man sieht den Großmufti im Mantel über irgendwas Obskures aus Geschichte oder Philosophie dozieren, während die anderen rauchend zuhören. Um Pot zu rauchen, gehen sie in Zimmer, wo sie bis zum Morgengrauen sitzen und sich wundern, dass sie nicht schlafen können. Doch anders als amerikanische Hipster müssen sie am nächsten Morgen alle arbeiten. Alle sind sie Diebe, stehlen aber offenbar nur Kuriositäten, die es ihnen angetan haben, ganz anders als die Profitaschendiebe, die sich ebenfalls auf den Redondas rumtreiben. Eine fürchterliche Straße ist das, eine Brechreiz-Straße eigentlich. Die allgegenwärtigen Trompeten machen sie sogar noch fürchterlicher. Obwohl den «Hipster» ausmacht, dass er an gewissen Straßenecken jeder fremden Großstadt dieser Welt stehen und ohne Sprachkenntnis was zum Rauchen oder Drücken auftreiben kann, sehnt man sich bei alldem doch zurück nach Amerika und dem Gesicht von Harry Truman.

18

Genau danach sehnte sich schon schmerzhaft Raphael, der mehr litt als wir alle. «O Gott», weinte er, «das ist hier wie ein dreckiger alter Lappen, mit dem irgendwer endlich die Kotze auf dem Herrenklo aufgewischt hat! Ich fliege zurück nach New York, scheiß doch der Hund drauf! Nach Manhattan geh ich, zieh in ein schickes Hotel und warte auf mein Geld! Ich verschwende doch mein Leben nicht damit, Kichererbsen aus der Mülltonne zu klauben! Ich will eine Burg mit Graben, eine Samtkapuze über meinem Leonardo-Haupt. Ich will meinen alten Ben-Franklin-Schaukelstuhl! Ich will Samtvorhänge! Ich will nach dem Butler klingeln! Ich will Mondlicht im Haar! Shelley und Chatterton in meinem Sessel!»

Wir waren wieder in der Wohnung, hörten ihm beim Packen zu. Während wir noch durch die Straßen zogen, war er zurückgegangen, hatte den ganzen Abend mit dem armen alten Bull geredet und auch sein Morphium probiert. («Raphael ist der Klügste von euch allen», sagte Old Bull am nächsten Morgen glücklich.) Lazarus war unterdessen ganz allein daheim geblieben, hatte Gott weiß was getrieben, zugehört vermutlich, im Zimmer zugehört und zugesehen. Ein Blick auf diesen armen Jungen, gefangen in dieser verrückten, dreckigen Welt, und man fragte sich, was uns alle am Ende erwarten würde, alle, alle am Ende den Hunden der Ewigkeit zum Fraß vorgeworfen –

«Ich will einen besseren Tod sterben als den hier», fuhr Raphael fort, und wir lauschten aufmerksam. «Warum bin ich nicht in einem Loft in einer alten Russenkirche und komponiere *Kirchenlieder* auf der *Orgel*! Warum bin ich hier der Laufbursche? *Gruselig* ist das!» In seinem New Yorker Akzent beinahe *gwuselig.* «Ich habe mich nicht verfranzt! Ich kriege, was ich will! Als ich als Kind ins Bett gepinkelt und die Laken vor meiner Mutter versteckt hab, da wusste ich schon, dass es gruselig wird! Die Laken fielen auf die gruselige Straße! Ich schaute runter, und da hingen meine armen Laken über einem gruseligen Hydranten!» Inzwischen mussten wir alle lachen. Er wärmte sich auf für sein Abendgedicht. «Ich will maurische Decken und Roastbeef! Noch kein einziges Mal haben wir hier in einem schicken Restaurant gegessen! Konnen wir nicht wenigstens um Mitternacht die Glocken in der Kathedrale läuten?!»

«In Ordnung», sagte Irwin, «morgen gehen wir zur Kathedrale am Zocalo und fragen, ob wir läuten dürfen.» (Das taten sie wirklich tags darauf, zu dritt, sie baten den Pförtner um Erlaubnis, packten die dicken Seile und schwangen und baumelten sich daran zu bimmelnden Liedern auf, die ich wahrscheinlich auf dem Dach gehört habe, wo ich allein in der Sonne das Diamant-Sutra las – aber ich war nicht dabei, weiß nicht genau, was sonst passiert ist.)

Jetzt beginnt Raphael, ein Gedicht zu schreiben, hat plötzlich aufgehört zu reden, als Irwin eine Kerze angezündet hat, und wie wir alle so entspannt und leise redend dasitzen, rast Raphaels Stift mit irrem Kritzkratz über die Seite. Zum allerersten und -letzten Mal ist das Gedicht wirklich zu *hören*. Das Gekratze klingt genau wie Raphaels Geschrei, derselbe Rhythmus des Protests, derselbe bombastische Bumms der Beschwerde. Doch in diesem Kritzkratz hört man auch die irgendwie wunderbare Schöpfung englischer Worte im Kopf dieses Italieners, der auf der Lower East Side bis zum siebten Lebensjahr kein Englisch sprach. Ein großer, wohlklingender Geist, tiefsinnig, mit verblüffenden Bildern, die uns jeden Tag schockieren, wenn er uns sein tägliches Gedicht vorliest. Zum Beispiel hat er neulich Abend H. G. Wells' *Weltgeschichte* gelesen und sich sofort hingesetzt, all die Namen eines Schwalls Geschichte im Kopf, und sie herrlich rausgehauen: irgendwas über Parther- und Skythenpranken, bei dem man die Geschichte *spürte*, mit Pranke, Klaue und alledem, statt sie nur zu verstehen. Wenn er in unserer Kerzenscheinstille Gedichte kratzte, sprach keiner ein Wort. Was für ein bekloppter Haufen wir doch waren, und bekloppt soll heißen: unberührt davon, wie man laut Obrigkeit zu leben hatte. Fünf erwachsene Amerikaner und Kritzkratz bei Kerzenschein. Aber als er fertig war, sagte ich: «Okay, dann lass mal hören.»

«O Hawthornes ausgebeulte Hosen, das unflickbare Loch …» Und man sieht den armen Hawthorne, trotz seiner leidigen Krone, schneiderlos auf dem neuenglischem Schneesturm-Dachboden (oder so ähnlich) sitzen, jedenfalls, den Leser haut das hier vielleicht nicht um, uns aber schon, selbst Lazarus, und wir liebten Raphael. Und wir alle saßen im selben Boot, arm, in einem fremden Land, unsere Kunst mehr oder minder abgelehnt, verrückt, ehrgeizig, letztendlich kindsköpfig. (Erst nachher wurden wir berühmt und unsere Kindsköpfigkeit beschimpft, doch dazu später.)

Von oben, durch den Hof, hörte man die schönen Harmonien der verrückten mexikanischen Studenten, die uns nachgepfiffen hatten, Gitarren und so weiter, Country-Campo-Liebeslieder und dann plötzlich ein stumpfer Rock-and-Roll-Versuch, vermutlich uns zuliebe. Zur Antwort sangen Irwin und ich *Eli Eli*, langsam, sanft und leise. Irwin ist ein prima jüdischer Kantor mit klarer Tremolostimme. Sein wahrer Name ist Avrum. Die Mexikaner lauschten totenstill. In Mexiko singen die Leute in Scharen, sogar noch nach Mitternacht, bei offenen Fenstern.

19

Tags darauf versuchte Raphael ein letztes Mal, sich aufzumuntern, kaufte im Supermercado ein riesiges Roastbeef, stopfte es mit Knoblauchzehen voll und schob es in den Ofen. Es war köstlich. Sogar Gaines kam vorbei und aß mit. Aber plötzlich standen die Mexikanerstudenten mit Meskal (Rohtequila) vor der Tür, und Gaines und Raphael verdrückten sich, während wir anderen sie freudlos bewirteten. Der Anführer des Haufens war ein robuster, attraktiver, gutgelaunter Indio in weißem Hemd, der darauf bestand, dass alles immer umgänglich und lustig war. Bestimmt wurde aus ihm noch ein guter Arzt. Ein paar andere trugen Schnurrbärte aus Mittelschichts-*mestizo*-Heimen, und einer, aus dem sicher nie ein Arzt wurde, kippte nach jedem Drink aus den

Latschen, wollte uns unbedingt in einen Puff mitnehmen, wo die Huren viel zu teuer waren, und flog dort sowieso gleich wieder raus, weil er zu besoffen war. So standen wir wieder auf der Straße und guckten in die Röhre.

Also brachten wir Raphael in sein schickes Hotel. Dort gab es große Vasen, Teppiche, maurische Decken und amerikanische Touristinnen, die in der Lobby Briefe schrieben. Da saß der arme Raphael auf einem großen Eichenstuhl und sah sich nach einer Wohltäterin um, die ihn mit in ihr Penthouse nach Chicago nehmen würde. Wir ließen ihn sinnierend in der Lobby zurück. Am nächsten Tag nahm er auf Einladung des Lyrikbeauftragten der Library of Congress ein Flugzeug nach Washington D. C., wo ich ihn erstaunlich bald schon wiedersehen sollte.

Ich sehe Raphael vor mir, Staub weht über die Straße, seine tiefen braunen Augen hinter hohen Wangenknochen unter einem hellen Haarschopf, oder wie der Schopf eines Satyrs, eigentlich wie der eines typisch amerikanischen Straßeneckenstadtkinds … wo geht es zu Shelley? Wo zu Chatterton? Warum gibt es keine Scheiterhaufen, keinen Keats, keinen Adonais, keine bekränzten Pferde & Putten? Gott weiß, *was* er denkt. («Gebratene Schuhe», sagte er später der *Time*, meinte es aber nicht ernst.)

20

Zufällig landeten Irwin und Simon und ich an einem wirklich netten Nachmittag am Xochimilco-See, den Schwimmenden Paradiesgärten, könnte man sagen. Ein paar Mexikaner aus dem Park nahmen uns mit. Zuerst aßen wir zu Mittag Truthahn-Mole an einer Bude am Seeufer. Truthahn-Mole ist Truthahn in würziger Schokoladensauce, lecker. Aber der Budenbesitzer verkaufte auch Pulque (rohen Meskal), und ich wurde betrunken. Natürlich gibt es auf der ganzen Welt keinen besseren Ort, um betrunken zu sein, als die Schwimmenden Gärten. Wir mieteten einen Stocherkahn und ließen uns durch verträumte Kanäle voll schwimmender Blumen und treibender Inselchen staken – Andere Boote trieben vorbei, gestakt von ebenso ernsten Fährmännern wie unseres, und ganze Familien feierten Hochzeit darauf, sodass plötzlich, während ich im Schneidersitz dasaß, den Pulque vor den Füßen, himmlische Musik an mir vorbeischwebte, außerdem noch hübsche Mädchen, Kinder, alte Zwirbelbärte. Dann ruderten Frauen in Kajaks heran, um Blumen zu verkaufen. Vor lauter Blumen sah man kaum die Boote. In verträumten Schilffeldern machten die Frauen Pause und ordneten die Sträuße. Allerlei Mariachi-Bands waren nord- und südwärts unterwegs, und die verschiedensten Lieder mischten sich in der sanften, sonnigen Luft. Das Boot selbst kam mir vor wie ein Lotos. Ein Stocherkahn hat eine Ruhe, die man mit Rudern nicht erreicht. Auch nicht mit Motor. Ich war vom Pulque sturzbetrunken (wie gesagt, roher Kaktussaft, wie grüne Milch, grauenhaft, ein Penny das Glas). Doch ich winkte den vorbeitreibenden Familien zu. Die meiste Zeit saß ich verzückt da, fühlte mich wie in einem Buddhaland aus Blumen und Musik. Xochimilco ist der Rest von dem See, der trockengelegt wurde, um Mexico City zu erbauen. Man kann sich ausmalen, wie er zu Zeiten der Azteken aussah, die Boote der Priester und Kurtisanen im Mondschein …

Als es dämmerte, spielten wir im Hof der nahen Kirche Huckepack und Reiterkampf. Mit Simon auf meinem Rücken rangen wir Pancho zu Boden, der Irwin trug.

Auf dem Rückweg sahen wir auf dem Zocalo das Feuerwerk zum Jahrestag der Revolution. Bei einem Feuerwerk in Mexiko stehen alle da und rufen OOH!, und große Feuerfetzen regnen auf sie nieder, der reinste Irrsinn. Wie im Krieg. Und keinen juckt's. Einmal kreiselte ein Feuerrad mitten in die Menge. Männer stoben davon und retteten Kinderwagen. Die Mexikaner zündeten immer größere, verrücktere Dinger an, die ringsum dröhnten, zischten und explodierten. Dann das große Finale, ein schallendes, herrliches Trommelfeuer, und zum Abschluss die riesige Gott-Bombe, BUMM! (& alle gehen nach Hause.)

21

Zurück in meinem Zimmer auf dem Dach, nach all diesen wilden Tagen, legte ich mich seufzend aufs Bett. «Wenn die weg sind, komm ich wieder in die Spur», schön Kakao um Mitternacht und ausschlafen – Allerdings hatte ich auch keinen Schimmer, was ich sonst noch tun sollte. Irwin spürte das, hat mich immer irgendwie gelenkt und sagte: «Jack, du hattest deinen Frieden schon in Mexiko und auf dem Berg, komm doch mit uns nach New York! Alle warten dort auf dich. Früher oder später kommt dein Buch raus, dieses Jahr, und du siehst Julien wieder, besorgst dir eine Wohnung oder ein Zimmer im YMCA. Es ist Zeit, dass du es *schaffst!*», rief er.

«Dass ich was schaffe?»

«Ein Buch rausbringen, alle kennenlernen, Geld verdienen, ein großer weltreisender Autor werden, alten Frauen aus Ozone Park Autogramme geben –»

«Wie kommt ihr denn nach New York?»

«Wir suchen einfach in der Zeitung nach 'ner Mitfahrgelegenheit – Heute steht zum Beispiel eine drin. Vielleicht halten wir sogar in New Orleans –»

«Wer will schon ins fade alte New Orleans.»

«Ach, du bist doch bescheuert – *Ich war noch nie in New Orleans!*», rief er. «Ich *will da hin!*»

«Damit du sagen kannst, dass du mal da warst?»

«Ach, ist doch egal. Oh, Jack», legt zärtlich seinen Kopf an meinen, «armer, gepeinigter Jacky – einsam und gereizt in seiner Altejungfernzelle – Komm mit uns nach New York, besuch ein paar Museen, und wenn du willst, gehen wir sogar auf den Columbia-Campus und ziehen dem alten Schnappe die Ohren lang – Wir präsentieren Van Doren unsere Pläne für eine neue Weltliteratur – Wir campen auf Trillings Türschwelle, bis er uns den Quarter wiedergibt.» (Alles College-Professoren.)

«Dieser ganze Literaturkram ist doch langweilig.»

«Ja, aber auch interessant, ein großes, reizvolles Feld, das wir erforschen können – Wo ist deine alte Dostojewski-Neugier abgeblieben? Du bist so *wehleidig* geworden! Du wirkst wie ein alter, kranker Junkie, der im Nirgendwo in einem Zimmer sitzt. Es wird Zeit, dass du Barett trägst und alle aus den Socken haust, die vergessen haben, dass du ein weltbekannter Autor bist, ein Prominenter – Wir können machen, was wir *wollen!*», rief er. «Filme drehen! Nach Paris fahren! Inseln kaufen! Alles!»

«Raphael.»

«Ja, aber Raphael jammert nicht rum wie du, er sei von seinem Weg abgekommen, er hat seinen Weg *gefunden* – stell dir vor, wie der in Washington umgarnt wird, wie er auf Cocktailpartys Senatoren kennenlernt. Es wird Zeit, dass Dichter die amerikanische Kultur *beeinflussen!*» Wie ein zeitgenössischer amerikanischer Romancier, der sich als knallharter, linker Hipster-Anführer ausgibt und die Carnegie Hall mietet, um das allen zu verkünden, ja ein bisschen wie gewisse renommierte Harvard-Professoren war Irwin Garden ein Gelehrter, der letztlich in *Politik* machte, trotz seines Mystizismus und seiner Ewigkeitsvisionen –

«Wenn du wirklich eine Vision der Ewigkeit gehabt hättest, wär dir die amerikanische Kultur egal.»

«Aber das ist es doch grade, deshalb hab ich doch was zu sagen, nicht nur abgegriffene Ideen und soziologische Floskeln aus Lehrbüchern – Ich hab eine Blake'sche Botschaft für den Eisenhund Amerikas.»

«Hurra, hurra – und was machst du als Nächstes?»

«Ich werde ein großer, angesehener Poet, auf den man hört – Ich verbringe ruhige Abende mit Freunden, im Smoking vielleicht – Ich gehe in den Supermarkt und kaufe, was ich möchte – *Im Supermarkt habe ich eine Stimme*!»

«Ach ja?»

«Und du kannst mitkommen und deine Bücher *gleich* veröffentlicht bekommen, diese Stümper halten dich doch nur aus Ahnungslosigkeit hin. *Road* ist ein großes, irres Buch, das Amerika verändern wird! Und die können damit sogar Geld verdienen. Du wirst nackt auf deiner Fanpost tanzen. Du kannst Boisvert in die Augen schauen. Große Faulkners und Hemingways werden sich Gedanken machen, wenn sie an dich denken. Es ist *Zeit*! Verstehst du?» Er streckte die Arme aus wie ein Symphonie-Dirigent, starrte mich irre hypnotisch an. (Einmal, bekifft, hat er ganz ernst zu mir gesagt: «Ich will, dass du meine Reden hörst wie quer über den Roten Platz.») «Das Lamm Amerikas wird großgezogen! Wie soll der Osten ein Land ohne prophetische Dichter respektieren? Das Lamm muss großgezogen werden! Große, zitternde Oklahomas brauchen Dichtung und Nacktheit! Flugzeuge müssen mit Grund von einfühlsamem Herz zu offenem Herzen fliegen! Verzärtelte Amtsschimmel müssen von irgendwem eine Rose geschenkt kriegen! Weizen muss nach Indien geschickt werden! Neue, hippe, klassische Puppenszenen können in Busbahnhöfen stattfinden, oder am Hafenamt, oder im Klo auf der Seventh Avenue, oder in Missus Roccos Salon in East Bend oder sonst wo», er schüttelt die Schultern, sein altes New Yorker Hipsterbuckeln mit zuckendem Hals ...

«Na ja, vielleicht komm ich ja doch mit.»

«Vielleicht findest du in New York sogar 'ne Freundin, so wie früher – Dein Problem ist doch, dass du seit Jahren keine Frau mehr hattest. Warum hättest du sonst so dreckschwarze Hände, die nicht auf glänzendweiße Mädchenhaut gehören? Die wollen alle gern geliebt werden, zitternde Menschenseelen sind sie, die sich vor dir fürchten, weil du sie böse anblitzt, weil du Angst vor ihnen hast.»

«Genau, Jack!», pflichtet Simon bei. «Zeig den Mädels, wo der Hammer hängt, Sonnyboy!», und er kommt rüber und reitet auf meinen Knien.

«Kommt Lazarus auch mit?», frage ich.

«Klar. Lazarus kann auf der Second Avenue spazieren gehen, sich die Pumpernickel ansehen oder alten Männern in die Bücherei helfen.»

«Oder im Empire State Building Zeitungen verkehrt rum lesen», sagt Simon, immer noch lachend.

«Oder Brennholz sammeln am Fluss», sagt Lazarus auf seinem Bett, das Laken bis unters Kinn gezogen.

«*Was*?» Wir alle drehen uns nach ihm um, er hat seit 24 Stunden nichts gesagt.

«Ich kann Brennholz sammeln, am Fluss», sagt er und schließt den Satz derart entschieden ab, als gäbe es da nichts weiter zu diskutieren. Doch er wiederholt es noch ein letztes

Mal … «Am Fluss.» – «Brennholz», ergänzt er, dann wirft er mir plötzlich diesen schmunzelnden Seitenblick zu, der bedeutet, dass er uns nur auf den Arm nimmt, es aber nicht sagen will.

ZWEITER TEIL

DURCH NEW YORK

22

Die Reise war grauenhaft. Völlig geschäftsmäßig und effizient haben wir uns beziehungsweise hat Irwin sich bei einem Italiener aus New York gemeldet, der in Mexiko Sprachen unterrichtete, aber exakt aussah wie ein Zocker aus Las Vegas, ein Gangster aus der Mott Street, so sehr, dass ich mich fragte, was er wirklich in Mexiko trieb. Er hatte in der Zeitung inseriert, ein Auto, ein Puerto-Ricaner schon an Bord, wir anderen würden schon noch reinpassen, wenn wir das ganze Gepäck aufs Dach schnallten. Drei vorn, drei hinten, fünftausend fürchterliche Kilometer Knie an Knie! Aber anders ging es nicht –

Am Morgen der Abreise (ich hab vergessen zu erwähnen, dass Gaines ein paarmal übel dran war und uns auf schwierige, gefährliche Drogenbotengänge in die Stadt schickte ...) ging es Gaines schlecht, aber wir versuchten, uns unbemerkt davonzumachen. Eigentlich wollte ich natürlich zu ihm, mich verabschieden, aber das Auto wartete, und er hätte mich garantiert Morphium holen geschickt (saß schon wieder auf dem Trockenen). Als wir am Fenster mit dem traurigen rosa Vorhang vorbeigingen, hörten wir ihn husten, acht Uhr morgens. Ich konnte nicht anders, musste wenigstens durchs Loch im Fenster rufen: «Hey Bull, wir sind dann mal weg. Wir sehen uns – bin bald zurück –»

«Nein! Nein!», rief er so zitternd krank wie jedes Mal, wenn er seine Entzugsschmerzen in Drogendumpfheit verwandeln wollte, wobei er aber nur zu einem Häufchen Unglück aus verdrehtem Bademantel und vollgepissten Laken wurde. «Nein! Ihr müsst mir noch was aus der Stadt besorgen – Dauert auch nicht lange –»

Irwin versuchte, ihn durchs Fenster zu beschwichtigen, aber Bull fing an zu heulen. «Ihr könnt doch einen alten Mann nicht einfach so allein lassen. Vor allem nicht in diesem Zustand, ich bin so krank, ich komm nicht mal an meine Zigarettenschachtel –»

«Du bist doch auch vorher zurechtgekommen, du schaffst das schon.»

«Nein, nein, ruf Jack! Lasst mich hier nicht so liegen! Denkt doch mal an früher, wie ich euch Pfandscheine und Geld gegeben hab – Wenn ihr mich jetzt hier liegen lasst, gehe ich *drauf*!», klagte er. Wir konnten ihn nicht sehen, nur von seinem Kissen rufen hören. Irwin ließ Simon irgendwas zurückschreien, dann rannten wir tatsächlich weg, voll Scham und elendigem Schrecken, mitsamt Gepäck die Straße runter – Bleich sah Simon uns an. Wir wirbelten wirr über den Gehsteig. Doch die Fahrgelegenheit, der wir schon gewunken hatten, wartete, und der ganz natürliche feige Ausweg war, sich reinzuquetschen und ab nach New York. Simon sprang als Letzter rein. Erleichtert atmeten wir auf, aber ich hab nie erfahren, wie Gaines den Tag noch überstand. Hat er jedenfalls. Doch dazu später …

Der Fahrer hieß Norman. Als wir alle in seinem Auto

saßen, meinte er, die Federung würde bei dem Gewicht niemals bis New York durchhalten, vielleicht nicht mal bis Texas. Sechs Männer und ein Haufen Rucksäcke und Taschen, mit Seil aufs Dach gebunden. Wieder eine armselige amerikanische Szenerie. Norman ließ also den Motor an, ließ ihn aufheulen, und dann fuhr er los wie diese Dynamit-Laster in Filmen über Südamerika, erst 2 km/h, dann 5, dann 8, wir hielten die Luft an, klar, dann weiter auf 30, 40 und auf dem Highway sogar 70, und uns allen wurde plötzlich klar, dass es bloß eine lange Fahrt war und wir in einem guten alten amerikanischen Auto über Highways brausen würden.

Also machten wir's uns gemütlich, drehten erst mal ein paar Joints, wogegen der junge Puerto-Ricaner Tony nichts hatte – Er war unterwegs nach Harlem. Das Seltsamste war, dass der alte Gangster Norman plötzlich in gellendem Tenor Opernarien anstimmte und damit dann die ganze Nacht hindurch bis Monterrey weitermachte. Irwin, auf der Rückbank neben mir, stimmte mit ein, sang Arien, von denen ich nicht mal wusste, dass er sie kannte, und dann noch Bachs Toccata und Fuge. Ich bin von all den Jahren Reiserei und leidender Traurigkeit derart benebelt, dass ich fast vergesse, wie Irwin und ich die Toccata und Fuge mit Kopfhörern in der Bibliothek der Columbia gehört haben.

Lazarus sitzt vorn, und der Puerto-Ricaner fragt ihn aus, wodurch Norman langsam spitzkriegt, was für ein schräger Vogel er ist. Als wir drei Tage und Nächte später in New York ankommen, rät er Lazarus dringend, viel Sport zu machen, Milch zu trinken, auf gerade Haltung zu achten und zur Army zu gehen.

Anfangs herrscht jedoch noch feindselige Stimmung. Norman macht uns blöde an, hält uns für einen Haufen schwuchteliger Dichter. Als wir bei Zimapan in die Berge kommen, sind wir alle high und schieben sowieso schon Paranoia. Aber er macht es noch schlimmer. «Merkt euch, ich bin hier der Kapitän und Herr über das Schiff. Ihr könnt nicht einfach dasitzen und mich die ganze Arbeit machen lassen. Packt gefälligst mit an! Kommt eine Linkskurve, lehnen wir uns alle singend nach links, und wize fersa, wenn's nach rechts geht. Kapiert?» Erst lache ich noch, halte das für einen Witz (auch gut für die Reifen, sagt er), aber kaum erreichen wir die erste Serpentine, lehnen wir (die Jungs) uns alle zur Seite, während Norman und Tony nur lachen. «Jetzt rechts!», befiehlt Norman, und noch mal derselbe Quatsch.

«Hey, wieso lehnst *du* dich nicht zur Seite!», rufe ich.

«Ich bin fürs Fahren zuständig. Tut, was ich euch sage, dann kommen wir gut nach New York», leicht gereizt jetzt, wo einer Widerworte gibt. Erst hatte ich Angst vor ihm. In meiner Pot-Paranoia befürchtete ich, Tony und er seien Gangster, die uns unterwegs ausrauben würden, obwohl da nicht viel zu holen war. Als er immer anstrengender wurde, sagte schließlich Irwin (der sonst nie streitet):

«Ach, halt doch einfach mal die Klappe»,

& dann war alles cool im Auto.

23

Es wurde sogar eine schöne Fahrt, und es war fast schon lustig, an der Grenze in Laredo den ganzen unglaublichen Haufen Zeug vom Dach zu laden, inklusive Normans Fahrrad, um alles den Beamten mit den stahlgerahmten Brillen vorzulegen, die schnell merkten, dass sie keine Chance hatten, dieses heillose Gerümpel komplett zu durchsuchen.

Scharf peitschte der Wind durchs Tal des Rio Grande, ich

fühlte mich pudelwohl. Wir waren zurück in Texas. Man konnte es riechen. Als Erstes bestellte ich für alle Softeis, keiner hatte was dagegen. Und abends fuhren wir in San Antonio ein. Es war Thanksgiving. Traurige Schilder bewarben Truthahn-Dinner in den Cafés von San Antone. Wir wagten nicht, deswegen anzuhalten. Rastlosen amerikanischen Roadrunnern ist es ein Gräuel, sich auch nur eine Minute zu entspannen. Aber um zehn Uhr abends, kurz hinter San Antonio, war Norman zu kaputt zum Weiterfahren und hielt an einem trockenen Flussbett, um auf dem Fahrersitz zu schlafen, während Irwin, ich, Laz und Simon unsere Schlafsäcke auf dem frostigen Boden ausbreiteten. Tony legte sich auf die Rückbank. Irwin und Simon zwängten sich irgendwie in Irwins in Mexiko gekauften, blauen, französischen Schlafsack mit Kapuze, eng und viel zu kurz für ihre langen Beine. Lazarus sollte mit in meinen Army-Schlafsack kriechen. Ich ließ ihn zuerst rein, schlüpfte hinterher, zog mir den Reißverschluss bis an den Hals. Keine Chance, sich umzudrehen, ohne sich vorher abzusprechen. Die Sterne strahlten kalt und trocken. Frostbedeckte Salbeisträucher, und es roch nach kalten Winterkuhfladen. Aber diese Luft, diese göttliche Luft der Plains, ich bin tatsächlich davon eingeschlafen, und als ich mich im Schlaf mal umdrehen wollte, drehte Lazarus sich sofort mit. Seltsam war das. Und unbequem, weil man sich nur bewegen konnte, wenn man es zusammen tat. Trotzdem kamen wir zurecht, und um drei Uhr morgens weckten uns Norman und Tony, die es im kalten Auto nicht mehr aushielten und mit Heizung weiterfahren wollten.

Scheckige Dämmerung in Fredericksburg oder woanders, wo ich schon tausendmal so durchgereist war.

24

Diese langen, dröhnenden Fahrten durch den Nachmittag eines gesamten Bundesstaats, ein paar von uns schlafend, andere redend, wieder andere verzweifelt Sandwiches kauend. Wann immer ich so unterwegs bin, erwache ich aus einem Nickerchen und fühle mich – gleich wer am Steuer sitzt –, als chauffierte mich der Himmelsfahrer in den Himmel. Schon seltsam, einer lenkt allein den Wagen, während die anderen vor sich hin träumen, ihre Leben ganz in seiner ruhigen Hand, erhaben ist das, etwas Altes in der Menschheit, ein uraltes Vertrauen in den Guten Alten Menschen. Man erwacht aus einem Schlummertraum von Laken auf dem Dach und findet sich im kiefernbestandenen Ödland von Arkansas wieder, braust mit beinahe hundert Sachen dahin, stutzt, blickt auf den Fahrer, und der sitzt ernst, sitzt ruhig, sitzt einsam hinterm Steuer.

Am Abend erreichten wir Memphis und aßen endlich ordentlich in einem Restaurant. Dann wurde Irwin sauer auf Norman, und ich fürchtete, Norman würde einfach anhalten und sich mitten auf der Straße mit ihm prügeln: Irgendwas von wegen Norman führe sich die ganze Zeit schon wie der letzte Mensch auf, was eigentlich gar nicht mehr stimmte, also sagte ich: «Irwin, so kannst du nicht mit ihm reden, kein Wunder, wenn er dir das übelnimmt.» Damit etablierte ich mich vor allen im Auto als dämlicher Dummschwätzer, der keinesfalls will, dass sich irgendwer prügelt. Aber Irwin nahm es mir nicht krumm, und Norman sagte gar nichts mehr dazu. Das einzige Mal ernsthaft geschlagen hab ich mich, als einer meinen bereits angezählten Kumpel Steve Wadkovsky nachts gegen das Auto knallte, immer weiter auf ihn einschlug, so ein Schrank von einem Kerl. Schnell lief ich über die Straße, schwang die Rechte und die Linke, traf ihn auch ein paarmal, aber nichts als leichte Klapse auf den Rücken, bis sein Vater mich bestürzt wegzog. Mich selbst kann ich nicht verteidigen, nur meine Freunde. Darum wollte ich nicht, dass Irwin sich mit Norman schlug. Einmal (1953) wurde ich auf Irwin sauer, sagte, ich würde ihm in den Arsch treten, aber er erwiderte: «Mit meiner mystischen Kraft mach ich dich fertig», und schon hatte ich die Hosen voll. Jedenfalls lässt Irwin sich von keinem was gefallen, während ich mit meinem buddhistischen «Freundlichkeitsgelübde» (allein im Wald geleistet) alles ertrage, voll aufgestauter Wut, die ich nie rauslasse. Doch ein Mann, der gehört hatte, der Buddha (mein Held) (mein *anderer* Held, Christus, kommt zuerst) ließe sich nie provozieren, trat vor den seufzenden Bhagavat und spuckte ihm ins Gesicht. Buddha soll entgegnet haben: «Da ich deine Kränkung nicht gebrauchen kann, darfst du sie gern wiederhaben.»

In Memphis balgten die zwei Brüder Laz und Simon sich auf einmal auf dem Gehsteig vor der Tankstelle. Genervt verpasste Laz dann Simon einen ochsenstarken Schubs, von dem er mitten auf die Straße flog. Einen kräftigen Schubs wie von einem russischen Patriarchen, ganz erstaunlich. Laz ist drahtig und eins achtzig, aber wie gesagt, er geht immer gebückt wie ein alter Hipster von 1910, oder eher wie ein Farmer in der Stadt. (Das Word «*beat*» kommt aus dem alten Süden und vom Land.)

Im Morgengrauen in West Virginia wollte Norman plötzlich, dass ich fuhr. «Schaffst du schon, nur keine Sorge, fahr einfach weiter, und ich ruh mich aus.» Und an diesem Vormittag lernte ich wirklich das Fahren. Mit einer Hand unten am Lenkrad schaffte ich irgendwie perfekt sämtliche Kurven, rechts wie links, während Pendler-Autos sich auf der schmalen Straße drängten. Die rechte Hand für Rechtskurven, die linke, wenn's nach links ging. Ich konnte es kaum fassen. Auf der Rückbank schliefen alle, und Norman sprach mit Tony.

So stolz war ich auf mich, dass ich abends in Wheeling eine Flasche Portwein kaufte. Das wurde die beste Nacht der ganzen Fahrt. Wir alle tranken, sangen tausend Arien gleichzeitig, während Simon (der alte Krankenwagenfahrer) auf einem waldgesäumten Superhighway grimmig bis zum frühen Morgen nach Washington D. C. durchfuhr. Als wir in die Stadt rollten, brüllte Irwin und schüttelte Lazarus wach, damit er die Hauptstadt sah. «Lass mich schlafen.»

«Nein, wach auf! Washington siehst du bestimmt nie wieder! Schau! Das Weiße Haus, die große weiße Kuppel mit dem Licht! Das Washington Monument, die große Nadel dort am Himmel –»

«Die alte Münze», sagte ich, als wir vorbeifuhren.

«Da wohnt der Präsident der USA und überlegt den ganzen Tag, was Amerika als Nächstes tun soll. Wach auf – sitz grade – schau – das Justizministerium, wo sie über die Zensur entscheiden –» Lazarus sah nickend aus dem Fenster.

«Große triste Schwarze stehen neben Briefkästen», sagte ich.

«Wo ist das Emp*eia* State Building», sagt Laz. Er hält Washington für New York City. Wahrscheinlich glaubt er, Mexiko läge ringsherum.

25

Dann rasen wir im augentrockenen Vormittag des transkontinentalen automobilen Grauens, das die Geschichte dieses Landes vom Planwagen bis zu Henry Ford ist, in Richtung

New Jersey Turnpike – In Washington hat Irwin den Lyrikbeauftragten der Library of Congress angerufen, um nach Raphael zu fragen, der aber noch nicht angekommen ist (hat die Frau des Mannes am frühen Morgen aufgeweckt) (aber Poesie ist nun mal Poesie) – Und auf dem Turnpike reden Norman und Tony vorne ernst auf Laz ein, wie er von nun an leben, keinen Unsinn machen, sich auf die Reihe kriegen soll – Was die Army angeht, meint Laz: «Ich will mir nicht sagen lassen, was ich tun soll», worauf Norman insistiert, das müsse man uns allen sagen, doch ich sehe das anders, denn in Sachen Army oder Navy geht's mir genau wie Lazarus – (falls ich damit durchkomme, falls *er* das kann, indem wir uns in die Nacht des Ichs versenken und uns manisch mit unserem ureigenen Schutzengel befassen) – Unterdessen sind Irwin und Simon fix und fertig, sitzen aufrecht hinten bei mir auf der Rückbank (alles gut, tut-tut), aber die Köpfe hängen ihnen schwitzend und leidend auf der Brust, allein der Anblick ihrer schlafverklebten, unrasierten, schweißnassen Gesichter, die Lippen aufgeworfen vor Grauen – Ah – Mir wird dabei klar, dass es sich doch gelohnt hat, mein friedliches Mexiko-Monddach zu verlassen, um mich mit ihnen durch raue Narrenwelt zu schlagen und zu quälen, zu einem albernen, doch göttlichen Bestimmungsort in einem anderen Teil des Heiligen Geistes – Sosehr wir uns in Sachen Poesie und Frieden widersprechen, liebe ich doch ihre leidend schwitzenden Gesichter und zerzausten Haare wie die Haare meines Vaters, als ich ihn tot im Sessel fand – Im Sessel bei uns zu Hause – Als ich völlig außerstande war zu glauben, es gäbe so was wie den Tod von Papa, von meinem eigenen ganz zu schweigen – Zwei verrückte Jungs, erschöpft, Jahre später, die Köpfe hängenlassend wie mein toter Vater (mit dem ich auch heftig gestritten habe, wieso nur? Oder wieso nicht, wenn sich Engel nun mal über irgendwas echauffieren müssen) – Armer Irwin, armer Simon, gemeinsam in der Welt, *compañeros* ihres ganz eigenen Spaniens, triste Parkplätze auf der Stirn, die Nasen gebrochen mit fettigen … rast- und knochenlose Denker … Heilige und Engel eines hohen Gremiums der Vergangenheit, auf diesem Posten, den ich als Himmelsbaby innehatte – Sie stürzen, stürzen, mit mir und Luzifer und Norman, stürzen, stürzen hier im Auto ab –

Wie wird Irwins Tod aussehen? Der Tod meiner Katze ist eine Kralle in der Erde. Irwin ein Kieferknochen? Simon eine Stirn? Grinsende Schädel im ganzen Auto? Und Lazarus soll deshalb in die Army? Und die Mütter all dieser Männer verzehren sich vor Gram in dunklen Wohnzimmern? Die Väter schwielhändig begraben, mit Schaufeln auf der Brust? Oder Druckerschwärzefinger, über Rosenkranzgräber gekrümmt? Und ihre Vorfahren? Erdschlingende Ariensänger? Jetzt? Der Puerto-Ricaner mit dem Schilfrohr, wo Reiher Gräber heuen? Raschelt der sanfte Morgenwind aus der Karibik durch Camachos Ölgestöber? Glotzen die tieffranzösischen Gesichter Kanadas auf ewig in den Boden? Die am *corazón* (Herz) hängenden Sänger-Morgengrauen-Mexikos, die nie mehr offenen hochgittrigen Fenster-Serenaden-Taschentuch-Mädchen-Lippen?

Nein.

Doch.

26

Ich sollte selbst bald einem Weizenschoß begegnen, der mich den Tod ein paar Monate lang vergessen ließ – ihr Name war Ruth Heaper.

Das kam so: An einem eisigen Novembermorgen erreichten wir Manhattan, Norman verabschiedete sich, und da standen wir vier auf dem Gehsteig und husteten vor lauter schlafmangelbedingtem Dauerrauchen, als hätten wir TB. Ja, ich war wirklich sicher, ich hätte TB. Ich war dünn wie nie zuvor, etwa 70 Kilo (heute 88), hohle Wangen, die Augen tief in die knochigen Höhlen gesunken. Und *kalt* war's in New York. Auf einmal musste ich denken, dass wir wahrscheinlich alle draufgehen würden, hustend, ohne Geld, mit unseren Taschen auf dem Gehsteig, in alle Himmelsrichtungen des alten, griesgrämigen Manhattans spähend, das zur Arbeit hastete, um abends Pizza auf den Tisch zu bringen.

«*Old Manhattoes*» – «Umschlossen von funkelnden Fluten» – «Das dröhnende Tuten von Frachterhörnern in der Einfahrt oder im Hafen. Hohläugig hustende Hausmeister in Süßigkeitenläden, die sich an alten Ruhm erinnern ... irgendwo ...» Jedenfalls: «Und was jetzt zum Teufel, Irwin?»

«Keine Sorge, wir klingeln bei Phillip Vaughan, nur zwei Blocks weiter in der Fourteenth» – Phillip Vaughan ist nicht da – «Wir hätten auf seinem großen französischen Übersetzungsteppich kampieren können, bis wir was Richtiges finden. Okay, dann probieren wir's mal bei zwei Mädels, die ich hier in der Gegend kenne.»

Klingt gut, doch ich rechne mit zwei misstrauischen Lesben mit Haar und Herz wie Stroh – Aber als wir vor dem Haus zu netten Chelsea-Dickensfenstern raufrufen (nebliger Atem in eisiger Sonne), strecken sie zwei hübsche brünette Köpfe raus und sehen uns vier Penner inmitten des Chaos unseres unausweichlich süßlich duftenden Gepäcks.

«Wer ist da?»

«Irwin Garden!»

«Hallo Irwin!»

«Wir kommen grade aus Mexiko zurück, wo man Frauen von der Straße Ständchen bringt.»

«Dann singt auch was, statt bloß zu husten.»

«Wir würden gern raufkommen, ein paar Leute anrufen, mal 'ne Minute durchschnaufen.»

«Okay.»

Eine Minute, von wegen ...

Wir keuchten vier Treppen hoch und betraten eine Wohnung mit Kamin und knarrendem Parkett. Das erste Mädchen, Ruth Erickson, begrüßte uns, und da erkannte ich sie plötzlich wieder: Juliens Ex-Freundin von vor seiner Hochzeit, die mit dem Missouri-Schlamm im Haar, wie er mal sagte, was hieß, dass er ihr Haar und auch Missouri liebte (seinen Heimatstaat) und Brünette ebenfalls. Sie hatte schwarze Augen, weiße Haut, schwarzschwarzes Haar und große Brüste: Was für eine Puppe! Ich glaube, seit dem Abend, an dem ich mich mit ihr und Julien und ihrer Mitbewohnerin betrunken habe, ist sie noch gewachsen. Doch da kommt Ruth Heaper aus dem anderen Schlafzimmer, noch im Pyjama, braunes, glattes Haar, schwarze Augen, Schmollmund, und wer bist du und wieso? Und gut gebaut. Oder geschnitten, wie Edgar Cayce sagt.

So weit alles in Ordnung, doch als sie sich so in den Sessel plumpsen lässt, dass ich ihren Pyjama-Hintern sehe, macht mich das ganz kirre. Auch ihr Gesicht hat was, das ich noch nie gesehen habe: ein seltsam knabenhaftes, schelmisches oder verwöhntes Koboldgesicht, aber mit rosigen Frauenlippen und weichen, morgenschönen Wangen.

«Ruth Heaper?», sage ich, als sie sich vorstellt. «Ruth *Häuf*er mit dem Haufen Korn?»

«Genau die», sagt sie (zumindest glaub ich das, ich weiß es nicht mehr sicher). Erickson ist unterdessen runter, um die Sonntagszeitungen zu holen, und Irwin wäscht sich im Bad, also lesen wir alle Zeitung, aber ich muss pausenlos an Heapers süße Schenkel da vor meiner Nase im Pyjama denken.

Erickson ist inzwischen sogar eine enorm bedeutende Frau in unserem Manhattan, scheffelt jede Menge Einfluss mit Telefonaten und Träumen und bierseligen Cupido-Komplotten, und sie lässt Männer schuldig werden. Denn sie ist (wenn sie Männer schuldig werden lässt) eine tadellos einfühlsame, offene Lady, obwohl ich ihr vom Fleck weg böse Absichten zutraue. Auch Heaper hat boshafte Augen, aber nur, weil sie von ihrem Selfmade-Großvater verwöhnt wurde, der ihr zu Weihnachten Fernsehapparate für ihre Wohnung schickt, was sie völlig kalt lässt – Erst später erfuhr ich, dass sie außerdem mit Stiefeln und Peitsche durchs Greenwich Village spazierte. Das ist aber, glaub ich, nicht genuin.

Alle vier versuchen wir, sie anzubaggern, die vier hustenden, hässlichen Hallodris auf ihrer Schwelle, aber ich merke, dass ich das Rennen machen werde, allein indem ich ihr tief in die Augen schaue, mit gierig affektiertem Schlafzimmerblick, der aber genauso waschecht ist wie meine oder deine Hose, egal ob Männlein oder Weiblein – Ich *will* sie – Ich bin ganz wuschig vor Müdigkeit & Schwindel – Erickson bringt mir ein schönes Bier – Ich muss mit Heaper schlafen oder sterben – Sie weiß es – Aber sie stimmt alle Songs aus *My Fair Lady* an, perfekt, ahmt perfekt Julie Andrews nach, samt Cockney und so weiter – Jetzt erkenne ich, dass diese kleine Cockneyfrau ein Junge aus einem meiner früheren Leben als jugendlicher Zuhälter und Dieb in London war – Sie ist zu mir zurückgekehrt.

Nach und nach, wie immer, gehen wir vier Jungs alle ins Bad, duschen, bringen uns halbwegs auf Vordermann, rasieren uns sogar – Wir wollen uns einen lustigen Abend machen, im Village einen alten Freund von Simon treffen, zusammen mit den fröhlichen Ruths verliebt durch die herrlichen kalten New Yorker Winde ziehen – o Mann.

Was für ein Abschluss dieses fürchterlichen Trips.

27

Und wo ist mein «Friede» abgeblieben? Ach da, in diesem Pyjama-Weizenschoß. In dieser schamlosen Kleinen mit den schwarz glänzenden Augen, die weiß, dass ich sie liebe. Wir alle ziehen durch die Village-Straßen, klopfen an Fenster, finden «Henry», gehen um den Washington Square Park, ich zeige Ruth meinen besten Ballettsprung, sie ist beeindruckt – Arm in Arm halten wir uns hinter den anderen – Ich glaube, Simon ist ein bisschen traurig, dass sie nicht ihn erwählt hat – Mein Gott, Simon, gönn mir auch mal was – Auf einmal schlägt Ruth vor, nur wir beide sollten wieder in die Wohnung gehen, noch mal *My Fair Lady* durchhören und später wieder zu den anderen stoßen – Arm in Arm spazieren wir zurück, ich zeige auf die oberen Fenster meines delirierenden Manhattans und sage: «Ich will über alles schreiben, was hinter jedem dieser Fenster vor sich geht.»

«Großartig!»

In ihrem Zimmer schaltet sie den Plattenspieler an, und ich küsse sie einfach, küsse sie zu Boden wie einen Gegner – gegnerhaft entgegnet sie, wenn wir miteinander schlafen, dann bestimmt nicht auf dem Boden. Und jetzt beschreibe ich, der hundertprozentigen Literatur zuliebe, wie wir uns geliebt haben.

28

Wie eine große, surrealistische Zeichnung von Picasso ist das, dies und das streckt sich nach diesem und jenem – nicht mal Picasso will da zu sehr ins Detail gehen. Der Garten Eden, alles ist möglich. Ich kann mir im Leben nichts Schöneres (& Ästhetischeres) denken, als eine nackte Frau im Arm zu halten, seitlich auf dem Bett, beim ersten Vorspielkuss. Der samtige Rücken. Das Haar, durch das Euphrat, Ob und Paraña fließen. Der Nacken, der ursprüngliche Mensch beim Fall des Gartens verwandelt in eine Schlangen-Eva, bei der man die eigentlichen animalischen Seelenmuskeln spürt und gar kein Sex stattfindet – Aber ach, der Rest ist so weich und unwahrscheinlich – Wären Männer so weich, ich würde sie genauso lieben – Kaum zu glauben, dass eine so weiche Frau einen haarig harten Mann begehrt! Was soll daran schön sein? Aber Ruth erklärt mir (ich habe sie gefragt, zum Spaß), sie habe satt, wie übertrieben weich und weizenschößig sie sei, und sehne sich nach Grobheit – Deren Schönheit sah sie im Kontrast – Also, wieder wie Picasso, wie in einem Jan-Müller-Garten, marterten wir Mars mit unserem Austausch von Hart & Weich – Mit ein paar zusätzlichen Kniffen, ganz galant in Wien – Das führte zu einer zeit- und atemlosen Nacht von schierer schoner Lust und endete in Schlaf.

Hungrig verschlangen und durchpflügten wir einander.

Tags darauf berichtete sie Erickson von der ersten *Ekstase* ihres Lebens, und als die mir später davon beim Kaffee erzählte, hab ich mich zwar gefreut, es aber nicht so ganz geglaubt. Ich ging in die 14th Street und kaufte mir eine rote Sweatjacke mit Reißverschluss, und abends mussten Irwin, ich und die anderen uns Zimmer suchen. Fast hätte ich für

Laz und mich ein Doppelzimmer im YMCA genommen, dachte dann aber doch dran, wie schwer das auf meinen letzten paar Dollars lasten würde. Schließlich fanden wir für ihn ein Plätzchen in einem kalten, traurigen puerto-ricanischen Wohnheim und ließen ihn dort traurig zurück. Irwin und Simon kamen bei Phillip Vaughan unter, dem reichen Gelehrten. Ruth Heaper sagte, ich könne bei ihr schlafen, bei ihr wohnen, mit ihr schlafen, jede Nacht in ihrem Zimmer, morgens schreiben, wenn sie bei der Arbeit in der Agentur sei, und den ganzen Nachmittag bei Bier und Kaffee mit Ruth Erickson quatschen, bis sie abends heimkomme und ich ihr den neuen Hautausschlag im Bad mit Salbe einriebe.

29

Ruth Erickson hatte einen großen Hund in der Wohnung, Jim, ein riesenhafter Deutscher Polizei- (oder Schäfer-)hund (oder Wolf), der gern mit mir auf dem Parkett vor den Kaminen rangelte – Auf Kommando hätte er ganze Vereine von Ganoven und Poeten aufgefressen, doch er wusste, dass Ruth Erickson mich mochte – Ruth Erickson nannte ihn ihren Lover. Ab und zu nahm ich ihn an die Leine (für Ruth) und führte ihn den Rinnstein entlang, für Pipi und Geschäft, er war so kräftig, wenn er was in der Nase hatte, zog er einen halb die Straße runter. Einmal, als er einen anderen Hund sah, musste ich die Hacken richtig in den Gehsteig graben, um ihn festzuhalten. Ich sagte zu Ruth Erickson, ich fände es gemein, so einen großen, ungeheuren Kerl an Haus und Leine zu fesseln, aber offenbar war er kürzlich fast gestorben, und Erickson hatte ihn Tag und Nacht gesundgepflegt, sie hatte ihn wirklich lieb. In ihrem Schlafzimmer war auch ein

Kamin, und auf der Kommode lag Schmuck. Einmal ließ sie einen Kerl aus Montreal da rein, dem ich nicht traute (er lieh sich von mir $ 5 und bezahlte sie nie zurück), und der klaute einen ihrer teuren Ringe. Sie fragte mich, wer ihn genommen haben könnte. Laz war's nicht, Simon war's nicht, Irwin war's nicht, und ich war's bestimmt nicht. «Das war der Mistkerl aus Montreal.» Im Grunde hätte sie mich gern selbst zum Liebhaber gehabt, aber dafür mochte sie Ruth Heaper zu sehr. Wir verbrachten lange Nachmittage damit, uns zu unterhalten und einander in die Augen zu schauen. Wenn Ruth Heaper von der Arbeit kam, kochten wir Spaghetti und futterten bei Kerzenlicht. Jeden Abend kam ein anderer potenzieller Liebhaber für Erickson, doch sie wies alle (Dutzende) zurück, nur nicht den Kerl aus Montreal, der daraus aber nichts machte (außer vielleicht mit Ruth Heaper, während ich nicht da war), und Tim McCaffrey, der es, wie er meinte, mit meinem Segen tat. Er (ein junger *Newsweek*-Mitarbeiter mit James-Dean-Tolle) fragte mich, ob ich wohl was dagegen hätte, angeblich hatte Erickson ihn geschickt, um mich auf den Arm zu nehmen.

Wer könnte sich was Besseres vorstellen? Oder was Schlimmeres?

30

Warum «schlimmer»? Weil das bei weitem Schönste auf der Welt für einen gequälten Mann, eine Frau zu besamen, zu Kindern führt, die ihr um Gnade schreiend aus dem Schoß gezerrt werden, als ob man sie den Lebenskrokodilen vorwürfe – im Lebensfluss – Denn das ist die Geburt, o Damen und Herren des herrlichen Schottlands – «In dieser Stadt schreiend zur Welt kommende Babys sind elende Exempel dessen, was überall passiert», hab ich mal geschrieben – «Kleine Mädchen werfen Schatten auf den Gehsteig, kürzer als der Schatten des Todes in dieser Stadt», auch das schrieb ich – Beide Ruths waren als schreiende Mädchen zur Welt gekommen, aber mit 14 hat sie plötzlich der Drang gepackt, sexuell & schlängelig andere spritzen & schreien zu lassen – Fürchterlich ist das – Die zentrale Lehre des Großen Buddha war: «Nie wieder Wiedergeburt», doch diese Lehre hatte man gekapert, vergraben, verbogen, auf den Kopf gestellt und zu Zen verunglimpft, zur Erfindung von Mara dem Versucher, Mara dem Verrückten, Mara dem Teufel – Heute kommen lauter intellektuelle Wälzer über «Zen» heraus, das doch nur der Privatkrieg des Teufels gegen die zentrale Lehre Buddhas ist, der, als die Kurtisane Amra und ihre Mädchen mit Gaben über die bengalische Ebene anrückten, zu seinen 1250 Knaben sagte: «Ist sie auch schön und talentiert, wäre es doch für euch alle besser, ihr stürztet in ein Tigermaul als ins Netz ihrer Ränke.» *Hört ihr*? Das heißt, für jeden Clark Gable oder Gary Cooper, der zur Welt kommt, mit aller sogenannten Herrlichkeit (oder Hemingway), die mit dazugehört, kommen auch Krankheit, Verfall, Kummer, Jammer, Alter, Tod, Verwesung – Das heißt, für jedes süße kleine Bündel Baby, das zur Welt kommt und Frauenaugen glänzen lässt, brennt ein großer Klumpen faules Fleisch träge Würmer in die Gräber dieser Erde.

31

Aber die Natur hat Frauen so unerträglich anziehend für Männer gemacht, dass sich das unglaubliche, das unmöglich-zu-glaubende Rad aus Geburt und Tod unaufhörlich weiterdreht, als ob irgendein Teufel es selber fest und schwitzend für menschliches Leid und Schrecken anschöbe, um im leeren Himmel seine Spur zu hinterlassen – Als ob alles, selbst eine Pepsi-Werbung mit Düsenfliegern, dort oben abgedruckt sein könnte, falls nicht die Apokalypse ... Doch die teuflische Natur hat es so gewollt, dass Männer Frauen begehren und Frauen es auf Babys von Männern abgesehen haben – Als wir noch große Herren waren, machte uns das stolz, heute widert uns schon der Gedanke an, ganze Supermarkt-Türen tun sich automatisch auf für schwangere Frauen, damit sie Essen kaufen und den Tod noch weiter füttern können – Streicht mir das doch, UPI –

Doch ein Mann hat all das zitternde Gewebe an sich, das die Hindus «Lila» (Blume) nennen, und er kann damit nichts anderes tun, als sich in ein Kloster zu verkriechen, wo manchmal auch schon fürchterliche männliche Perverse auf ihn warten – Warum sich also nicht in Schoßweizen-Liebe suhlen? Trotzdem, das Ende war nah, ich wusste es.

Irwin hatte völlig recht damit gehabt, die Verlage zu besuchen und sich um Veröffentlichung und Geld zu kümmern – Ich kriegte $ 1000 Vorschuss, zahlbar in $ 100-Monatsraten, und die Lektoren beugten (ohne mein Wissen) ihre Vogelköpfe über meine makellose Prosa und redigierten tausend kleine Fehler menschlicher Grausligkeit hinein (oy?) – Ich hatte also gute Lust, Ruth Heaper zu heiraten und in ein Landhaus nach Connecticut zu ziehen.

Ihr Hautausschlag kam, laut ihrer Seelenverwandten Erickson, von meinem Auftauchen und meiner Liebe.

32

Ruth Erickson und ich führten tagelang Gespräche, bei denen sie mir anvertraute, dass sie in Julien verliebt war – (wie bitte??) – Julien, mein vielleicht bester Freund, der Ruth Erickson kennengelernt hat, als er mit mir in einem Loft in der 23rd Street wohnte – Damals war er wahnsinnig in sie verknallt, sie aber nicht in ihn (was ich schon im Voraus wusste) – Jetzt aber, wo er, mein gewitzter Kumpel und Vertrauter, mit der charmantesten Frau der Welt verheiratet war, mit Vanessa von Salzburg, *jetzt* wollte sie ihn! Damals hat er sie sogar per Ferngespräch im Mittleren Westen angerufen, aber vergeblich – von wegen der Missouri River in ihrem Haar, wohl eher der Styx oder Mytilene.

Da ist er nun, der gute Julien, zurück von der Arbeit im Büro, ein erfolgreicher junger Manager mit Schnurrbart und Krawatte, obwohl er früher mal mit mir in Pfützen hockte und wir einander Tinte in die Haare kippten und mexikanische Borracho-Schreie ausstießen (oder missourianische, einen zumindest) – Kaum ist er zu Hause, plumpst er in den prächtigen Ledersessel, den sein trautes Weib ihm gleich gekauft hat, noch vor der Kinderkrippe, sitzt vor dem knisternden Kaminfeuer und zwirbelt sich den Bart – «Nichts zu tun, als Kinder aufzuziehen und sich den Bart zu zwirbeln», meinte Julien, der mir mal gesagt hatte, er sei der neue Buddha, der die Wiedergeburt *wollte*! – Der sich dem Leid *verschrieb*! –

Ich hatte ihn oft im Büro besucht, ihn beim Arbeiten erlebt, sein Bürobenehmen («Hey, du Idiot, hierher!») und seine Rasselreden («Wasnlos mit dir, jeder kleine Selbstmord in West Virginia ist zehn Tonnen Kohle oder John L. Lewis wert!») – Er war dafür zuständig, dass die (ihm) wichtigsten

Tränendrüsen-Storys bei AP getickert wurden – Er war der Liebling des verdammten Präsidenten des gesamten Pressedienstes, des knallharten Joe Soundso – Sein Apartment, wo ich nachmittags rumhing, wenn ich nicht mit Erickson kaffeeklatschte, war auf seine ganz eigene Julien-Weise das schönste von Manhattan, mit kleinem Balkon auf Neon, Bäume und Verkehr des Sheridan Square hinaus, und einem Küchenkühlschrank voller Eiswürfel und Cola für den alten Partners-Choice-Whiskey – Den ganzen Tag sprach ich mit seiner Frau Nessa und den Kindern, die wollten, dass wir still waren, wenn Micky Maus im Fernsehen lief, und dann kam Julien rein im Anzug, Kragen und Krawatte offen, sagte: «Scheiße, da kommt man von einem harten Arbeitstag nach Hause, und da sitzt Duluoz, der alte McCarthyist», und manchmal brachte er einen seiner Hilfsredakteure mit, Joe Scribner oder Tim Fawcett – Tim Fawcett war taub, hatte ein Hörgerät, war ein leidender Kathole und liebte trotzdem den leidenden Julien – Plumps, fällt Julien in seinen Ledersessel vor dem von Nessa angezündeten Kaminfeuer und zwirbelt sich den Schnurrbart – Irwin und Hubbard glaubten, Julien habe sich den Schnurrbart wachsen lassen, um älter und hässlicher zu wirken, als er war – «Gibt's was zu essen?», fragt er, und Nessa bringt ein halbes Hühnchen, an dem er halbherzig herumpickt, dann trinkt er einen Kaffee und fragt, ob ich wohl eine neue Flasche Partners Choice besorgen könnte –

«Ich zahl die Hälfte.»

«Ach, ihr Kanucken, ihr zahlt immer nur die Hälfte», also gehen wir zusammen, den schwarzen Spaniel Potchki an der Leine, und vor dem Schnapsladen gehen wir in eine Bar und kippen ein paar Whiskey-Cola, sehen fern mit all den anderen traurigen New Yorkern.

«Schlechtes Blut, Duluoz, schlechtes Blut.»

«Was soll das heißen?»

Plötzlich packt er mich am Hemd und reißt dabei zwei Knöpfe ab.

«Warum musst du mir jedes Hemd zerreißen?»

«Deine Mama ist nicht da, um sie zu nähen, was?», und er zieht fester, zerreißt mein armes Hemd und sieht mich traurig an, und Juliens trauriger Blick bedeutet:

«Ach scheiße, Mann, all unsere ausgefuchsten Pläne, deine und meine, damit die Uhr sich 24 Stunden täglich dreht – Wenn wir in den Himmel kommen, werden wir nicht mal mehr wissen, was das ganze Jammern sollte, ja nicht mal, wie wir aussehen.» Einmal lernte ich ein Mädchen kennen und erzählte Julien: «Schön ist sie, und traurig», und er erwiderte: «Ach, schön und traurig ist doch jeder.»

«Wieso?»

«Verstehst du sowieso nicht, du schlechtblütiger Kanucke –»

«Warum sagst du dauernd, ich hätte schlechtes Blut?»

«Weil aus eurer Familie nur Arschlöcher kommen.»

Er ist der einzige Mensch auf der Welt, der meine Familie beleidigen darf, weil er damit die Erdfamilie meint.

«Und *deine* Familie?»

Er hört nicht mal hin, sagt: «Hättest du 'ne Krone auf dem Kopf, müsste man dich nur noch schneller aufknüpfen.» Zurück in der Wohnung begrabscht er die Hündin und macht sie scharf: «Oh, was für ein feuchter, schwarzer Hintern ... »

Draußen wütet ein Dezember-Schneesturm. Ruth Erickson kommt wie verabredet vorbei, und sie und Nessa unterhalten sich, während Julien und ich uns in sein Zimmer schleichen und über die Feuerleiter runter in den Schnee steigen, um noch ein paar Whiskey-Soda in der Bar zu kippen. Akrobatisch springt er unter mir ab, und ich will genauso akrobatisch springen. Nur hat er das nicht zum ersten Mal gemacht. Drei Meter sind es von der wackeligen Feuerleiter bis zum Gehsteig, was ich erst merke, als es schon zu spät ist, und im Fallen drehe ich mich um und schlage mit dem Kopf auf. Krach! Julien hilft mir hoch, mein Schädel blutet. «Und das nur, um vor den Frauen wegzulaufen? Hey, Duluoz, wenn du blutest, siehst du besser aus.»

«Das ganze schlechte Blut läuft aus dir raus», fügt er in der Bar hinzu, doch Julien ist nicht grausam, nur gerecht. «In England hat man Trotteln wie dir früher das Blut einfach abgezapft», doch als er meine schmerzverzerrte Miene sieht, bekommt er Mitleid.

«Ach, armer Jack» (Kopf an meinen gelehnt, wie Irwin, aus denselben und anderen Gründen), «wärst du lieber mal geblieben, wo du warst –» Er ruft den Barmann, bittet ihn um Mercurochrom für meine Wunde. «Alter Jack», manchmal wird er richtig demütig mir gegenüber, will wissen, was ich wirklich denke, oder was *er* wirklich denkt. «Deine Meinung *zählt* jetzt was.» Als ich ihn 1944 kennenlernte, hielt ich ihn für einen fiesen jungen Scheißkerl, und bei dem einen Mal, als ich in seiner Gegenwart bekifft war, ahnte ich, dass er was gegen mich hatte, aber wir waren ja dauernd betrunken … und trotzdem. Julien mit den schmalen grünen Augen, so drahtig männlich wie ein Tyrone Power, der mir eine knallt. «Los, wir besuchen deine Kleine.» Im Taxi fahren wir durch den Schnee zu Ruth Heaper, und kaum dass wir durch die Tür kommen und sie sieht, dass ich betrunken bin, packt sie mich an den Haaren, zieht dran, reißt mir ein paar an einer Stelle aus, wo ich sie zum Kämmen brauche, und boxt mir ins Gesicht. Julien sitzt daneben, nennt sie «Klopper», und wir gehen wieder.

«Klopper kann dich nicht leiden, Mann», trällert Julien

im Taxi. Wir fahren zurück zu seiner Frau und Erickson, die sich noch immer unterhalten. Gott, der größte Autor aller Zeiten wird sicher eine Frau sein.

33

Dann kommt der Spätfilm im TV, also mixen Nessa und ich in der Küche noch ein paar Whiskey-Cola, tragen sie klimpernd zum Kamin, und wir ziehen die Sessel vor den Fernseher, sehen Clark Gable und Jean Harlow in einem Streifen über Kautschukplantagen in den Dreißigern. Harlow macht den Papageienkäfig sauber und fragt den Papagei:

«Was hast du denn gefressen, *Zement*?», und wir brüllen vor Lachen.

«Solche Filme werden heute gar nicht mehr gedreht», sagt Julien, nippt an seinem Drink und zwirbelt seinen Bart.

Dann kommt ein Film über Scotland Yard. Mucksmäuschenstill sehen Julien und ich unseren alten Geschichten zu, und Nessa lacht. In *ihrem* früheren Leben musste sie sich nur mit Kinderwagen und Daguerreotypien befassen. Der Lloyds-of-London-Werwolf schlägt schief grinsend eine Tür kaputt.

«Dieser Drecksack würde dir nicht mal zwei Cent für deine Mutter geben!», schreit Julien.

«Nicht mal samt Bett», ergänze ich.

«Baumeln lassen im Türkischen Bad!», brüllt Julien.

«Oder in Innisfree.»

«Wirf noch einen Scheit ins Feuer, Muzz», sagt Julien, von seinen Kindern «Dazz» genannt, zur Mama alias Muzz, und sie tut's gern. Besuch aus Juliens Büro stört unsere Kinoträume: Tim Fawcett schreit, weil er schlecht hört:

«JESUS MA-RI-A! In der UPI-Meldung stand was von einer Hurenmutter, die dem kleinen Scheißkerl all den Ärger eingebracht hat!»

«Tja, der kleine Scheißkerl ist jetzt tot.»

«Tot? Den Kopf hat er sich weggeblasen, in 'nem Hotelzimmer in Harrisburg!»

Dann betrinken wir uns alle, und ich lege mich in Juliens Schlafzimmer, während er und Nessa draußen auf dem Ausziehsofa schlafen, ich mache das Fenster auf und lasse die frische Schneesturmluft rein, schlafe ein unter dem alten Ölporträt von Juliens Großvater Gareth Love, der neben Stonewall Jackson in Lexington, Virginia, begraben ist – Am nächsten Morgen liegen halbmeterhohe Schneewehen auf Fußboden und Bett. Julien sitzt blass und krank im Wohnzimmer. Bier will er nicht anrühren, er muss zur Arbeit. Ein weichgekochtes Ei, sonst nichts. Er bindet die Krawatte und schaudert ins Büro. Ich gehe Biernachschub besorgen und bleibe den ganzen Tag bei Nessa und den Kindern, wir unterhalten uns und spielen Huckepack – Als es dunkel wird, kommt Julien heim, zwei Highballs stärker, und trinkt weiter. Nessa serviert uns Spargel, Koteletts und Wein. Später kommt die ganze Gang (Irwin, Simon, Laz, Erickson und ein paar Schriftsteller aus dem Village, einige davon Italiener), um mit uns fernzusehen. In einer Show fallen sich Perry Como und Guy Lombardo in die Arme. «Scheiße», sagt Julien, Drink in der Hand auf dem Ledersessel, nicht mal eine Hand am Schnurrbart, «diese Itaker gehen alle heim, fressen Ravioli und kotzen sich tot.»

Ich bin der Einzige, der lacht (außer heimlich Nessa), weil Julien der Einzige in ganz New York ist, der immer sagt, was er grade denkt, was es auch sei, und das mag ich so an ihm – ein wahrer Herr, meine Herren (Itaker, verzeiht uns).

34

Einmal hab ich ein Foto von Julien mit 14 gesehen, daheim bei seiner Mutter, und konnte nicht fassen, dass ein Mensch so schön sein kann – Blond, ein richtiger Heiligenschein rings um den Kopf, ausgeprägte, harte Züge, diese orientalischen Augen – Ich dachte: «Scheiße, hätte Julien *mir* etwa gefallen, als er 14 war und so aussah?», doch sobald ich seiner Schwester sagte, wie fantastisch ich das Bild fand, versteckte sie es, und als wir (ein Jahr später) zufällig wieder in ihre Wohnung in der Park Avenue kamen, «Wo ist denn das Bild von Julien?», ist es verschwunden, sie hat's versteckt oder vernichtet – Armer Julien, hinter seinem blonden Schopf sehe ich den leeren Blick von Amerikas Parkplätzen und finsterstes Starren – das Starren von «Wer bist du, Arschloch?» – Am Ende aber ein trauriger kleiner Junge, den ich verstand, weil ich in oy Französisch-Kanada jede Menge traurige kleine Jungs kannte, wie Irwin sicher auch bei den oy New Yorker Juden – Der kleine Junge, viel zu schön für diese Welt, schließlich von einer Ehefrau gerettet, der guten alten Nessa, die mal zu mir sagte: «Während du auf der Couch gepennt hast, fiel mir auf, dass deine Hosen glänzen!»

Einmal sagte ich zu Julien: «Nessa nenne ich in Zukunft nur noch ‹Legs›, weil sie so schöne Beine hat», und er erwiderte:

«Wenn ich je mitkriege, dass du dich an Nessa ranschmeißt, bring ich dich um», und das war ernst gemeint.

Seine Söhne waren Peter, Gareth und einer, der noch unterwegs war und *Ezra* heißen würde.

35

Julien war sauer auf mich, weil ich mit einer seiner Ex-Flammen geschlafen hatte (nicht Ruth Erickson) – Doch inzwischen warf jemand während einer Party bei den Ruths ein paar faule Eier an Ericksons Fenster, und ich ging mit Simon unten nachsehen. Nur eine Woche vorher hatten ein paar Halbstarke Simon und Irwin abgebrochene Flaschen an den Hals gehalten, bloß weil Simon sie vor dem Billigladen (billig, allerdings) angeschaut hatte – Jetzt sah ich die Typen und sagte: «Wer hat die Eier geworfen?»

«Wo ist der Hund?», sagte der eine und trat mir mit einem baumlangen Teenager entgegen.

«Der tut nichts. Habt ihr die Eier geworfen?»

«Was für Eier?»

Wie ich so mit ihnen sprach, wurde mir klar, dass sie Messer ziehen und mich abstechen wollten, und ich kriegte Schiss. Doch sie zogen wieder ab, und hinten auf der Jacke des Jüngeren sah ich den Namen «Power» und sagte: «Okay, Johnny Power, lasst das mit den Eiern.» Er drehte sich noch mal nach mir um. «Prima Name ist das», sagte ich, «Johnny Power.» Und das war es dann so ziemlich.

Unterdessen hatten Irwin und Simon ein Treffen mit Salvador Dalí eingefädelt. Zuerst muss ich aber von meinem Mantel erzählen, und vorher von Lazarus' Bruder Tony.

Simon und Lazarus hatten zwei Brüder in der Klapsmühle, wie ich das nenne, einer war heillos katatonisch, ließ keinen an sich ran und dachte beim Anblick seiner Pfleger höchstwahrscheinlich: «Hoffentlich wollen diese Kerle mir nicht beibringen, sie anzufassen, ich bin voller heilloser elektrischer Schlangen», aber der andere Bruder war nur (fortgeschritten) schizoid, hoffte, doch noch in der Welt zurechtzukommen, weshalb ihm Simon ungelogen dabei half, aus der Klinik in Long Island auszubüxen, mit Hilfe eines raffinierten Plans à la Rififi-Diebe in Frankreich – So war Tony mittlerweile frei und arbeitete (ausgerechnet, so wie ich früher) als Aufsteller in einer Bowlingbahn in der Bowery, wo wir ihn besuchten und ich sah, wie er sich bückte, um die zehn Pins so schnell wie möglich aufzustellen – Dann, am nächsten Abend, ich hing bei Phillip Vaughan rum und las Mallarmé, Proust und Courbière auf Französisch, klingelte Irwin, und als ich aufmachte, standen sie da alle drei, Irwin, Simon und der kleine, blonde, pickelige Tony zwischen ihnen – «Tony, das ist Jack.» Und als Tony mein Gesicht sah, oder meine Augen, meinen Körper, oder was auch immer, machte er abrupt kehrt und zog ab, und ich sah ihn nie wieder.

Vermutlich sah ich seinem katatonischen großen Bruder zu ähnlich, zumindest meinte Laz das.

Später ging ich meinen alten Freund Deni Bleu besuchen.

Deni Bleu ist der famose Kerl, mit dem ich damals an der Westküste zusammengewohnt habe und der alles klaute, was nicht niet- und nagelfest war, es aber dann manchmal Witwen schenkte (*Bon cœur*, gutes Herz), und mittlerweile ärmlich, wie ich finde, in einer Wohnung in der 13th Street hauste, in der Nähe vom Fluss, mit einem Kühlschrank (in dem er aber immer noch seine selbstgemachte Hühnerbrühe nach Spezialrezept aufbewahrte) – Der sich an Thanksgiving die Kochmütze aufsetzte und riesige Truthähne für Partys von Beatniks und Village-Hipstern briet, die sich am Ende doch nur mit Keulen unterm Mantel verdrückten – Nur weil er eine coole Kleine aus dem Village kennenlernen wollte – Armer Deni. Deni, der ein Telefon hatte und einen vollen Kühlschrank und Taugenichtse, die ihn ausnutzten, manchmal, wenn er wochenends weg war, ließen die alle Lichter in der Wohnung brennen, alle Wasserhähne laufen und schlossen die Tür nicht ab – Deni, der pausenlos verraten wurde, sogar von *mir,* wie er behauptete. «Pass mal auf, Duluoz», sagt der große, hundert fette Kilo schwere, schwarzhaarige Franzose (der früher gestohlen hatte und jetzt nur noch *schnorrte,* was ihm *zustand*), «du hast mir immer übel mitgespielt, und wenn du noch so sehr das Gegenteil versucht hast – Heute durchschaue ich dich und habe Mitleid mit dir.» Er holte ein paar Staatsanleihen hervor, und außerdem Fotos von ihm, wie er auf die Anleihen zeigte, und drunter steht in roter Tinte: *Auf dass ich mir immer Brühe und Truthahn leisten kann.* Er wohnte nur einen Block von den Ruths entfernt. «Jetzt, wo ich sehe, wie schlecht du beieinander bist, wie traurig und vom Glück verlassen und verloren, dass du dir nicht mal was zu trinken leisten oder wenigstens sagen kannst: ‹Deni, du hast mich schon oft durchgefüttert, aber könntest du mir bitte soundso viel leihen?›, weil du mich nie, niemals um Geld gebeten hast» (er war Seemann und zwischendurch Möbelpacker, ein alter Prepschool-Kamerad, den mein Vater kennengelernt und *gemocht* hatte) (aber Julien hatte gesagt, seine Hände und Füße seien zu klein für den großen, kräftigen Körper) (auf wen soll man da hören?), jetzt sagt er zu mir: «Also, ich schenk dir diesen waschechten Vicuña-Mantel, lass mich nur schnell dieses hochwichtige Pelzfutter mit der Rasierklinge rausschneiden –»

«Wo hast du den her?»

«Ist doch *egal,* aber wenn du's wirklich unbedingt wissen willst, wenn du mir unbedingt eins reinwürgen willst, weil *en effet vous ne voulez pas me croire,* ich hab ihn aus 'nem leeren Lagerhaus, wo ich Möbel abgeholt hab – Zufällig wusste ich, dass der Mantelbesitzer tot war, *mort,* also hab ich ihn mitgenommen, *verstehst* du, Duluoz?»

«Klar.»

«Klar, aha», und er blickt auf zu seinem engelsgleichen Bruder von Tom Wolfe. «Einfach nur ‹Klar›, und das, wo ich ihm einen Mantel für 200 Dollar schenke!» (Der Skandal um Vicuña-Mäntel in Washington, Mäntel aus ungeborenen Kälbern, kam erst ein Jahr später auf) (zunächst aber nahm er das Pelzfutter raus). Der Mantel war wahnsinnig weit und lang, hing mir bis auf die Füße.

Ich sagte: «Willst du wirklich, dass ich mit 'nem Mantel durch New York laufe, der mir bis auf die Füße hängt?»

«Nicht nur das will ich», sagte er, setzte mir eine Wollmütze auf und zog sie mir über beide Ohren, «sondern auch, dass du die Eier weiter rührst, wie ich es dir gesagt hab.» Er hatte sechs Rühreier mit einem Viertelpfund Butter, Käse und Gewürzen vermengt, auf kleiner Flamme, und ich sollte mit einem Esslöffel rühren, während er gebuttertes Kartoffelpüree durch ein Sieb drückte, für den Mitternachtsimbiss. Es war köstlich. Er zeigte mir ein paar winzige Elfenbeinelefanten (in etwa staubkorngroß) (aus Indien) und erklärte mir, wie empfindlich sie waren und dass irgendein Scherzkeks sie ihm vergangenes Silvester in einer Bar aus der Hand gepustet hatte. Außerdem packte er eine Flasche Bénédictine-Likör aus, den wir die ganze Nacht lang tranken. Er wollte, dass ich ihn den Ruths vorstellte. Ich wusste aber schon, dass das nichts werden würde. Er ist ein französischer *raconteur* der alten Schule, ein Bonvivant, der eine Französin braucht, er sollte nicht im Village rumhängen und sein Glück bei den kalten, einsamen Zicken dort versuchen. Wie immer hielt er mich am Arm und erzählte mir seine neuesten Geschichten, erzählte sie noch mal, als ich ihn abends zu Drinks bei Julien und Nessa einlud. Zu diesem Anlass ließ er sein liebstes nicht an ihm interessiertes Mädchen telegraphisch wissen, es gebe Cocktails bei *«le grand journaliste, Julien Love»*, aber sie tauchte nicht auf. Nachdem er all seine Witze erzählt hatte, ließ auch Nessa einige vom Stapel, und Deni machte sich vor Lachen in die Hose, ging ins Bad (dafür bringt er mich um), wusch sich die Unterhose aus, hängte sie auf, kam lachend wieder, vergaß sie dann zerstreut, und als Nessa, ich und Julien am nächsten Morgen traurig und verschlafen aufstanden, lachten wir über den Anblick der riesigen, weltweiten Unterhose, die in der Dusche hing – «Wer ist bloß groß genug, die zu waschen?»

Aber Deni war kein Schmutzfink.

36

In Denis riesigem Vicuña-Mantel, Mütze über beiden Ohren im klirrend kalten New Yorker Dezemberwind, nahmen Irwin und Simon mich mit in den Russian Tea Room, um Salvador Dalí zu treffen.

Das Kinn auf einen fein verzierten Stock mit blauweißem Porzellanknauf gestützt, saß er neben seiner Frau am Tisch. Er hatte einen dünnen und gewachsten Schnurrbart. Als der Kellner fragte, was er wollte, sagte er: «Eine Grapefruit ... *roßa!*», und er hatte große, blaue Augen wie ein Baby, ein waschechter *oro*-Spanier. Er erklärte uns, ein großer Künstler sei nur, wer auch Geld verdiene. Sprach er da über Uccello, Ghianondri, Franca? Wir wussten nicht mal recht, was Geld überhaupt war und was man damit anstellte. Dalí hatte einen Artikel über die «rebellischen Beats» gelesen und war neugierig. Als Irwin ihm (auf Spanisch) sagte, dass wir gern Marlon Brando kennenlernen wollten (der auch im Russian Tea Room aß), winkte er mit drei Fingern in meine Richtung und sagte: «Der da sieht besser aus als Brando.»

Ich fragte mich, wieso er so was sagte, wahrscheinlich hatte er Krach mit Marlon. Aber er meinte meine Augen, blau wie seine, und mein Haar, so schwarz wie seins, und als ich ihm und er mir in die Augen sah, konnten wir die Traurigkeit kaum aushalten. Ja, wenn Dalí und ich in einen Spiegel blicken, können wir die Traurigkeit kaum aushalten. Dalí findet Traurigkeit schön. Er meinte: «Politisch bin ich Royalist – ich hätte liebend gern die Monarchie zurück und wäre Franco und Konsorten los – Gestern Abend habe ich mein neuestes Gemälde vollendet, mit einem Schamhaar als Sahnehäubchen.»

«Wirklich?»

Seine Frau hörte gar nicht richtig hin, so als wäre all das ganz normal, was es sicherlich auch ist. Wenn man mit Dalí und seinem Schamhaarstock verheiratet ist, ah *quoi*? Ich hab mich gut mit seiner Frau verstanden, während Dalí selbst gebrochenes Franko-Anglo-Spanisch mit dem irren Garden sprach, der tat, als ob er ihn verstünde (und das auch tat).

«*Pero, qu'est ce que vous penser de Franco?*»

«*C'est nes pas'd mon affaire, mon homme, entiendes?*»

Tags darauf bietet der alte Deni, kein Dalí, aber genauso gut, mir an, $ 4 zu verdienen, indem ich einen Gasherd sechs Stockwerke hochschleppe – Wir machen die Finger krumm, schneiden uns die Handgelenke auf, heben den Herd an und hieven ihn sechs Stockwerke hoch in eine Bude, in der Schwule wohnen, von denen einer merkt, dass meine Hand blutet, und mir netterweise Mercurochrom aufträgt.

37

Weihnachten steht vor der Tür, Ruth Heaper ist gelangweilt davon, dass ihr Großvater ihr einen tragbaren Fernseher schickt, und ich breche nach Süden auf, um mal wieder meine Mutter zu besuchen – Ruth küsst und liebt mich zum Abschied. Auf dem Weg will ich bei Raphael in Washington vorbeischauen, der im Haus von Varnum Random wohnt, dem Lyrikbeauftragten der Library of Congress – Was für ein Chaos! Aber auch so lustig! Sogar Varnum denkt daran bestimmt mit entzücktem Entsetzen zurück. Ein Taxi bringt mich vom Bahnhof in die Vorstadt von D. C.

Das noble Haus ist schummrig nachtbeleuchtet, und ich drücke die Klingel. Raphael macht auf und sagt: «Du hast hier zwar nichts verloren, aber ich hab dir nun mal gesagt, dass ich hier bin, also bist du jetzt eben da.»

«Hat Random was dagegen?»

«Nein, natürlich nicht – aber seine Frau und er sind schon im Bett.»

«Gibt's was zu saufen?»

«Er hat zwei schöne große Töchter, lernst du morgen kennen – 'ne große Nummer ist das hier, ist nichts für dich. Wir fahren in seinem Mercedes zum Zoo –»

«Hast du was zu rauchen?»

«Ich hab noch was aus Mexiko übrig.»

In dem großen, leeren Klavier-Wohnzimmer ziehen wir uns einen rein, dann schläft Raphael auf dem Schlafsofa, damit ich unten im Keller auf dem Sofa schlafen kann, das die Randoms ihm mit Vorhängen abgeschirmt haben.

Bekifft entdecke ich da unten ein paar Tuben Ölfarbe und Aquarellblocks und male vor dem Schlafen noch zwei Bilder ... «Der Engel» und «Die Katze» ...

Am nächsten Morgen wird mir der ganze Schrecken klar, zu dem ich mit meiner überaus lästigen Anwesenheit beigetragen habe (aber ich wollte eben Raphael sehen). Ich weiß nur noch, dass der unglaubliche Raphael und der unglaubliche Jack dieser ruhigen, freundlichen Familie ganz schön zugesetzt haben und Varnum, das Familienoberhaupt, ein gütiger Jesuit mit Bart, alles mit männlich-aristokratischer Würde ertrug, wie ich das später auch tun sollte. Aber Varnum wusste wirklich, dass Raphael ein großer Dichter war, fuhr ihn am Nachmittag zu einer Cocktailparty in Cleopatra's Needle, während ich im Wohnzimmer lungerte, Gedichte schrieb und mit der jüngsten Tochter, 14, und der ältesten, 18, sprach und überlegte, wo im Haus wohl der Jack Daniel's versteckt war – den ich später fand –

Da sitzt Varnum Random, der große amerikanische Dichter, sieht sich übers *London Literary Supplement* hinweg die Schlammschlacht im TV an, offenbar stehen Jesuiten auf Football – Er zeigt mir seine Gedichte, so schön wie die von Merton und so handwerklich wie die von Lowell – Schreibschulen schränken ein, selbst mich. Hätten heilige Flugzeuge im Krieg irgendwas Finsteres an sich, würde ich den letzten dunklen Firnis auftragen. Wenn jeder auf der Welt stürbe, wenn er von Hähnen träumt, so wie Hsieh An behauptet, wären bei Sonnenaufgang alle tot in Mexiko, in Burma und der Welt … (und Indiana). Aber in der Wirklichkeit passiert so was nicht, nicht mal in Montmartre, wenn der Februarwind bläst und Apollinaire den Hügel am Ziegelhaufen raufsteigt, um in sein trunkenes Zimmer zu gelangen. Gott segne die Reise.

38

Und da ist der irre Raphael mit riesigem Nagel und riesigem Hammer, schlägt den Nagel tatsächlich in die geschmackvoll dekorierte Wand, um sein Öl-auf-Holz-Gemälde des David von Michelangelo aufzuhängen – Die Hausfrau zuckt sichtlich zusammen – Raphael glaubt offenbar, das Bild würde dort neben dem Baldwin-Flügel und dem Tang-Wandteppich auf ewig in Ehren gehalten – Dann fragt er auch noch nach Frühstück – Ich denke mir, ich sollte lieber gehen. Doch Varnum Random bittet mich tatsächlich, noch einen Tag zu bleiben, also schreibe ich den ganzen Nachmittag im Wohnzimmer bekifft Gedichte und nenne sie den *Washington D. C. Blues* – Random und Urso diskutieren mit mir über meine Theorie der absoluten Spontaneität – In der Küche holt Random den Jack Daniel's raus und sagt: «Wie sollen aus diesem ‹spontanen Fluss› irgendwelche präzisen oder ausgereiften Gedanken kommen? Das wird doch alles Wortsalat.» Das war keine Harvard-Lüge. Aber ich erwiderte:

«Wenn es Wortsalat ist, ist es eben Wortsalat. Es gibt schon eine gewisse Kontrolle, so wie wenn einer ohne Pause oder Unterbrechung in der Bar eine Geschichte erzählt.»

«Okay, die Masche könnte den Leuten gefallen, aber ich sehe meine Poesie doch lieber als etwas Durchdachtes.»

«Durchdachtes *ist* Durchdachtes.»

«Ja? Und?»

«Soll heißen, gewirkt. Wie soll man seine wirkende Seele in Gewirktem offenbaren?»

Raphael schlug sich auf Randoms Seite, schrie:

«Shelley interessierte sich nicht für Theorien darüber, wie er die ‹Ode an die Lerche› schreiben sollte. Du platzt vor Theorien wie ein alter College-Prof, Duluoz, du glaubst, du weißt alles.» («Du glaubst, du bist der Einzige», dachte er bei sich.) Triumphierend verschwand er mit Random im Mercedes, um Carl Sandburg oder so zu treffen. So sah das also aus, dieses «Es schaffen», von dem Irwin so geschwärmt hatte. Ich rief ihnen hinterher:

«Wenn ich eine Poesie-Uni hätte, wisst ihr, was dann über dem Torbogen stünde?»

«Nein, was?»

«Lernt hier, dass Lernen Ignoranz ist! Gentlemen, verbrennt mir nicht die Ohren! Poesie ist Lammstaub! Das prophezeie ich! Ich werde Schulen ins Exil führen! Ist mir egal!» Sie nahmen mich nicht mit zu Sandburg, den ich sowieso vor sieben Jahren auf mehreren Partys getroffen hatte, wo er im Smoking vorm Kamin stand und über Güterzüge im Illinois des Jahres 1910 sprach. Und mir um den Hals fiel und rief: «Ha ha ha! Sie sind genau wie ich!»

Warum erzähle ich das alles? Ich fühlte mich einsam und verlassen, sogar als Raphael und ich und Randoms Frau in den Zoo gingen und ich ein Affenweibchen sah, das es einem Affenmännchen mit dem Affenmaul machte (oder mit der Punze, wie wir auf der Lower East Side sagen), und ich fragte: «Habt ihr die zwei bei der Fellatio gesehen?» Die Frau wurde rot, und Raphael pfiff mich an: «Nimm hier nicht solche Wörter in den Mund!» – Wo hätten *die* je schon mal das Wort *Fellatio* gehört!

Aber ein schönes Essen in der Stadt hatten wir, die Washingtoner begafften den bärtigen Mann in meinem extraweiten Vicuña-Mantel (ich hatte mit Random gegen eine Fliegerlederjacke mit Pelzkragen getauscht), seine hübschen Töchter, seine elegante Frau, den zerzausten, schmuddeligen Raphael, der Schallplatten von Boito und Gabrielli mithatte, und mich (in Jeans), wie wir uns an einen Tisch ganz hinten setzten und Bier und Hühnchen bestellten. Die wir alle wundersamerweise aus einem winzigen Mercedes gestiegen waren.

39

In all dem Schriftstellererfolg sah ich neue Trostlosigkeit kommen. Am Abend rief ich mir ein Taxi zum Busbahnhof, leerte beim Warten eine halbe Flasche Jack Daniel's, saß auf einem Küchenhocker und zeichnete die hübsche ältere Tochter, die bald ans Sarah-Lawrence-College gehen sollte, um alles über Erich Fromm zu lernen. Ich schenkte ihr die Skizze, ziemlich gut getroffen, und dachte, sie hebt sie für immer auf wie Raphaels Michelangelo. Aber als wir einen Monat später wieder in New York waren, kam ein großes Paket mit all unseren Bildern, Skizzen und vergessenen T-Shirts, ohne jeden Kommentar, was wohl bedeuten sollte: «Zum Glück sind wir euch los.» Ich kann's ihnen nicht verübeln, schäme mich noch immer für den uneingeladenen Besuch und hab so was seither nie wieder gemacht und werde es auch niemals wieder tun.

Mit meinem Rucksack stand ich dann am Busbahnhof und zettelte dämlicherweise (im Jack-Daniel's-Rausch) ein Gespräch mit ein paar Seeleuten an, die einen Kerl mit Auto überredeten, uns in die hintersten Winkel Washingtons zu fahren, um nach Ladenschluss noch was zu trinken aufzutreiben. Als wir mit einem schwarzen Dealer feilschten, kam ein schwarzer Cop an, wollte uns durchsuchen, aber wir waren zu viele. Ich lief einfach weg, mit dem Rucksack auf dem Rücken, zurück zum Busbahnhof, stieg in den Bus und schlief, den Rucksack hinterm Fahrersitz verstaut. Als ich morgens in Roanoke Rapids aufwachte, war er weg. Irgendjemand hatte ihn in Richmond ausgeladen. Im grellen Licht, nirgendwo schlimmer als in Amerika mit dummem, schuldbewusstem Kater, ließ ich den Kopf gegen die Lehne fallen.

Ein kompletter neuer Roman (*Angels of Desolation*), ein Gedichtband und die Schlusskapitel eines anderen Romans (über Tristessa), all die Bilder, ganz zu schweigen von meiner gesamten Ausrüstung (Schlafsack, Poncho, Pullover von himmlischen Gnaden, perfektes, simples Rüstzeug, das Ergebnis jahrelangen Tüftelns), futsch, alles futsch. Mir kamen die Tränen. Und ich blickte auf und sah die tristen Kiefern vor den tristen Fabriken von Roanoke Rapids mit allerletzter Verzweiflung, wie die Verzweiflung eines Mannes, dem nichts mehr übrigbleibt, als endgültig die Erde hinter sich zu lassen. Rauchend warteten Soldaten auf den Bus. Fette alte North-Caroliner glotzten, Hände verschränkt hinter dem Rücken. Sonntagmorgen, und ich all der kleinen Tricks beraubt, die das Leben lebbar machen. Ein trauriges Waisenkind mitten im Nirgendwo, krank und verheult. Wie vorm Tod sah ich die Jahre vorbeiziehen, all die Mühen meines Vaters, um das Leben halbwegs interessant zu machen, die am Ende nur zum Tod führten, zu blankem Tod des grellen Autotages, Autofriedhöfe, parkplatzweise Friedhöfe, wohin man blickt. Ich sah die mürrischen Mienen von meiner Mutter und Irwin, Julien und Ruth, alle bemüht, es irgendwie zu schaffen und ohne jede Hoffnung trotzdem zu glauben. Ausgelassen fröhliche Studenten auf den letzten Bänken machten meine Laune nur noch schlechter, wenn ich daran dachte, wie all ihre hochtrabenden Pläne früher oder später für nichts und wieder nichts im Autofriedhofsversicherungsbüro enden. Wo ist das alte Muli in der Kiefereinöde vergraben, oder hat's der Bussard schon gefressen? Kacka, die ganze Welt ist Kacka. Ich musste an die endlose Verzweiflung denken, als ich mit 24 den lieben langen Tag bei meiner Mutter rumsaß, während sie zur Arbeit in der Schuhfabrik war, ja, im Todessessel meines Vaters saß und wie ein

Gips-Goethe ins Leere glotzte. Hin und wieder aufstand, um Sonaten am Klavier zu klimpern, spontan erfundene Sonaten, und dann heulend aufs Bett fiel. Blick aus dem Fenster auf blitzende Autos auf dem Crossbay Boulevard. Den Kopf über meinen ersten Roman gebeugt, zum Arbeiten zu angewidert. Wie rülpsten Goldsmith und Johnson abends am Kamin wohl ihren Kummer in einem viel zu langen Leben raus? Das hatte mein Vater am Abend vor seinem Tod zu mir gesagt: «Das Leben ist zu lang.»

Ist Gott ein persönlicher Gott, fragte ich mich, dem wirklich wichtig ist, was uns widerfährt, jedem Einzelnen von uns? Der uns Bürden auferlegt? Die Zeit? Den heulenden Horror der Geburt und die unmögliche Verlorenheit der Aussicht auf den Tod? Und wieso? Weil wir gefallene Engel sind, die im Himmel gesagt haben: «Der Himmel ist spitze, das will ich ihm jedenfalls geraten haben», und dann gefallen sind? Aber erinnert irgendjemand sich an so was?

Ich weiß nur noch, dass vor meiner Geburt alles Glückseligkeit war. Ich erinnere mich tatsächlich an die dunkle, wuselnde Glückseligkeit von 1917, obwohl ich erst 1922 auf die Welt kam! Silvester kamen und gingen, und ich war nur Glückseligkeit. Dann aber zerrte man mich aus dem Schoß meiner Mutter, blau, ein blaues Baby, sie schrien, um mich aufzuwecken, schlugen mich, und seitdem werde ich kasteit und bin für alle Zeit verloren. Niemand hat mich in dieser Glückseligkeit geschlagen! Ist Gott *alles*? Wenn er alles ist, war er es, der mich schlug. Aus persönlichen Motiven? Muss ich diesen Leib rumschleppen und ihn den meinen nennen?

Doch in Raleigh sagte mir ein großer, blauäugiger Südstaatler, mein Rucksack sei schon unterwegs zu meinem Zielbahnhof in Winter Park. «Sie sind ein Engel», sagte ich, und er guckte wie ein Auto.

40

Noch eine Frau wie meine Mutter wird man auf der ganzen weiten Welt nicht finden. Hat sie mich nur gekriegt, um ein kleines Kind zu haben, das sie glücklich macht? Der Wunsch wurde ihr erfüllt.

Jetzt war sie grade frisch in Rente, nachdem sie ihr ganzes Leben (ab 14) in Fabriken in Neuengland und später in New York Schuhleder gespalten hatte. Sie bezog ihre kümmerliche Sozialhilfe und wohnte quasi als Hausmädchen bei meiner Schwester und ihrem Mann, das bisschen Haushalt machte ihr nichts aus, das war für sie ganz normal. Eine feine Frankokanadierin, 1895 in St. Pacôme geboren, weil ihre schwangere Mutter aus New Hampshire zu Besuch in Kanada war. Zur Welt kam sie als Zwilling, aber ihre fröhlich-propere Schwester ist gestorben (o, wie wäre sie gewesen?) und ihre Mutter ebenfalls. So war meine Mutter von Anfang an auf sich gestellt. Dann starb ihr Vater mit 38. Sie spielte das Hausmädchen für Tanten und Onkel, bis sie meinen Vater kennenlernte, der empört war, wie man mit ihr umsprang. Jetzt war mein Vater tot und ich ein Nichtsnutz, und sie war wieder Hausmädchen für die Verwandtschaft, obwohl sie in den besten Zeiten (New York während des Krieges) manchmal $ 120 wöchentlich in den Schuhfabriken von Canal Street und Brooklyn verdient hatte, und wenn ich nach Hause kam, zu traurig oder krank für Freunde oder Frauen, hat sie mich unterstützt, während ich meine Bücher schrieb (ohne echte Hoffnung auf Veröffentlichung, einfach nur als Künstler). 1949 bekam ich etwa $ 1000 für meinen ersten Roman (Vorschuss), doch die hielten nicht lang, also wohnte sie jetzt bei meiner Schwester, man sah sie an der Tür, vor dem Haus beim Müllraustragen, am Herd beim Bratenbraten, beim Abwasch an der Spüle, am Bügelbrett, am Staubsauger, trotzdem immer gut gelaunt. Sie war misstrauisch, paranoid, hat mich gewarnt, Julien und Irwin seien Teufel, würden mich ins Unglück stürzen (zu Recht vermutlich), trotzdem war sie meistens fröhlich wie ein Kind. Alle hatten sie gern. Mein Vater konnte über diese liebe, schlichte Frau nur einmal klagen, als sie ihm den Marsch blies, weil er all sein Geld verspielt hatte. Als der alte Herr (mit 57) starb, sagte er zu ihr, zu Memère, wie mein Neffe sie jetzt nannte (kurz für *grandemère*): «Angie, ich hab nie begriffen, was für eine großartige Frau du bist. Wirst du mir je den ganzen Mist verzeihen, den ich angestellt habe, zum Beispiel wie ich mal tagelang nicht heimkam, oder all das Geld, das ich verspielt hab, die lumpigen Dollar, von denen ich dir auch einen albernen Hut hätte kaufen können?»

«Ja, Emil, aber du hast uns immer das Geld für Essen und Miete gegeben.»

«Stimmt, aber noch mehr hab ich beim Pferderennen verjubelt, und beim Kartenspiel, und irgendwelchen Pennern in den Schlund geworfen – Ach! Aber jetzt, wo ich bald tot bin und du in der Schuhfabrik schuftest und Jacky da ist, um sich um mich zu kümmern, und ich das gar nicht wert bin, *da* geht mir auf, was ich verloren habe – all die Jahre –» Eines Abends sagte er, er hätte so gern richtig schönes Chinaessen, also gab Memère mir fünf Dollar und schickte mich mit der U-Bahn von Ozone Park in Queens nach Chinatown, Manhattan, damit ich ein paar Schachteln holte. Pa aß alles auf, erbrach es aber gleich wieder (Leberkrebs).

Als wir ihn begruben, bestand sie auf einem teuren Sarg, was mich fuchsteufelswild machte, aber das war noch nicht alles, auch wenn ich darüber nicht wütend war, sie ließ seinen lieben Leib bis nach New Hampshire bringen, damit er dort bei seinem ersten Sohn beerdigt werden konnte, bei Gerard, meinem heiligen Bruder, und jetzt, während es in Mexico City, wo ich schreibe, donnert, liegen sie dort immer noch, Seite an Seite, seit 15 und 35 Jahren unter der Erde, aber ich war nie wieder an den Gräbern, denn ich weiß, das, was da liegt, das sind nicht wirklich Papa Emil oder Gerard, sondern nichts als Dung. Denn wenn die Seele nicht den Leib verlässt, dann schenkt die Welt doch gleich Mao Tse-tung.

41

Ich weiß es besser – Gott muss ein persönlicher Gott sein, denn ich habe viel gelernt, was nicht in Büchern stand. Ja, an der Columbia wollten sie uns nichts als Marx beibringen, als würde mich das interessieren. Ich schwänzte, blieb in meiner Bude und schlief in Gottes Armen. (Die dialektischen Materialisten nennen das «cherubinische», die Psychiater «schizoide» Tendenzen.) Fragt doch meinen Bruder oder meinen Vater mal in ihren Gräbern nach Tendenzen.

Ich sehe sie zu goldener Ewigkeit tendieren, wo alles wiederhergestellt ist und für immer, wo alles, was man je geliebt hat, in ein Einziges Wesen verdichtet ist – Das Einzige.

Jetzt, Heiligabend, sitzen wir alle mit Martinis vor dem Fernseher. Der arme süße Davey, der graue Kater, der mir immer in den Wald gefolgt ist, wenn ich dort mit den Hunden meditieren ging, weshalb er sich dort über mir im Baum versteckte und einmal einen Zweig oder ein Blatt herunterwarf, damit ich ihn bemerkte, dieser Davey war jetzt ein zerlumpter Kerl, der auf Kämpfe und Gelage stand und den sogar mal eine Schlange biss. Ich wollte ihn auf den Schoß nehmen, aber er kannte mich nicht mehr. (Mein Schwager warf ihn immer wieder vor die Tür.) Der alte Bob, der Hund, der mich früher auf Mitternachtspfaden durch den Wald führte, strahlend weiß aus irgendeinem Grund, war inzwischen tot. Ich glaub, er fehlte Davey.

Auf meinem Block zeichnete ich Ma, wie sie während der aus New York übertragenen Christmette in ihrem Sessel döste. Als ich das Bild später einer New Yorker Freundin zeigte, fand die, sie sähe nach Mittelalter aus – die kräftigen Arme, das ernste, schlafende Gesicht, das Gottvertrauen.

Einmal, in Mexico City, nahm ich fünf Kiffer mit zu mir, die mir zwar Pot verkauften, sich dann aber als Diebe entpuppten, mir mein Taschenmesser klauten, meine Taschenlampe, Murine und Nokzema, als ich mal nicht hinsah, obwohl ich es bemerkte und nur nichts gesagt habe. Einmal stand ihr Anführer direkt hinter meinem Stuhl, gute dreißig schweigende Sekunden, und mir dämmerte, dass er mich vermutlich mit meinem eigenen Messer abstechen wollte, damit sie meine Wohnung in aller Ruhe nach verstecktem Geld durchsuchen konnten. Ich hatte keine Angst, blieb einfach sitzen, bekifft und gleichgültig. Als die Diebe schließlich früh am Morgen gingen, verlangte einer meinen $ 50-Regenmantel. Ich sagte «*Non*», deutlich und bestimmt, sagte, meine Mutter würde mir den Hals umdrehen: «*Mi madre, bumm!*», und mimte einen Schlag gegen mein Kinn – Da sagte der Anführer auf Englisch: «Dann hast du ja doch vor was Angst.»

Auf der Veranda standen mein alter Sekretär mit all den unveröffentlichen Manuskripten und das Sofa, auf dem ich schlief. Traurig, mit leerem Blick an meinem alten Tisch zu sitzen. All die Arbeit, die ich hier geleistet hatte, vier Romane, unzählige Träume, Gedichte und Notizen. Plötzlich wurde mir da klar, dass ich genauso hart arbeitete wie jeder andere, was also hatte ich mir vorzuwerfen, privat oder auch anderweitig? Paulus schrieb (Korinther 8:10): «*Derhalben schreibe ich auch solches abwesend, auf daß ich nicht, wenn ich gegenwärtig bin, Schärfe brauchen müsse nach der Macht, welche mir der HERR, zu bessern und nicht zu verderben, gegeben hat.*»

Vor meiner Abreise, nachdem Ma zu Neujahr einen riesigen, köstlichen Truthahn gebraten hatte, versprach ich, im Herbst wiederzukommen und ihr ein eigenes Häuschen zu organisieren, ging davon aus, mit dem frisch verkauften Buch genug zu verdienen. Sie sagte: «*Oui*, Jean, ein eigenes Häuschen wäre schön», weinte fast dabei, und ich gab ihr einen Abschiedskuss. «Lass dich von den Halunken in New York bloß in nichts verwickeln», fügte sie hinzu, denn sie war sicher, Irwin Garden hätte es auf mich abgesehen, wie mein Vater es warum auch immer prophezeit hatte, «Angie», hatte er gesagt, «richte Jack aus, dieser Irwin Garden wird noch mal sein Untergang, und dieser Hubbard auch – Dieser Julien, der ist in Ordnung – Aber Garden und Hubbard, die werden sein *Untergang.*» Es war seltsam, das zu ignorieren, wo er es doch kurz vor seinem Tod gesagt hatte, mit ganz ruhiger Prophetenstimme, als wäre ich irgendein bedeutender Sankt Paulus oder sogar Jesus mitsamt vorherbestimmten Judasen und Feinden des Himmelreichs. «Halt dich fern von denen! Bleib lieber bei deiner kleinen Freundin, von der du die Zigarren hast!», rief meine Mutter, meinte die Zigarrenkiste, die Ruth Heaper mir zu Weihnachten geschickt hatte. «Die sind dein *Untergang*, wenn du nicht aufpasst! Die haben was in ihrem Blick, das mir kein Stück gefällt!» Seltsamerweise war ich trotzdem unterwegs zurück nach New York, wo ich mir von Irwin $ 225 leihen wollte, für die Überfahrt nach Tanger in Marokko, um dort Hubbard zu besuchen!

Wow.

42

Unterdessen in New York posierten Irwin, Raphael und Heaper tatsächlich für düstere Fotos in Ruths Apartment, zu sehen waren darauf Irwin in schwarzem Rollkragen, Raphael mit böser Mütze (offensichtlich schlief er mit Ruth) und Ruth selbst im Schlafanzug.

Raphael machte sich an alle meine Mädchen ran. Leider hatte Pa ihn nie kennengelernt.

Im Zug nach New York sah ich durchs Fenster eine Schwangere vor einem Friedhof einen Kinderwagen schieben.

(Tas ist ein Ke-ticht.)

Die erste Neuigkeit beim Auspacken in Ruth Heapers Schlafzimmer war, dass das *Life*-Magazin uns alle in Gerard Roses Kunst- und Rahmenhandlung im Greenwich Village fotografieren wollte, Irwin hatte das eingefädelt. Gerard Rose hatte mich nie leiden können, und die Idee gefiel ihm gar nicht. Gerard war der Archetyp des coolen Subterraners, genervt und lustlos, dabei zwar so attraktiv wie Gerard Philippe, aber auch so down und so gelangweilt, dass Hubbard mir nach seinem ersten Treffen mit ihm sagte: «Ich sehe Gerard direkt vor mir, wie ich mit ihm in ’ner Bar sitze, während die Mongolen in New York einfallen – Er stützt den Kopf auf beide Hände und knurrt: ‹Überall Tataren.› » Aber ich hatte Gerard natürlich gern, und als ich im Herbst endlich mein Buch veröffentlichte, rief er: «Ho, ho! Der Playboy der Beat Generation! Willst du ’nen Mercedes kaufen?» (Als ob ich mir den jemals leisten konnte oder könnte.)

Also trank und rauchte ich mir für die *Life*-Fotografen einen an, kämmte mich und ließ sie mich beim Kopfstand knipsen: «Schreiben Sie, das ist gesund!» Die verzogen keine Miene. Sie machten noch mehr Fotos von Raphael, Irwin und mir, wie wir auf dem Boden saßen, sie interviewten uns und machten sich Notizen, luden uns beim Gehen noch zu einer Party ein und brachten nie eines der Fotos oder eine Story. In der Branche heißt es, auf dem Boden des *Life*-Schneideraums lägen kniehoch die «Verlorenen Gesichter», die «Gesichter auf dem Schneideraumboden». Ich wollte mir mein Potenzial als Schriftsteller, als Künstler nicht verderben, aber es war eine fürchterliche Energieverschwendung und auch irgendwie ein grauenhafter Witz.

Unterdessen gingen wir zu dieser Party und hörten einen Mann im Brooks-Brothers-Jackett sagen: «Wer will schon ein *party pooper* sein?» Als wir das Wort *«pooper»* hörten, machten wir uns sofort aus dem Staub, irgendwas daran war falsch, wie Furze von Ferienlageraufsehern.

43

Ja, das war erst der Anfang. Aber damals war noch alles furchtbar lustig, wie als Raphael mit Malerfarbe und gegen Bezahlung ein Wandbild an die Fassade einer Bar Ecke 14th Street und 8th Avenue gepinselt hat, deren Besitzer echte Mafiosi mit dicken Knarren waren. In weiten Anzügen standen sie rum und sahen zu, wie Raphael ihnen riesenhafte Mönche an die Wand malte.

«Je länger ich's mir ankucke, desto besser finde ich's», sagte einer der Mobster, lief zum klingelnden Telefon, nahm eine Wette an und steckte sie sich an den Hut. Der Mafia-Bartender war allerdings nicht recht überzeugt:

«Ich weiß nicht, ich hab das Gefühl, Raphael weiß gar nicht, was er tut.»

Raphael wirbelt herum, Pinsel in der einen Hand, die andere italienisch gestikulierend: «Jetzt passt mal auf! Von Schönheit habt ihr Typen keine Ahnung! Ihr seid doch bloß Gangster, die vergeblich nach der Schönheit suchen! Ich sag euch, die hat sich in Raphael versteckt!»

«Wieso versteckt die Schönheit sich in Raphael?», fragen sie etwas beunruhigt, kratzen sich die Achseln, schieben ihre Hüte hoch und nehmen noch ein paar Telefonwetten an.

Ich saß vor einem Bier und fragte mich, wie das wohl enden würde. Aber Raphael *brüllte* sie an. Plötzlich wurde mir klar, dass er den wunderbarsten, überzeugendsten Gangster in New York oder der gesamten Mafia abgegeben hätte: «Wäh! Das ganze Leben lang futtert ihr auf der Kenmare Street Eis am Stiel, und wenn ihr dann erwachsen werdet, bleibt von der Eis-am-Stiel-Schönheit nichts übrig. Schaut euch dieses Bild mal an! *Das* ist Schönheit!»

«Bin ich denn auch drauf?», fragt Bartender Rocco und blickt engelhaft hinauf zum Wandbild, um die anderen zum Lachen zu bringen.

«Na sicher bist du drauf, du bist der Mönch ganz hinten, der schwarze – Du brauchst nur noch *weißes Haar*!», schreit Raphael, tunkt den Pinsel in einen Eimer weiße Farbe und kleckst plötzlich große weiße Wasserfälle um den Kopf des schwarzen Mönchs.

«Hey!», ruft Rocco ehrlich baff. «Ich hab doch gar keine weißen Haare, erst recht keine langen!»

«Jetzt schon, weil ich es so verkündet habe, du bist von nun an *Schönhaar*!», und Raphael kleckst noch mehr Weiß auf das gesamte Wandbild, ruiniert es unter allgemeinem Gelächter und grinst sein dünnes Raphael-Grinsen, als stecke ihm ein Lachen in der Kehle, das er nicht rauslassen will. Da liebte ich ihn wirklich, weil er keine Angst vor irgendwelchen Gangstern hatte, ja selbst ein Gangster war und die anderen Gangster das wussten. Auf dem Weg von der Bar zu Ruths Bude, zu einem Spaghetti-Abendessen, sagt er wütend: «Ach, ich glaub, ich häng diese ganze Dichterei an den Nagel. Das führt doch zu nichts. Ich will Tipplertauben auf dem Dach und eine Villa auf Capri oder Kreta. Ich will nicht mit bekloppten Zockern und Ganoven reden müssen, ich will Grafen und Princesas kennenlernen.»

«Du willst einen *Burggraben*!»

«Einen *herzförmigen* Burggraben, wie bei Dalí – Wenn ich irgendwann Kirk Douglas treffe, will ich mich nicht entschuldigen müssen.» Bei Ruth macht er sich gleich ans Werk, brät Dosenmuscheln in Öl, kocht Spaghettini, kippt alles zusammen, macht Salat, zündet eine Kerze an, und zusammen essen wir perfekte italienische Muschel-Spaghetti und lachen. Avantgarde-Opernsänger stürmen herein und singen mit Ruth Erickson schöne Lieder von Blow und Purcell, aber Raphael fragt mich: «Wer sind diese grusligen Leute» (beinahe «gwusligen») – «Griffler, Mann.» Er will Ruth Heaper küssen, aber ich bin da, also zieht er ab, um ein Mädchen in der Bar in der Minetta Lane zu finden, eine gemischte Bar für Schwarze und Weiße, die es heute nicht mehr gibt.

Tags darauf karrt Irwin Simon, Raphael und mich in einem Bus nach Rutherford, New Jersey, um William Carlos Williams zu treffen, den großen alten amerikanischen Dichter des 20. Jahrhunderts. Williams war schon immer Arzt, hat seine Praxis noch da, wo er 40 Jahre lang Patienten behandelt hat und den Stoff für ausgezeichnete, Thomas-Hardy-mäßige Gedichte fand. Aus dem Fenster blickend sitzt er da, während wir ihm unsere Poesie und Prosa vorlesen. Er ist gelangweilt. Wer wäre das nicht mit 72? Aber er ist dünn und jugendlich und eindrucksvoll, und am Ende geht er in den Keller und holt eine Flasche, um uns aufzuheitern. Zu mir sagt er: «Schreiben Sie nur so weiter.» Simons Gedichte gefallen ihm sehr, und später schreibt er in einem Artikel, Simon sei der interessanteste Nachwuchspoet Amerikas (Simon schreibt Verse wie: «Weint der Hydrant so viel wie ich?» oder «Auf meiner Zigarette hab ich einen roten Stern») – Aber am besten findet Dr. Williams natürlich Irwin aus dem nahen Paterson, N. J., wegen seiner riesenhaften, gewissermaßen unkritisierbar heulenden Großartigkeit (wie Dizzy Gillespie an der Trompete, Dizzy bringt Gedanken*wellen,* keine Phrasen) – Wenn Irwin oder Dizzy sich erst warmgespielt haben, wackeln die Wände, zumindest die der Ohr-Veranda – Irwin schreibt mit großem, tränenreichem Stöhnen über Tränen, Dr. Williams ist alt genug, das zu verstehen – Eigentlich ein historischer Augenblick, und am Ende bitten wir dämlichen Dichter ihn um einen letzten Rat, er steht da, blickt durch den Vorhang seines Wohnzimmerfensters auf den New-Jersey-Verkehr und sagt:

«Es gibt eine Menge Mistkerle auf dieser Welt.»

Das geht mir seither nicht mehr aus dem Kopf.

Ich hatte mich die meiste Zeit mit der charmanten Ehefrau des Doktors, 65, unterhalten, die mir erzählte, wie gut Bill früher ausgesehen hatte.

Was für ein Mann.

44

Irwin Gardens Vater Harry Garden kommt, um uns bei Dr. Williams abzuholen, und nimmt uns mit zu sich nach Paterson, wo wir zu Abend essen und über Poesie reden – Harry ist selbst Dichter (erscheint mehrmals im Jahr in

Times und *Tribune* mit perfekt gereimter Liebesleidlyrik) – Aber er hat einen Wortspielfimmel, und kaum kommt er bei Dr. Williams durch die Tür, sagt er: «Schon am Picheln, hm? Nicht vergessen, je eher man leer hat, desto eher ist man voll» – «Ha ha ha» – Guter Spruch, im Grunde, aber Irwin sieht mich so fassungslos an wie nach einer unmöglichen Salonszene bei Dostojewski. «Hat jemand Interesse an einer Krawatte mit handgemalten Saucenflecken?»

Harry Garden ist ein Highschool-Lehrer um die 60, kurz vor der Pension. Blaue Augen, blondes Haar, so wie sein ältester Sohn Leonard, Anwalt mittlerweile, während Irwin das schwarze Haar und die schwarzen Augen seiner Mutter Rebecca hat, über die er schrieb, inzwischen tot.

Fröhlich chauffiert Harry uns zu sich nach Hause, sprüht zehnmal mehr vor Energie als Jungs, die seine Enkel sein könnten. In der Küche mit der wirbelnden Tapete trinke ich mich blind mit Wein, während Harry Kaffee nippt und liest und wortspielt. Wir gehen in sein Arbeitszimmer. Ich lese mein albernes, verrücktes Gedicht vor, das nur aus Grunzen oder «g r r r r » und «f r r r r t » besteht, um den Verkehrslärm von Mexico City abzubilden –

«Das ist doch keine Poesie!», brüllt Raphael dazwischen, und der alte Harry sieht uns blauäugig und offenherzig an und sagt:

«Ihr streitet euch?», und ich bemerke Irwins kurzen Seitenblick. Simon sitzt neutral im Himmel.

Der Streit mit Gangster Raphael geht weiter, als wir in Paterson den Bus nach New York nehmen, ich steige ein, kauf meine Fahrkarte, Simon kauft seine (Irwin blieb bei seinem Vater), aber Raphael schreit: «Ich hab kein Geld, zahl du für mich, Jack.» Ich weigere mich. Simon zahlt für ihn mit Irwins Geld. Raphael liegt mir in den Ohren damit, was für ein kalter, geiziger Kanucke ich sei. Ständig sagt er: «Dauernd versteckst du Geld in deiner Schönheit. Das macht dich hässlich! Eines Tages *stirbst* du mit der Kohle in der Hand und wunderst dich, dass dich die Engel nicht emporheben.»

«*Du* hast bloß kein Geld, weil du's pausenlos zum Fenster rauswirfst.»

«Stimmt! Warum auch nicht? Geld ist Lüge, Poesie ist Wahrheit – Kann ich meine Fahrkarte mit Wahrheit zahlen? Würde der Fahrer das verstehen? Nein! Weil er genauso ist wie du, ein knickeriger Hosenscheißer, der Geld in seinen billigen Socken versteckt. Alles, was der will, ist STERBEN!»

Doch obwohl ich viele Argumente hätte vorbringen können, zum Beispiel warum Raphael aus Mexiko so dringend hatte *fliegen* müssen, wo er auch mit uns im fürchterlichen Auto hätte fahren können, wische ich mir doch nur Tränen aus den Augen. Ich weiß auch nicht wieso, vielleicht ja, weil er letzten Endes recht hat, wenn alles gesagt und getan ist und wir alle ordentlich für unsere Begräbnisse bezahlt haben, hurra – Ach, all die Begräbnisse, die da noch auf mich zukommen und zu denen ich Krawatte tragen muss! Juliens Begräbnis, Irwins Begräbnis, Simons Begräbnis, Raphaels Begräbnis, Mas Begräbnis, das Begräbnis meiner Schwester, dabei hab ich schon bei dem von meinem *Vater* mit Krawatte um den Hals ein Erdloch angedüstert! Blumen und Begräbnisse, der Verlust von breiten Schultern! Nie wieder klacken eilig Schuhe auf dem Gehsteig Richtung irgendwo, stattdessen trister *Kampf* im Grab, wie in einem Film aus Frankreich, nicht mal das Kreuz kann aufrecht stehen in so viel Schlamm und Seide – O Talleyrand!

«Raphael, ich hab dich lieb.» (Das erzählte Simon nächsten Tags gleich Irwin weiter, der sofort erkannte, wie bedeutsam es war.) «Aber nerv mich bloß nicht wegen Geld. Du faselst immer davon, dass du keines brauchst, dabei willst du gar nichts anderes. Du steckst fest in Ignoranz. Ich gebe das wenigstens zu. Aber ich hab dich lieb.»

«*Behalt* dein Geld, ich geh nach Griechenland und hab Visionen – Die Leute werden mir Geld *schenken*, und ich werde es wegwerfen – *Schlafen* werde ich auf Geld – Mich in meinen Träumen darauf *wälzen.*»

Es schneite. Raphael kam mit mir zu Ruth Heaper, wo wir abendessen und von unserem Treffen mit William Carlos Williams berichten sollten. Irgendwas Seltsames lag in ihrem Blick, in dem von Erickson auch. «Was ist los?»

Im Schlafzimmer sagt mir meine geliebte Ruth, ihr Psychoanalytiker habe ihr geraten, ich solle ausziehen und mir eine eigene Bleibe suchen, weil das sonst schlecht für ihre und für meine Psyche wäre.

«Das Arschloch will dir doch bloß an die Wäsche!»

«Wäsche ist das richtige Stichwort. Er meinte, du nutzt mich aus, bist unverantwortlich, tust mir nicht gut, betrinkst dich, schleppst betrunkene Freunde an – rund um die Uhr – Ich kriege kein Auge zu.»

Ich packe also meine Sachen und gehe mit Raphael hinaus in den stärker werdenden Schneesturm. Die Bleecker Street oder auch *Bleak*er Street hinab. Jetzt hat Raphael Mitleid mit mir. Zum Abschied (er will mit einem Mädchen essen gehen) küsst er mich auf die Wange und sagt: «Armer Jack, verzeih mir, Jackie. Ich habe dich auch lieb.»

Jetzt bin ich ganz allein im Schnee, also gehe ich zu Julien, und wir betrinken uns wieder vor dem Fernseher, irgendwann wird Julien sauer, reißt mir Hemd und sogar Unterhemd kaputt, und ich schlafe bis mittags auf dem Wohnzimmerfußboden meinen Rausch aus.

Am nächsten Tag nehme ich mir ein Zimmer im Marlton Hotel in der 8th Street und tippe ab, was ich in Mexiko geschrieben habe, doppelter Zeilenabstand für den Verlag, Tausende Dollar im Rucksack versteckt.

45

Mit nur zehn Dollar in der Tasche gehe ich zum Drugstore an der Ecke 5th Avenue, eine Schachtel Kippen kaufen, überlege, mir vom Rest des Geldes abends ein Hühnchen zu holen und es an der (von Ruth Heaper geborgten) Schreibmaschine zu verputzen. Aber der Typ im Drugstore fragt: «Wie stehen die Aktien in Glacamora? Wohnen Sie hier um die Ecke oder in Indiana? Wissen Sie, was der alte Sack sagte, als er den Löffel abgegeben hat …» Erst später auf dem Zimmer merke ich, dass er mir nur auf einen Fünfer rausgegeben hat. Die alte Wechselgeld-Masche. Ich gehe zurück zum Laden, aber der Typ hat bereits Feierabend, ist längst verschwunden, und der Geschäftsführer traut mir nicht recht. «Sie haben hier einen Trickbetrüger an der Kasse – Ich will keinen Ärger machen, aber mein Geld will ich zurück – Ich habe *Hunger*!» Aber ich kriegte das Geld nicht wieder, hätte mir wohl lieber mal den Finger in den Arsch geschoben. So tippte ich nur mit Kaffee weiter. Später rief ich Irwin an, der meinte, ich solle mich bei Raphaels Mädchen melden, bei der könne ich womöglich unterkommen, zumal sie von Raphael die Nase voll habe.

«Warum hat sie von Raphael die Nase voll?»

«Weil er nur auf dem Sofa liegt und sagt: ‹Gib Raphael zu essen›! *Wirklich!* Ich glaub, du würdest ihr gefallen. Ruf sie einfach an und sei der coole, nette Jack.» Ich rief sie, Alyce Newman, an, sagte, ich sei am Verhungern, ob sie mir wohl im Howard Johnson's in der 6th Avenue ein Paar Würstchen ausgeben könnte? Okay, sagte sie, sie sei klein und blond und trage einen roten Mantel. Um acht Uhr trat sie durch die Tür.

Sie kaufte mir die Hotdogs, und ich schlang sie runter. Ich hatte sie schon angesehen und gefragt: «Hättest du Platz für mich bei dir zu Hause, ich muss 'ne Menge tippen, und heute hat mir einer im Drugstore mein Geld abgeknöpft.»

«Wenn du möchtest.»

46

Das war allerdings der Anfang der vielleicht besten Affäre meines Lebens, denn Alyce war ein interessanter junger Mensch, Jüdin, elegant, mittelschichtstraurig und auf der Suche – Verflucht polnisch sah sie aus, Bauernbeine, tiefer nackter Hintern, auf*gedrehte* Haarpracht (blond) und traurige, verständnisvolle Augen. Ein bisschen hat sie sich sogar in mich verliebt. Aber nur, weil ich nicht viel von ihr verlangte. Wenn ich sie um zwei Uhr früh nach Schinken, Eiern und Apfelmus fragte, gab sie mir alles gern, weil ich aufrichtig darum bat. Aufrichtig. Was ist an «Gib Raphael zu essen» eigentlich unaufrichtig? Die gute alte Alyce (22) aber sagte:

«Schätze, du wirst mal ein großer Literaturgott, und alle wollen dich mit Haut und Haar auffressen, also lass mich lieber auf dich aufpassen.»

«Wie frisst man denn Literaturgötter?»

«Indem man ihnen auf die Nerven geht. Man nagt und nagt, bis nichts mehr übrigbleibt.»

«Woher weißt du so was?»

«Ich lese viel – Habe Autoren kennengelernt – Ich schreibe selbst ein Buch – Wahrscheinlich nenn ich's *Heute fliegen, morgen zahlen,* aber der Verlag glaubt, das gibt Ärger mit den Fluggesellschaften.»

«Nenn es doch *Gib mir den Penny später.*»

«Nicht übel – Soll ich dir ein Kapitel vorlesen?» Auf einmal saß ich in einer ruhigen Wohnung bei Lampenlicht mit einem ruhigen Mädchen, das im Bett recht leidenschaftlich war, wie ich bald sehen sollte, aber meine Güte – *Ich steh einfach nicht auf Blondinen.*

«Ich steh nicht auf Blondinen», sagte ich.

«Vielleicht stehst du ja auf mich. Soll ich mir die Haare färben?»

«Blondinen sind so sanft – Ich hab noch ganze zukünftige Leben, um mit dieser Sanftheit umzugehen –»

«Und jetzt willst du Härte? Ruth Heaper ist nicht so toll, wie du glaubst, letztlich ist sie bloß ein Trampel, sie weiß nicht, was sie will.»

So hatte ich plötzlich eine Gefährtin, und mehr noch, wie ich merkte, als ich mich eines Abends im White Horse betrank (hinten saß Norman Mailer und schwafelte von Anarchie, ein Bierglas in der Hand, mein Gott, kriegen wir nach der Revolution denn wohl noch Bier zu trinken? Oder gibt's dann nur noch Galle?) – Betrunken, und da kommt Ruth Heaper rein, Ericksons Hund an der Leine, und will mich überreden, mitzukommen und bei ihr zu übernachten.

«Ich wohne jetzt bei Alyce –»

«Liebst du mich denn nicht mehr?»

«Du hast gesagt, dein Doc hat gesagt –»

«Ach, komm schon!» Aber da steht plötzlich Alyce im White Horse und holt mich mit Gewalt da raus, zerrt mich praktisch an den Haaren in ein Taxi zu ihr nach Haus, woraus ich lerne: Alyce Newman lässt sich nicht den Kerl ausspannen, egal, wer es ist. Und ich war stolz. Auf der ganzen Heimfahrt sang ich «I'm a Fool» von Frank Sinatra. Das Taxi raste vorbei an Ozeandampfern, festgemacht an den North-River-Piers.

47

Und tatsächlich waren Alyce und ich ein wunderbares und gesundes Paar – Sie wollte nur, dass ich sie glücklich machte, und tat selbst, was sie nur konnte, um auch mich glücklich zu machen, und das reichte aus – «Du solltest dich mehr an Jüdinnen halten! Die lieben dich nicht nur, sondern bringen dir auch Pumpernickel und süße Butter zum Morgenkaffee.»

«Wie ist dein Vater so?»

«Er raucht Zigarre –»

«Und deine Mutter?»

«Spitzendeckchen im Wohnzimmer –»

«Und du?»

«Keine Ahnung.»

«Dann wirst du also mal eine große Romanautorin – Wer sind deine Vorbilder?» All ihre Vorbilder waren verkehrt, und trotzdem wusste ich, dass sie es schaffen konnte, dass sie die erste große weibliche Autorin auf der Welt werden konnte, auch wenn sie wohl trotzdem Babys wollte – Sie war süß, und auch noch heute Abend liebe ich sie.

Wir blieben schrecklich lang zusammen, *Jahre* – Julien nannte sie Ecstasy Pie – Ihre beste Freundin, die dunkelhaarige Barbara Lipp, war zufällig verliebt in Irwin Garden – Irwin hatte mich in einen sicheren Hafen manövriert. In diesem Hafen stieg ich zwar zu Liebeszwecken mit ihr ins Bett, aber wenn wir fertig waren, ging ich nach nebenan, wo ich das

Winterfenster immer offen und die Heizung immer aus ließ und in meinem Schlafsack schlief. Irgendwann wurde ich so endlich den tuberkulösen Mexiko-Husten los – Ich bin doch eigentlich gar nicht so dumm (wie Ma immer sagte).

48

Mit den $ 225 in der Tasche nimmt Irwin mich erst mit zum Rockefeller Center, um einen Pass für mich zu organisieren, dann streifen wir durch die Straßen und unterhalten uns über unsere Collegezeiten – «Und jetzt fährst du also nach Tanger, um Hubbard zu besuchen.»

«Meine Mutter meint, der wird mein Untergang.»

«Stimmt, darauf wird er's wohl anlegen, aber er wird es genauso wenig schaffen wie ich», sagt er und legt lachend den Kopf an meine Wange. Dieser Irwin. «Denk nur mal an all die Leute, die *mein* Untergang sein wollen, und trotzdem lehne ich weiter schön den Kopf an die Brücke.»

«Welche Brücke?»

«Die Brooklyn Bridge. Die Brücke über den Passaic River in Paterson. Sogar deine Brücke über den Merrimac, erfüllt von irrem Lachen. Hauptsache Brücke. Ich würde den Kopf jederzeit an *jede* Brücke lehnen. Ein Neger, der in der Seventh Avenue den Kopf an eine Klowand lehnt. Ich leg mich nicht mit Gott an.»

«Wer *ist* Gott?»

«Die große Radarmaschine im Himmel, nehme ich mal an, oder tote Augen sehen.» Ein Zitat aus einem seiner Teenagergedichte: «Tote Augen sehen.»

«Was *sehen* tote Augen?»

«Weißt du noch, das große Haus, das wir mal morgens in

der 34th gesehen haben, als wir high waren, und wir sagten, da wohnt bestimmt ein Riese drin?»

«Ja – und die Füße kuckten raus oder so? Lange her.»

«Tote Augen sehen diesen Riesen, immerhin, außer die unsichtbare Tinte ist schon unsichtbar, und sogar der Riese ist schon fort.»

«Magst du Alyce?»

«Ist ganz nett.»

«Sie meint, Barbara ist verliebt in dich.»

«Ja, sieht ganz so aus.» Gelangweilter hätte er nicht sein können. «Ich liebe Simon, und auf jüdische Hausdrachen, die mich wegen des Abwaschs anbrüllen, kann ich ganz gut verzichten – Schau mal das überdrüssige Gesicht da eben.» Ich drehe mich um, sehe die Frau nur noch von hinten.

«Überdrüssig? Inwiefern?»

«So ein spöttischer, hoffnungsloser Ausdruck, unrettbar verloren, argh.»

«Liebt Gott sie etwa nicht?»

«Ach, lies lieber noch mal Shakespeare oder so, du wirst langsam fast rührselig.» Aber er interessierte sich nicht mal dafür, mir das zu sagen. Er sah sich im Rockefeller Center um. «Schau mal, wer da ist.» Barbara Lipp winkte und kam auf uns zu.

Nach einem kurzen Gespräch und nachdem ich meinen Pass bekommen hatte, spazierten wir einfach durch die Stadt und unterhielten uns, und grade als wir an der Ecke Fourth Avenue und 12th vorbeikamen, winkte uns schon wieder Barbara, rein zufällig, ausgesprochen merkwürdig.

«Jetzt laufe ich euch heute schon zum zweiten Mal über den Weg», sagt Barbara, die genau wie Irwin aussieht, schwarze Haare, schwarze Augen, dieselbe tiefe Stimme.

Irwin sagt: «Wir suchen nach dem Riesenchef.»

«Was für ein Riesenchef?» (Barbara)

«So ein großer Scheißchef eben.» Und auf einmal stecken die beiden mitten in einer großen jiddischen Diskussion über Scheißchefs, die ich nicht mal verstehe, stehen lachend, kichernd eigentlich sogar, vor mir auf der Straße. Diese müßigen Manhattan-Ladys immer …

49

In einem schäbigen jugoslawischen Schiffsreisebüro in der 14th Street hol ich mir mein Ticket für die Überfahrt, am Sonntag geht's an Bord – Das Schiff heißt SS *Slovenia,* heute ist Freitag.

Samstagfrüh steh ich vor Juliens Apartment, mit dunkler Sonnenbrille wegen schmerzäugigem Kater und einem Schal gegen den Husten – Alyce ist dabei, zum letzten Mal sind wir im Taxi an den Piers am Hudson River lang, haben die riesigen, schlanken, hochgezogenen Buge der *Libertés* und *Queen Elizabeths* gesehen, bereit zum Ankerlichten nach Le Havre – Julien sieht mich an und ruft: «Fernando!»

Er meint Fernando Lamas, den Schauspieler aus Mexiko. «Fernando, der alte internationale Roué!! Fährt nach Tanger, um die Araberinnen zu inspizieren, was?» Nessa mummelt die Kinder ein, Julien hat heute frei, und gemeinsam gehen wir zum Pier in Brooklyn, wollen in meiner Kabine Abschied feiern. Ich hab eine ganze Doppelkabine für mich allein, weil sonst nur Spione und *conspirateurs* mit den Jugoslawen fahren. Alyce freut sich über all die Masten und die Mittagssonne auf dem Hafenwasser, obwohl sie Wolfe vor Jahren schon für Trilling aufgegeben hat. Julien will nur mit den Kindern auf den Aufbauten herumkraxeln. Ich mixe unterdessen Drinks in der Kabine, die schon jetzt Schlagseite hat, weil das Schiff backbords zuerst beladen wird und darum das ganze Deck schiefhängt. Die liebe Nessa hat ein Abschiedsgeschenk für mich, *Danger à Tanger*, ein französischer Schundroman über Araber, die den Leuten vom britischen Konsulat Ziegelsteine an den Kopf werfen. Die Besatzung spricht nicht ein Wort Englisch, nur Jugoslawisch, obwohl sie Nessa und Alyce mit Kennerblicken mustern, als sprächen sie sämtliche Sprachen. Julien und ich gehen mit den Kindern auf die Laufbrücke, um beim Beladen zuzusehen.

Man stelle sich das nur mal vor, tagein tagaus mit dem eigenen Gesicht durch die Zeit zu reisen und es wie das eigene Gesicht aussehen zu lassen! Fernando Lamas, und ob! Der arme Julien mit seinem Schnurrbart trägt sein eigenes Gesicht grimmig und unablässig, egal was irgendeiner sagt, ob Philosoph oder auch nicht. Diese Fleischmaske zu weben und wie man selbst aussehen zu lassen, während die Leber rafft und das Herz pafft, da kämen sogar Gott die Tränen, und er würde sagen: «All meine Kinder sind Märtyrer, und ich will sie wieder in völliger Sicherheit bei mir haben! Warum habe ich sie überhaupt ausziehen lassen, um einen Film aus Fleisch und Blut zu sehen?» Lächelnde Schwangere lassen sich das nicht mal träumen. Gott, der alles ist, der Immer-Dagewesene, Er, den ich auf dem Desolation Peak sah, ist selbst eine lächelnde Schwangere, die sich das nicht mal träumen lässt. Und falls ich je darüber klagen sollte, wie man Clark Gable in Shanghai misshandelt hat, oder Gary Cooper in High Noon Town, oder wie alte, verlorene College-Straßen mich im Mondlicht irre machen, ach, Mondlicht, Mondlicht, mondlichtert mir *das* mal, Mondlicht – Mondlichtert mir Mondenschein, diamantensteine du mir meine. Julien kneift pausenlos die Lippen zu, pflrk, und Nessa treuhändert die hochwangige Haut, und Alyce macht «Hm» in langhaariger Traurigkeit, und selbst die Kinder müssen sterben. Fernando, der alte Philosoph, wünscht, er könnte Julien etwas mitteilen, das der über den Weltfernschreiber melden könnte. Den jugoslawischen Rotstern-Hafenarbeitern aber ist alles egal, solange sie Brot und Wein und Weib haben – Obwohl sie längs vorbei an Steinmauern womöglich Tito anfunkeln, wenn er vorüberfährt – Es ist diese Sache mit dem eigenen Gesicht, jeden Tag muss man es aufsetzen, man kann es zwar fallen lassen (so wie Irwin es versucht), doch irgendwann stellt einer eine Engelsfrage, und man ist bloß noch Überraschung. Julien und ich mixen irre Drinks, trinken sie, er, Nessa und die Kinder gehen in der Abenddämmerung von Bord, und Alyce und ich liegen fix und fertig in der Koje bis elf Uhr, da klopft der Jugoslawen-Steward und sagt: «Sie bleiben auf dem Schiff? Okay?», und zieht los nach Brooklyn, um sich mit der Mannschaft zu besaufen – Alyce und ich wachen um ein Uhr auf, Arm in Arm auf einem grauenhaften Schiff, argh – Nur eine Wache vor dem Schiff – Alle saufen in den Kneipen von New York.

«Alyce», sag ich, «komm, wir stehen auf, waschen uns und fahren mit der U-Bahn in die Stadt – Wir gehen ins West End und trinken ein lustiges Bier.» Aber was hat das West End schon zu bieten außer Tod?

Alyce will nur mit nach Afrika. Doch wir ziehen uns an und gehen Hand in Hand die Gangway runter, leerer Pier, und weiter über große Plazas voller Schlägergangs aus Brooklyn, mit mir und einer Flasche Wein als Waffe.

Noch nie hab ich ein gefährlicheres Viertel erlebt als diese Brooklyner Sozialbauten hinter dem Bush Terminal Pier.

Schließlich erreichen wir Borough Hall und springen in die U-Bahn, die Van-Cortlandt-Linie in einem Rutsch zur

Ecke 110th und Broadway, und dort in die Bar, wo mein alter Lieblingsbiermann Johnny Barmann ist.

Ich bestelle Bourbon-Whiskey – Ich sehe die hageren, schrecklich tödlichen Gesichter, die eines nach dem anderen durch die Weltbar ziehen, aber mein Gott, sie alle sitzen in einem Zug, einem endlosen Zug, der endlos auf den Friedhof fährt. Was soll man da tun? Ich sage zu Alyce:

«Leecey, ich sehe überall nur Grauen –»

«Du hast nur zu viel getrunken.»

«Aber was soll ich mit dem ganzen Grauen tun, das ich überall sehe?»

«Du solltest einfach deinen Rausch ausschlafen –»

«Aber der Barkeeper hat mich so trostlos angesehen – als wäre ich schon tot.»

«Vielleicht bist du das ja.»

«Weil ich nicht bei dir bleibe?»

«Genau.»

«Was für eine blöde, solipsistische Frauenerklärung für das Grauen, das wir alle teilen.»

«Zu gleichen Teilen teilen.»

Der endlose Zug auf den endlosen Friedhof, vollgestopft mit Kakerlaken, fährt immer weiter in Barmann Johnnys hagere hungrige Augen hinein – «Johnny», sagte ich, «siehst du es denn nicht? Wir alle sind für Niedertracht gemacht?», und plötzlich merkte ich, dass ich aus Nichts Gedichte machte, so wie immer, und wäre ich eine automatische Burroughs-Rechenmaschine, würde ich die Zahlen für mich tanzen lassen. Alles, alles, für die Tragödie.

Und die arme Leecie, die verstand mich nicht, mich Goi.

Weiter zu Teil drei.

DRITTER TEIL

DURCH TANGER, FRANKREICH UND LONDON

50

Was für ein verrücktes Bild, vielleicht das Bild des typischen Amerikaners, der auf einem Schiff darüber Nägel kaut, wo er hinwill, was er tun soll – Mit einem Mal wurde mir klar, dass ich im Grunde nirgends hinkonnte.

Doch es war auf dieser Reise, dass sich mein Leben wirklich grundlegend veränderte, eine «völlige Kehrtwende» machte, wie ich das weiter vorn genannt habe, dass meine jugendliche Abenteuerlust sich in tiefsten Ekel vor Erfahrung in der großen weiten Welt verwandelte, in einen *Abscheu* all meiner sechs Sinne. Zum ersten Mal hatte dieser Abscheu sich in der traumeinsamen Behaglichkeit der beiden Monate auf dem Desolation gezeigt, vor Mexiko noch, und seither war ich wieder mit all meinen Freunden und alten Abenteuern melangiert gewesen, und zwar ganz und gar nicht «süß», doch jetzt war ich wieder allein. Und dasselbe Gefühl wie damals überkam mich: Geh der Welt aus dem Weg, die ist nur jede Menge Staub und Hemmnis und letzten Endes ohne Sinn. Aber was stattdessen tun? Außerdem war ich gerade unaufhaltsam unterwegs, übers Meer zu neuen «Abenteuern».

Aber erst in Tanger, nach einer Überdosis Opium, vollzog die Kehrtwende sich endgültig. Ich komme gleich dazu – Zuerst jagte mir ein anderes Erlebnis, auf See noch, Angst vor der Welt ein wie ein böses Omen. Ein gewaltiger Sturm peitschte aus dem Norden unseren Frachter, aus den Januaren und den Plenuaren von Island und der Baffin Bay. Während des Krieges war ich tatsächlich da oben in der Arktis gefahren, aber nur im Sommer: Jetzt, tausendfünfhundert Kilometer weiter südlich im Nichts der finsteren Januarsee, geiferten Sturzwogen graue, haushohe Gischt und pflügten uns Flüsse kreuz und quer über den Bug. Wütende, heulende, Blake'sche Düsternis, donnerndes Tosen, geflutetes, schaukelndes Menschenschiff schwindelt wie ein langer Korken ziellos durch die wahnsinnige Wüstenei. Ein kleiner Rest Bretonenwissen übers Meer in meinem Blut erschauderte. Beim Anblick dieser Wasserwälle, die einer nach dem anderen aus Kilometern grauen Massakers heranwogten, schrie ich innerlich: WARUM NUR BIN ICH NICHT DAHEIMGEBLIEBEN?! Doch es war zu spät. In der dritten Nacht wälzte sich das Schiff so heftig in den Wellen, dass sogar die Jugoslawen sich in ihre Kojen legten und zwischen Kissen und Decken einkeilten. In der Kombüse war die ganze Nacht die Hölle los, Töpfe flogen klappernd durch die Gegend, obwohl man sie gesichert hatte. Matrosen kriegen weiche Knie, wenn die Kombüse angstgepeinigt schreit. Zum Essen hatte der Steward die Teller anfangs auf ein nasses Tuch gestellt und die Suppe nicht in Suppentellern, sondern in tiefen Bechern ausgegeben, doch inzwischen half selbst das nichts mehr. Zwieback kauend taumelten die Männer in klatschnassen Südwestern umher. Als ich mal kurz an Deck ging, stampfte das Schiff so stark, dass es einen beinahe übers Dollbord mitten in die Wasserwälle schleuderte, splatsch. Auf Deck vertäute Lastwagen ächzten, rissen ihre Seile durch und krachten aneinander. Ein biblischer Sturm wie ein uralter Traum. Nachts betete ich voller Angst zu Gott, der uns nun endlich alle zu sich holte, all die Seelen hier an Bord, genau in diesem fürchterlichen Augenblick, aus Gründen, die nur Er kannte. In meinem Halbdelirium glaubte ich, eine schneeweiße Leiter zu erkennen, die uns vom Himmel gereicht wurde. Ich sah Stella Maris überm Meer wie eine weiß glänzende Freiheitsstatue. Ich dachte an die vielen Seeleute, die in den Wellen schon den Tod gefunden hatten, und o welch furchtbarer Gedanke, von den Phöniziern vor 3000 Jahren bis zu den armen Teenagern Amerikas im letzten Krieg (mit einigen davon war ich in Sicherheit gefahren) – Die Teppiche sinkenden Wassers, tiefblau *grün* mitten im Ozean, mit ihren verfluchten Schaummustern, ihrem abscheulichen, erstickenden *Zuviel*, obwohl man bloß die Oberfläche sieht – unter alldem das Aufstrudeln von kilometerweiter kalter Tiefe – schwanken, rollen, stampfen, Tonnen Peligroso brüllen, schlagen, wuchten, schlingern – weit und breit keiner zu sehen! Da kommt wieder eine! Deckung! Das gesamte Schiff (nur dorfeslang) duckt sich schaudernd weg, die irren Schrauben drehen sich wie wild im Nichts, schütteln das Schiff, klatsch, jetzt ragt der Bug auf, hochgeworfen, die Schrauben träumen tief im Wasser, das Schiff ist kaum drei Meter weiter – So ist das – Wie Frost im Gesicht, wie die kalten Münder alter Väter, wie im Meer splitterndes Holz. Nicht mal ein Fisch in Sicht. Der donnernde Jubel Neptuns und sein verfluchter Windgott streichen den Menschen aus.

«Ich hätte nur zu Hause bleiben müssen, alles hinschmeißen, ein kleines Haus für mich und Ma kaufen, meditieren, ein ruhiges Leben führen, in der Sonne lesen, Wein trinken im Mondschein und in abgetragenen Klamotten, meine Kätzchen streicheln, gute Träume schlafen – Jetzt sieh sich einer den *pétrain* an, in den ich mich da manövriert habe, o verdammt!» («Pétrain» ist ein französisches Wort aus dem 16. Jahrhundert und bedeutet «Schlamassel».) Doch Gott ließ uns am Leben, und am nächsten Morgen änderte der Kapitän den Kurs, ließ den Sturm langsam achteraus und steuerte wieder Richtung Afrika und Sterne.

51

Ich glaube, ich hab das nicht ganz richtig erklärt, aber jetzt ist es zu spät, der tippende Finger ist durch den Sturm hindurch, und damit hat sich's.

Danach verbrachte ich zehn stille Tage, in denen der alte Frachter durch die ruhigste See tuckerte, scheinbar ohne dabei irgendwie voranzukommen, und ich las ein Buch über die Weltgeschichte, machte mir ein paar Notizen und tigerte abends übers Deck. (Wie beiläufig die darüber schreiben, wie die spanische Flotte im Sturm vor Irland sank, argh!) (Oder sogar ein kleiner galiläischer Fischer, für immer ertrunken.) Aber selbst bei einer so friedlichen, einfachen Beschäftigung wie in einer bequemen Kabine auf bequemer See über die Weltgeschichte zu lesen, packte mich dieser fürchterliche Abscheu gegenüber allem – die wahnwitzigen Dinge, die schon vor uns in der Menschheitsgeschichte getan wurden, da könnte selbst Apollo weinen oder Atlas seine Last abwerfen, meine Güte, all die Blutbäder, die Säuberungen, abgepresste Zehnte, aufgehängte Diebe, kaisergekrönte Kriminelle, prätorianisierte Trottel, auf Köpfen zerschlagene Bänke, von Wölfen attackierte Lagerfeuer, brandschatzende Dschingis Khane – in Schlachten zerquetschte Hoden, im Rauch vergewaltigte Frauen, durchgeprügelte Kinder, geschlachtete Tiere, gezückte Messer, geschleuderte Knochen – Klackende schlackige Lippen voll Fleischsaft, Trottelkönige kacken allen durch Seide auf die Köpfe – Bettler kacken durch Sackleinen – Diese Fehler, diese Fehler überall! Der Geruch von alten Siedlungen, von ihren Kochtöpfen und Misthaufen – Die Kardinäle stehen auf «Seidenstrümpfe voller Dreck», die amerikanischen Abgeordneten «schimmern und stinken wie verdorbene Makrelen im Mondschein» – Die Skalpierungen von Dakota bis Tamerlan – Und die Menschenaugen auf brennendem Pfahl und die Guillotinen bei Morgengrauen, die Finsternisse, Brücken, Nebel, Netze, wunden Hände und alten toten Westen armer Menschheit in all den Tausenden von Jahren der «Geschichte» (wie man das nennt), und alles nur ein einziger, furchtbarer Fehler. Warum hat Gott das bloß getan? Oder gibt es wirklich einen Teufel, der den Absturz angeführt hat? Himmelsseelen sagten: «Herr, wir wollen's mal mit Sterblichkeit versuchen, Luzifer behauptet, die sei spitze!» – Zack, waren wir hier unten, zwischen Konzentrationslagern, Gaskammern, Stacheldraht, Atombomben, TV-Morden, bolivianischer Hungersnot, Dieben in Seide, Dieben mit Krawatten, Dieben in Büros, Papiertigern, Bürokraten, Verletzungen, Zorn, Entsetzen, Grauen, furchtbaren Albträumen, heimlichen Toden durch Kater, Krebs, Geschwüre, Strangulieren, Eiter, Alter, Altersheime, Gehstöcke, entzündete Haut, wacklige Zähne, Gestank und Tränen und Goodbye. Soll doch jemand anders schreiben, ich krieg's nicht mehr hin.

Wie also in Freuden und Frieden leben? Indem man mit Gepäck von Staat zu Staat streift, immer schlimmer, tiefer in die Finsternis des angsterfüllten Herzens? Und das Herz nur ein pochender Schlauch, herrlich ermordbar mit seinen

Venen- und Arterienschnipseln, seinen sich schließenden Kammern, am Ende isst es jemand lachend auf, mit dem Besteck der Bosheit. (Zumindest eine Weile lachend.)

Ach, aber wie Julien sagen würde: «Du kannst ja sowieso nichts tun, also genieß es – Wohl bekomm's, Fernando!» Ich denke an Fernando, wie er morgens durch verquollene Trinkeraugen wie die meinen traurige kleine Palmen anglotzt und in seinem Schal zittert: Hinter dem letzten der Frisian Hills schneidet eine große Sense die Gänseblümchen der Hoffnung, obwohl er dringend jedes Neujahr in Rio oder Bombay feiern wollte. In Hollywood schiebt man den alten Regisseur rasch in die Gruft. Halbblind sieht Aldous Huxley zu, wie sein Haus niederbrennt, siebzig Jahre alt und weit entfernt von einem schönen Walnussstuhl in Oxford. Nichts, nichts, nichts, ach *gar nichts* auf dieser *Welt* könnte mich auch nur noch einen Augenblick lang interessieren. Aber wo soll man sonst hin?

Eine Überdosis Opium machte dieses Gefühl so stark, dass ich tatsächlich aufstand, meine Sachen packte und zurück nach Amerika wollte, um mir ein *Zuhause* zu suchen.

52

Zunächst aber schlief die Meeresangst, und ich genoss sogar die Ankunft in Afrika und hatte die erste Woche dort natürlich großen Spaß.

An einem sonnigen Nachmittag im Februar 1957 erspähten wir die ersten fahlen Flecken gelben Sand und grüne Wiese, mit denen sich weit weg und klein die Küste Afrikas abzeichnete. Im Lauf des dösigen Nachmittags wurde sie größer, bis ein weißer Punkt, der mich seit Stunden umgetrieben hatte, sich als Gastank auf den Hügeln entpuppte. Dann, wie langsam defilierende, weiß gekleidete Mohammedanerinnen, zeigten sich die weißen Dächer der kleinen Hafenstadt Tanger, direkt voraus in einer Landbeuge über dem Wasser. Dieser weiße Traum kleidete Afrika auf blauer Nachmittagssee, wow, wer hatte sich das erträumt? Rimbaud! Magellan! Delacroix! Napoleon! Weiße Laken wehen auf dem Dach!

Und plötzlich ploppert ein kleines marokkanisches Fischerboot vorbei, mit Motor, aber hohem, balkonartigem Heckaufbau aus geschnitztem libanesischem Holz, auf dem Deck plappernde Männer in Dschellabas und Pluderhosen, südwärts unterwegs zum abendlichen Fischzug an der Küste unterm Stern (jetzt) der Stella Maris, der Maria der Meere, die alle Fischer beschützt, indem sie mit hoffnungsvoller Gnade die Tücken der See in ihr Erzengelsgebet um Sicherheit einschließt. Und unter ihrem eigenen Mohammed-Leitstern des Meeres. Der Wind zerzauste ihre Kleidung und ihr Haar, «ihr echtes Haar des echten Afrika», sagte ich verblüfft. (Warum reisen, wenn nicht wie ein Kind?)

Jetzt wurde Tanger größer, zur Linken sandiges spanisches Ödland und der Höcker, der ums Horn der Hesperiden nach Gibraltar führt, dieser unglaubliche Eingangspunkt zum antiken Mittelmeeratlantis, überflutet von den Eiskappen des Buches Noah. Hier hat Mister Herkules die Welt gestemmt, ächzend wie «schroffe Felsen, die ächzend fristen dahin» (Blake). Hier schlichen die augenbeklappten internationalen Juwelenschmuggler mit glänzenden .45ern herab, um den Harem von Tanger zu rauben. Hier kamen die verrückten Scipios vorbei, um das blauäugige Karthago zu verdreschen. Irgendwo in diesem Sand jenseits des Atlas sah ich meinen blauäugigen Gary Cooper die «Beau Geste» erobern. Und ein Abend in Tanger mit Hubbard!

Das Schiff ging in dem hübschen kleinen Hafen vor Anker und drehte sich langsam mit dem Wind, wodurch sich mir beim Packen verschiedenste Aussichten auf Stadt und Landzunge durchs Bullauge boten. Auf dieser Landzunge rings um die Bucht drehte sich ein Leuchtturmlicht durch blaue Dämmerung, so als wollte die heilige Maria mir versichern, dass wir nun heil im Hafen waren. Die Stadt erstrahlt in zauberhaften kleinen Lichtern, der Hügel der Kasbah summt, ich will raus in diese engen Medina-Gassen und Haschisch auftreiben. Der erste Araber, den ich zu sehen kriege, ist gradezu unglaublich lächerlich: Ein kleines Bettlerboot legt an unserer Lotsentreppe an, gesteuert von zerlumpten arabischen Teenagern in Pullovern, so wie die in Mexiko, aber mitten auf dem Boot steht ein fetter Araber in schmutzigem rotem Fez und blauem Business-Anzug, die Hände hinterm Rücken, will Zigaretten ver- oder irgendwas einkaufen oder was auch immer. Unser schöner Jugo-Käpt'n brüllt sie von der Brücke an, sie sollen wieder ablegen. Gegen sieben legen wir an, und ich gehe an Land. Beamte in staubigen Fezen und weiten Hosen stempeln große arabische Lettern in meinen jungfräulichen Pass. Eigentlich genau wie Mexiko, diese Fellachenwelt, soll heißen, eine Welt, die in der Gegenwart keine Geschichte schreibt: keine Geschichte *macht*, bearbeitet, mit Wasserstoffbomben und Raketen zerschießt, nicht nach dem ganz großen Inbegriffsfinale höchster Errungenschaften greift (das tut heutzutage der faustische «Westen» mit Amerika, Großbritannien und Deutschland, hoch und nieder).

Ich nehme ein Taxi zu Hubbards Adresse in einer schmalen, hügeligen Straße im europäischen Viertel unter dem Medina-Funkelhügel.

Der arme Bull war grade auf einem Gesundheitstrip und schläft bereits, als ich um halb zehn an seine Gartentür klopfe. Ich bin baff, ihn so gesund und stark zu sehen, nicht mehr ausgemergelt von den Drogen, sondern braungebrannt, muskulös und kraftstrotzend. Er ist eins fünfundachtzig groß, hat blaue Augen, Brille, blondes Haar, ist 44, Spross einer großen amerikanischen Industriellenfamilie, aber sie haben ihm nur $ 200 im Monat zusprießen lassen, demnächst nur noch $ 120, und in zwei Jahren werden sie ihn ganz aus ihren architektendesignten Wohnzimmern im Renten-Florida verweisen, wegen des verrückten Buchs, das er geschrieben und in Paris veröffentlicht hat (*Nude Supper*) – ein Buch, bei dem jede Mutter blass würde (später mehr dazu). Bull schnappt sich seinen Hut und sagt: «Los, wir sehen uns die Medina an» (nachdem wir uns was reingezogen haben), und mit großen Schritten wie ein wahnsinniger deutscher Philologe im Exil führt er mich durch den Garten und durchs Tor in das zauberhafte Sträßchen. «Morgen früh, gleich nach meinem bescheidenen Frühstück mit Tee und Brot, gehen wir rudern in der Bucht.»

Das ist ein Befehl. Ich sehe den alten Bull (übrigens ein Freund des alten Bull in Mexiko) zum ersten Mal seit damals in New Orleans wieder, wo er mit Frau und Kindern in der Nähe des Deiches gewohnt hat (in Algiers, Louisiana) – Er wirkt kein bisschen älter, nur kämmt er sich wohl nicht mehr so sorgsam wie früher, was aber, wie ich am nächsten Tag feststelle, bloß daran liegt, dass er vom Schreiben so neben der Spur ist, ein wirrhaariges Genie in einer Dachkammer. Er trägt amerikanische Chinos, Hemden mit Taschen und einen Fischerhut und hat immer ein riesiges Klappmesser mit. «*Yessir,* ohne dieses Ding wär ich längst tot. Ein Haufen Araber hat mich mal nachts in einer Gasse umzingelt. Ich hab das Messer ausgeklappt und gesagt: ‹Na los, ihr Scheißkerle›, da haben sie die Beine in die Hand genommen.»

«Wie kommst du mit den Arabern zurecht?»

«Ich schubs sie einfach weg, die kleinen Wichser», und da stürmt er auch schon mitten durch ein paar Araber auf dem Gehsteig, zwingt sie nach links und rechts zur Seite, brummt vor sich hin und fuchtelt mit den Armen, ein kräftiges, unnatürliches Pumpen wie ein durchgedrehter, überspannter Öl-Tycoon aus Texas, der sich durch die Schwärme von Hongkong schiebt.

«Das machst du doch nicht jeden Tag so.»

«*Was?*», belfert er mit sich fast überschlagender Stimme. «Einfach wegschieben, lass dir von den kleinen Wichsern nichts gefallen.» Spätestens am nächsten Tag hatte ich begriffen, dass *jeder* für ihn nur ein kleiner Wichser war: ich, Irwin, Hubbard selbst, die Araber, die Frauen, die Händler, der Präsident der USA und sogar Ali Baba; Ali Baba, oder wie er auch immer hieß, ein Kind, das eine Herde Schafe auf dem Feld hütete, ein Lämmchen auf dem Arm und so ein lieblicher Gesichtsausdruck wie der des heiligen Josef, als er selbst ein Kind war: «Kleiner Wichser!» Ich begriff, dass er das nur so sagte, aus Traurigkeit darüber, dass er nie mehr so unschuldig sein würde wie dieser Schafhirte oder sogar ein echter kleiner Wichser.

Plötzlich, während wir auf weißen Straßenstufen den Hügel erklommen, musste ich an einen alten Schlaftraum denken, in dem ich über solche Stufen in die Heilige Stadt der Liebe gekommen war. «Soll das heißen, nach alldem hier wird sich mein Leben ändern?», fragte ich mich (high), doch auf einmal rechts ein mächtiges Kabumm! (Hammer auf Stahl), kablamm!, und ich blickte in den tintenschwarzen Rachen einer Werkstatt in Tanger, und der weiße Traum war auf der Stelle mausetot, erstarb im schwarz verschwitzten Arm eines großen arabischen Mechanikers, der wie wild auf die Kotflügel eines Fords einschlug, in öllappiger Finsternis unter einer mexikanischen Glühbirne. Müde erklomm ich weiter die heiligen Stufen, zur nächsten furchtbaren Enttäuschung. Bull drehte sich immer wieder zu mir um und rief: «Los jetzt, schneller, kommt ein junger Spund wie du nicht mit 'nem alten Mann wie mir mit?»

«Du *läufst* zu schnell!»

«Fettärschige Hipster, zu nichts zu gebrauchen!», rief Bull.

Fast im Laufschritt steigen wir einen steilen, felsigen Grashang hinab, einen Pfad entlang zu einem zauberhaften Sträßchen mit afrikanischen Behausungen, und erneut überwältigt mich ein alter, magischer Traum: «Ich wurde hier geboren: Hier in dieser Straße wurde ich geboren.» Ich sehe sogar zu ganz exakt dem Fenster hinauf, hinter dem ich meine Krippe noch vermute. (Mann, dieses Haschisch in Bulls Bude – schon erstaunlich, wie amerikanische Kiffer mittlerweile die ganze Welt mit den haarsträubendsten Fantastereien samt schmierigen Details umrundet haben, Halluzinationen eigentlich, die ihren maschinengemarterten Hirnen aber immerhin ein wenig Saft des alten Menschenlebens wiedergeben, also danket Gott für Pot.) («Wenn du hier geboren bist, musst du längst ertrunken sein», füge ich bei mir hinzu.)

Armeschwingend und so zackig wie ein Nazi stolziert Bull in die erstbeste Schwulenbar, schubst die Araber zur Seite und sieht mich an wie: «*Was*?» Mir ist schleierhaft, wie er mit so was durchkommt, bis ich später erfahre, dass er ein ganzes Jahr in dieser kleinen Stadt, vollgepumpt mit Morphium und anderen Drogen, nur in seinem Zimmer gehockt und sich auf die Füße geglotzt hat, zu verängstigt, um in acht Monaten auch nur ein einziges schauderndes Bad zu nehmen. Daher erinnern sich die Araber hier noch an ihn als schauderndes dürres Gespenst, dem es jetzt offenbar bessergeht, und sie lassen ihn gewähren. Alle scheinen ihn zu kennen. Jungen rufen: «Hi!» – «Boorows!» – «Hey!»

In der schummrigen Schwulenbar, wo außerdem die meisten schwulen Amerikaner und Europäer mit begrenzten Mitteln hier in Tanger mittagessen, stellt Hubbard mir den fettwanstigen holländischen Besitzer vor, der droht, nach Amsterdam zurückzugehen, wenn er nicht bald einen «netten Jungen» findet, wie ich anderswo in einem Artikel erwähnt habe. Außerdem beschwert er sich über den fallenden Peseten-Kurs, aber ich sehe ihn deutlich vor mir, wie er nachts daheim im Bett nach Liebe stöhnt, oder nach irgendetwas in der jämmerlichen *internationale* seiner Nacht. Dutzendweise schräge Auswanderer, hustend und verloren im Geröll des Maghreb – Manche sitzen an den Tischen der Caféterrasse mit den mürrischen Mienen von Ausländern, die Zeitungen bei unverlangtem Wermut zickzack lesen. Ex-Schmuggler mit Kapitänsmützen streifen vorbei. Weit und breit kein fröhliches marokkanisches Tamburin. Staubige Straße. Überall dieselben alten Fischköpfe.

Hubbard stellt mir auch seinen Lover vor, einen Zwanzigjährigen mit hübschem, traurigem Lächeln, genau Bulls Kragenweite, damals in Chicago so wie hier. Wir trinken ein paar Gläser und gehen zurück in seine Bude.

«Morgen wird dir die französische Hauswirtin wahrscheinlich das schöne Zimmer auf dem Dach vermieten, mein Lieber, mit Bad und Terrasse. Ich bleibe lieber hier im Garten, wo ich mit den Katzen spielen und Rosen züchten kann.» Die Katzen, zwei Stück, gehören der chinesischen Haushälterin, die hier für die zwielichtige Pariser Lady saubermacht, die das Gebäude beim Roulette gewonnen hat, oder durch heimliche Börsentipps oder was weiß ich – Aber später sehe ich, dass die ganze Arbeit eigentlich eine große Nubierin macht, die unten im Keller wohnt (also falls sich jemand einen romantischen Tanger-Roman erhofft hat).

53

Doch dafür ist keine Zeit! Bull will unbedingt rudern gehen. Am Ufer passieren wir ganze Cafés voll sauertöpfischer Araber, alle trinken sie grünen Minztee aus Gläsern und kettenrauchen pfeifenweise Kif (Marihuana) – Aus seltsam rotgeränderten Augen sehen sie uns zu, wie wir vorbeigehen, als wären sie halb Mauren, halb Karthager (halb Berber) – «Junge, diese Kerle müssen uns wirklich hassen, aus welchem Grund auch immer.»

«Nein», sagt Bull, «die warten nur, dass einer Amok läuft. Hast du schon mal 'nen Amoklauf gesehen? Passiert hier regelmäßig. Ein Mann schnappt sich eine Machete, marschiert in stetigem Trott über den Markt und schlitzt im Vorbeigehen links und rechts die Leute auf. Meistens verstümmelt oder tötet er etwa ein Dutzend, dann kriegen diese Typen in den Cafés die Sache mit, jagen ihm nach und reißen ihn in Stücke. Und solange nichts passiert, rauchen sie endlos ihre Potpfeifen.»

«Und was halten die davon, dass du jeden Morgen zum Ufer trottest und dir ein Boot mietest?»

«Einer von denen verdient dran –» Ein paar Jungs halten am Kai Ruderboote bereit. Bull gibt ihnen Geld, wir steigen ein, und Bull rudert kräftig los, steht mit nach vorn gerichtetem Blick im Boot wie ein Gondoliere in Venedig. «In Venedig ist mir aufgefallen, dass man am besten so rudert, aufrecht, zack, zack, genau so», sagt er und rudert voran. «Davon abgesehen ist Venedig die langweiligste Stadt jenseits von Beeville, Texas. Fahr bloß nie nach Beeville, und auch nicht nach Venedig.» (In Beeville hat ein Sheriff ihn mit seiner Frau June beim Vögeln im Auto erwischt, am Highway-Rand geparkt, und dafür kriegte er zwei Tage Knast bei einem grimmigen Deputy mit stahlgerahmter Brille.) «Venedig – meine Güte, in einer klaren Nacht hört man noch aus einem Kilometer Entfernung die Tucken auf dem Markusplatz kreischen. Man sieht, wie erfolgreiche junge Romanautoren nachts davongerudert werden. Mitten auf dem Kanal fallen sie plötzlich den armen Gondoliere an. Und es gibt Palazzos voller Princeton-Prinzen, die Chauffeure demütigen.» Das Lustige ist, als Bull in Venedig war, wurde er zu einer feinen Party in einem Palast eingeladen, und als er mit Irwin Swenson, seinem alten Freund aus Harvard, vor der Tür stand, streckte die Gastgeberin ihm die Hand zum Kuss hin – Irwin Swenson sagte: «Weißt du, in diesen Kreisen küsst man traditionell der Gastgeberin die Hand» – Aber während alle schauten, was da an der Tür los war, rief Bull: «Mann, ich würd ihr lieber die *Möse* küssen!» Und damit war die Sache durch.

Da rudert er jetzt voller Energie, und ich sitze im Heck und sehe mir die Bucht von Tanger an. Plötzlich nähert sich ein Boot voller Araber, und sie rufen Bull auf Spanisch zu: «*¿Tu nuevo amigo Americano? ¿Quieren muchachos?*»

«No, *quieren mucha*-CHAS.»

«*¿Por que?*»

«*¡Es macho por muchachas mucho!*»

«Ah», und winkend rudern sie davon, aufs Geld schwuler Touristen aus, wollten sie von Hubbard wissen, ob ich schwul sei. Bull ruderte weiter, dann wurde er plötzlich müde und ließ mich übernehmen. Wir waren kurz vor dem Ende der Hafenmole. Das Wasser wurde unruhig. «Scheiße, ich bin fertig.»

«Jetzt reiß dich mal zusammen und bring uns noch ein Stück zurück.» Bull war schon müde, wollte wieder in sein Zimmer, Majoun zubereiten und sein Buch schreiben.

54

Majoun ist eine Süßspeise aus Honig, Gewürzen und unbehandeltem Marihuana (Kif) – Kif besteht eigentlich hauptsächlich aus Stielen, mit weniger Blättern der chemisch als Muscarin bekannten Pflanze – Bull formte daraus mundgerechte Kugeln, und die aßen wir, kauten stundenlang drauf herum, pickten uns die Reste mit Zahnstochern aus den Zähnen und spülten sie mit heißem Tee runter – In zwei Stunden würden unsere Pupillen groß und schwarz werden, und wir würden losziehen in die Felder vor der Stadt – Ein irrsinniges High, das vielen farbigen Empfindungen Luft machte wie: «Sieh mal das zarte Weiß der Blumen da unter dem Baum.» Dann standen wir unterm Baum mit Blick auf die Bucht von Tanger. «Hier hab ich oft Visionen», sagt Bull, auf einmal ernst, und erzählt von seinem Buch.

Tatsächlich hing ich täglich stundenlang bei ihm rum, obwohl ich mittlerweile ein prima Zimmer auf dem Dach hatte, aber er wollte mich von Mittag bis zwei Uhr gern bei sich haben, dann für Cocktails und zum Abendessen, und den größten Teil des Abends auch (er legte Wert auf Förmlichkeiten), also saß ich zufällig oft lesend auf seinem Bett, wenn er sich beim Tippen seiner Story plötzlich selbst halbtot darüber lachte, was er da geschrieben hatte, und sich auf dem Boden kringelte. Ein seltsames, gepresstes Lachen stieg ihm beim Tippen aus dem Bauch. Damit aber kein Truman Capote ihn nur für eine Schreibmaschine hielt, zückte er ab und zu seinen Stift und krakelte auf die getippten Seiten, die er sich dann wie Doktor Mabuse über die Schulter warf, wenn er mit ihnen fertig war, bis der ganze Boden übersät war mit den sonderbaren Etruskerzeichen seiner Handschrift. All das, wie schon gesagt, mit wirrem Haar, doch da das schon meine größte Sorge um ihn war, blickte er zwei- oder dreimal von der Schreibmaschine auf und sagte blauäugig: «Weißt du, du bist der Einzige, der bei mir sitzen kann, während ich schreibe, und ich merke nicht mal, dass du *da bist.*» Ein schönes Kompliment. Ich hing einfach meinen eigenen Gedanken nach und träumte vor mich hin, wollte Bull nicht stören. «Auf einmal blicke ich von diesem fürchterlichen Wortspiel auf, und da sitzt du und liest das Etikett auf einer Flasche Cognac.»

Über das Buch, *Nude Supper,* soll sich jeder selber seine Meinung bilden, es ist voll von Hemden, die sich am Galgen blau färben, Kastration und Kalk – Große, fürchterliche Szenen mit Fantasiedoktoren aus der Zukunft, die Maschinenkatatoniker mit negativen Drogen behandeln, um die Welt von Menschen zu entvölkern, doch als das geschafft ist, bleibt der Wahnsinnige Doktor allein mit einer selbstbedienten Selbstaufzeichnung auf Band zurück, die er nach Belieben ändern oder schneiden kann, aber keiner ist mehr da, der das noch mitbekommen könnte, nicht mal Chico, der masturbierende Albino im Baum – Ganze Legionen von Scheißern, zusammengeflickt wie bandagierte Skorpione, so was in der Art, man muss es selber lesen, aber derart schrecklich, dass ich, als ich es ihm in der Woche drauf für den Verlag sauber mit doppeltem Zeilenabstand abtippte, in meinem Zimmer auf dem Dach furchtbare Albträume hatte – als zöge ich mir endlos lange, dicke Würste aus dem Mund, mitten aus den Eingeweiden, meterweise, zöge und zöge all das Grauen dessen aus mir raus, was Bull gesehen und geschrieben hatte.

Von mir aus kann man mir gerne mit Sinclair Lewis kommen, dem großen amerikanischen Schriftsteller, oder mit Wolfe, mit Hemingway oder mit Faulkner, aber keiner von denen war so ehrlich, höchstens … nein, Thoreau auch nicht.

«Warum werden all die Jungs in weißen Hemden in Kalksteinhöhlen aufgehängt?»

«Weiß ich auch nicht – Ich kriege da so Botschaften von anderen Planeten – Offenbar bin ich eine Art Agent einer anderen Welt, aber ich hab meine Befehle noch nicht ganz entschlüsselt.»

«Aber wozu all der widerliche Ausfluss?»

«Ich scheiße meine ganze Mittelwest-Bildung aus mir raus, ein für alle Mal. Es geht um Katharsis, indem ich die scheußlichsten Dinge sage, die ich mir vorstellen kann – Genau, um die möglichst *scheußlichste*, dreckigste, schmierigste, mieseste, knickrigste Einstellung – Wenn ich das Buch erst mal fertig habe, mein Lieber, bin ich so rein wie ein Engel. All die sogenannten großen existenziellen Anarchisten und Terroristen *erwähnen* ja nicht mal ihren eigenen feuchten Hosenladen – Mit Stöcken sollten sie in ihrer Scheiße pulen und *die* für den sozialen Fortschritt auseinandernehmen.»

«Aber wo führt uns die ganze Scheiße hin?»

«Dahin, dass wir sie eben loswerden, *ehrlich, Jack.*» Er holt (um vier Uhr nachmittags) die Flasche Aperitif-Cognac raus. Wir beide sehen sie seufzend an. Bull hat so viel mitgemacht.

55

Vier Uhr ist ungefähr die Zeit, zu der John Banks aufkreuzt. John Banks ist ein gutaussehender, dekadenter Kerl aus Birmingham in England, war dort früher mal Gangster (sagt er), wurde später Schmuggler und segelte zu seinen besten Zeiten verwegen in einer Schaluppe voller Schmugglerware in die Bucht von Tanger. Vielleicht fuhr er auch nur auf Kohlefrachtern, was weiß ich, weit ist es ja nicht von Newcastle nach Birmingham. Aber er war ein blauäugiger, gewitzter und schneidiger Schlawiner aus England, inklusive britischem Akzent, und Hubbard liebte ihn. Ja, wann immer ich Hubbard wieder in New York, Mexico City, Newark oder wo auch immer besuchte, jedes Mal hatte er irgendwo einen Lieblings-*raconteur* gefunden, der ihn zum Cocktail mit herrlichen Storys unterhielt. Hubbard war wirklich der eleganteste Engländer der Welt. Manchmal seh ich ihn direkt vor mir, wie er in London vorm Kaminfeuer in einem Club sitzt, umgeben von berühmten Ärzten, mit einem Brandy in der Hand Geschichten von der Welt erzählt und lacht: «Hm hm hm», tief aus dem gekrümmten Bauch heraus, wie ein enormer Sherlock Holmes. Tatsächlich sagte Irwin Garden, dieser irre Seher, mal ganz ernst zu mir: «Ist dir eigentlich mal aufgefallen, dass Hubbard ein bisschen ist wie Sherlock Holmes' älterer Bruder?»

«Sherlock Holmes hatte 'nen *Bruder*?»

«Hast du nicht den ganzen Conan Doyle gelesen? Immer wenn Holmes bei einem Fall nicht weiterkam, nahm er eine Droschke nach Soho und haute seinen großen Bruder an, der als alter Säufer mit einer Flasche Wein in einem schäbigen Zimmer rumlag. Herrlich! Genau wie du in Frisco.»

«Und dann?»

«Der ältere Holmes verriet Sherlock, wie der Fall sich lösen ließ – Irgendwie wusste er immer alles, was in London passierte.»

«Hat Sherlock Holmes' Bruder sich nie eine Krawatte umgebunden, um in den Club zu gehen?»

«Nur um Weibsvolk aufzureißen», bürstete Irwin mich ab, doch jetzt erkenne ich, dass Bull wirklich Sherlock Holmes' großer Bruder in London ist, der mit Birminghamer Gangstern fachsimpelt, um den neuesten Slang zu hören, er ist auch Linguist und Philologe, der sich nicht nur für die Dialekte von Shitshire und den anderen -shires interessiert, sondern auch für den neuesten *Slang.* Mitten in einer Geschichte über seine Erlebnisse in Burma, bei Kif und fensterverdunkelnden Cognacs, bringt John Banks plötzlich den unglaublichen Satz: «Da jongliert sie einfach mit der Zunge meine Milchbälle!»

«*Milch*bälle?»

«Na, Tennisbälle waren's nicht.»

«Was dann?», lacht Bull, hält sich den Bauch mit inzwischen blau leuchtenden Augen, obwohl er schon im nächsten Augenblick mit einer Flinte über unsere Köpfe zielen und erklären könnte: «Mit der wollt ich schon immer an den Amazonas, wenn man damit nur *Piranhas* killen könnte.»

«Ich war ja noch gar nicht fertig mit meiner Burma-Story!» Und also immer Cognac und Geschichten, und ab und zu ging ich raus in den Garten und bestaunte bei Sonnenuntergang die violette Bucht. Dann, wenn John oder die anderen Raconteure gingen, spazierten Bull und ich ins beste Restaurant der Stadt zum Abendessen, meistens Pfeffersteak à l'Auvergne oder Pascal-Pollito à la Yay oder sonst was Leckeres, dazu einen Schnatterpokal guten französischen Wein, und Hubbard warf Hühnerknochen über die Schulter, egal ob im Keller des El Paname grade Frauen waren oder nicht.

«Hey, Bull, am Tisch hinter dir sitzen ein paar langhalsige Pariserinnen mit Perlen.»

«*La belle gashe*», flupp, Hühnerknochen, «was?»

«Die trinken aus langstieligen Gläsern.»

«Langweil mich nicht mit deinen neuenglischen Träumen», aber nie warf er den ganzen Teller hinter sich wie Julien 1944, krach. Dafür zündet er jetzt weltmännisch am Tisch 'nen langen Joint an.

«Darf man hier drin Marihuana rauchen?»

Zum Nachtisch bestellt er Bénédictine. *Gott*, ist der gelangweilt. «Wann kommt Irwin?» Irwin ist mit Simon unterwegs auf einem anderen Jugoslawenfrachter, aber einem im April und ohne Sturm. Zurück in meinem Zimmer zückt Bull sein Fernglas und schaut raus aufs Meer. «Wann kommt er an?» Da hängt er mir plötzlich heulend an der Schulter.

«Was hast du denn?»

«Ich weiß nicht» – Er weint richtig ernsthaft. Seit Jahren ist er schon verliebt in Irwin, aber auf die sonderbarste Weise, wie ich finde. Zum Beispiel damals, als ich ihm ein Bild gezeigt hab, das Irwin gemalt hat, zwei von Amors Pfeil durchbohrte Herzen, aber aus Versehen hatte er den Schaft nur durch eins der beiden gemalt, da rief Hubbard: «Das ist es! Genau das meine ich!»

«Was? Was meinst du?»

«Dieser autokratische Kerl kann sich nur in sein eigenes Bild verlieben.»

«Was soll das Gerede von *Liebe* unter erwachsenen Männern.» Das war 1954, ich saß daheim bei meiner Mutter, und plötzlich klingelt's an der Tür, Hubbard stürmt rein, braucht noch einen Dollar für den Taxifahrer (den meine Mutter ihm tatsächlich gibt) und sitzt dann neben uns und schreibt abwesend einen langen Brief. Da hatte meine Mutter kürzlich erst gesagt: «Halt dich von Hubbard fern, der wird noch mal dein Untergang.» Was Seltsameres habe ich nie gesehen. Auf einmal sagte Ma:

«Möchten Sie ein Sandwich, Mister Hubbard?», doch der schüttelte nur den Kopf, schrieb weiter, schrieb einen langen, komplizierten Liebesbrief an Irwin in Kalifornien. Zu mir war er damals gekommen, wie er mir in Tanger zugleich leidend und gelangweilt beichtete, «weil du damals meine einzige Verbindung zu Irwin warst, dir schrieb er lange Briefe darüber, was er so in Frisco trieb. Gequälte Menschenprosa, aber irgendeine Art Verbindung brauchte ich zu ihm, du warst zwar ein fürchterlicher Langweiler, aber du bekamst Post von meinem holden Engel, also warst du für mich notgedrungen besser als *nichts.*» Davon fühlte ich mich nicht beleidigt, denn ich wusste genau, was er meinte, ich hatte ja *Der Menschen Hörigkeit* gelesen, und Shakespeares Testament und Karamasow. Wir gingen (bedröppelt) von Mas Haus in die nächste Bar, und da schrieb er weiter, während ich, das Besseralsnichts-Gespenst, Getränkenachschub orderte und schweigend zusah. Ich liebte Hubbard schon allein wegen seiner großen, dummen Seele. Nicht, dass Irwin nicht gut genug für ihn gewesen wäre, aber wie um alles in der Welt sollte man diese große romantische Liebe mit Vaseline und Gleitgel vollziehen?

Hätte der Idiot Ippolit belästigt, was er nicht tat, hätte es auch keinen falschmünzenden Onkel Edouard gegeben, wegen dem der liebe wahnsinnige Bernard mit den Zähnen hätte knirschen können. Doch Hubbard schrieb immer weiter seinen ellenlangen Brief, während der chinesische Wäscher gegenüber der Bar ihm nickend zusah. Irwin hatte sich in

Frisco grade eine aufgerissen, und Hubbard sagte: «Ich seh sie vor mir, diese große Christenhure», obwohl er sich über die nicht lang den Kopf zerbrechen musste, denn kurz darauf traf Irwin Simon.

«Wie ist dieser Simon so?», fragt er mich jetzt, als er sich in Tanger bei mir ausweint. (Oh, was hätte meine Mutter wohl gesagt, wenn sie gesehen hätte, wie Sherlock Holmes' großer Bruder sich in Tanger bei mir ausweint?) Mit Bleistift zeichnete ich Simon für ihn. Das Gesicht mit den verrückten Augen. Er konnte es nicht glauben. «Komm, wir gehen runter zu mir und treten gegen den Gong.» Das war Cab Calloways Ausdruck für «Opium rauchen». Wir hatten das Zeug gerade erst gekauft, bei einem schnellen Kaffee im Zoco Chico, von einem Mann mit rotem Fez, den Hubbard hinter vorgehaltener Hand beschuldigte (mir gegenüber), in ganz Tangerx (richtige Schreibweise) die Hepatitis zu verbreiten. Eine alte Olivenölbüchse mit zwei Löchern drin, eins für den Mund, ins andre stopften wir reines rotes Opium, zündeten es an und sogen dicke blaue Klumpen Opiumrauch ein. Unterdessen kreuzte ein alter Bekannter aus Amerika auf und meinte, er hätte die Huren aufgetrieben, nach denen ich gefragt hatte. Während Bull und John Banks rauchten, gingen Jim und ich zu den Mädchen, die in langen Dschellabas unter Zigaretten-Neonschildern rumstolzierten, nahmen sie mit in mein Zimmer, flogen jeweils eine Runde mit den Bordsteinschwalben und gingen wieder runter, um mehr Opium zu rauchen. (Das Irre an arabischen Prostituierten ist, wenn sie erst den Schleier ablegen und dann das lange, biblische Gewand, bis plötzlich nichts mehr übrig bleibt als ein saftiger Fratz mit laszivem Grinsen und High Heels – Und doch sehen sie auf der Straße so trauervoll heilig aus, diese Augen, allein diese dunklen Augen in all dem keuschesten Stoff ...)

Später sah Bull mich komisch an und sagte: «Ich spür gar nichts, du?»

«Nein. Wahrscheinlich sind wir *übersättigt*!»

«Versuchen wir mal, es zu essen», also bröselten wir Prisen rohes O in heißen Tee und tranken ihn. Wenig später waren wir so stoned wie der kalte blaue Tod. Ich nahm eine Prise mit nach oben und tat noch mehr davon in meinen Tee, aufgebrüht mit dem kleinen Gaskocher, den Bull mir netterweise fürs Abtippen der ersten Teile seines Buches gekauft hatte. Vierundzwanzig Stunden lag ich flach und glotzte an die Decke, während der Marienscheinwerfer, der sich über der Landzunge an der Bucht drehte, einen Strahl der Erlösung nach dem anderen über die pikareske Decke mit all ihren sprechenden Mündern schickte – ihren Aztekengesichtern – ihren Ritzen, durch die man den Himmel sieht – mein Kerzenlicht – erloschen im Heiligen Opium – Die erwähnte «Kehrtwende» erlebend, die sagte: «Jack, dies ist das Ende deiner Weltreise – Geh du nach Hause – Schaff dir ein Zuhause in Amerika – Obwohl das dies und dieses jenes ist, ist es doch alles nichts für dich – Die heiligen Dachkätzchen der dummen alten Heimatstadt *jaulen* nach dir, Ti Jean – Diese Burschen hier verstehen dich nicht, und Araber schlagen ihre Mulis –» (Einige Stunden vorher hatte ich gesehen, wie ein Araber sein Muli schlug, hätte ihm fast den Stock aus der Hand gerissen, um *ihn* damit zu prügeln, was Krawall auf Radio Kairo oder auch in Jaffa ausgelöst hätte, oder irgendwo, wo Idioten ihre lieben Tiere schlagen, oder *Mulis*, oder arme Sterbliche, die dazu verdammt sind, anderer Leute Last zu schultern) – Der liebe lastgebeugte Rücken ist doch nur ein Fakt des Kommenden. Das Kommende kommt und ist erledigt. Druckt das mal in der *Prawda*. Doch ich lag vierundzwanzig oder vielleicht sechsunddreißig Stunden da, glotzte an die Decke, kotzte ins Klo auf dem Flur, voll von grauenhaftem Opium, während aus der Nebenwohnung Päderastenliebe quietschte, was mich nicht weiter gejuckt hätte, wäre nicht bei Morgengrauen der lieb lächelnde, traurige Latinojunge in mein Bad gegangen, um mir einen fetten Fladen ins Bidet zu setzen, was ich später voller Graus entdeckte, wer außer einer nubischen Prinzessin sollte sich dazu herablassen, das wegzuputzen? *Mira*?

Gaines hatte mir in Mexico City immer erzählt, die Chinesen würden sagen, Opium sei zum Schlafen da, aber mir brachte es keinen Schlaf, sondern dieses Bettwälzen in Angst und Schrecken (wer sich vergiftet, stöhnt) und die Erkenntnis: «Opium ist für Angst und Schrecken da – Mein Gott, De Quincey –», und ich erkannte, dass meine Mutter darauf wartete, dass ich sie nach Hause brachte, meine Mutter, meine Mutter, die gelächelt hat in ihrem Bauch, als sie mich darin trug – Auch wenn sie mich jedes Mal, wenn ich «Why Was I Born?» (von den Gershwins) sang, anfuhr «Warum singst du das?» – Ich schlürfe die letzte Tasse O.

Gutgelaunte Priester, die in der katholischen Kirche hinterm Haus Basketball spielen, sind bei Morgengrauen auf, um für mich die Benediktglocke zu läuten, während Stella, der Stern der See, hoffnungsleer auf Fluten aus Millionen von ertrunkenen Babys scheint, die immer noch im Bauch des Meeres lächeln. Bong! Ich trete raus aufs Dach und funkle alle finster an, die Priester blicken zu mir hoch. Wir glotzen. All meine Freunde aus den alten Zeiten läuten Klosterglocken überall. Eine Verschwörung ist im Gange. Was würde wohl Hubbard dazu sagen? Nicht einmal in Sakristei-Soutanen gibt es Hoffnung. Nie mehr die Brücke von Orleans zu sehen ist keine echte Sicherheit. Am besten ist man wie ein Baby.

56

Und Tanger hat mir wirklich gut gefallen, die feinen Araber, die mich auf der Straße nicht mal anschauten, sondern ihre Augen schön bei sich behielten (im Gegensatz zu Mexiko, das überall *ganz* Auge ist), das große Dachzimmer mit gefliester Terrasse, von der aus man auf verträumte spanisch-marokkanische Häuschen sah und auf einen Brachhügel, auf dem eine angebundene Ziege graste – Der Blick über die Dächer auf die Magische Bucht, die sich bis Kap Ultimo erstreckte, an klaren Tagen auch der ferne Schattenmuckel von Gibraltar – Die sonnigen Vormittage, an denen ich auf der Terrasse saß und meine Bücher, meinen Kif und die Katholenglocken genoss – Sogar die Basketball spielenden Kinder, die ich sah, wenn ich mich weit über die Brüstung lehnte und – oder auch Bulls Garten unter der Terrasse, wo die Katzen spielten, wo Bull selbst ein paar Minuten in der Sonne grübelte – Und wenn ich in himmlisch sternenklaren Nächten auf die Dachbrüstung (Beton) gestützt aufs Meer schaute, bis ich gar nicht so selten sah, wie schimmernde Boote aus Casablanca anlegten, fand ich doch, die Reise hatte sich gelohnt. Jetzt aber, dank der Überdosis Opium, packten mich fauchend triste Träume über das gesamte Afrika, Europa und die ganze Welt Irgendwie wollte ich nur noch Cornflakes an einem Kiefernbrisen-Küchenfenster in Amerika, vermutlich eine Fantasie von meiner Kindheit dort – Bestimmt packt viele Amerikaner, die in fremden Ländern plötzlich krank werden, dasselbe kindliche Verlangen, so wie Wolfe, dem plötzlich das morgendliche Flaschenklimpern des einsamen Milchmanns in North Carolina einfällt, als er in Oxford vor sich hin leidet, oder wie Hemingway, der in einem Berliner Puff auf einmal das Herbstlaub von Ann Arbor vor sich sieht. Scott Fitz, dem in Spanien die Tränen kommen, als er an die alten Schuhe seines Vaters an der Tür vom Farmhaus denkt. Und der Tourist Johnny Smith erwacht besoffen in einem schäbigen Zimmer in Istanbul und heult den Eiscreme-Sodas sonniger Nachmittage im Richmond Hill Center nach.

Bis Irwin und Simon endlich ankamen, zu ihrem großen, triumphalen Wiedersehen mit uns in Afrika, war es also schon zu spät. Ich saß immer mehr auf meinem Dach herum und las inzwischen tatsächlich Van Wyck Brooks' Bücher (über Whitman, Bret Harte, sogar über Charles Nimrod aus South Carolina), um mich näher an zu Haus zu fühlen, vergaß komplett, wie trostlos es dort vor kurzem noch gewesen war, die vergossenen Tränen in Roanoke Rapids – Aber seither *habe* ich jeglichen Drang nach Suche außerhalb von mir verloren. Wie der Erzbischof von Canterbury sagt: «Beständiger Abstand, der Wille, sich zu isolieren und Gott still zu erwarten», was ganz gut seine Ansicht (die von Dr. Ramsey, dem Gelehrten) über den Rückzug von dieser nervtötenden Welt zusammenfasst. Damals glaubte ich aufrichtig, das einzig Anständige, was es auf der Welt zu tun gab, sei, einsam für alle anderen zu beten. Ich hatte viele mystische Freuden auf meinem Dach, sogar während Bull oder Irwin unten auf mich warteten, zum Beispiel an dem Morgen, an dem ich spürte, wie die ganze lebendige Welt vor Freude bebte und alle toten Dinge jauchzten. Manchmal, wenn die Priester mich aus ihren Seminarfenstern beobachteten, in die gelehnt auch sie aufs Meer hinausschauten, dachte ich, sie wüssten bereits über mich Bescheid (glückliche Paranoia). Mir schien, sie läuteten die Glocken ganz besonders eifrig. Der beste Augenblick des Tages war, wenn ich ins Bett schlüpfte, Leselampe überm Buch, und las, mit Blick auf offene Terrassenfenster, die Sterne und das Meer. Ich hörte es da draußen außerdem auch seufzen.

57

Die große schöne Ankunft verlief jedenfalls seltsam, Hubbard betrank sich plötzlich und schwang dann die Machete gegen Irwin, der meinte, Bull solle nicht allen Angst einjagen – Bull hatte so lang gewartet, solche Qualen ausgestanden, und jetzt erkannte er vermutlich in seiner eigenen Opium-Kehrtwende, dass das ohnehin nur Unsinn war – Einmal, als er ein hübsches Mädchen, eine Arzttochter, in London erwähnt hatte und ich ihn fragte: «Willst du so eine nicht irgendwann mal heiraten?», da sagte er: «Ach, ich bin Junggeselle, ich lebe lieber allein.» Er wollte eigentlich mit niemandem zusammenleben, nie. Er glotzte stundenlang in sein Zimmer, so wie Lazarus, wie ich. Doch jetzt wollte Irwin alles richtig auskosten. Dinner, Spaziergänge durch die Medina, ein Ausflug mit der Eisenbahn nach Fez, Zirkusse, Cafés, Baden im Meer, Wanderungen. Hubbard raufte sich entgeistert die Haare. Aber er blieb bei seinem Trott: Seine Vier-Uhr-Aperitifs waren der aufregende Höhepunkt des Tages. Während John Banks und die anderen Raconteure lachend mit Bull durchs Zimmer schwirrten, Drinks in den Händen, beugte sich der arme Irwin über den Gaskocher und briet fette, nachmittags auf dem Markt gekaufte Fische. Hin und wieder lud Bull uns alle ins Paname ein, doch das wurde zu teuer. Ich wartete auf die nächste Rate meines Vorschusses vom Verlag, um über Paris und London wieder heimzureisen.

Ein bisschen traurig war es schon. Bull war zum Ausgehen oft zu müde, also riefen Irwin und Simon aus dem Garten nach mir wie Kinder vor dem Kinderzimmerfenster: «Jackkiiie!», was mir fast die Tränen in die Augen trieb und mich zwang, zu ihnen runterzugehen. «Warum bist du plötzlich so *verschlossen!*», rief Simon. Ich konnte es ihnen nicht erklären, ohne zu sagen, dass sie mich genauso langweilten wie alles andere, seltsam, das Leuten sagen zu müssen, mit denen man Jahre zugebracht hat, all die *lacrimae rerum* süßen Bundes quer durch hoffnungsloses Weltdunkel, also sagt man gar nichts.

Gemeinsam erkundeten wir Tanger, und das Lustige war, Bull hatte den beiden extra nach New York geschrieben, sie sollten *nie* in ein mohammedanisches Geschäft wie eine Teestube oder dergleichen gehen, weil sie da nicht erwünscht seien, aber Irwin und Simon waren über Casablanca nach Tanger gekommen und dort bereits in mohammedanische Cafés gegangen, hatten mit den Arabern Pot geraucht und auch ein bisschen was zum Mitnehmen gekauft. Jetzt spazierten wir also in einen merkwürdigen Saal mit Bänken und Tischen, an denen Teenager entweder schliefen oder Dame spielten und gläserweise grünen Minztee tranken. Der Älteste war ein junger Hobo in wallenden Lumpen und mit einem bandagierten wunden Fuß, barfüßig, die Kapuze seiner Kutte überm Kopf wie der heilige Joseph, bärtig, um die 22, Mohammed Mayé mit Namen, er lud uns an seinen Tisch ein und packte einen Beutel Marihuana aus, stopfte damit eine langstielige Pfeife, zündete sie an und reichte sie herum. Aus seiner zerlumpten Kutte zog er ein abgegriffenes Zeitungsfoto seines Helden, Sultan Mohammed. Aus einem Radio plärrte das endlose Geschrei von Radio Cairo. Irwin verriet Mohammed Mayé, dass er Jude war, und das störte weder Mohammed noch sonst einen im Laden, ein absolut lässiger Haufen Hipster und Gassenkinder, wahrscheinlich ein ganz neuer «Beat»-

Osten – «Beat» im ursprünglichen Sinn von «Kümmere dich um deinen Scheiß» – Denn wir sahen Gangs von Bluejeans tragenden Araberteenagern, die in einem irren Jukebox-Schuppen voller Flipper Rock 'n' Roll auflegten, auch nicht anders als in Albuquerque oder sonst wo, und als wir in den Zirkus gingen, jubelte ein großer Haufen von ihnen Simon zu, als sie hörten, wie er über den Jongleur lachte, sie alle drehten sich um, ein ganzes Dutzend, «Yay! Yay!», wie Hepcats bei einer Party in der Bronx. (Später reiste Irwin noch weiter und erlebte dasselbe in sämtlichen Ländern Europas, hörte außerdem, in Russland und Korea mache man das auch.) Alte trauervolle Heilige der Mohammedanerwelt, «Männer, die beten» genannt (*Hombres Que Rison*), gingen in weißen Gewändern und mit langen Bärten durch die Stadt und waren angeblich die letzten verbliebenen Personen, die eine Bande arabische Hipster mit einem Blick zerstreuen konnten. Cops schafften das nicht, einmal erlebten wir einen Krawall im Zoco Grande, nachdem sich ein paar spanische Cops und marokkanische Soldaten in die Haare gekriegt hatten. Bull war auch dabei. Auf einmal wogte ein wutschäumender Schwall Soldaten und Cops und alte Männer in Gewändern und Rowdys in Bluejeans durch die Straße auf uns zu, und wir machten kehrt und liefen weg. Allein rannte ich in eine Gasse, begleitet von zwei zehnjährigen Araberjungs, die beim Rennen mit mir lachten. Ich huschte gerade noch in eine spanische Weinbar, bevor der Inhaber die Stahltür zuzog, rumms. Ich bestellte ein Glas Malaga, während der Krawall vorbei und weiter in die nächste Straße donnerte. Später traf ich die anderen an Cafétischen wieder. «So was ist hier an der Tagesordnung», sagte Bull stolz.

Doch was da im Nahen Osten «gärte», war offensichtlich nicht so einfach, wie man an unseren Pässen sah, in denen die Beamten uns zum Beispiel (1957) die Reise nach Israel verboten hatten, was Irwin stinksauer machte, und zwar zu Recht, wenn man bedachte, dass es die Araber kein bisschen juckte, ob er Jude oder sonst was war, solange er so cool wie immer blieb. Die erwähnte «internationale Hipness».

Ein Blick auf die Beamten im amerikanischen Konsulat, wohin uns öder Papierkram führte, reichte, um zu sehen, wo in der amerikanischen «Diplomatie» mit der Fellachenwelt der Wurm drin war: – steife, wichtigtuerische Spießer, die sogar noch ihre Landsleute verachteten, wenn sie keine Krawatten trugen, als würde so eine Krawatte und das, wofür sie steht, den hungrigen Berbern was bedeuten, die jeden Sonntagmorgen auf mickrigen Eseln wie Christus nach Tanger kamen, mit Körben voller erbärmlicher Früchte oder Datteln, und sich in abendlichen Karawanen wieder auf den Heimweg machten, Silhouetten vor dem Hügel längs der Bahngleise. Dieselben Bahngleise, denen noch heute barfüßige Propheten folgten, um die Kinder den Koran zu lehren. Warum betrat der amerikanische Konsul nie den Gassenjungensaal, wo Mohammed Mayé rauchte? Warum saß er nie hinter den leerstehenden Häusern bei den alten Arabern, die mit den Händen sprachen? Stattdessen nichts als Limousinen, Hotelrestaurants, Partys in den Vorstädten, eine einzige, verlogene Zurückweisung von allem, was den Kern jedes Landes ausmacht, im Namen der «Demokratie».

Die Bettlerjungen schliefen mit den Köpfen auf den Tischen, während Mohammed Mayé uns eine Pfeife nach der anderen mit starkem Kif und Haschisch reichte und seine Stadt erklärte. Er zeigte auf das Fenster unter einer Brüstung: «So hoch stand das Wasser.» Wie eine alte Erinnerung an die Sintflut.

Der Zirkus war ein fantastischer, nordafrikanischer Wirrwarr aus unglaublich agilen Akrobaten, geheimnisvollen Feuerschluckern aus Indien, weißen Tauben, die silberne Leitern erklommen, verrückten Komikern, die wir nicht verstanden, und Fahrradkünstlern, die Ed Sullivan noch nie gesehen hat und niemals sehen sollte. Wie aus *Mario und der Zauberer* war das, ein Abend voller Qualen und Applaus, der mit finsteren Zauberern endete, die keinem gefielen.

58

Mein Geld kam, und es war Zeit abzureisen, doch da ruft der arme Irwin um Mitternacht aus dem Garten nach mir: «Komm runter, Jack-kiiie, Bull hat einen Haufen Hipster und Mädels aus Paris zu Besuch.» Und genau wie in New York, Frisco oder sonst wo hocken sie alle im Marihuanadunst rum und reden, die coolen Mädchen mit den langen dünnen Beinen in lässigen Hosen, die Männer mit Kinnbärten, alles furchtbar öde und damals (1957) noch nicht mal offiziell unter dem Namen «Beat Generation» bekannt. Kaum zu glauben, dass ich damit so viel zu tun hatte, ja, grade erst wurde das Manuskript von *Road* für die baldige Veröffentlichung gesetzt, und ich hatte schon die Schnauze voll von alledem. Nichts ist öder als «Coolness» (nicht die von Irwin, Bull oder Simon, die ist natürliche Ruhe), gekünstelte, eigentlich insgeheim *steife* Coolness, die verschleiert, dass der jeweilige Mensch nichts Starkes oder Interessantes zu vermitteln hat, eine soziologische Coolness, die bald für eine Weile bis in die Mittelschichtsjugend hinein in Mode kommen wird. Sogar beleidigend ist die irgendwie, wahrscheinlich unabsichtlich, zum Beispiel, als ich eine Pariserin, die angeblich grade erst einen persischen Schah zur Tigerjagd besucht hatte, fragte: «Hast du den Tiger selbst geschossen?», und sie mich so eisig anglotzte, als hätte ich versucht, sie am Fenster einer Schauspielschule auf den Mund zu küssen. Oder versucht, ihr bei der Jagd ein Bein zu stellen. Oder *irgendwas.* Aber ich konnte nur wie Lazarus verzweifelt auf der Bettkante sitzen und ihren grauenvollen Floskeln lauschen, «ach, weißt schon» und «wow, irre» und «'n echter Brüller» – All das würde sich bald in ganz Amerika breitmachen, bis in die Highschools hinein, und teilweise auch noch mir zugeschrieben werden! Aber Irwin juckte das nicht, der wollte nur wissen, was sie alle so dachten.

Wie tot lag Joe Portman auf dem Bett, der Sohn eines berühmten Reiseschriftstellers, und sagte zu mir: «Hab gehört, du willst nach Europa. Wollen wir zusammen mit dem Postschiff fahren? Wir könnten diese Woche Tickets kaufen.»

«Okay.»

Unterdessen erklärte der Pariser Jazzer, Charlie Parker sei zu undiszipliniert und Jazz brauche mehr Elemente europäischer Klassik, um tiefgründiger zu werden, sodass ich lieber in mein Zimmer raufging und auf dem Weg «Scrapple», «Au Privave» und «I Get a Kick» pfiff.

59

Nach einer langen Wanderung am Ufer lang und rauf ins Berber-Vorgebirge, wo ich den echten Maghreb sah, packte ich endlich meine Sachen und buchte meine Passage. Maghreb ist der arabische Name der Region. Die Franzosen nennen sie *La Marocaine.* Ein kleiner Schuhputzerjunge am Strand hat mir den Namen vorgesprochen, ihn ausgespuckt und mich dabei wild angesehen, dann wollte er mir schmutzige Bilder verkaufen, und dann ging er im Sand Fußball spielen. Ein paar seiner älteren Freunde erzählten mir, sie könnten mir die Mädchen am Strand nicht besorgen, weil die was gegen «Christen» hatten. Aber wollte ich vielleicht einen Jungen? Der Schuhputzer und ich sahen zu, wie ein amerikanischer Schwuler wütend Schmuddelbilder zerriss und die Fetzen in den Wind warf, während er heulend davonstürmte.

Der arme alte Hubbard lag im Bett, als ich aufbrach, nahm tatsächlich etwas traurig meine Hand und sagte: «Pass auf dich auf, Jack», ging bei meinem Namen mit der Stimme etwas rauf, um den Ernst des Abschieds abzumildern. Irwin und Simon standen winkend auf dem Pier, als das Postschiff ablegte. Beide trugen Brille, verloren mein Winken schließlich aus den Augen, als das Schiff drehte und in die plötzlich wuchtig sanfte und glasklare Dünung vor Gibraltar hinaussteuerte. «Du lieber Gott, da unten brüllt ja immer noch Atlantis.»

Portman sah ich auf der Reise kaum. Wir beide lagen elend schwermütig auf sackleinenbedeckten Kojen inmitten der französischen Armee. Neben mir lag ein junger Soldat, der tage- und nächtelang kein Wort mit mir sprach, er lag nur da und glotzte auf die Federn der Koje über ihm, stand nie auf, um sich mit uns für Bohnen anzustellen, tat gar nichts, schlief nicht mal. Er war auf der Heimreise vom Dienst in Casablanca, oder sogar vom Krieg in Algerien. Plötzlich begriff ich, dass er vermutlich drogensüchtig war. Er interessierte sich nur für seine eigenen Gedanken, sogar als die drei mohammedanischen Passagiere, die bei uns untergebracht waren, mitten in der Nacht aufsprangen und schwatzend über fröhliche Fresspakete herfielen: Ramadan. Erst ab einer bestimmten Uhrzeit darf man essen. Und mir fiel mal wieder auf, wie schablonenhaft die «Weltgeschichte» ist, die Presse und Regierung uns vorsetzen. Drei elendige, dürre Araber störten mitten in der Nacht den Schlaf von hundertfünfundsechzig bewaffneten französischen Soldaten, aber kein Frontschwein oder Leutnant rief: «*Tranquille!*» Alle ertrugen schweigend den Lärm und die Störung, geradezu aus Respekt vor der Religion und Rechtschaffenheit dieser drei Araber. Wozu also der Krieg?

Am Tag sangen die Soldaten draußen an Deck und aßen Bohnen aus ihren Kochgeschirren. Die Balearen zogen vorüber. Einen Augenblick schien es, als freute sich die Truppe wirklich auf irgendwas Fröhliches, Aufregendes, *Zuhausiges* in Frankreich, besonders in Paris, auf Mädchen, Abenteuer, Heimkehr, auf Freuden und eine neue Zukunft oder restlos glückliche Liebe oder so, oder vielleicht auch nur auf den Arc de Triomphe. Alles, was ein Amerikaner, der noch nie dort war, sich unter Frankreich oder Paris vorstellt, stellte ich mir für sie vor: sogar Jean Gabin, der rauchend auf einem zerbeulten Kotflügel auf einem Schrottplatz sitzt, mit diesem gallisch-heroischen «*Ça me navre*» durch gepresste Lippen, von dem mir als Teenager die Ohren klingelten beim Gedanken an dieses verrauchte Frankreich voll realistischer Ehrlichkeit, oder auch nur die weiten Hosen von Louis Jouvet auf der Treppe eines billigen Hotels, oder der naheliegende Traum langer Abendstraßen in Paris voller fröhlichem, filmreifem Trubel, oder die plötzlich vor einem stehende Wunderschönheit in durchnässtem Mantel und Baskenmütze, lauter solcher Quatsch, der sich sofort in Luft auflöste, als ich am nächsten Morgen die schrecklichen Kreidefelsen von Marseille im Nebel sah und eine düstere Kathedrale obendrauf, sodass ich mir auf die Lippe biss, als hätt ich meine eigene, dämliche Erinnerung vergessen. Sogar die Soldaten waren griesgrämig, als sie von Bord und in die Zollhäuschen marschierten, nachdem wir uns durch eine Reihe fader Kanäle zum Liegeplatz manövriert hatten. Sonntagmorgen in Marseille, und wohin jetzt? Einer in ein Wohnzimmer mit Spitzendeckchen, einer in den Billardsalon, einer in eine Vorstadt-Dachwohnung an der Ausfallstraße? Einer in die Mietskaserne, zweiter Stock. Einer in eine Konditorei. Einer auf einen Holzplatz (so trostlos wie die Holzplätze der Rue Papineau in Montreal). (Unterhalb der Vorstadt-Dachwohnung wohnt übrigens ein Zahnarzt.) Einer sogar zu einer langen heißen Mauer mitten in der Bourgogne, die zu schwarzgekleideten Tanten führt, die finster dreinschauend im Wohnzimmer sitzen? Einer nach Paris? Einer zum Großmarkt Les Halles, wo er an heulenden Wintervormittagen Blumen verkauft? Einer zu einem Leben als Grobschmied in der Nähe der Rue St. Denis und ihrer groben Huren? Einer, der die Zeit totschlägt bis zu den Nachmittagsvorstellungen in den Kinos der Rue Clignancourt? Einer, der grinsend aus Pigalle-Nachtclubs anruft, während es draußen graupelt? Einer als Dienstmann in den dunklen Keller der Rue Rochechouart? Letztlich hab ich keine Ahnung.

Ich zog alleine los mit meinem großen Rucksack, Richtung Amerika, meinem Zuhause, meinem eigenen trostlosen Frankreich.

60

In Paris saß ich auf der Terrasse des Café Bonaparte, sprach mit jungen Künstlern und Mädchen, in der Sonne, betrunken, nur vier Stunden in der Stadt, und da schlendert Raphael über die Place St. Germain, sieht mich schon von weitem und ruft:

«*Jack!* Da bist du ja! Tausende Mädchen scharen sich um dich! Was guckst du so *grimmig*? Ich zeig dir Paris! Überall Liebe! Ich hab grad ein neues Gedicht geschrieben, es heißt Peru!» (Pe*w*u!) «Ich weiß ein Mädchen für dich!» Er wusste selber, dass das Quatsch war, aber die Sonne schien, und es war schön, wieder mit ihm zu trinken. Die «Mädchen» waren schnippische Studentinnen aus England und Holland, die mich kränken wollten, indem sie mich einen Trottel nannten, weil ich keine Anstalten machte, ihnen einen Sommer lang mit blumigen Briefen und verzehrender Sehnsucht den Hof zu machen. Ich wollte nur, dass sie in einem Menschenbett die Beine breit machten, und aus. Mein Gott, seit Sartre ist das einfach nicht mehr drin im romantisch-existenzialistischen Paris! Später würden genau dieselben Mädchen in anderen Welthauptstädten rumsitzen und müde zu ihren romantischen Begleitern sagen: «Ich warte auf Godot, Mann.» Auf der Straße tummeln sich zwar ein paar hinreißende Schönheiten, aber die sind alle anderswohin unterwegs – dahin, wo ein feiner junger Franzose sie mit brennender Hoffnung erwartet. Es hat lang gedauert, bis Baudelaires *ennui* winkend aus Amerika zurückkam, doch jetzt war er wieder da, seit den Zwanzigern bereits. Der verlebte Raphael und ich besorgen uns eine große Flasche Cognac und schleppen einen rothaarigen Iren und zwei Mädchen in den Bois de Boulogne, um in der Sonne zu quatschen und zu trinken. Durch schmale, betrunkene Augen sehe ich den freundlichen Park und die Frauen und die Kinder, genau wie bei Proust, alle fröhlich wie die Blumen hier in ihrer Stadt. Die Pariser Polizisten stehen zusammen und bewundern Frauen: Sobald es Ärger gibt, ist ein Rudel von ihnen zur Stelle, inklusive der berühmten Umhänge mit integrierten Knüppeln. Eigentlich würde ich dieses Pariser Leben gern ganz allein kennenlernen, durch private Beobachtung, doch ich bin verdammt zu ein paar Tagen exakt desselben Spiels wie im Greenwich Village. Denn später nimmt mich Raphael mit zu ein paar unerträglichen amerikanischen Beatniks in Wohnungen und Bars, und alles ist schon wieder «cool», bloß ist jetzt Ostern, und die herrlichen Pariser Süßwarengeschäfte haben meterlange Schokoladenfische in den Fenstern. Trotzdem alles ein einziger Streifzug durch St. Michel, St. Germain, immer im Kreis, bis Raphael und ich in Nachtstraßen wie in New York stehen und überlegen, wo wir hingehen sollen. «Wollen wir mal schauen, ob Céline grade irgendwo in die Seine pisst, oder ein paar Kaninchenställe in die Luft jagen?»

«Wir besuchen meine kleine Nanette! Du kannst sie haben.» Aber ich erkenne auf den ersten Blick, dass er sie mir niemals überlassen würde, sie ist zum Schaudern schön und liebt Raphael abgöttisch. Fröhlich ziehen wir gemeinsam los zu Shish-Kebap und Bop. Den ganzen Abend übersetze ich ihm ihr Französisch, wie sehr sie ihn doch liebt, dann übersetze ich ihr sein Englisch, dass er das zwar weiß, *aber*:

«Raphael dit qu'il t'aime mais il veux vraiment faire l'amour avec les étoiles! C'est ça qu'il dit. Il fait l'amour avec toi dans sa manière drôle.» («Raphael sagt, er liebt dich, aber er will lieber mit den Sternen Liebe machen, sagt er, mit dir macht er Liebe auf seine eigene seltsame Weise.»)

In der lauten arabischen Cocktailbar sagt mir die hübsche Nanette ins Ohr: *«Dit lui que ma sœur vas m'donner d'l'argent demain.»* («Sag ihm, meine Schwester gibt mir morgen Geld.»)

«Raphael, lass sie doch einfach mir! Sie hat sowieso kein Geld!»

«Was hat sie grade gesagt?» Raphael hat ein Mädchen in sich verliebt gemacht, ohne auch nur ein Wort mit ihr sprechen zu können. Am Ende tippt mir einer auf die Schulter, und ich wache mit dem Kopf auf der Theke einer Bar auf, in der sie Cool Jazz spielen. «Fünftausend Francs, bitte.» Das sind fünf von meinen acht, mein Parisgeld futsch, die übrigen dreitausend Francs sind etwa $ 7,50 (damals) – grade noch genug, um nach London zu fahren und mir mein Geld vom englischen Verlag für die Heimreise zu holen. Ich bin stinksauer auf Raphael, weil er mich dazu gebracht hat, so viel auszugeben, und er brüllt mich schon wieder an, wie gierig und nichtig ich doch sei. Nicht genug, dass ich auf seinem Fußboden schlafe, er treibt's obendrein die ganze Nacht lang mit der wimmernden Nanette. Am Morgen verdrücke ich mich, behaupte, ein Mädchen erwarte mich in einem Café, und komme nie wieder zurück. Ich laufe einfach mit dem Rucksack auf dem Rücken durch Paris, sehe so schräg aus, dass nicht mal die Huren von St. Denis mich anschauen. Irgendwann kaufe ich mein Ticket nach London und reise ab.

Aber die Pariserin meiner Träume hab ich zu guter Letzt doch noch gesehen, in einer verwaisten Bar, wo ich Kaffee trank. Nur ein Mann bediente dort, ein nett wirkender Kerl, und da kommt eine hübsche Parisienne herein, mit diesem langsamen, aufreizenden, ziellosen Gang, die Hände in den Taschen, und sagt einfach: «*Ça va? La vie?*» Offenbar lief mal was zwischen den beiden.

«*Oui. Comme ci comme ça.*» Und sie schenkt ihm ein müdes Lächeln, das mehr wert ist als ihr ganzer nackter Leib, ein richtig philosophisches Lächeln, träge, amourös und zu allem bereit, sogar zu Regennachmittagen oder Hauben am Quai, eine Renoir-Frau, die nichts Besseres zu tun hat, als ihren alten Lover zu besuchen und mit Fragen übers Leben zu piesacken. Das findet man sogar in Oshkosh, klar, oder in Forest Hills, aber dieser Gang, diese träge Anmut, als verfolge ihr aktueller Lover sie vom Bahnhof aus auf einem Fahrrad und es sei ihr ganz egal. Edith Piafs Lieder zeigen diese Art Pariserin, ganze Nachmittage lang Haare streicheln, Langeweile eigentlich, dann urplötzlich vom Zaun gebrochene Auseinandersetzungen über Mantelgeld, die so laut aus dem Fenster schallen, dass irgendwann sogar die traurige alte Sûreté einläuft, um angesichts von Tragik und Schönheit die Achseln zu zucken, wissend, dass es weder schön noch tragisch ist, sondern nur Pariser Langeweile und Liebe zum Nichtstun – Pariser Liebende wischen sich den Schweiß aus dem Gesicht und brechen lange Brote, tausend Kilometer von der Götterdämmerung jenseits der Marne entfernt (vermute ich) (denn ich bin nie Marlene Dietrich in den Straßen von Berlin begegnet) –

Am Abend komme ich in London an, Victoria Station, und gehe sofort in eine Bar namens «Shakespeare». Genauso gut hätt ich das Schrafft's betreten können: weiße Tischdecken, leise klimpernde Bartender, Eichentäfelung hinter der Stout-Reklame, livrierte Kellner, argh, ich verschwinde schnell wieder und streife durch die nächtlichen Londoner Straßen, den Rucksack noch immer auf dem Rücken, und Bobbys sehen mir mit diesem seltsam stillen Grinsen nach, das ich wohl nie vergessen werde und das da heißt: «Da ist er ja, kein Zweifel möglich, Jack the Ripper kommt zurück zum Tatort. Behalt ihn im Auge, ich ruf den Inspektor.»

61

Vielleicht kann man denen das kaum übelnehmen, denn als ich durch den Nebel Chelseas ging und Fish and Chips suchte, ging ein Bobby eine kurze Weile vor mir her, ich sah nur schemenhaft den Rücken und den großen Bobbyhelm, und da fiel mir das schaurige Gedicht ein: *«Wer erdrosselt den Bobby bei Nebel und Nacht?»* (warum auch immer, einfach weil es neblig war und er mir den Rücken zuwandte und meine Schuhe leise, weichsohlige Wüstenstiefel waren, quasi *Straßenräuber*-Schuhe) – Und an der Grenze, also am Ärmelkanal-Zoll (Newhaven), hatten alle mich schief angesehen, so als würden sie mich kennen, und da ich bloß fünfzehn Shilling in der Tasche hatte ($ 2), wollten sie mich beinahe gar nicht erst ins Land lassen, gaben erst nach, als ich ihnen bewies, dass ich ein amerikanischer Schriftsteller bin. Aber auch da beäugten mich die Bobbys noch mit diesem schwachen, bösen, halben Grinsen, rieben sich wissend das Kinn, nickten sogar, als wollten sie sagen: «Die Sorte kennen wir doch», aber wär ich mit John Banks gekommen, säße ich jetzt sicher schon im Knast.

Von Chelsea schleppte ich den elenden Rucksack bei Nacht und Nebel durch die ganze Innenstadt von London, bis ich fix und fertig in die Fleet Street kam, wo ich ungelogen einen 55 Jahre alten Zukunfts-Julien sah, einen blonden, krummbeinigen Schotten, der aus der *Glasgow Times* kam und sich genau wie Julien (der schottischer Abstammung ist) den *Schnurrbart zwirbelte,* auf flinken Journalistenfüßen ins nächste Pub eilte, in das King Lud, um über Bier aus Britanniens Fässern zu schäumen – Da geht er, genau vorbei an der Laterne, unter der Johnson und Boswell spazierten, im Tweed-Anzug, «Weibsvolk aufreißen» und so weiter, ist in Gedanken bei den Nachrichten aus Edinburgh, von den Falklands und der Leier.

Bei meinem englischen Agenten konnte ich mir zum Glück fünf Pfund leihen und eilte jetzt (Samstag, Mitternacht) auf Zimmersuche durch Soho. Als ich vor einem Plattenladen ein

Cover mit Gerry Mulligans dämlicher amerikanischer Hipstervisage anglotzte, kam ein Haufen Teddy-Boys auf mich zu, die mit Tausenden anderer aus den Sohoer Clubs strömten, genau wie die Bluejeans-Hipster in Marokko, nur geschniegelt in Westen, gebügelten Hosen und glänzenden Schuhen, und sagten: «Hast du Mulligan schon mal gesehen?» Wie die mich in diesen Lumpen und mit Rucksack erspäht haben, ist mir ein Rätsel. Soho ist das Greenwich Village von London, lauter triste griechische und italienische Restaurants mit karierten Tischdecken bei Kerzenschein, Jazzclubs, Nachtclubs, Stripclubs und so weiter, und dutzendweise Blonde und Brünette sind auf Geld aus: «Na, Kleiner», aber keine sah mich auch nur an, schrecklich angezogen wie ich war. (Ich war in Lumpen nach Europa gekommen, hatte erwartet, mit Brot und Wein in Heuschobern zu schlafen, aber Heu war weit und breit keines zu sehen.) «Teddy-Boys» sind die englische Version unserer Hipster und haben nicht das Geringste mit den «Angry Young Men» zu tun, denn die sind keine an Straßenecken Schlüsselbünde schlenkernden Straßentypen, sondern gebildete Mittelschichtsintellektuelle, meistens verweichlicht, und wenn sie nicht verweichlicht sind, sind sie eher politisch als künstlerisch. Teddy-Boys sind Straßenecken-Dandys (wie unser eigener Schlag exotisch-eleganter oder wenigstens «flotter» Hipster mit kragenlosen Sakkos oder weichen Hollywood-Las-Vegas-Hemden). Die Teddy-Boys haben noch nicht mit dem *Schreiben* angefangen, oder wenigstens noch nichts veröffentlicht, und wenn sie's tun, werden sie die Angry Young Men aussehen lassen wie Möchtegerne von der Uni. Auch die üblichen bärtigen Bohemiens sieht man in Soho, aber die gab's dort schon lang vor Dowson und De Quincey.

Piccadilly Circus, wo ich mein billiges Hotel fand, ist der

Londoner Times Square, nur dass es dort reizende Straßenkünstler gibt, die für zugeworfene Pennys tanzen, spielen und singen, manche davon traurige Geiger, die das Pathos von Dickens' London wiederaufleben lassen.

Mit am meisten staunte ich über die fetten, trägen, scheckigen Londoner Katzen, die manchmal friedlich mitten in der Tür von Metzgerläden schliefen, während die Leute vorsichtig drüberstiegen, mitten in der Sägemehlsonne, nur eine Nasenbreite weg vom tosenden Verkehr aus Bahnen, Bussen und Autos. England muss das Land der Katzen sein, friedlich weilen sie auf allen Gartenmauern von St. John's Wood. Ältere Ladys füttern sie liebevoll, genau wie Ma meine fütterte. In Tanger und Mexico City sieht man kaum Katzen, höchstens mal spätnachts, weil die Armen sie oft fangen und essen. Mir schien London wie gesegnet durch seine Rücksicht auf die Katzen. Wenn Paris eine von Nazis penetrierte Frau ist, ist London ein niemals penetrierter Mann, der friedlich seine Pfeife raucht, sein Stout oder sein Halbundhalb trinkt und seiner Katze den schnurrenden Kopf krault.

In kalten Nächten in Paris sehen die Wohnblocks längs der Seine so trist aus wie die New Yorker Blocks am Riverside Drive in Januarnächten, wenn die ungastlichen Hudson-Böen den Männern, die auf dem Heimweg in Gamaschen um die Ecken biegen, ins Gesicht schlagen, doch am Themse-Ufer lag abends im Funkeln des Flusses und des East Ends gegenüber Hoffnung, eine wuselig englischige Hoffnung. Im Krieg hatte ich auch den Rest von England gesehen, die unwahrscheinlich grünen Landschaften verspukter Auen, die Radler, die an Bahnschranken drauf warteten, dass sie heim zu reetgedecktem Haus und Herd durften – Das fand ich wunderbar. Aber ich hatte weder Zeit noch Lust, länger zu bleiben, ich wollte nach *Hause.*

Als ich eines Abends durch die Baker Street ging, hielt ich doch tatsächlich Ausschau nach dem Haus von Sherlock Holmes, vergaß komplett, dass er bloß Arthur Conan Doyles Fantasie entsprungen war!

Ich holte mir mein Geld in dem Büro an der Strand und buchte eine Überfahrt nach New York auf dem holländischen Schiff S. S. *Nieuw Amsterdam,* das noch am selben Abend aus Southampton auslief.

VIERTER TEIL

WIEDER DURCH AMERIKA

62

Ich hatte diese große Reise durch Europa in genau der falschen Lebensphase unternommen, grade als mir jede Art neuer Erfahrung absolut zuwider war, also hatte ich sie zügig abgehakt und war schon wieder unterwegs nach Hause, im Mai '57, beschämt, bedrückt, gereizt und durchgedreht.

Und als die *Nieuw Amsterdam* am Abend von Southampton aus in See sticht, stapf ich abendessenhungrig in den Speisesaal der dritten Klasse, doch da sitzen zweihundertfünfzig geschniegelte Touristen vor blitzendem Besteck und weißen Tischdecken und lassen sich unter Kronleuchtern von livrierten Kellnern bedienen. Die Kellner fliegen beinahe aus den Socken, als sie mich in meiner Jeans (meine einzige Hose) und dem Flanellhemd mit offenem Kragen sehen. An ihren Spießruten vorbei geh ich zu meinem zugeteilten Tisch, mitten im Speisesaal, mit vier Tischgenossen in makellosen Anzügen und Abendkleidern, autsch. Eine lachende junge Deutsche im Partykleid; ein Deutscher im Anzug, streng und adrett, und zwei junge holländische Geschäftsleute, unterwegs zu New Yorker Exportgeschäften.

Doch ich muss nun mal da sitzen. Und seltsamerweise ist der Deutsche höflich zu mir, scheint mich sogar zu mögen (irgendwie mögen Deutsche mich immer), und als der eingeschnappte Kellner drängelt, während ich verwirrt die unfassbar üppige Speisekarte überfliege («Mann, soll ich den Lachs mit Mandelkruste und Weinsauce nehmen oder doch das Roastbeef *au jus* mit *petites pommes de terres de printemps*. Oder das Omelette *speciale* mit Avocadosalat oder das Filet Mignon mit Pilzen, *mon doux*, was nu?»), und er, der Kellner, sich aufs Handgelenk tippt und blafft: «Entscheiden Sie sich endlich!», da blitzt der junge Deutsche ihn entrüstet an. Und als der Kellner abzieht, um mir gebratenes Hirn mit Spargel Hollandaise zu bringen, rät er mir: «An Ihrer Stelle würde ich mir das von einem Kellner nicht bieten lassen!» Das blafft er mir zu wie ein Nazi, eigentlich wie ein deutscher oder europäischer Gentleman aus gutem Hause, er meint es nett, aber ich sage:

«Macht mir nichts aus.»

Irgendwem müsse das aber was ausmachen, erklärt er mit starkem deutschem Akzent, sonst «werden diese Leute frech und aufmüpfig!» Ich kann ihm nicht vermitteln, dass es mir nichts ausmacht, weil ich ein frankokanadischer irokesischer amerikanischer aristokratischer bretonisch-kornischer Demokrat bin, oder meinetwegen auch ein Beat-Hipster, aber als der Kellner wiederkommt, schickt der Deutsche ihn sofort noch mal mit Extrawünschen los. Unterdessen hat das deutsche Mädchen einen Heidenspaß, freut sich auf sechs Tage Überfahrt mit drei attraktiven jungen Europäern und schenkt sogar mir ein unverstelltes Menschenlächeln. (Dem offiziellen europäischen Snobismus war ich schon in der Saville Row begegnet, in der Threadneedle Street und sogar der Downing Street, wurde von Beamtengecken angegafft, denen bloß noch das Monokel fehlte.) Doch am nächsten Morgen setzte man mich kurzerhand an einen Ecktisch um, an dem ich weniger ins Auge stach. Am liebsten hätte ich ja gleich in der Kombüse gegessen, die Ellenbogen auf dem Tisch. Aber jetzt saß ich mit drei holländischen Lehrerinnen, einem 8-jährigen Mädchen und einer 22-jährigen Amerikanerin mit dunklen Lotterlebenaugenringen fest, die mich gar nicht gestört hätten, hätte sie nicht ihre deutschen Schlaftabletten gegen meine marokkanischen eingetauscht (Soneryl), bloß dass ihre in Wahrheit extrastarke Aufputschpillen waren.

Also schlich ich dreimal täglich in meine Ecke im Speisesaal und trat müde lächelnd diesen Frauen gegenüber. An meinem alten deutschen Tisch wurde schallend gelacht.

Die Kabine teilte ich mir mit einem netten, alten, pfeiferauchenden Holländer, schlimm war nur, dass seine Alte dauernd reinkam, um seine Hand zu halten und mit ihm zu reden, sodass ich mich nicht mal mehr ans Waschbecken traute. Ich hatte die obere Koje und las darin Tag und Nacht. Mir fiel auf, dass die alte holländische Lady genau die fast zerbrechlich zarte weiße Stirnhaut mit den blassen blauen Venen drauf hatte, die man von manchen Rembrandt-Porträts kennt ... Inzwischen, weil unsere Dritte-Klasse-Unterkunft ganz achtern lag, rollten und stampften wir übelkeitserregend bis zum Feuerschiff von Nantucket. Die Speisesaaltruppe dünnte täglich weiter aus, weil einer nach dem anderen seekrank wurde. Am ersten Abend hatte noch ein ganzer Holländerclan an einem nahen Tisch gegessen und gelacht, alles Brüder und Schwestern und Schwager und Schwägerinnen, die für immer oder auf Besuch nach Amerika wollten, doch kaum waren wir zwei Tage auf See, blieb nur noch ein hagerer Bruder übrig, aß grimmig alles auf, was man ihm hinstellte, wollte wie ich nichts von dem guten Essen vergeuden, das im Preis ($ 225) schon inbegriffen war, bestellte sogar Nachschlag und aß auch den noch grimmig auf. Ich ließ meinen neuen jungen Kellner extra Nachtisch bringen. Seekrank oder nicht, mir würde kein Sahnehäubchen durch die Lappen gehen.

Abends organisierten die Stewards immer Tänze mit lustigen Hüten, doch ich verzog mich in Anorak und Schal aufs Deck, schlich mich manchmal in die erste Klasse, spazierte schnellen Schrittes über das menschenleere, windheulende Promenadendeck. Mir fehlte aber mein alter, einsamer, stiller Jugo-Frachter, denn hier saßen all die Seekranken tags nur in Decken eingewickelt auf Decksliegen und starrten ins Nichts.

Zum Frühstück nahm ich immer kaltes Roastbeef auf holländischem Rosinenbrot mit Zuckerguss, danach dann die üblichen Eier mit Schinken, samt einer Kanne Kaffee.

Einmal wollten die Amerikanerin und ihre blonde englische Freundin unbedingt, dass ich mit in den immer leeren Fitnessraum kam, erst später ging mir auf, dass sie dort vermutlich sexen wollten. Ständig schmachteten sie die schönen Matrosen an, vermutlich hatten sie Romane über «Techtelmechtel auf hoher See» gelesen und wollten so was um jeden Preis noch vor New York bewerkstelligen. *Ich* war aber keine große Hilfe, träumte nur von in Folie gebackenem Kalb und Schinken. Eines nebligen Morgens war die See spiegelig und ruhig, und dann tauchte das Feuerschiff von Nantucket auf, ein paar Stunden später gefolgt von Treibmüll aus New York, inklusive eines leeren Pappkartons mit der Aufschrift CAMPBELL'S PORK AND BEANS, der mir fast Freudentränen in die Augen trieb bei dem Gedanken an Amerika und all das Schweinefleisch mit Bohnen zwischen Boston und Seattle … und vielleicht auch an die Kiefern vor einem heimeligen Fenster früh am Morgen.

63

Und so brauste ich, die nächste Vorschussrate ($ 100) in der Tasche, aus New York nach Süden, um meine Mutter abzuholen – In New York blieb ich nur lang genug für zwei Tage mit Alyce, die inzwischen hübsch und sanft in einem Frühlingskleid war und sich freute, mich zu sehen – Ein paar Bier, ein paar Beischläfchen, ein paar ins Ohr geflüsterte Worte, und schon war ich unterwegs zu meinem «neuen Leben», versprach Alyce aber, sie bald wiederzusehen.

Meine Mutter und ich packten den ganzen erbärmlichen Lebenskrempel ein, riefen eine Umzugsfirma und schickten sie damit zur einzigen Adresse in Kalifornien, die ich kannte, Ben Fagans Häuschen in Berkeley – Wir selbst würden mit dem Bus hinfahren, die ganzen grauenhaften viereinhalbtausend Kilometer, eine Wohnung in Berkeley mieten und hätten dann noch genug Zeit, die Umzugsfirma zu unserem neuen Zuhause umzuleiten, das meine endgültige frohe Zuflucht werden sollte (hoffentlich mit Kiefern).

Unser «Krempel» bestand aus alter Kleidung, die ich nie mehr tragen würde, Kisten voll vergilbter Manuskripte von 1939, jämmerlichen Wärmelampen und *Überschuhen*, ausgerechnet (Überschuhe aus dem alten Neuengland), aus Fläschchen mit Rasier- und Weihwasser, sogar seit Jahren aufbewahrten Glühbirnen, meinen alten Pfeifen, einem Basketball, einem Baseballhandschuh, mein Gott, sogar ein Schläger war dabei, und alte Vorhänge, die niemals irgendwo gehangen hatten, weil es kein Zuhause dafür gab, aufgerollte, unbrauchbare Flickenteppiche, tonnenweise Bücher (sogar alte Rabelais-Ausgaben ohne Einband) und unvorstellbare Töpfe und Pfannen und traurige Utensilien, die Menschen offenbar zum Überleben brauchen – Denn ich erinnere mich gut an das Amerika, in dem Männer mit einer Papiertüte als einzigem Gepäck reisten, oben mit Schnur zugebunden – Ich erinnere mich noch an das Amerika, wo Leute für Kaffee und Donuts Schlange standen – Das Amerika von 1932, als man die Deponie am Fluss nach Kram durchstöberte, der sich noch verscherbeln ließ – Als mein Vater Krawatten verkaufte und Arbeitsbeschaffungsgräben aushob – Als alte Männer mit Leinentaschen nachts die Mülltonnen durchwühlten oder dampfende Pferdeäpfel von der Straße klaubten – Als man sich über Süßkartoffeln freute. Das jetzt war das florierende Amerika von 1957, und die Leute lachten über unseren Krempel, in dem meine Mutter aber ihren unentbehrlichen Nähkorb verstaut hatte, ihr unentbehrliches Kruzifix und ihr unentbehrliches Familienalbum – Ganz zu schweigen von ihrem unentbehrlichen Salzstreuer, Pfefferstreuer, Zuckerstreuer (alle voll) und ihrem unentbehrlichen, halb aufgebrauchten Seifenstück, eingewickelt in die unentbehrlichen Laken für bisher noch ungesehene Betten.

64

Jetzt erzähle ich von der wichtigsten Figur in dieser ganzen Story, und von der besten. Mir ist aufgefallen, dass viele meiner Schriftstellerkollegen ihre Mütter «hassen» und daraus große Freud'sche oder soziologische Theorien stricken, ja, so was direkt als Thema ihrer Fantasien nutzen oder das wenigstens behaupten – Ich frage mich oft, ob die je bis vier Uhr nachmittags geschlafen und beim Aufwachen ihre Mutter gesehen haben, wie sie in traurigem Fensterlicht die Socken stopfte, oder jemals von revolutionärem Wochenendgrauen wiederkamen und sahen, wie sie ihnen die blutigen Hemden flickte, still und ewiglich gebeugt über die Nadel – Allerdings nicht mit verbitterter Märtyrerpose, sondern in Gedanken voll und ganz beim *Flicken,* beim Flicken von Folter, Torheit und Verlust, beim Flicken der Tage deines Lebens selbst, mit beinahe glücklich zupackendem Ernst – Und wenn es kalt wird, bindet sie den Schal um und flickt weiter, und auf dem Herd, da blubbern ewig die Kartoffeln – Mancher Neurotiker könnte verrückt werden beim Anblick von so viel geistiger Gesundheit in einem Zimmer – Selbst *mich* macht das manchmal verrückt, weil ich so bescheuert war, Hemden zu zerreißen und Schuhe zu verlieren und die Hoffnung zu verlieren und zu zerreißen, in jener Dummheit, die sich *Wildheit* nennt – «Der Mensch braucht ein Ventil!», hat Julien mich oft angeschrien, «lass Dampf ab, oder du drehst durch!», und dabei riss er mir am Hemd, das Memère mir dann zwei Tage später wieder flicken durfte, einfach nur, weil es ein Hemd war und es ihrem Sohn gehörte – Nicht, damit ich mich schuldig fühlte, nur um das Hemd zu reparieren – Trotzdem fühlte ich mich immer schuldig, wenn sie sagte: «So ein schönes Hemd, $ 3,25 hab ich bei Woolworth dafür bezahlt, warum lässt du diese dummen Kerle dir dein Hemd zerreißen. *Ça pas d'bon sens.»* Und wenn das Hemd nicht mehr zu retten war, wusch sie es und legte es zur Seite, um Flicken für andere Hemden oder Putzlappen draus zu machen. In einem ihrer Lappen erkannte ich drei Jahrzehnte gequältes Leben wieder, von mir, von ihr, von meinem Vater und von meiner Schwester. Hätte sie gekonnt, hätte sie sogar das Grab noch wiederverwendet. Auch Essen wurde nie weggeworfen: Eine übrige Kartoffelhälfte endet als leckerer, gebratener Happen neben einem Stück späterem Fleisch, eine viertel Zwiebel landet in einem Einmachglas, alte Eckchen Roastbeef in köstlich blubberndem Frikassee. Selbst ein zerfetztes Taschentuch wird gewaschen und genäht und ist zum Naseputzen besser als zehntausend zerknüllte Taschentücher von Brooks Brothers mit nutzlosem Monogramm. Jedes kleine Spielzeug, das ich ihr für ihr «Stehrümchen»-Regal kaufte (kleine mexikanische Plastik-Burros, Sparschweine und Väschen), blieb jahrelang dort stehen, wurde regelmäßig abgestaubt und gemäß ihrem ästhetischen Geschmack drapiert. Ein winziges Brandloch in einer alten Jeans wird plötzlich mit einem Stückchen Jeans von 1940 gestopft. Ihr Nähkorb enthielt einen hölzernen Stopfer (wie ein kleiner Bowling-Kegel), der älter war als ich. Ein paar ihrer Nadeln stammen noch von 1910 aus Nashua. Über die Jahre schreibt ihre Familie ihr immer herzlichere Briefe, sie sehen ein, was sie verloren haben, als sie ihr Waisengeld zum Fenster rauswarfen. Gläubig sieht sie den Fernseher an, den ich ihr mit meinem bisschen Geld von 1950 gekauft hab, nur ein ramponierter alter Motorola von 1949. Sie sieht die Werbespots, in denen Männer protzen und Frauen sich putzen, und merkt nicht mal, dass ich im Zimmer bin. In ihren Augen ist all das wie ein Film. Ich habe Albträume, wie sie und ich an einem Samstagmorgen auf den alten Schrottplätzen von New Jersey nach Pastrami-Resten suchen, oder dass die oberste Schublade ihrer Kommode auf amerikanischer Straße offensteht und Seidenunterhosen offenbart, Rosenkränze, Puderquasten, alte Mützen und aus leeren Pillenfläschchen aufbewahrte Watte. Wer könnte schlecht von einer solchen Frau reden? Was immer ich brauche, sie hat es irgendwo: eine Aspirin, einen Eisbeutel, einen Verband, eine Dose billige Spaghetti im

Küchenschrank (billig, aber lecker). Sogar eine Kerze, wenn der große Zivilisationsstrom mal ausfällt.

Für die Badewanne, die Toilette und das Waschbecken hat sie große Dosen Scheuersand und Desinfektionsmittel. Sie hat einen Mopp, mit dem sie zweimal die Woche unter mein Bett fährt und die Staubflocken danach am Fensterbrett abklopft: «*Tiens*! Dein Zimmer ist sauber!» Irgendwo verpackt im Umzugskarton liegt ein großer Korb voll Wäscheklammern, mit denen sie überall Wäsche aufhängt – Mit Körben voller nasser Wäsche geht sie raus, Klammern zwischen den Lippen, und wenn wir keinen Garten haben, hängt sie sie *mitten in der Küche* auf! Holt man sich ein Bier aus dem Kühlschrank, muss man sich unter Wäsche ducken. Wie die Mutter von Hui Neng, da wette ich, die könnte jeden mit dem wirklich wahren «Zen» dessen erleuchten, wie man richtig lebt zu jeder Zeit.

In mehr als einem Wort sagt uns das Tao, dass eine Frau, die sich gut um ihr Heim sorgt, Himmel und Erde gleichmacht.

Dann bügelt sie an Samstagabenden auf dem abgewetzten Bügelbrett, das sie vor einer Ewigkeit gekauft hat, der Stoffbezug ist braun verbrannt, das hölzerne Gestell knarzt, doch alles wird ordentlich gebügelt, gefaltet und in perfekt mit Papier ausgelegten Schränken verstaut.

Nachts, wenn sie schläft, senke ich beschämt das Haupt. Und ich weiß, am Morgen, wenn ich aufwache (eher am Mittag), ist sie auf ihren starken «Bäuerinnen»-Beinen schon zum Laden und hat all das Essen eingekauft, randvolle Tüten mit Salatkopf obendrauf, meinen Zigaretten obendrauf, Hotdogs und Hamburger und Kassenzettel, die sie «mir vorlegen» will, die jämmerlichen Nylonstrümpfe ganz tief unten, entschuldigend meinem Blick dargeboten – Ach ich, und all die Mädchen, die ich in Amerika gekannt habe, die mit Blauschimmelkäse rumstümperten und ihn dann auf dem Fensterbrett vertrocknen ließen! Die Stunden vor dem Spiegel mit blauem Lidschatten verbrachten! Die Taxis für ihre Milch verlangten! Die sonntags ohne Braten stöhnten! Die mich verließen, weil ich mich beklagte!

Es ist heute modern zu sagen, Mütter stünden dem Sexualleben im Weg, so als hätte mein Sexualleben in den Wohnungen von Mädchen in New York oder San Francisco irgendwas mit den ruhigen Sonntagabenden zu tun, an denen ich in meinem heimeligen Zimmer lese oder schreibe, während Brisen die Gardinen bauschen und draußen die Autos vorbeizirschen – Wenn die Katze vor dem Kühlschrank miaut und eine Dose Futter für die Kleine da ist, weil Ma sie am Samstagmorgen eingekauft hat (stand auf dem Einkaufszettel) – Als wäre Sex das Wichtigste an meiner Frauenliebe.

65

Meine Mutter bot mir alles, was ich für Frieden und Vernunft brauchte – Sie zerriss sich nicht das Nachthemd oder nölte, dass ich sie nicht lieben würde, warf keine Schminktische um – Sie keifte nicht, weil ich meinen Gedanken nachhing – Sie gähnte nur um elf und ging mit ihrem Rosenkranz zu Bett, als lebte man in einem Kloster mit der Ehrwürdigen Mutter O'Shay – Manchmal lag ich da vielleicht in meinem frischen Bettzeug und überlegte, loszuziehen, um mir eine ordinäre wilde Hure mit Strümpfen im Haar zu suchen, doch das hatte mit meiner Mutter nichts zu tun – Ich hätte das jederzeit machen können – Denn jeder Mann, der je einen Freund geliebt hat und deswegen schwor, die Finger von dessen Frau zu lassen, kann das auch für seinen Freund, den Vater, tun – Jedem das Seine, und sie gehörte meinem Vater.

Aber elende, böse grinsende Lebensdiebe sagen nein: Sie sagen: «Wenn ein Mann mit seiner Mutter lebt, ist er *frustriert*», und sogar der göttliche Blumenkenner Genet fand, ein Mann, der seine Mutter liebe, sei der übelste Schurke von allen. Oder Psychiater mit haarigen Handrücken wie der von Ruth Heaper, die nach den weißen Schenkeln junger Patientinnen geifern. Oder kranke Ehemänner ohne Frieden in den Augen, die über Junggesellenleere herziehen. Oder tödliche Giftmischer ohne jede Hoffnung. Alle sagen sie mir: «Duluoz, du alter Lügner! Geh und leb mit einer Frau, kämpfe und leide mit ihr! Raufe dein Glückshaar! Stürz dich ins Furioso! Finde die Furien! Sei historisch!», und ich sitze die ganze Zeit da und genieße innerlich wie äußerlich den süßen dummen Frieden meiner Mutter, einer Lady, wie man sie kein zweites Mal mehr finden wird, es sei denn, man reist bis nach Sinkiang, Tibet oder Lumpur.

66

Jetzt aber sind wir hier, in Florida, mit zwei Tickets nach Kalifornien, warten stehend auf den Bus nach New Orleans, wo wir nach El Paso und L. A. umsteigen werden – Es ist heiß im Mai in Florida – Ich will endlich los nach Westen, über den flachen texanischen Osten aufs Hochplateau und über die Wasserscheide zum trockenen Arizonien und weiter – Die arme Ma ist völlig von mir Trottel abhängig. Was mein Vater im Himmel jetzt wohl denkt? «Ti Jean, dieser Verrückte, jetzt karrt er sie in ekelhaften Bussen um die halbe Welt, weil er von einer heiligen Kiefer träumt.» Aber ein junger Kerl, der neben uns wartet, spricht uns an, und als ich mich gerade frage, ob wir oder der Bus wohl jemals ankommen werden, sagt er:

«Keine Sorge, ihr kommt schon an.» Ich frage mich, woher er das weiß. «Ihr kommt nicht nur an, ihr kommt auch zurück und fahrt woandershin. Ha ha ha!»

Es gibt allerdings kaum was Elenderes auf der Welt oder zumindest in Amerika als eine Busreise quer durch den Kontinent mit wenig Geld – Mehr als drei Tage und Nächte in denselben Kleidern, rumpelnd von einer Stadt zur nächsten, sogar um drei Uhr morgens, wenn man endlich eingeschlafen ist, rumpelt man über die Bahnschienen von Oshkosh, und all die grellen Lichter gehen an, um einen ungewaschen und erschöpft im Sitz zu offenbaren – Schwer genug, so was als junger Mann auszuhalten, wie ich's so oft getan hatte, aber als 62 Jahre alte Dame … Ich fragte mich wirklich oft, was mein Vater im Himmel wohl darüber dachte, und betete, dass er meiner Mutter die Kraft gab, das ohne zu viel Grausen durchzustehen – Und dabei war sie munterer als ich – Und ließ sich einen prima Trick einfallen, uns halbwegs in Form zu halten, dreimal täglich Aspirin mit Cola für die Nerven.

Aus Florida rollten wir am späten Nachmittag durch Orangenhainhügel in die Landzipfel-Tallahassees und morgendlichen Mobile Alabamas, keine Aussicht auf New Orleans vor dem Mittag und schon jetzt ziemlich erschöpft. Was für ein riesiges Land, das merkt man erst, wenn man im Bus durchfährt, die öden Strecken zwischen ebenso öden Städten, die vom Bus des Leids aus alle gleich aussehen, vom unentrinnbaren Kommt-niemals-an-Bus aus, der überall hält (der alte Witz über Greyhound mit dem Hund, der an jeder Laterne stehen bleibt), und das Schlimmste sind die frischen, gutgelaunten Fahrer alle drei-, vierhundert Kilometer, die einen auffordern, sich zu entspannen und gut drauf zu sein.

Nachts sehe ich manchmal meine arme schlafende Mutter an, grausam *gekreuzigt* in der amerikanischen Nacht, nur weil kein Geld, kein Geld in Sicht, keine Familie, kein gar nichts, nur ich, der dämliche Sohn mit seinen aus Dunkelheit geschmiedeten Plänen. Gott, wie recht doch Hemingway hatte, als er sagte, für das Leben gebe es kein Heilmittel – und dann schreiben miesepetrige kleine Papiertiger auch noch süffisante Nachrufe auf einen Mann, der nur die Wahrheit sagte, der unter Schmerzen atmete, um davon zu erzählen! … Kein Heilmittel, doch in Gedanken strecke ich die Faust zum Hohen Himmel und schwöre, den ersten Mistkerl windelweich zu prügeln, der sich über die Hoffnungslosigkeit der Menschen lustig macht – Ich weiß, es ist lachhaft, zu meinem Vater zu beten, diesem Haufen Humus in einem Grab, aber ich tu's trotzdem, was bleibt mir sonst auch übrig? Spöttisch grinsen? Papier auf einem Schreibtisch hin- und herschieben und Rationalität ausrülpsen? Gott sei Dank für alle Rationalisten, die die Würmer schon gefressen haben. Gott sei Dank für all die Hass sprühenden Demagogen, die im Grab des Raumes keine Linke oder Rechte mehr zum Anbrüllen haben. Ich sage, wir werden alle wiedergeboren mit dem Einen, werden nicht länger wir selbst sein, sondern nur Gefährten dieses Einen, und das hält mich bei der Stange, und meine Mutter auch. Sie hat ihren Rosenkranz dabei, versagt ihr das nicht, so drückt *sie* nun mal die Wahrheit aus. Wenn es schon keine Liebe zwischen Menschen geben kann, soll doch zumindest welche zwischen Mensch und Gott sein. Menschlicher Mut ist ein Opiat, aber auch Opiate sind menschlich. Wenn Gott ein Opiat ist, bin ich auch eins. Also *schluckt mich. Schluckt* die Nacht, das lange, trübselige Amerika zwischen Sanford und Schlammford und Schissford und Pissford, schluckt die Hämatoden, die im Süden schmarotzerisch von tristen

Bäumen baumeln, schluckt das Blut im Boden, schluckt die toten Indianer, die toten Pioniere, die toten Fords und Pontiacs, die toten Mississippis, die toten Ströme elendiger Hoffnungslosigkeit, die darunter hin- und herfließen – Wer sind die Menschen, dass sie Menschen kränken können? Wer sind diese Leute, dass sie Hosen und Kleider tragen und feixen? Wovon ich hier rede? Von menschlicher Hoffnungslosigkeit und unglaublicher Einsamkeit in der Finsternis von Geburt und Tod, und ich frage: «Was gibt's da zu lachen?» – «Wie soll man in einem Fleischwolf *clever* sein?» – «Wer macht sich lustig über Elend?» Da sitzt meine Mutter, ein Klumpen Fleisch, der nie darum gebeten hat, auf diese Welt zu kommen, unruhig schläft sie, voller Hoffnung träumt sie, neben ihrem Sohn, der genauso wenig um Geburt gebeten hat und der verzweifelt denkt, der ohne jede Hoffnung betet, in einem rumpelnden, irdischen Gefährt, das von Nirgendwo nach Nirgends fährt, die ganze Nacht durch, wobei, am schlimmsten durch die ganze Mittagsgrelle bestialischer Golfküstenstraßen – Wo ist der Fels, der uns hält? Warum sind wir hier? Welches wahnsinnige College würde wohl ein Seminar anbieten, in dem man ewig über Hoffnungslosigkeit spricht?

Und als Ma mitten in der Nacht aufwacht und stöhnt, bricht mir das Herz – Der Bus rumpumpelt über Schisstown-Hinterhöfe, um an einer Morgengrauenhaltestelle eine Ladung aufzunehmen. Stöhnen überall, bis in die letzten Reihen, wo schwarze Leidende nicht weniger leiden, weil ihre Haut schwarz ist. «Freedom Riders», sicher, aber nur weil man «weiße» Haut hat und weiter vorn sitzt, leidet man auch nicht weniger –

Und es gibt einfach nirgends Hoffnung, weil wir alle uneins und beschämt sind: Wenn Joe sagt, das Leben sei traurig, dann sagt Jim, Joe rede Unsinn, weil es keine Rolle spiele. Oder wenn Joe sagt, wir brauchen Hilfe, sagt Jim, Joe sei ein Jammerlappen. Oder wenn Joe sagt, Jim sei gemein, heult Jim die ganze Nacht durch. Oder so. Es ist einfach fürchterlich. Man kann nur sein wie meine Mutter: geduldig, gläubig, vorsichtig, trostlos, sich selbst beschützend, froh über kleine Dinge, misstrauisch gegenüber großen, sich vor den Griechen hüten, wenn sie Fische bringen, es auf seine Art machen, niemandem was tun, sich um seine Angelegenheiten kümmern, seinen Vertrag mit Gott schließen. Denn Gott ist unser Schutzengel, und das ist eine Tatsache, die erst bewiesen wird, wenn es Beweise nicht mehr gibt.

Ewigkeit und Hier-und-Jetzt, beides dasselbe.

Schreibt das mal an Mao, oder an Schlesinger in Harvard, oder auch an Herbert Hoover.

67

Wie schon gesagt, der Bus kommt mittags in New Orleans an, und wir müssen mit all dem verhedderten Gepäck aussteigen und vier Stunden auf den El-Paso-Express warten, also beschließen Ma und ich, New Orleans zu erkunden und uns etwas die Beine zu vertreten. Ich male mir ein herrliches Mittagessen in einem Abalone-Restaurant im Latin Quarter aus, inmitten von Palmen und schmiedeeisernen Balkonen, aber als wir in der Bourbon Street so einen Laden finden, sind die Preise auf der Speisekarte derart hoch, dass wir betreten wieder abziehen müssen, während fröhliche Geschäftsleute, Stadträte und Steuereintreiber gemütlich weiteressen. Um drei sitzen sie wieder an den Schreibtischen, jonglieren Quintuplikate zwiebelhäutiger Nachrichten über negativ beschiedene Formalitäten, quetschen sie durch weitere Papiermaschinen, die sie noch zehnmal vervielfältigen, damit man sie dann in dreifacher Ausführung irgendwo hinschicken kann, wo sie schließlich im Müll landen, sobald der Lohn bezahlt ist. Für all das kräftige Essen und Trinken, das sie kriegen, tauschen sie signierte Papiertriplikate ein, auch wenn ich nicht begreife, wie das funktioniert, wenn ich die schwitzenden Arme sehe, die in der vernichtenden Golfsonne Straßengräben graben –

Nur so zum Spaß gehen Ma und ich in einen New-Orleans-Saloon mit einer Austernbar. Und da, bei Gott, geht es ihr blendend, sie trinkt Wein, schlürft Austern aus der Schale mit *piquante* und führt lautstarke, irre Gespräche mit dem alten Austern-Italiener. «Sind Sie verheiratet?» (Sie fragt alle älteren Männer, ob sie verheiratet sind, verrückt, wie Frauen bis ans Ende ihrer Tage einen Mann suchen.) Nein, er ist nicht verheiratet, und ob sie jetzt wohl gerne ein paar Muscheln hätte, gedünstet vielleicht? Und die beiden tauschen Namen und Adressen aus, schreiben sich allerdings nie. Unterdessen ist Ma ganz aus dem Häuschen darüber, endlich das berühmte New Orleans zu sehen, sie kauft in den Läden Pickaninny-Puppen und Pralinen, packt sie ein, um sie später meiner Schwester nach Florida zu schicken. Sie gibt die Hoffnung nie auf. Wie mein Vater lässt sie sich durch nichts entmutigen. Ich gehe kleinlaut nebenher. Sie macht das seit 62 Jahren: Mit 14 ging sie schon bei Morgengrauen zu Fuß in die Schuhfabrik, um dort bis sechs Uhr abends zu malochen, bis Samstagabend, eine 72-Stunden-Woche voll freudiger Erwartung dieses jämmerlichen Samstagabends und des Sonntags, wenn es Popcorn gab und Schaukeln und Gesang. Wie soll man so jemandem etwas anhaben? Wenn feudale Zehnt-Barone ihren Bauern in die Taschen griffen, machte sie dann deren Lebensfreude kleinlaut? (Umgeben wie sie waren von langweiligen Rittern, die sich alle danach sehnten, von Sadistenmeistern aus der Nachbarburg in den Arsch gefickt zu werden).

Und so steigen wir nach einer Stunde Schlangestehen in blauen Abgasen in den Bus nach El Paso, beladen mit Geschenken und Gepäck, unterhalten uns mit allen und brausen den Fluss entlang und dann über die Ebenen von Louisiana, sitzen wieder vorn, sind gutgelaunt und ausgeruht, auch weil ich ein Fläschchen Schnaps für unterwegs gekauft hab.

«Mir egal, was die Leute sagen», sagt Ma und schenkt sich in ihr damenhaftes Reisegläschen ein, «ein Schlückchen zwischendurch hat noch keinem geschadet!», und ich stimme zu, ducke mich hinter den Vordersitz außer Sicht des Fahrers und nehme selbst einen Schluck. Weiter geht's nach Lafayette. Wo wir zu unserem Erstaunen hören, dass man dort Französisch spricht, so wie wir mit unserem Québécois, auch die *Cajuns* sind bloß *Acadiens*, aber dafür ist jetzt keine Zeit, der Bus fährt ab nach Texas.

68

In der Abendröte rollen wir durchs texanische Flachland, reden und trinken, doch bald ist das Fläschchen leer, und die arme Ma schläft wieder, bloß ein hoffnungsloses Baby in der Welt, und noch so viel Strecke vor uns, und wenn wir ankommen, *was dann?* Corrigan, Crockett, Palestine, die langweiligen Haltestellen, die Seufzer, die Endlosigkeit, erst der halbe Kontinent, vor uns die nächste schlaflose Nacht und morgen wieder eine und übermorgen noch mal – O Mann –

Exakt 24 Stunden und dann noch mal sechs nach unserer Ankunft in New Orleans brausen wir endlich durchs Rio

Grande Valley in funkelnde El-Paso-Nacht, 1500 *miserere*-Kilometer Texas hinter uns, wir beide völlig stumpf vor Müdigkeit, und mir wird klar, dass uns nichts anderes übrigbleibt, als auszusteigen, eine Hotel-Suite zu nehmen und mal ordentlich zu schlafen, bevor es mehr als noch mal 1600 holperige Kilometer weiter bis nach Kalifornien geht –

Und bei der Gelegenheit zeige ich meiner Mutter Mexiko, bloß eben über die kleine Brücke und nach Juarez.

69

Jeder weiß ja, wie das ist, nach zwei Tagen Rüttelei auf Rädern plötzlich in einem festen Bett auf festem Grund zu liegen und zu schlafen – Gleich neben dem Busbahnhof besorgte ich uns eine Suite, und während Ma sich ausruhte, holte ich uns Hühnchen – Rückblickend wird mir erst klar, was für ein Abenteuer all das für sie war, New Orleans sehen, in Hotelsuiten schlafen ($ 4,50) und jetzt zum ersten Mal nach Mexiko am nächsten Morgen – Wir tranken noch ein halbes Fläschchen, aßen das Huhn und schliefen wie Steine.

Am Morgen, acht Stunden vor Abfahrt, brachen wir auf, gestärkt, das Gepäck umgepackt und in Schließfächern verstaut – Ich ließ sie das Stück bis zur Brücke nach Mexiko sogar zu Fuß gehen, damit wir Bewegung kriegten – An der Brücke zahlten wir jeweils drei Cent und gingen drüber.

Sofort waren wir in Mexiko, soll heißen, unter Indios in einer Indiowelt – inmitten des Geruchs nach Schlamm und Hühnchen, einschließlich Chihuahua-Staub, Limonenschalen, Pferden, Stroh, Indiomüdigkeit – Dazu der strenge Duft aus den Cantinas, Bier und Feuchtigkeit – Der Geruch des Marktes – Und der Anblick schöner alter Spanierkirchen, die mit ihren leidend majestätischen Maria Guadalupes, Kreuzen und Mauerspalten in die Sonne ragten – «O Ti Jean! Ich will in dieser Kirche für Papa eine Kerze anzünden!»

«Okay.» Und als wir eintreten, sehen wir einen alten Mann, der mit büßend ausgestreckten Armen auf dem Gang kniet, ein *penitente*, Stunden kniet er so, eine alte Sarape um die Schultern, alte Schuhe, Hut auf dem Kirchenboden, zerzauster alter weißer Bart. «O Ti Jean, was hat der wohl getan, dass er so traurig ist? Ich kann nicht glauben, dass dieser alte Mann was wirklich Schlimmes angestellt hat!»

«Er ist ein *penitente*», erkläre ich ihr auf Französisch. «Er hat gesündigt und will nicht, dass Gott ihn vergisst.»

«*Pauvre bonhomme!*», und eine Frau dreht sich nach Ma um, denkt, sie hätte «*Pobrecito!*» gesagt, was sie ja im Grunde auch getan hat. Aber der bedauernswerteste Anblick in der alten Juarez-Kirche ist auf einmal eine Frau in einem Tuch, ganz in Schwarz gekleidet, barfuß, die sich mit einem Baby auf dem Arm langsam auf den Knien durch den Gang vor zum Altar schleppt. «Was ist denn *da* los?», ruft meine Mutter baff. «Die arme Frau hat doch sicher nichts Schlimmes getan! Ist ihr Mann vielleicht im Gefängnis? Und dieses kleine Baby!» Jetzt bin ich froh, dass ich Ma diese Reise aufgenötigt habe, und sei es nur, damit sie die wahre Kirche von Amerika sieht. «Ist die etwa auch eine *penitente*? Oder das kleine Baby? Sie hat es ja ganz eingemummelt in ihr Tuch!»

«Ich weiß es nicht.»

«Wo ist denn der Priester, warum gibt er ihr nicht seinen Segen? Keiner da außer der armen Mutter und dem armen alten Mann! Und das soll Marias Kirche sein?»

«Die Kirche von Maria de Guadalupe. Ein Bauer hat in Guadalupe ein Tuch mit Marias Gesicht drauf gefunden, so ein Tuch, wie es die Frauen an Jesus' Kreuz hatten.»

«In Mexiko war das?»

«*Sí.*»

«Und sie beten zu *Marie*? Die arme junge Mutter ist ja erst halb beim Altar – Langsam, langsam und ganz leise rückt sie auf den Knien vor. Aber das sind gute Menschen, diese *Indios*, sagst du?»

«*Oui* – Genau wie die bei uns, nur haben die Spanier sie hier nicht ausgerottet» (auf Französisch). «*Içi les espanols sont marié avec les Indiens.*»

«*Pauvre monde!* Die glauben so wie wir an Gott! Das wusst ich nicht, Ti Jean! So was hab ich noch nie gesehen!» Wir schlichen uns vor zum Altar, zündeten Kerzen an und warfen Münzen in die Wachskasse. Ma betete und bekreuzigte sich. Die Chihuahua-Wüste blies Staub in die Kirche. Die kleine Mutter rückte immer noch auf Knien vor, das Kind schlief sanft in ihren Armen. Memères Augen wurden tränentrüb. Jetzt verstand sie Mexiko und weshalb ich so oft hergekommen war, obwohl ich hier Durchfall kriegte und Gewicht verlor und blass wurde. «*C'est du monde qu'il on du cœur*», wisperte sie, «diese Leute haben *Herz*!»

«*Oui.*»

Sie warf einen Dollar in den Kirchenapparat, hoffte, damit was Gutes zu bewirken. Diesen Nachmittag vergaß sie nie: Ja, noch heute, fünf Jahre danach, schließt sie die Mutter mit dem Kind, die auf Knien zum Altar kroch, in ihre Gebete ein: «Irgendwas lief schief in ihrem Leben. Ihr Mann, oder vielleicht das *Kind*, war krank – Wir werden's nie erfahren – Aber ich werde für sie beten. Ti Jean, du hast mir was gezeigt, von dem ich nie geglaubt hätte, dass ich es sehen würde –»

Jahre später, als ich die Ehrwürdige Mutter im Bethlehem-Benediktinerinnenkloster kennenlernte, mit ihr durch hölzerne Klostergitter sprach und ihr davon erzählte, kamen ihr die Tränen …

Und unterdessen kniete der alte *penitente* immer noch mit ausgestreckten Armen, Zapatas und Castros kommen und gehen, aber die Alte Buße bleibt und wird für immer bleiben, wie der Alte Coyotl in den Navajo Mountains und den Mescalero Foothills weiter nördlich: –

Crazy Horse schaut nordwärts * Geronimo weint
Tränen im Auge – * ohne Pferd
Es stöbert erster Schnee * Mit einer Decke.

70

Es war auch sehr lustig mit meiner Mutter in Mexiko, denn als wir aus der Kirche von Santa Maria kamen, ruhten wir uns im Park aus und genossen die Sonne, und neben uns saß ein alter Indio im Poncho mit seiner Frau, die zwei sagten kein Wort, starrten nur geradeaus bei ihrem großen Juarez-Besuch aus den Wüstenhügeln vor der Stadt – Gekommen mit Bus oder Burro – Und Ma bot ihnen eine Zigarette an. Erst traute sich der alte Indio nicht, nahm dann aber doch eine, und Ma bot ihm noch eine für die Frau an, auf Französisch, auf Québécois-Irokesen-Französisch, «*Vas il, ai paw 'onte, un pour ta famme*», und er nahm sie verblüfft an – Die alte Lady sah Memère kein einziges Mal an – Die beiden wussten, dass wir amerikanische Touristen waren, aber solche Touristen hatten sie noch nie erlebt – Der Alte zündete gemächlich seine Zigarette an und blickte wieder geradeaus – Ma fragte mich: «Trauen die sich nicht zu reden?»

«Sie wissen nicht wie. Sie haben noch nie jemanden getroffen. Sie kommen aus der Wüste. Sie sprechen nicht mal Spanisch, nur Indianisch. Sag mal Tarahumare.»

«Das kann doch keiner aussprechen.»

«Dann sag Chihuahua.»

Ma sagt «Chihuahua», und der alte Mann grinst sie an, und die alte Lady lächelt. «Goodbye», sagt Memère, als wir gehen. Wir spazieren durch den netten kleinen Park voller Kinder und Leute und Eiscreme und Ballons und kommen zu einem seltsamen Mann mit Vögeln in einem Käfig, der uns auffällt und auch nach uns ruft (Ich hatte meine Mutter in die Nebenstraßen von Juarez geführt). «Was will der denn?»

«Wahrsagen! Seine Vögel können wahrsagen! Wir geben ihm einen Peso, und sein kleiner Vogel pickt ein Stück Papier, und auf dem steht deine Zukunft.»

«Okay! *Seenyor*!» Der kleine Vogel schnäbelt einen Zettel aus einem Zettelstapel und gibt ihn dem Mann. Der Mann mit dem dünnen Schnurrbart und den fröhlichen Augen faltet ihn auf. Folgendes steht darauf:

«Sie werden haben gute fortuna mit einem der ihr Sohn ist der sie liebt. Sagt Vogel.»

Lachend gibt er uns den Zettel. Kaum zu glauben.

71

«Also», sagt Memère, während wir Arm in Arm durch die Altstadt von Juarez gehen, «woher will dieser dumme kleine Vogel wissen, dass ich einen Sohn habe, oder *überhaupt* was über mich – Puh, ganz schön viel Staub hier!», denn die millionenkörnige Wüste bläst Staub entlang der Türen. «Kannst du mir das mal erklären? Wie viel ist ein Peso, *acht Cent*? Und dieser kleine Vogel soll all das gewusst haben? Hah?» Wie

Thomas Wolfes Esther, «Hah?», nur eine Liebe mit mehr Dauer. «Der Kerl mit dem Schnurrbart kennt uns nicht. Sein kleiner Vogel wusste alles.» Sie hatte den Vogelzettel sicher in der Handtasche verstaut.

«Ein kleiner Vogel, der Gerard kannte.»

«Und der kleine Vogel hat den Zettel mit seinem irren Gesicht ausgesucht! Ach, aber die Leute hier sind arm, hm?»

«Ja – aber der Staat tut viel für sie. Früher schliefen hier Familien auf dem Gehsteig, eingewickelt in Zeitungen und Stierkampfplakate. Und Mädchen verkauften sich für zwanzig Cent. Jetzt haben sie eine gute Regierung, seit Aleman, Cardenas, Cortines –»

«Das arme Vögelchen von *Mexika*! Und die junge Mutter! Immerhin hab ich jetzt mal *Mexika* gesehen.» Sie sprach es «*Mexika*» aus.

In einem Laden kaufte ich ein Fläschchen Juarez-Bourbon, dann gingen wir zurück zum Busbahnhof El Paso, stiegen in einen großen Doppeldecker-Greyhound, auf dessen Schild «Los Angeles» stand, und brausten los in rote Wüstendämmerung, tranken auf unseren Sitzen unser Fläschchen und quatschten mit amerikanischen Matrosen, die keine Ahnung hatten von Santa Maria de Guadalupe oder dem kleinen Vogel, aber trotzdem gute Jungs waren.

Und während der Bus die leere Straße zwischen Felstürmen und Lavabuckeln wie in einer Mondlandschaft entlangstampfte, kilometerweise Trübsal bis zum letzten, schemenhaften Chihuahuaberg im Süden und der Felswüste New Mexicos im Norden, sagte Memère, Drink in der Hand: «Diese Berge machen mir Angst – Die wollen uns was sagen – Sie könnten jederzeit über uns einstürzen!» Und sie beugte sich rüber, um das den Matrosen mitzuteilen, die darüber lachten, und sie bot ihnen einen Schluck an und küsste sie sogar auf die höflichen Wangen, und die hatten ihren Spaß dran, so eine verrückte Mutter – Niemand in Amerika würde jemals verstehen, was sie ihnen darüber sagen wollte, was sie in Mexiko gesehen hatte oder im gesamten Universum. «Diese Berge stehen da nicht umsonst! Sie sollen uns was sagen! Sie sind einfach liebe Jungs», und sie schlief ein, und das war's, und der Bus brummte weiter bis nach Arizona.

72

Doch wir sind jetzt in Amerika, und bei Morgengrauen kommt die Stadt namens Los Angeles, obwohl keiner versteht, was sie mit Engeln zu tun haben soll, wir schließen das Gepäck ein und warten auf den Zehn-Uhr-Bus nach San Francisco, treten hinaus in graue Straßen, um irgendwo Toast und Kaffee zu finden – Es ist fünf Uhr morgens, noch zu früh für alles, und wir sehen nur die Reste der Nacht, schockierte Strolche und blutige Säufer taumeln herum – Gern hätte ich Ma das funkelnd fröhliche Fernseh-L. A. gezeigt oder auch ein bisschen Hollywood, doch wir sahen nur den Schrecken allerletzten Grauens, die geschundenen Junkies und Huren, die verschnürten Koffer und die leeren Ampelkreuzungen, keine Vögel gab es hier, keine Maria – Nur Schmutz und Tod gab es. Obwohl nur ein paar Kilometer jenseits dieses bitter grausigen Pflasters die sacht glänzenden Ufer des Kim-Novak-Pazifiks lagen, den Ma nie sehen würde und wo man den Seehunden *hors d'œuvres* hinwirft – Wo Produzenten sich mit ihren Frauen in einem Film tummeln, den sie nie gedreht haben – Doch die arme Memère sah von L. A. nichts als Zerschundenheit im Morgengrauen, Strolche, manche davon Indianer, tote Bürgersteige, Streifenwagen und Verdammnis, morgendliche Pfiffe wie die morgendlichen Pfiffe von Marseille, abgezehrte, hässliche und grauenhafte Ich-kann-so-nicht-weitermachen-*mierda* kalifornischer Großstadt – Wer je in Amerika gelebt und gelitten hat, weiß, was ich meine! Wer auf Kohlewagen aus Cleveland rausgefahren ist oder auf Briefkästen in Washington, D. C., geglotzt hat, weiß es! Wer in Seattle blutete oder in Montana! Oder wer aus Minneapolis flüchtete! Oder in Denver starb! Oder in Chicago weinte oder in Newark sagte: «Tut mir leid, ich brenne!» Oder in Winchendon Schuhe verkauft hat! Oder in Philadelphia ausgebrannt ist? Oder in Toonerville verschrumpelte? Ich sage euch, es gibt nichts Schlimmeres als leere Morgengrauenstraßen in einer amerikanischen Stadt, außer unschuldig den Krokodilen im Nil zum Fraß vorgeworfen zu werden, während Katzenpriester dazu grinsen. Sklaven in jeder Toilette, Diebe in allen Löchern, Zuhälter in jeder Kneipe, Gouverneure, die Bordellrazzien genehmigen – Banden schmalztolliger, schwarzjackiger Strolche an jeder Straßenecke, ein paar davon Pachucos, ich bete zu meinem Vater: «Vergib mir, dass ich Memère nur wegen einer Tasse Kaffee all das zumute» – Dieselben Straßen, die ich kannte, aber nicht mit *ihr* – Doch jeder böse Hund versteht in seiner Bosheit einen Mann mit seiner Mutter, also Friede euch allen.

73

Nach einer ganztägigen Fahrt durch die grünen Felder und Obstplantagen des schönen San Joaquin Valley ist sogar meine Mutter beeindruckt, obwohl sie den trockenen Ginster auf den fernen Hügeln kommentiert (und sich bereits zu Recht über das schilfige Ödland der Wüsten von Tucson und

Mojave beschwert hat) – Todmüde sind wir selbstverständlich, aber jetzt auch beinahe da, nur noch achthundert Kilometer das Valley rauf nordwärts bis zur Stadt – umständliche Art auszudrücken, dass wir bei Abenddämmerung in Fresno ankommen, kurz spazieren gehen und wieder einsteigen werden, jetzt mit einem unglaublich energischen Indio als Fahrer (ein Mexikaner aus Madera), und weiter geht's nach Oakland, wobei der Fahrer auf der zweispurigen Valley-Straße (99) pausenlos das Gas durchdrückt und ganze Scharen entgegenkommender Überholer zitternd zurück in die Spur treibt – Er würde sie einfach plattwalzen.

So kommen wir nachts in Oakland an, Samstag (ich kippe den letzten Schluck kalifornischen Fusel mit Busbahnhof-Eiswürfeln runter), und zack, als Erstes sehen wir einen zerschundenen, blutverschmierten Säufer, der durch den Busbahnhof stolpert und Erste Hilfe sucht – Meine Mutter kriegt schon gar nicht mehr die Augen auf, sie hat seit Fresno durchgeschlafen, aber diesen Anblick sieht sie doch und fragt sich seufzend, was als Nächstes kommt, New York? Vielleicht Hell's Kitchen oder die Lower East Side? Ich schwöre mir, ihr was zu bieten, ein schönes kleines Haus, ein bisschen Ruhe und Bäume, so wie es sich mein Vater schon geschworen haben muss, als er mit ihr von New England nach New York zog – Ich schnappe mir unser Gepäck und winke einen Bus nach Berkeley ran.

Bald lassen wir die Innenstadt von Oakland hinter uns, die leeren Kinoschautafeln und öden Zierbrunnen, und rollen durch lange Sträßchen voller alter weißer Häuschen von 1910 und Palmen. Hauptsächlich aber andere Bäume, nordkalifornische, Walnuss, Eiche und Zypressen, und endlich sind wir in der Nähe der University of California, wo ich Ma mit all unsrem Gepäck in eine laubige Straße führe, bis zur trüben

Dämmerlampe des alten Bhikku Ben Fagan, der in seinem Gartenhäuschen über Büchern brütet. Er wird uns zeigen, wo wir ein Hotelzimmer finden, und uns morgen bei der Wohnungssuche helfen, entweder oben oder unten in einem der kleinen Häuser. Außer ihm kenn ich in Berkeley keinen. Und wirklich, als wir durch seinen hohen Rasen ankommen, sehen wir ihn durchs rosenumrankte Fenster, Kopf gebeugt über das Lankavatara-Sutra, und er *lächelt*! Worüber wohl? Über den Schleier der *Maya*? Darüber, wie Buddha oben auf dem Lanka lacht? Hier komme ich, der alte Unglücksmensch mit seiner Mutter, ramponierte Koffer unterm Arm, wie zwei triefend dem Meer entsteigende Gespenster. Und er *lächelt*!

Kurz halt ich meine Mutter tatsächlich am Arm und sage, sie soll leise sein, damit ich ihn betrachten kann (die Mexikaner nennen mich «Abenteurer»), und bei Gott, er sitzt da einfach allein in der Nacht und lächelt über altindische Bodhisattva-Wahrheiten. Mit ihm macht man nichts falsch. Er lächelt richtig *glücklich*, wirklich ein Verbrechen, ihn zu stören – Aber es geht nicht anders, außerdem wird er sich freuen und vielleicht vor Schreck sogar die Maya durchschauen, aber ich muss auf seine Veranda trampeln und sagen: «Hi, Ben, ich bin's, Jack, und das hier ist meine Mutter.» Die arme Memère steht hinter mir, die armen Augen beinahe zugefallen vor unmenschlicher Erschöpfung und obendrein Verzweiflung, *was jetzt*, fragt sie sich, als der große alte Ben zur kleinen, rosenumrankten Tür stapft und mit Pfeife im Mund sagt: «Sieh an, sieh an, was sagt man dazu?» Ben ist zu schlau und auch zu nett, um so was zu sagen wie: «Oh, hallo, wo kommt denn ihr um diese Zeit her?» Ich hatte ihm zwar geschrieben, aber erwartet, im Lauf des Tages anzukommen und erst ein Zimmer suchen zu können, ehe ich bei ihm einfalle, allein vielleicht, während Memère im Hotel ein Magazin gelesen oder ein paar Sandwiches gegessen hätte. Jetzt aber war es zwei Uhr früh und ich mit meinem Latein am Ende, vom Bus aus hatte ich kein einziges Hotel gesehen – Irgendwie wollte ich bei Ben Schutz suchen. Er musste am nächsten Morgen arbeiten. Aber dieses Lächeln, in dieser blumigen Stille, ganz Berkeley längst im Bett, und obendrein über einem Text wie dem Lankavatara-Sutra, in dem Dinge stehen wie: *Sieh das Haarnetz, es ist echt, sagen die Narren,* oder: *Das Leben gleicht dem Spiegelbild des Mondes auf dem Wasser, welcher ist der echte Mond?,* was so viel heißt wie: Ist die Wirklichkeit der unwirkliche Teil der Unwirklichkeit?, oder umgekehrt, wenn man die Tür aufmacht, tritt dann jemand anderes ein, oder ist man das selbst?

74

Und darüber in dieser westlichen Nacht zu lächeln, während Sterne über sein Dach wasserfallen wie Säufer, die mit Laternen in den Ärschen Treppen runterstolpern, diese ganze kühle Taunacht, die ich in Nordkalifornien so liebte (diese Regenwaldfrische), der Geruch nach frischer grüner Minze, die zwischen wirrem, zähem Unkraut und Blumen wächst.

Die kleine Hütte hatte auch ganz schön Geschichte, wie bereits erwähnt, sie war ein Zufluchtsort für Dharmajäger gewesen, an dem wir große Diskussionen über Zen abhielten oder Sexorgien und Yabyum mit Mädchen, wo wir Platten spielten und nachts so lauthals tranken wie Fröhliche Mexikaner, hier in diesem ruhigen Univiertel, aber trotzdem ohne dass sich wer beklagte – Derselbe alte ramponierte Schaukelstuhl stand noch immer auf der kleinen, rosigen Walt-Whitman-Veranda voller Ranken, Blumentöpfe und knorrigem Holz – Hinten waren immer noch Irwin Gardens kleine Töpfe, seine Tomatenpflanzen, vielleicht auch ein paar unserer verlorenen Münzen oder Schnappschüsse – Ben (ein kalifornischer Dichter aus Oregon) hatte dieses hübsche Plätzchen geerbt, nachdem alle anderen sich nach Osten verstreut hatten, manche bis nach Japan (zum Beispiel der alte Dharmajäger Jarry Wagner) – So saß er da nun und lächelte in stiller Kalifornien-Nacht über das Lankavatara-Sutra, ein sonderbarer, süßer Anblick nach Tausenden von Kilometern Busfahrt – Noch immer lächelnd lud er uns ein, uns zu setzen.

«Und jetzt?», seufzt die arme Memère. «Jacky hat mich von meiner Tochter in Florida hierher verschleppt, ohne Pläne, ohne Geld.»

«Hier gibt's 'ne Menge schöne Wohnungen für fünfzig Dollar im Monat», sage ich, «und Ben kann uns bestimmt sagen, wo wir heute Nacht ein Zimmer kriegen.» Rauchend und lächelnd und den Großteil unseres Gepäcks schleppend führt Ben uns zu einem Hotel fünf Straßen weiter, Ecke University und Shattuck, wo wir zwei Zimmer nehmen und uns schlafen legen. Das heißt, während Memère schläft, geh ich mit Ben zurück zum Gartenhäuschen, um alte Zeiten aufzuwärmen. Für uns war das eine seltsame Verschnaufpause zwischen unseren Zen-verrückten Tagen 1955, als wir unsere neuen Gedichte vor großem Publikum in San Francisco lasen (ich eigentlich nie, ich hab nur sozusagen dirigiert, mit einem Weinkrug), und der aufziehenden Ära, in der Zeitungen und Kritiker darüber schrieben und es die «San Francisco Beat Generation Poetry Renaissance» nannten – So saß Ben mit überkreuzten Beinen seufzend da und sagte: «Ach, hier ist nicht viel los. Ich glaub, ich gehe bald zurück nach Oregon.» Ben ist ein großer, rosiger Kerl mit Brille und großen, ruhigen, blauen Augen, wie die Augen eines Mondprofessors oder eher einer Nonne. (Oder von Pat O'Brien, auch wenn er mich fast gekillt hätte, als ich ihn bei unserem ersten Treffen fragte, ob er Ire sei.) Nichts bringt ihn je aus der Fassung, nicht mal meine sonderbare Ankunft mitten in der Nacht mit meiner Mutter; der Mond wird sowieso aufs Wasser scheinen, und die Hühner werden weiter Eier legen, und niemand wird den Ursprung des grenzenlosen Huhns ohne das Ei kennen. «Warum hast du so *gelächelt*, als ich dich durchs Fenster gesehen hab?» Er geht in die winzig kleine Küche und setzt Tee auf. «Ich störe nicht gern deine Einsiedelei.»

«Wahrscheinlich, weil ein Schmetterling zwischen die Seiten geraten war. Als ich ihn befreite, haben die schwarze und die weiße Katze ihn beide gejagt.»

«Und eine Blume hat die Katzen gejagt?»

«Nein, Jack Duluoz kam an, besorgt und mit langem Gesicht, um zwei Uhr früh, und hatte nicht mal 'ne Kerze in der Hand.»

«Meine Mutter wirst du mögen, sie ist eine *wahre* Bodhisattva.»

«Ich mag sie jetzt schon. Ich mag, wie sie dich erträgt, dich und deine irren Fünftausend-Kilometer-Einfälle.»

«Sie wird sich um alles kümmern ... »

Lustig war an Ben, wie er an dem Abend, als Irwin und ich ihn kennenlernten, die ganze Zeit heulend mit dem Gesicht am Boden lag, nichts konnte ihn trösten. Seither hat er aber nie wieder geheult. Er war da grade von einem Sommer auf dem Berg zurück (vom Sourdough), genau wie ich später, hatte ein ganzes Buch neuer Gedichte, die er alle schrecklich fand, und heulte: «Lyrik ist ein Haufen Mist. Wen interessieren denn noch geistige Feinheiten in einer Welt, die schon längst tot, schon längst hinüber ist? Da gibt es nichts zu holen.» Aber jetzt ging es ihm besser, dieses *Lächeln,* das bedeutete: «Spielt keine Rolle mehr. Ich hab geträumt, ich sei ein drei Meter langer Tathagata mit goldenen Zehen, und selbst das war mir egal.» Da sitzt er nun im Lotossitz, leicht nach links gelehnt, und fliegt auf leisen Schwingen durch die Nacht, ein Mount-Malaya-Lächeln im Gesicht. Er wirkt wie blauer Dunst in achttausend Kilometer entfernten Dichterhütten. Er ist ein sonderbarer Mystiker, der allein lebt und über Bücher lächelt. Am nächsten Morgen im Hotel fragt Ma: «Was ist dieser Benny eigentlich für einer? Keine Frau, keine Familie, nichts zu tun? Hat er denn einen Job?»

«Ja, halbtags, er hütet Eier im Universitätslabor, oben auf dem Hügel. Da verdient er grade genug für Bohnen und Wein. Er ist *Buddhist*!»

«Du immer mit deinen Buddhisten! Warum haltet ihr euch nicht an eure eigene Religion?» Aber um neun Uhr früh ziehen wir los und finden wie durch ein Wunder sofort eine gute Wohnung, Erdgeschoss mit Blumengarten, zahlen eine Monatsmiete im Voraus und holen unser Gepäck. Nummer 1943 Berkeley Way, gleich um die Ecke von den Läden, und aus meinem Schlafzimmer seh ich sogar die Golden Gate Bridge überm Wasser hinter all den Dächern, fünfzehn Kilometer weiter. Sogar einen Kamin gibt es. Als Ben Feierabend hat, hol ich ihn zu Hause ab, wir besorgen ein Huhn, eine große Flasche Whiskey, Käse, Brot und was wir sonst noch brauchen, und am Abend betrinken wir uns zu dritt vor dem Kamin der neuen Wohnung, ich brate das Huhn in meinen Töpfen aus dem Rucksack direkt überm Feuer, und wir lassen es uns gutgehen. Ben hat mir ein Geschenk besorgt, einen Tabakstopfer für meine Pfeife, und wir rauchen vor dem Feuer mit Memère.

Aber zu viel Whiskey, und wir werden alle duselig und

dösen weg. In der Wohnung stehen schon zwei Betten, und mitten in der Nacht wache ich auf, höre Memère vom Whiskey stöhnen und begreife, dass unser neues Heim bereits verflucht ist.

75

Außerdem sagt Memère schon jetzt, die Berge von Berkeley würden uns bei einem Erdbeben begraben – Und den Morgennebel kann sie auch nicht ausstehen – Geht sie zu den schönen Supermärkten um die Ecke, hat sie sowieso nicht genug Geld, um das zu kaufen, was sie wirklich möchte – Ich besorge ihr für zwölf Dollar ein Radio und so viele Zeitungen, wie sie nur lesen kann, aber sie ist nicht zufrieden – Sie sagt: «Kalifornien ist duster. Ich geb mein Geld vom Staat lieber in Florida aus.» (Wir leben von meinen $ 100 und ihren $ 84 monatlich.) Langsam wird mir klar, dass sie nie woanders wird leben können als in der Nähe meiner Schwester (ihrer besten Freundin) oder in New York City, was mal ihr großer Traum war. Zwar hat Memère auch mich gern, aber ich tauge nicht zu Frauenklatsch, lese und schreibe fast den gesamten Tag. Ab und zu kommt Ben vorbei, um uns ein bisschen aufzumuntern, doch das zieht sie nur noch weiter runter. («Der ist wie ein alter Opa! Woher kennst du solche Leute? Der ist kein junger Mann, sondern ein lieber alter Opa!») Mit meinem Vorrat an marokkanischen Aufputschpillen schreibe und schreibe ich bei Kerzenlicht in meinem Zimmer, die Ergüsse des alten Engels Mitternacht, sonst gibt es nichts zu tun, oder ich spaziere durch die laubigen Straßen, bemerke den Unterschied zwischen den gelben Laternen und dem weißen Mond, komme heim und male ihn mit Wandfarbe auf billiges Papier, trinke dabei billigen Wein. Memère hat gar nichts zu tun. Bald kommen unsere Möbel aus Florida, der erwähnte Haufen Krempel. Ich sehe ein, dass ich ein dummer Dichter bin, gefangen in Amerika mit einer unglücklichen Mutter, in Armut und in Schande. Es macht mich wahnsinnig, dass ich kein gefeierter Literat bin, der auf einer Farm in Vermont lebt, Hummer kocht und es mit seiner Frau treibt, vielleicht sogar in seinem eigenen Wäldchen meditiert. Ich schreibe und schreibe Absurditäten, während die arme Memère im Nebenzimmer meine alten Hosen flickt. Ben Fagan sieht, wie traurig all das ist, und legt lachend den Arm um mich.

76

Und eines Abends gehe ich ins Kino ein paar Straßen weiter und verliere mich drei Stunden lang in tragischen Geschichten über andere Leute (Jack Carson, Jeff Chandler), und als ich gegen Mitternacht rauskomme, blicke ich die Straße runter auf die San Francisco Bay, hatte vollkommen vergessen, wo ich bin, sehe jetzt die Golden Gate Bridge durch die Nacht leuchten und *erschaudere entsetzt.* Meine Seele stürzt ins Bodenlose. Irgendwas hat diese Brücke, irgendetwas *Dusteres,* wie Ma sagt, irgendwas wie die vergessenen Details eines diffusen Secanol-Albtraums. Fünftausend Kilometer weit gekommen, nur damit es einen so schaudert – und daheim verkriecht Memère sich in ihren Tüchern und weiß nichts mit sich anzufangen. Das ist doch alles nicht zu glauben. Und zum Beispiel haben wir ein hübsches kleines Badezimmer, aber mit schräger Decke, und wenn ich jeden Abend glückliche Schaumbäder mit heißem Wasser und Joy-

Flüssigseife nehme, meckert Memère, sie habe Angst vor der Wanne! Darin wird sie garantiert nicht baden, sagt sie, da würde sie nur stürzen. Sie schreibt meiner Schwester Briefe, und unsere Möbel sind noch nicht mal angekommen!

Mein Gott! Wer wollte schon geboren werden? Was tun mit tristen Fußgängergesichtern? Was tun mit Ben Fagans qualmender Pfeife?

77

Doch dann kommt eines nebeligen Morgens der irre Alex Fairbrother, ausgerechnet in Bermuda-Shorts, und lädt ein *Bücherregal* bei mir ab, gar kein richtiges Regal, sondern nur Backsteine und Bretter – Der alte Alex Fairbrother, der mit mir und Jarry auf den Berg gestiegen ist, als wir noch Dharmajäger waren, die sich um gar nichts scherten – Inzwischen hat die Zeit uns eingeholt – Außerdem will er mir einen Tageslohn dafür bezahlen, dass ich mit ihm ein Haus in Buena Vista herrichte, das ihm gehört – Statt Memère freundlich hallo zu sagen, spricht er sofort mich an, genau wie 1955, ignoriert sie sogar noch, als sie ihm einen Kaffee bringt: «So, so, Duluoz, bist du also wieder an der Westküste. Apropos feine Leute aus Virginia, wusstest du, dass die zurück nach England reisen – zur Fuchsjagd – Der Bürgermeister von London hatte etwa fünfzig Stück zu Gast, bei der 350-Jahr-Feier, und Elizabeth II hat ihnen die Perücke von Elizabeth I für eine Ausstellung geliehen (glaube ich), und noch 'ne Menge anderes Zeug, das vorher noch nie den Tower verlassen hatte. Ich hatte mal was mit einer aus Virginia, weißt du ... Was sind diese Mescaleros eigentlich für Indianer? Die Bücherei hat heute zu ...», und Memère in der Küche denkt, all meine Freunde haben einen *Knall.* Aber diesen Tageslohn von Alex konnte ich tatsächlich brauchen. Ich war schon bei einer Fabrik gewesen, wo ich vielleicht hatte nach Arbeit fragen wollen, aber nach einem Blick auf zwei Jungs, die Kisten nach den Anweisungen eines blöde aussehenden Vorarbeiters rumschoben, der sie in der Mittagspause vermutlich über ihr Privatleben ausquetschte, war ich gleich wieder weg – Ich war sogar beim Arbeitsamt, ging aber nur rein und wieder raus wie eine Romanfigur bei Dostojewski. Wenn man jung ist, arbeitet man, weil man glaubt, man bräuchte das Geld. Wenn man alt ist, weiß man, dass man gar nichts braucht außer dem Tod, also warum arbeiten? Außerdem heißt «arbeiten» ja immer nur arbeiten für andere, man schiebt die Kisten eines anderen rum und fragt sich: «Warum schiebt der seine Kisten eigentlich nicht selbst?» Und in Russland denkt der Arbeiter wahrscheinlich: «Warum schiebt die Sowjetunion ihre Kisten eigentlich nicht selbst?» Für Fairbrother arbeiten hieß wenigstens, für einen Freund zu arbeiten: Ich sollte Büsche für ihn schneiden, und da konnte ich immerhin denken: «Na gut, schneid ich eben einen Busch für Alex Fairbrother, der ist lustig und ist vor zwei Jahren mit mir auf einen Berg gestiegen.» Jedenfalls gingen wir am nächsten Morgen zu Fuß zur Arbeit, und als wir eine kleine Nebenstraße überquerten, kam plötzlich ein Cop an und brummte uns je $ 3 Bußgeld auf, weil wir bei Rot über die Straße gegangen waren, und damit war der halbe Tageslohn schon futsch. Ungläubig blickte ich ins kalte Kaliforniergesicht des Cops. «Wir haben uns unterhalten und die Ampel übersehen», sagte ich, «außerdem ist es erst acht Uhr früh, und auf der Straße ist nichts los!», und obendrein hat er doch wohl gesehen, dass wir Schaufeln auf der Schulter hatten und zur Arbeit gingen.

«Ich mach nur meine Arbeit», sagt er, «so wie Sie.» Ich schwor mir, nie mehr eine «Arbeit» in Amerika anzunehmen, komme, was da wolle. Doch das war natürlich nicht ganz einfach, zumal ich ja für Memère sorgen musste – Ein langer Weg vom verschlafen blauromantischen Tanger zu den leeren blauen Augen eines amerikanischen Verkehrscops, irgendwie sentimental, wie die Augen eines Junior-High-School-Schulrats, nein, eher irgendwie *un*-sentimental, wie die Augen von Heilsarmeetanten, die an Heiligabend Tamburine schlagen. «Mein Job ist eben, auf die Einhaltung der Gesetze zu achten», sagt er lustlos: Die reden schon gar nicht mehr von Recht und Ordnung, denn es gibt so viele schwachsinnige Gesetze, demnächst wahrscheinlich noch eins gegen das Furzen, sodass man vor lauter *Ver*ordnung schon längst nicht mehr von «Ordnung» sprechen kann. Während er uns seinen Vortrag hält, überfällt bestimmt zwei Straßen weiter irgendein Spinner in einer Halloweenmaske ein Lagerhaus, oder noch schlimmer, irgendein Stadtrat bringt einen Gesetzesvorschlag ein, der härtere Strafen fürs «verkehrswidrige Überqueren der Fahrbahn» fordert – Im Geist sehe ich George Washington, wie er bei Rot über die Straße geht, ohne Hut und in Gedanken, über Republiken nachdenkend wie Lazarus, und an der Ecke Polk und Market läuft er einem Polizisten in die Arme –

Jedenfalls, Alex Fairbrother weiß das alles und nimmt die ganze Nummer analytisch-satirisch, lacht darüber auf seine seltsam humorlose Art, und der Rest des Tages wird sogar ziemlich lustig, auch wenn ich ein bisschen mogle, als er mich bittet, einen Haufen Gestrüpp zu entsorgen, werfe ich das Zeug einfach über die Mauer aufs Grundstück nebenan, weiß, dass er das bestimmt nicht sieht, weil er auf den Knien durch den Keller kriecht und mit den Händen eimerweise

Dreck zusammenscharrt, den ich dann wegtragen darf. Er ist echt ein schräger Vogel, karrt dauernd Möbel durch die Gegend, renoviert Sachen und Häuser: Wenn er ein Häuschen auf einem Hügel in Mill Valley mietet, baut er ewig selbst eine Terrasse an, zieht dann aber plötzlich aus, woandershin, und reißt als Erstes die Tapete runter. Man staunt kein bisschen, wenn er einem auf der Straße mit zwei Klavierhockern entgegenkommt, oder mit vier leeren Bilderrahmen, oder einem Dutzend Bücher über Farne, schlau werde ich nicht aus ihm, aber ich hab ihn gern. Einmal hat er mir eine Schachtel Pfadfinderkekse geschickt, die nach ein paar tausend Kilometern Postweg vollkommen zerbröselt waren. Ja, er hat *selbst* was Bröseliges an sich. Er zieht kreuz und quer durch die USA, bröselt sich von einem Job zum nächsten als Bibliothekar, wobei er offenbar die Bibliothekarinnen verwirrt. Er ist sehr gebildet, aber auf so vielen verschiedenen, getrennten Gebieten, dass keiner mehr mitkommt. In Wahrheit ist er ziemlich traurig. Seufzend wischt er sich die Brille ab und sagt: «Was mir ernsthaft Sorgen macht, ist, wie die Bevölkerungsexplosion die amerikanische Hilfe schwächen wird – vielleicht sollten wir denen Gleitgel in Shell-Fässern schicken? Das wäre mal ein ganz neues Tide Gamble, *made in America.*» (Damit meint er etwas, das im Ausland auf den Waschmittelkartons der Marke Tide steht, er weiß also, wovon er spricht, nur versteht es sonst keiner.) In dieser diffusen Welt versteht man ja schon kaum, wieso einer *existiert*, ganz zu schweigen davon, wieso er so *drauf ist*, wie er drauf ist. Wie Bull Hubbard immer sagte, das Leben ist «unerträglich öde.» – «Mir ist fad, Fairbrother», sage ich schließlich –

Seufzend nimmt er seine Brille ab, sagt: «Versuch's mal mit Suave. Die Azteken haben Adleröl benutzt. Irgend so ein langer Name, fing mit ‹Q› an und hörte mit ‹Öl› auf. Quetzlacoatl. Da konnten sie die Schmiere immer mit einer gefiederten Schlange abwischen. Vielleicht kitzelten sie einem sogar das Herz, bevor sie's rausrissen. In der amerikanischen Presse wird das nicht immer klar, die haben so lange Schnurrbärte in ihren Schreibmappen.»

Da wurde mir plötzlich klar, dass er nur ein irrer einsamer Poet war, der einen endlosen Gedichtemonolog murmelte, Tag und Nacht, für sich und jeden, der zuhörte.

«Du hast Quetzalcoatl falsch ausgesprochen, Alex: Man sprich das Kwet-*sa*-kwate. So wie man Coyotl Ko-*yo*-te spricht und Peotl Pey-*o*-te und Popocatepetl, den Vulkan, Popo-ca-*tep*-ate.»

«Tja, da trittst du wohl auf einen ein, der längst am Boden liegt, ich sprech's nur aus wie früher immer auf der Mount-Sinai-Beobachtungsstation ... Wie soll man schließlich D. O. M. aussprechen, wenn man in einer Höhle lebt?»

«Keine Ahnung, ich bin nur ein kornischer Kelte.»

«Die kornische Sprache heißt Kernuak. Kymrische Sprachfamilie. Würde man das C bei *Celt* und *Cymry* weich aussprechen, müsste auch Cornwall Sornwall heißen statt Kornwall, und was würde dann aus all dem Korn, das wir gegessen haben. Wenn du nach Bude kommst, nimm dich vor dem Sog in Acht. Schlimmer noch in Padstow, wenn man gut aussieht. Am besten geht man in ein Pub und trinkt auf Mr. Penhagard, Mr. Ventongimps, Mr. Maranzanvose, Mr. Trevisquite und Mr. Tregeargate, oder man gräbt Kistvaens und Cromlechs aus. Oder betet die Erde in den Namen von St. Teath, St. Erth, St. Breoc, St. Gorran und St. Kew an, und baufällige Zinnminenschornsteine sind auch nicht weit. Heil dem Schwarzen Prinzen!» Das sagte er, während wir bei Sonnenuntergang die Scheaufeln heimtrugen und Eis aßen (dass ich hier «Schaufeln» falsch schreibe, kann mir wohl keiner übelnehmen).

Er fügt hinzu: «Klare Sache, Jack, was du brauchst, ist ein Land Rover und Camping in der Inneren Mongolei, außer du willst eine Nachttischlampe mitnehmen.» Alles, was ich da noch tun konnte, was jemals jemand tun kann, ist über all das hilflos mit den Schultern zu zucken, aber er macht immer weiter.

Zurück bei mir zu Hause waren grade die Möbel aus Florida angekommen, und Ma und Ben zwitscherten Wein und packten aus. Der gute alte Ben hatte Wein mitgebracht, als hätte er gewusst, dass Ma in Wahrheit gar nicht auspacken, sondern nur wieder nach Florida ziehen wollte, was wir drei Wochen später auch taten, in diesem verworrenen Jahr meines Lebens.

78

Ben und ich betranken uns ein letztes Mal, saßen bei Mondlicht im Gras und tranken Whiskey aus der Flasche, juhu und hurra wie in den guten alten Zeiten, im Schneidersitz einander gegenüber brüllten wir Zen-Fragen: «Hat unter dem stillen Baum jemand mein Palmkätzchen zerblasen?»

«Warst du's?»

«Warum schlafen Weise immer mit offenem Mund?»

«Weil sie mehr saufen wollen?»

«Warum knien Weise im Dunkeln?»

«Weil sie knirschen?»

«In welche Richtung ging das Feuer?»

«Nach rechts.»

«Und woher weißt du das?»

«Weil es mich verbrannt hat.»

«Und woher weißt du das?»

«Wusste ich gar nicht.»

Und noch mehr solcher Unsinn, außerdem lange Geschichten über unsere Kind- und Vergangenheiten: «Ist dir klar, Ben, dass es jetzt, wo alle drüber schreiben, bald so viele Kind- und Vergangenheiten geben wird, dass alle verzweifelt das Lesen aufgeben – Eine Sturmflut von Kind- und Vergangenheiten wird es geben, ein Riesenhirn wird sie mikroskopisch klein auf Film drucken müssen, zwecks Aufbewahrung in einem Magazin auf dem Mars, um dem Himmel siebzig Kotis zu geben, damit er das noch alles lesen kann – Siebzig Millionen *Millionen* Kotis! – Hurrahurra!! – Alles ist frei! –»

«Niemand muss sich mehr den Kopf zerbrechen, wir können alles sich selbst überlassen, mit japanischen Fickmaschinen, die pausenlos Chemiepuppen ficken, mit Roboterkrankenhäusern und Rechenautomatenkrematorien, und einfach abhauen und frei im Universum sein!»

«In der Freiheit der Ewigkeit! Wir können einfach schweben wie Khans auf einer Wolke, die Samapatti-TV kucken.»

«Das machen wir ja jetzt schon.»

Eines Abends nahmen wir sogar Peotl, diese Chihuahuamexikanischen Kaktusknospen, von denen man nach drei Stunden fader Übelkeit Visionen kriegt – An diesem Tag hatte Ben mit der Post einen Satz buddhistischer Mönchskutten aus Japan bekommen (von Freund Jarry), und ich wollte mit meinen jämmerlichen Haushaltsfarben unbedingt großartige Bilder malen. Folgendes als Eindruck vom Wahnsinn und von der Harmlosigkeit zweier Bekloppter, die einsam Poesie studieren: Die Sonne geht unter, die normalen Leute in Berkeley sitzen beim Abendessen (in Spanien trägt das Abendessen den traurig demütigen Namen «La Cena», mit all seinen Konnotationen von irdisch-einfach-karger Nahrung für Lebewesen, die ohne sie nicht leben können), aber Ben und ich haben einen Klumpen grünen Kaktusbrei im Magen, unsere Augen sind pupillenweit und wild, und da sitzt er in der irren Kutte völlig reglos auf dem Fußboden, starrt in die Dunkelheit, die hochgereckten Daumen aneinander, verweigert jede Antwort, als ich ihn aus dem Garten rufe und wirklich und wahrhaftig den alten Vorhimmel-Himmel alter Zeiten in seinen ruhigen Augäpfeln sehe, wie funkelnde Kaleidoskope in dunkelblauer, rosaroter Pracht – Und da bin *ich*, knie im Halbdunkel auf dem Rasen, gieße Lackfarbe auf Papier und *puste* drauf, bis sie aufblüht und verläuft, und das wird ein großes Meisterwerk, doch plötzlich landet ein armer kleiner Käfer in der Farbe und bleibt kleben – Also verbringe ich die letzte halbe Stunde Zwielicht im Versuch, den Käfer aus meinem klebrigen Meisterwerk zu befreien, ohne ihn zu verletzen oder ihm ein Beinchen auszureißen, aber keine Chance – So liege ich dann da, sehe den kleinen Käfer in der Farbe kämpfen und begreife, dass ich gar nicht hätte malen sollen, dem kleinen Insekt zuliebe, was immer es auch ist oder noch wird – So ein sonderbarer *drachen*hafter kleiner Käfer, edle Stirn und Züge – Mir kommen fast die Tränen – Am nächsten Morgen ist die Farbe trocken und der Käfer tot – In ein paar Monaten ist sein Staub ganz von dem Bild verschwunden – Oder hat Fagan den Käfer aus seinem magischen Sampatti-Traum geschickt, um mir zu zeigen, dass *art so sure and art so pure* in Wahrheit weder rein noch sicher ist? (Was mich daran erinnert, wie ich mal so geschwind geschrieben habe, dass ich einen Käfer mit einem schnellen Bleistiftstreich killte, ach –)

79

Was tun wir also alle hier in diesem Leben, das uns so sehr wie leeres Nichts begegnet, uns aber doch vor einem Tod in Schmerz, Verfall, Alter und Grauen warnt –? Hemingway nannte es einen miesen Trick. Vielleicht ist es sogar eine uralte Tortur, uns allen auferlegt von einem bösen Weltraum-Inquisitor, so wie die Tortur mit dem Sieb und der Schere, oder sogar die mit dem Wasser, wo sie einen mit an die Daumen gebundenen Zehen ins Wasser werfen, o Gott – Nur Luzifer könnte so grausam sein, und *ich bin Luzifer,* aber so grausam bin ich nicht, ja Luzifer kommt sogar in den Himmel – Warme Lippen an warmen Hälsen in Betten auf der ganzen Welt versuchen, sich vor dieser schmutzigen Tortur durch Tod zu drücken –

Als wir wieder nüchtern sind, sag ich zu Ben: «Wie geht das bloß mit all dem Grauen überall?»

«Das ist Mutter Kali, die umhertanzt, um zu fressen, was sie mal geboren hat, sie frisst es einfach wieder in sich rein – Sie trägt umwerfenden Tanzschmuck und ist über und über mit Seide und Flitter und Federn bedeckt, ihr Tanz macht die Männer verrückt, das einzig Unbedeckte an ihr ist ihre Vagina, und die ist umkränzt von einer Mandala-Krone aus Jade, Lapislazuli, Karneol, roten Perlen und Perlmutt.»

«Keine Diamanten.»

«Nein, das wäre zu ... »

Ich frage meine Mutter was das soll mit all unserem Grauen und Unglück, erschrecke sie allerdings lieber nicht mit Mutter Kali, doch dann geht sie sogar noch weiter, sagt: «Menschen müssen recht tun – Lass uns aus diesem kranken Kalifornien abhauen, mit den Cops, die einen nicht zu Fuß gehen lassen, dem Nebel und diesen verdammten Hügeln, die über einem einstürzen, und dann zurück nach *Hause.*»

«Aber wo ist zu Hause?»

«Zu Hause ist bei der Familie – Du hast nur eine Schwester – Ich hab nur einen Enkel – Und nur einen Sohn, *dich* – Ziehen wir doch alle zusammen und leben *in Ruhe.* Leute wie dein Ben Fagan, dein Alex Poorbrother, dein Irwin Gazootsky, die *wissen* doch nicht, wie man lebt! Man braucht Spaß, gutes Essen, gute Betten und sonst nichts – *La tranquilité qui compte!* – Vergiss das Getue und die Sorgerei, schaff dir ein Paradies in dieser Welt, dann kommt das in der nächsten von allein.»

In Wahrheit kann es kein Paradies für das lebende Lamm geben, aber jede Menge für das tote, okay, ist ja nicht mehr lange hin, trotzdem werde ich Memère folgen, weil sie von *Ruhe* spricht. Tatsächlich hat sie nicht gemerkt, dass *ich* Ben Fagans Ruhe ruiniert habe, indem ich hierherkam, aber gut. Wir fangen bereits an zu packen. Wie gesagt, sie kriegt jeden Monat einen Scheck vom Staat, und in einem Monat kommt mein Buch raus. Was sie mir mitteilt, ist in Wahrheit eine Botschaft über Ruhe: In einem früheren Leben war sie bestimmt (sofern ein einzelnes Seelenwesen überhaupt so etwas wie ein früheres Leben haben kann) – war sie bestimmt Oberin in einem entlegenen griechischen oder andalusischen Nonnenkloster. Wenn sie abends ins Bett geht, hör ich ihren Rosenkranz rasseln. «Wen interessiert die Ewigkeit! wir wollen das Hier und Jetzt!», rufen die Schlangentänzer auf den Straßen und bei Aufständen und Guernica-Handgranaten und Fliegerbomben. Wenn meine Mutter nächtens süß auf ihrem Kissen aufwacht und die müden frommen Augen aufschlägt, denkt sie sicher: «Ewigkeit? Hier und Jetzt? Was reden die da bloß?»

Mozart hat das auf dem Sterbebett bestimmt gewusst –
Und vor allem Blaise Pascal.

80

Die einzige Antwort, die Alex Fairbrother auf meine Frage über das Grauen weiß, gibt er mir mit den Augen, denn seine Worte sind hoffnungslos in einen Joyce'schen Wissensstrom verstrickt: «Grauen überall? Klingt nach 'ner guten Idee für ein neues Touristenbüro? Man kann Coxey's Army durch die Canyons von Arizona ziehen und Tortillas und Eiscreme von schüchternen Navajos kaufen lassen, bloß dass die Eiscreme in Wahrheit Peyote-Eis ist, grün wie Pistazie, und alle gehen nach Haus und singen Adios Muchachos Companéros de la Vida –»

Oder so was in der Art. Nur in seinen seufzenden Augen sieht man es, in seinen *bröselnden* Augen, seinen desillusionierten Pfadfinderführeraugen …

Und dann, um das Maß vollzumachen, kommt Cody eines Tages über unsere Veranda und ins Haus gerannt und will sich dringend zehn Dollar für Pot von mir leihen. Ich bin praktisch überhaupt nur nach Kalifornien gekommen, damit ich in der Nähe vom alten Kumpel Cody bin, aber seine Frau wollte diesmal nicht helfen, wahrscheinlich, weil ich Memère dabeihabe, wahrscheinlich, weil sie befürchtet, er könnte mit mir wieder durchdrehen, so wie als wir vor Jahren unterwegs waren – Ihm ist es gleich, er hat sich nicht geändert, er will sich nur zehn Dollar leihen. Er sagt, er käme bald zurück. Unterdessen leiht er sich noch Bens *Tibetanisches Totenbuch*, ebenfalls zehn Dollar wert, und stürmt davon, muskulös wie immer in T-Shirt und ausgefranster Jeans, noch immer der verrückte Cody. «Gibt's hier irgendwelche Mädchen?», ruft er noch besorgt, während er schon Gas gibt.

Aber eine Woche später fahr ich mit Memère nach San Francisco, lasse sie Cable Car fahren und in Chinatown essen und Spielsachen kaufen und in der großen katholischen Kirche an der Columbus Avenue auf mich warten, während ich zum Place düse, Codys zweitem Wohnzimmer, um mir die $ 10 zurückzuholen. Und da sitzt er wirklich, trinkt Bier und spielt Schach mit «The Beard». Er tut überrascht, doch er weiß, ich will mein Geld. Er wechselt an der Bar einen Zwanziger und zahlt mich aus und kommt dann sogar mit, um Memère in der Kirche abzuholen. Als wir eintreten, geht er auf die Knie und bekreuzigt sich wie ich, und Memère dreht sich um und sieht uns. Da erkennt sie, dass Cody und ich verheerend liebenswerte Freunde sind und wirklich keine schlimmen Finger.

Drei Tage später knie ich grade auf dem Fußboden, packe eine Kiste Vorabexemplare meines Romans *Road* aus, der von Cody und von mir handelt, von Joanna und Slim Buckle, und Memère ist grade einkaufen, ich also allein zu Hause, da erscheint in der Verandatür leise goldenes Licht, und ich blicke auf: Da stehen Cody, Joanna (goldblonde Schönheit), der lange Slim Buckle und dahinter der eins dreißig kleine Liliputaner Jimmy Low (den aber niemand «Liliputaner» nennt, sondern alle einfach Jimmy, nur Deni Bleu nennt ihn den «Kleinen Mann»). Im goldenen Licht sehen wir einander an. Kein Mucks. Außerdem erwischen sie mich quasi in flagranti (und wir müssen alle grinsen) mit einem Exemplar von *Road*, bevor ich auch nur selbst den ersten Blick darauf geworfen habe! Automatisch reiche ich eins Cody, der ja immerhin der Held des armen, irren, elenden Buches ist. Nicht zum ersten Mal in meinem Leben ist eine Begegnung mit

Cody von goldenem Licht durchflutet, eine andere kommt später noch, auch wenn ich keine Ahnung habe, was das zu bedeuten hat, außer dass Cody wirklich eine Art auf diese Welt herabgestiegener Engel oder Erzengel ist und ich es erkenne. Das ist schon was, so etwas heutzutage zu sagen! Vor allem angesichts des wilden Lebens, das er inzwischen führte und das in einem halben Jahr noch tragisch enden sollte, wie ich gleich erzählen werde – Es ist schon wirklich was, heutzutage von Engeln zu reden, wo gemeine Diebe die Rosenkränze ihrer Opfer auf der Straße zerschlagen … Wo die höchsten Ideale auf Erden auf Monat und Tag irgendeiner grausam blutigen Revolution basieren, ja wo die höchsten Ideale nichts als neue *Gründe* sind, Menschen zu ermorden und auszuplündern – Und Engel? Wo wir doch niemals einen Engel sahen, was also für ein Engel? Doch wie Christus sagte: «Da ihr meinen Vater nie gesehen habt, wie wollt ihr also meinen Vater kennen?»

81

Vielleicht irre ich mich auch, und all die christlichen, islamischen, neuplatonischen, buddhistischen, hinduistischen und Zen-Mystiker der Welt lagen falsch mit dem transzendentalen Rätsel des Seins, aber das glaub ich nicht – Wie die dreißig Vögel, die Gott erreichten und sich in Seinem Spiegel schauten. Die dreißig *Dirty Birds,* diese 970 von uns Vögeln, die es nie übers Tal der Göttlichen Erleuchtung hinausschafften, aber trotzdem Vollkommenheit erlangten – Jetzt aber zum armen Cody, obwohl das meiste von ihm schon erzählt ist. Er glaubt an das Leben, und er *will* in den Himmel, aber weil er das Leben so liebt, kostet er es so sehr aus, dass er sich für einen Sünder hält, der niemals in den Himmel kommt – Er war, wie gesagt, Ministrant gewesen, selbst als er Geld für seinen nichtsnutzigen Vater schnorrte, der sich in finsteren Gassen verkroch. Nicht mal zehntausend kaltäugige materialistische Funktionäre, die angeblich das Leben lieben, könnten es jemals so sündennah auskosten und würden auch nie in den Himmel kommen – Schmähen sie den heißblütigen Lebenslieber mit kalten Papieren auf einem Schreibtisch, weil sie kein Blut und darum keine Sünde in sich haben? Nein! Sie sündigen durch Leblosigkeit! Sie sind die ins Heilige Reich der Sünde eingetretenen Menschenfresser des Gesetzes! Ach, ich muss das ohne Essays und Gedichte klarmachen – Cody hatte eine Frau, die er sehr liebte, und drei Kinder, die er sehr liebte, und ordentliche Arbeit bei der Eisenbahn. Aber wenn die Sonne unterging, wurde ihm das Blut heiß: heiß auf alte Geliebte wie Joanna, heiß auf alte Freuden wie Marihuana und Gespräche, heiß auf Jazz, auf die Fröhlichkeit, die sich jeder ehrbare Amerikaner von einem Leben wünscht, das im von Gesetzen befallenen Amerika jedes Jahr weiter ausdörrt. Doch er verkniff sich seinen Wunsch nicht und rief: *Dröge!* Nein, er ließ nichts aus. Er lud sein Auto mit Freunden, Alkohol und Pot voll und streifte herum auf der Suche nach dem Rausch wie ein Feldarbeiter am Samstagabend in Georgia, wenn der Mond die Destille kühlt und unten im Tal die Gitarren jaulen. Er war von robustem Mississippi-Schlag, stand fest auf beiden Beinen. Wir alle haben ihn *schwitzend* auf Knien zu Gott beten sehen! Als wir damals nach San Francisco fuhren, sperrte die Polizei großräumig die Straßen von North Beach ab, um Verrückte wie ihn aufzugreifen. Wie durch ein Wunder liefen wir mit Taschen voller Flaschen und Pot einfach mittendurch, lachten mit den Mädchen, mit dem kleinen Jimmy und gingen auf Partys, in Bars, in Jazzkeller.

Was wollten diese Cops da nur? Warum fahndeten die nicht nach Mördern und Räubern? Als ich das mal einem Polizisten riet, der uns anhielt, weil ich den Wagen eines Freundes mit einer Bahnlampe einwinkte, damit er nirgendwo gegenkrachte, sagte dieser Polizist: «Sie haben ja eine blühende Fantasie, was?» (Was hieß, ich sei vielleicht selbst ein Mörder oder Räuber.) Das bin ich nicht, und Cody auch nicht, denn dazu muss man DRÖGE sein! Man muss das Leben HASSEN, um es zu berauben und zu töten.

82

Doch genug von Kalifornien fürs Erste – Später hatte ich zwar noch einige Erlebnisse in Big Sur, aber wirklich grauenhafte, so grauenhaft, wie's eben ist, wenn man älter wird und der letzte Augenblick einen zwingt, *alles* zu probieren, völlig *durchzudrehen,* nur um rauszufinden, was das Nichts draus macht – Sagen wir einfach, als Cody sich damals von uns allen verabschiedete, sah er mir dabei zum ersten Mal nicht in die Augen, sondern blickte ausweichend zur Seite – Ich weiß bis heute nicht, wieso – Ich wusste, irgendwas würde da schiefgehen, und es ging gewaltig schief, ein paar Monate später wurde er wegen Pot-Besitz verhaftet und fegte zwei Jahre die Werkstatt in San Quentin, obwohl ich zufällig weiß, dass der wahre Grund für seine furchtbare Tortur auf dieser Welt nicht war, dass er zwei Zigaretten in der Tasche hatte (zwei bärtige Beatniks in Bluejeans in einem Auto fragen: «Wohin so eilig, Mann?», und Cody sagt: «Fahrt mich schnell zum Bahnhof, ich komm zu spät zu meinem Zug») (seinen Führerschein war er wegen Rasens los) («Ihr kriegt auch 'n bisschen Pot dafür»), und die zwei entpuppen sich als Bullen in Zivil – Nein, der wahre Grund, abgesehen davon, dass er mir nicht in die Augen schaute, war, dass ich ihn seine Tochter mal quer durchs Zimmer habe prügeln sehen, eine tränenreiche Züchtigungsszene, und daher kam sein schlechtes Karma – Auge um Auge und Zahn um Zahn – Allerdings würde Cody in zwei Jahren ein noch besserer Mensch werden als je zuvor, wenn er all das womöglich selber einsah – Was aber, gemäß dem Gesetz von Auge um Auge, verdiene ich eigentlich selbst?

83

Ach, nur wieder mal ein kleines Erdbeben – Memère und ich fahren per Greyhound den ganzen elendigen Weg zurück nach Florida, die Möbel wieder hinterher, finden eine günstige Wohnung mit Veranda hinterm Haus und ziehen ein – Die Abendsonne brennt erbarmungslos auf das Blechdach der Veranda, und ich nehme schwitzend und krepierend täglich dutzendweise kalte Bäder – Außerdem werde ich sauer, weil mein armer kleiner Neffe Lil Luke ständig meine Pecan-Sandy-Kekse aufisst (ein wirklich keksdummer Grund für einen der benebeltsten Fehler meines Lebens), und nehme fuchsteufelswild einen Bus *zurück* nach Mexiko, nach Brownsville, über die Grenze bei Matamoros und dann noch anderthalb Tage bis Mexico City – Aber wenigstens geht es Memère gut, weil sie nur zwei Straßen von meiner Schwester weg wohnt und ihre Verandawohnung ziemlich gern hat, weil es in der Küche einen Tresen gibt, den sie «Gabe's Bar» nennt – Und all ihr Herzen, die ihr das Leben liebt, erkennt, dass lieben *lieben* heißt – Auch wenn ich in den unsagbaren Geistesdüsternissen eines Seelengeschichtenschreibers des

20. Jahrhunderts verloren bin und ohne guten Grund wieder ins Düstere Mexiko fahre – Ich wollte immer schon ein Buch schreiben, um irgendwen zu rechtfertigen, weil es so schwer ist, *mich* zu rechtfertigen, ein nicht zu rechtfertigender Trip, doch vielleicht seh ich dort ja den alten Gaines wieder – Er ist nicht mal da.

Ach, ihr meerschaumglücklichen, denkenden traurigen Gentlemen im Londoner Nebel, wie würde es euch ereilen? – Galgen bei Morgengrauen für einen rohen Richter mit Schicksalsperücke? – Ich ging zu der alten Adresse, um Old Bull zu treffen, das Loch im Fenster war repariert, ich stieg die Treppe hoch aufs Dach zu meiner alten Zimmerzelle und den Waschfrauen – Eine junge, saubere Spanierin hatte meine Bude bezogen und die Wände neu geweißelt, saß dort zwischen Spitzendecken und sprach mit meiner alten Hausherrin, und ich fragte: «Wo ist denn Mister Gaines?» – Und als sie sagte: *«Señor Gaines se murio»*, verstand ich in meinem unbegreiflichen Franzosenhirn «Mister Gaines hat sich getodet» – Doch sie meinte, er sei nach meiner Abreise gestorben – Fürchterlich, aus einem Menschenmund zu hören, dass ein Leidensgenosse schließlich gestorben ist, die Zeit hastig verschlungen, den Raum tapfer durchpflügt, und trotz aller logisch-spiritueller Schlüsse doch gestorben – Endgültig aus dem Staub gemacht – Den Milch-&-Honig-Leib zu Gott getragen, ohne auch nur kurz Bescheid zu sagen – Sogar der Grieche im Laden an der Ecke sagte es: *«Señor Gahr-va se murio»* – Er hat sich aufgetodet – Er, der weinte, als ich und Irwin und Simon am letzten Tag zurück nach Amerika und in die Welt flohen, und wozu eigentlich? – Also wird der alte Todes-Gaines nun nie wieder mit mir im Taxi Richtung Nirgendwo fahren – und mich nie mehr in der Kunst des Lebens und des Sterbens unterweisen –

84

Und so fahre ich in die Innenstadt und nehme mir zum Trost ein teures Zimmer – Aber ein finsteres Marmorhotel ist das – Ohne Gaines ist ganz Mexico City ein finsteres Marmorgewirr – Wie wir in dieser endlosen Düsternis weiterleben, wird mir ein ewiges Rätsel bleiben – Lieben, Leiden, Arbeiten, das ist mein Familienmotto (Lebris de Keroack), aber offenbar leide ich mehr als alle anderen – Old Honeyboy Bill ist jedenfalls sicher im Himmel – Nur, Wo Geht Jack Jetzt Hin? – Zurück nach Florida oder New York? – Zu noch mehr Leere? – Der alte Denker hat zum letzten Mal gedacht – Ich lege mich ins Bett in meinem neuen Hotelzimmer und schlafe trotzdem schnell, was könnte ich schon tun, um Gaines das zweifelhafte Privileg des Lebens wiederzuverschaffen? – Er gibt trotzdem sein Bestes, mich zu segnen, doch an diesem Abend bringt Gina Lollobrigida einen Buddha zur Welt, und das Zimmer knarzt, die Kommodentür knarzt langsam hin und her, die Wände ächzen, mein ganzes Bett wogt so, dass ich mich frage: «Bin ich hier auf dem Meer?», aber ich kapiere, dass ich nicht auf dem Meer bin, sondern in Mexico City – Und doch schaukelt das ganze Zimmer wie ein Schiff – Ein gewaltiges Erdbeben erschüttert die Stadt – Wie war das Sterben, alter Freund? – Leicht? – Ich rufe: *«Encore un autre petrain!»* (wie beim Sturm auf dem Meer) und krieche schnell unters Bett, falls noch die Decke einstürzt – *Hurracan* peitscht auf die Küste Louisianas zu – Der komplette Wohnblock gegenüber dem Postamt in der Calle Obregon stürzt ein, begräbt alle unter sich – Gräber grinsen unter Mondkiefern – Alles vorbei.

Später bin ich zurück in New York, sitze rum mit Irwin

und Simon, Raphael und Lazarus, inzwischen sind wir mehr oder weniger berühmte Autoren, aber sie wundern sich, wieso ich jetzt so eingesunken bin, so ruhig, während wir da zwischen all unseren veröffentlichten Büchern und Gedichten sitzen, aber immerhin ist es, seit ich mit Memère in ihrem eigenen Haus ein paar Kilometer außerhalb der Stadt wohne, ein friedlicher Kummer. Friedlicher Kummer zu Hause ist letztlich das Beste, was ich der Welt jemals zu bieten haben werde, und so sagte ich meinen Engeln der Trübsal Lebwohl. Für mich ein neues Leben.

ÜBER DEN VERFALL

NACHWORT VON JOHN WRAY

Im Netz gibt es ein Video, das zum Pflichtprogramm für jeden intelligenten jungen Menschen mit literarischen Ambitionen gehören sollte. Die 1968 entstandenen Aufnahmen zeigen einen betrunkenen, zerknautschten Jack Kerouac, der sich durch eine Gesprächsrunde über das «Hippie-Phänomen» quält – bei *Firing Line,* einer notorisch reaktionären Talkshow, die er in jüngeren Jahren gescheut hätte wie der Teufel das Weihwasser. Allerdings ist er hier nicht das gutaussehende, liebenswert schüchterne «Sprachrohr einer Generation», das noch ein Jahrzehnt zuvor die amerikanischen Familien vor den Fernsehern verzaubert hat, als er *On the Road* in der *Steve Allen Show* promotete: Stattdessen sehen wir nun einen armen, rotgesichtigen Wicht – knittriges Sakko, verschwitztes Hemd, defensiv und reizbar –, dem man seine körperliche und geistige Pein deutlich anmerkt. Der Moderator spottet unverhohlen über ihn, das Publikum lacht über fast alles, was er sagt, egal, wie es gemeint war, und er selbst macht sich immer wieder über die Gegenkultur lustig, auch wenn man ihm das schlussendlich nicht abkauft.

William S. Burroughs hat es vielleicht am besten formuliert, als er nach dem späten Konservatismus seines Freundes gefragt wurde: «Jesus höchstpersönlich hat gesagt, an ihren *Früchten* sollt ihr sie erkennen. Nicht an ihren Dementis.»

Kerouac war der erste große amerikanische Schriftsteller des TV-Zeitalters, der erste Pop-Heilige der Literatur; insofern ist es stimmig, dass auch sein Niedergang im Fernsehen übertragen wurde. Der tödlichste Fluch, der einen Künstler treffen kann – und vielleicht besonders einen Schriftsteller –, ist, wenn seine Bekanntheit zu echtem Ruhm metastasiert, wenn er jene unsichtbare Grenze überschreitet, jenseits derer seine Persönlichkeit für die Öffentlichkeit interessanter wird als der Inhalt seiner Werke. Kerouac war bis zum Ende seiner Tage ein aufmerksamer, hingebungsvoller Beobachter Amerikas – doch Amerika selbst war in den späten Sechzigern nur noch oberflächlich an ihm interessiert. Er war zur breitesten und flachsten aller kulturellen Formen geworden: zum Signifikanten. Aus diesem Schicksal gibt es keine Rettung, keinen Weg zurück in die Dreidimensionalität. Der womöglich erschreckendeste Moment im Video ist der, in dem Kerouac beiläufig sein Alter erwähnt: Der aufgedunsene, abgelebte Kadaver auf dem Bildschirm, der schon im Jahr darauf dem Suff erliegen sollte, war gerade mal sechsundvierzig.

Es wäre natürlich grob vereinfacht, diese dramatische Verfallsgeschichte – eine der bekanntesten des 20. Jahrhunderts – allein Kerouacs Berühmtheit zuzuschreiben, oder meinetwegen seiner Trunksucht. Ebenso gut ließe sich argumentieren, Kerouacs Untergang sei schon von Beginn seiner Karriere an vorherbestimmt gewesen, und das nicht nur wegen der zwanghaften Selbstreferenzialität seines Schreibens, sondern auch aufgrund der Art und Weise, wie er sich der Welt präsentiert hat: als Künstler nämlich, als Suchender, als verletzlicher, zartfühlender Mensch, der seine Schwächen vor niemandem versteckte. Und diese erstaunliche, unbesonnene, waghalsige Verletzlichkeit, der Schlüssel zu Kerouacs gesamtem Werk, wird nirgendwo offener ausgestellt als in *Engel der Trübsal,* seinem zwölften und wahrscheinlich wildesten Roman.

Im Sommer 1956 (*On the Road* hatte damals bereits einen Verlag gefunden, war jedoch noch nicht erschienen) verpflichtete Kerouac sich auf den Rat seines Freundes und persönlichen Bodhisattvas, des Dichters Gary Snyder, zu einem neunwöchigen Einsatz als Brandwächter auf einem der entlegensten Gipfel der nördlichen Cascade Mountains. «Wenn ich auf dem Desolation Peak keine Vision habe», schrieb er an einen Freund, «will ich nicht William Blake heißen.» Snyder hatte – wenigstens laut eigener Aussage – einige Jahre zuvor selbst eine solche Erfahrung bei der Arbeit als Ausguck gemacht. Allerdings waren Snyder und Kerouac trotz ihres gemeinsamen Interesses am Buddhismus grundverschiedene Menschen, und Kerouacs eigene Versenkung in das Nichts sollte gänzlich andere Früchte tragen. Er bestieg den Desolation Peak auf der Suche nach Bestätigung, und sei es nur nach einer seines Rufs als Suchender – als das also, was Snyder und sein Zirkel hipper Westküsten-Buddhisten einen «Unterwegs-Seienden» nannten. Was er dort oben fand, passte jedoch eher zum Namen des Berges selbst. Angesichts von Kerouacs selbstbekundeter Neigung zu Einsamkeitsgefühlen und Schwermut könnte man nicht ganz zu Unrecht sagen, dass er das schon vorher hätte wissen können; so oder so ist nicht zu leugnen, dass diese 63 Tage sein Werk – und höchstwahrscheinlich auch sein Denken – unwiderruflich verändert haben. So schreibt er selbst gegen Ende von «Trübsal in der Einsamkeit»:

> Am Ende dieses Desolation-Abenteuers finde ich am Boden meiner selbst nur abgrundtiefes Nichts, schlimmer, nicht mal eine Illusion – Mein Hirn ist zerfleddert –

Zahlreiche Forscher und Freunde, einschließlich eines so engen Vertrauten wie Allen Ginsberg, haben erklärt, diese zehn Wochen der Isolation seien (ironischerweise nur wenige Monate vor Kerouacs kometenhaftem Aufstieg zur Berühmtheit) bereits der Anfang vom Ende gewesen: eine lange, finstere Nacht der Seele, die auf ewig seinen naiven, fröhlichen Blick auf den Kosmos zerstörte, ganz gleich wie tapfer er versuchte, das vor der Welt zu verbergen. «Oh, ich bin kein Buddhist mehr – ich bin gar nichts mehr!», verkündet Duluoz in Abschnitt 92 des Romans, und obgleich dieses Geständnis lachend aufgenommen wird, lacht er doch selbst nicht mit. Auf dem Desolation Peak hat sich das Gegenteil dessen ereignet, worauf Kerouac gehofft hatte: Er fand Verneinung, wo er Bestätigung ersehnt hatte, und Abscheu vor sich selbst anstelle der gesuchten Blake'schen Vision universeller Liebe.

Umso erstaunlicher also (und ein echtes Zeugnis von Kerouacs Mut), dass der aus diesen niederschmetternden Wochen auf dem windumtosten Gipfel entstandene Roman dennoch so lebendig – und so kühn – geriet.

Eine der hartnäckigsten (auch von ihm selbst verbreiteten) Legenden über Jack Kerouac ist der Mythos der «spontanen Prosa», die Vorstellung also, er habe seine Romane in einem einzigen, ungebremsten Rausch niedergeschrieben, habe stets ganz der ersten Eingebung vertraut und niemals irgendetwas überarbeitet. Mit Blick auf die wohltemperierten Ekstasen eines Buchs wie *On the Road* ist das indessen schwer zu glauben, und die Behauptung gilt inzwischen größtenteils als widerlegt. Bei *Engel der Trübsal* allerdings bin ich für meinen Teil bereit, daran zu glauben. Der Roman ist gewiss nicht Kerouacs elegantester oder überzeugendster, aber doch eine der reinsten Verkörperungen seines vorgeblichen Ideals. Von der ersten Seite an werden hier Wagnisse eingegangen, bei denen die meisten Autoren – einschließlich meiner selbst – in ihren dünn besohlten Wanderstiefeln weiche Knie bekämen. Und darin liegt die wahre Bedeutung dieses Buches.

Trotz des melancholischen Grundtons, der seine Prosa durchzieht, war Kerouac der seltene – wenn nicht der einzige – Fall eines Modernisten, dessen Werk im Wesentlichen affirmativ ist: Ungeachtet seiner Kontakte zu selbsternannten Subversiven wie Ginsberg und Burroughs war er ein wahrer Patriot, sang überzeugt das Loblied auf Amerika. Möglicherweise aufgrund seines traurigen Endes hat man niemals hinreichend die Verbindung zwischen der sogenannten Duluoz-Saga und einem anderen lebenslangen literarischen Projekt beachtet: den *Grashalmen* des Dichters Walt Whitman. Der Kitzel beim Lesen von Whitman ist eng verwandt mit dem Vergnügen bei der Lektüre von *Engel der Trübsal*: dieses mit jedem neuen, wilden und schamlosen Satz wachsende Gefühl, dass jederzeit alles – jede Geste, jeder Gedanke, jede Verschiebung im Ton und jede stilistische Volte – möglich ist. Insbesondere in «Trübsal in der Einsamkeit» geht diese auktoriale Selbstermächtigung dermaßen weit, dass man sie leicht für das irre Gefasel eines Verrückten halten könnte:

> Drei Narren zwölf Narren acht und fünfundsechzig Millionen Wirbel unzählbarer Epochen von Narren! – Wassollmandamachen, fluchen viel-

leicht? – Genau so war es schon für unsere Vorväter, die lange tot sind, lange schon aus Staub bestehen, genarrt, genarrt, kein Großes Wissen wurde an uns übertragen von ihren Chromosomenwürmern – Genau so wird es auch für unsere Urenkel, die lang noch ungeboren sind, noch aus Raum bestehen, und Staub und Raum, ob Staub, ob Raum, wen juckt's? Kommt, Kinder, und erwachet – kommt, es ist Zeit, erwachet – seht hin, ihr seid genarrt – seht hin, ihr träumt – kommt, seht hin – sein und nicht sein, wo ist der Unterschied? – Stolz, Feindseligkeiten, Ängste, Verachtung, Kränkungen, Persönlichkeiten, Misstrauen, düstere Ahnungen, Gewitter, Tod, Gestein, WER HAT EUCH GESAGT, RHADAMANTHYS SEI NOCH BEI VERSTAND? WER SCHREIBT FALSCH ÜBER DAS WER DAS WARUM DAS WAS WARTET O DING I I I I I I I I I I I I I I O MODIIGRAGA NA PA RA TO MA NI CO SA PA RI MA TO MA NA PA SHOOOOOOO BIZARIIII – – – – – IOOOO – MMM – SO – SO – SO – SO – SO – SO – SO – SO – SO – SO – SO

Diese Passage stammt aus Abschnitt 37, in dem der Erzähler, nur durch eine hauchdünne Membran getrennt vom Autor, offenbar den letzten Rest seines naiven Staunens über das große kosmische Schauspiel über Bord wirft und sich endgültig dem alles negierenden, alles verzehrenden Nichts beugt.

Leider findet sich nirgends ein Beleg dafür, wann Kerouac – in den Worten von Neal Cassadys Witwe Carolyn – beschloss, «sein Leben auf die einzig katholisch akzeptable Weise zu beenden», sprich: indem er sich zu Tode soff. Gut möglich allerdings, dass es genau der Tag war, an dem er obige Passage in sein Tagebuch notiert hat. Und doch, was mich an *Engel der Trübsal* am meisten packt, besonders beim wiederholten Lesen, ist nicht das schlimme Ende, das der Roman aus heutiger Perspektive vorwegzunehmen scheint, sondern vielmehr die vielen Momente, in denen der Text selbst, einfach nur als Stück Literatur, gelingt – und das meist dadurch, dass er er jede gängige Lehrmeinung darüber, wie man ein Buch zu schreiben hat, über den Haufen wirft.

Das ästhetische Prinzip absoluter formaler Offenheit – als Gegensatz zur Differenzierung verstanden – steht im Widerspruch zum Geist erzählender Literatur, oder wenigstens dazu, wie sie seit Beginn der Moderne praktiziert wird: Kaum ein Autor des 20. (oder auch des 21.) Jahrhunderts hat sich an eine vergleichbar zerstörerische Methode herangewagt. In Kerouacs besten Momenten verwandelt sich diese Weigerung, sich selbst noch von den dubiosesten seiner kreativen Instinkte zu distanzieren, jedoch vielleicht in seine größte Stärke. Sie war erfolgreich – für ihn, wenn auch für praktisch niemanden sonst –, weil sie das Gegenteil von Taktik war: Die radikale Offenheit seines Schreibprozesses ergab sich unmittelbar aus seiner persönlichen Sicht auf das Leben und darauf, wie ein Künstler, der etwas auf sich hält, es leben sollte. Man kann Jack Kerouac vieles vorwerfen, aber keinesfalls – zumindest nicht seit seinem ersten Roman *The Town and the City* –, dass er sich selbst je untreu geworden wäre. Und derselbe Ansatz, der den Wortsalat der oben angeführten Passage hervorgebracht hat, ermöglichte auch diese wunderschöne Beschreibung eines Bären:

Der Bär wird mich zu meiner Wiege tragen – Er trägt auf seiner Stärke das Siegel von Blut und Wiedererwachen – Seine Zehen sind schwimmhäutig und mächtig – Es heißt, man riecht ihn hundert Meter gegen den Wind – Seine Augen schimmern im Mondlicht – Der Hirsch und er gehen einander aus dem Weg – Er zeigt sich nicht im Rätsel dieser stillen Nebelformen, sosehr ich auch den ganzen Tag lang nach ihm Ausschau halte, als wäre er der unergründliche Bär, in den man nicht hineinsehen kann – Ihm gehört der ganze Nordwesten und der gesamte Schnee, und er beherrscht sämtliche Berge – Er streift vorbei an unbekannten Seen, und in den Morgenstunden lässt das perlenreine Licht, das auf Berghänge voll Tannen Schatten wirft, ihn respektvoll blinzeln – Jahrtausende von solchem Streifen liegen hinter ihm – Er sah Indianer und Rotjacken kommen und gehen und wird sie wieder sehen – Immer hört er die beruhigende, begeisternde, berauschende Stille, außer in der Nähe eines Bachs, immer ist er sich des leichten Stoffs bewusst, aus dem die Welt gewoben ist, und niemals redet er, nie macht er Zeichen, die irgendwas bedeuten, nie der Hauch einer Beschwerde, nichts als Knabbern und Tatschen und Tapsen, an Baumstümpfen vorbei, ohne Acht auf unbelebte Dinge und belebte – Sein großes Maul kau-mahlt bei Nacht, im Sternenlicht hör ich's über den Berg hinweg. Bald wird er aus dem Nebel treten, riesenhaft, und kommen, in mein Fenster glotzen, mit großen, brennenden Augen – Er ist Avalokiteshvara der Bär.

Heute Morgen, als ich die erste Fassung dieses zwiespältigen kleinen Beitrags fertig hatte, habe ich mir noch einmal jene berüchtigte Episode von *Firing Line* angesehen. Vielleicht lag es daran, dass ich während der vergangenen Woche so tief in die Duluoz-Saga in all ihrer zügellosen Pracht eingetaucht war, aber diesmal wirkte Kerouacs zappelige, betrunkene Anti-Performance ganz anders auf mich als beim ersten Mal.

Ein wesentliches Element seines idiosynkratischen Charmes als Schriftsteller – und eines, das ganze Heerscharen von Kritikern zu seinen Lebzeiten geflissentlich ignorierten – war immer schon sein trockener, etwas schräger Sinn für Humor, und der war an jenem Abend in voller Blüte zu erleben, sosehr ihm Zunge, Hirn und Leber auch versagen mochten. Wie schon erwähnt, sind diese Bilder sicherlich kein angenehmer Anblick: Der einstmals große Kerouac steht ganz eindeutig kurz vor dem Ende, und er leidet offensichtlich – aber er geht mit einem Schmunzeln auf den feuchten Säuferlippen unter, fast wie der Trickstergott eines selbsterdachten Native-American-Mythos. Dieses Detail mag beinahe nebensächlich sein, ist aber dennoch Balsam für die Seele. Den größten Lacher des Abends – in einem Zusammenhang, in dem Lachen die einzig gesunde und angemessene Reaktion darstellt – liefert Kerouac kurz vor Ende der Sendung und völlig aus dem Nichts. «Ich wurde verhaftet», verkündet er, das Gesicht beinahe zornesrot, als wollte er das Fernsehpublikum herausfordern, ihn wirklich ernst zu nehmen, vielleicht zum letzten Mal im Leben. «Vor zwei Wochen war das erst. Und der Polizist meinte: ‹Ich verhafte Sie … wegen Verfall.› »

WEITERE TITEL

On the Road
Die Dharmajäger
Engel der Trübsal

Die Verblendung des Duluoz
Doctor Sax
Lonesome Traveller
The Town and the City
Tristessa
Und die Nilpferde kochten in ihren Becken
Unterwegs

Die Rowohlt Verlage haben sich zu einer nachhaltigen Buchproduktion verpflichtet. Gemeinsam mit unseren Partnern und Lieferanten setzen wir uns für eine klimaneutrale Buchproduktion ein, die den Erwerb von Klimazertifikaten zur Kompensation des CO_2-Ausstoßes einschließt. www.klimaneutralerverlag.de